普通高等教育财经类专业教学用书

金融市场学

主　编　王修志　刘丽萍

電子工業出版社
Publishing House of Electronics Industry
北京•BEIJING

内 容 简 介

金融市场是市场经济的重要组成部分，是资金这种稀缺要素融通的市场，在经济运行中发挥着不可或缺的作用。

本书第一章介绍了金融市场的起源、含义及功能、分类和发展趋势；第二章介绍了金融机构的构成体系及各自的功能特点；第三章至第九章，分别对金融市场的各个子市场进行了详尽的分析，包括其概念、特点和市场运行规律等；第十章介绍了保障金融市场有序运行的金融监管体系。

本书适合作为普通高等学校金融学、会计学、财务管理、工商管理等专业本科阶段的金融市场学教材，也可以作为金融爱好者的入门级参考教材。

图书在版编目（CIP）数据

金融市场学 / 王修志，刘丽萍主编. —北京：电子工业出版社，2021.1

ISBN 978-7-121-40347-7

Ⅰ. ①金… Ⅱ. ①王… ②刘… Ⅲ. ①金融市场－高等学校－教材 Ⅳ. ①F830.9

中国版本图书馆 CIP 数据核字（2020）第 262922 号

责任编辑：王志宇　　　　特约编辑：田学清
印　　刷：涿州市京南印刷厂
装　　订：涿州市京南印刷厂
出版发行：电子工业出版社
　　　　　北京市海淀区万寿路 173 信箱　　　　邮编：100036
开　　本：787×1092　1/16　印张：17.75　字数：477.1 千字
版　　次：2021 年 1 月第 1 版
印　　次：2021 年 1 月第 1 次印刷
定　　价：55.00 元

凡所购买电子工业出版社图书有缺损问题，请向购买书店调换。若书店售缺，请与本社发行部联系，联系及邮购电话：（010）88254888，88258888。

质量投诉请发邮件至 zlts@phei.com.cn，盗版侵权举报请发邮件至 dbqq@phei.com.cn。

本书咨询联系方式：（010）88254523，wangzy@phei.com.cn。

前言

金融市场是市场经济的重要组成部分，是资金这种稀缺要素在市场进行有效配置的主要机制。在整个市场体系中，金融市场是最基本的组成部分之一，是联系其他市场的纽带。在现代市场经济中，各种市场的交易活动都要通过货币的流通和资金的运动来实现，都离不开金融市场的密切配合。从这个意义上说，金融市场的发展对整个市场体系的发展起着举足轻重的制约作用，市场体系中其他各市场的发展则为金融市场的发展提供了条件和可能。

“金融市场学”是国内外高等院校经济类、管理类专业的基础课，是学生了解金融市场基本概念、把握金融市场运行机制的基础课程。随着信息技术的发展和国内外经济形态的变化，金融市场的内容及监管都在不断地适应改变，因此我们编写了本书。

本书的创新点主要集中在以下几个方面。

（1）体系完整，内容详实。金融市场体系是一个复杂的组成部分，教材根据金融市场交易对象的不同，详尽介绍了金融市场各个子市场的金融工具特点、市场运行规律，全方位展现了金融市场的运行规律和全貌。

（2）与时俱进，推陈出新。这主要体现在两个方面：一是随着互联网和信息技术的发展，市场上出现了一种新的金融形式——互联网金融，本书把它单列一章，对其进行了详细的介绍；二是金融安全是国家安全的重要组成部分，随着国务院金融稳定发展委员会的成立，我国的金融监管体系发生了深刻的变革，教材的最后一章对此进行了详细的介绍。

（3）体例合理，形式灵活。本书体例设计合理，每章由学习目标、引导案例、正文、本章小结及本章习题组成。通过学习目标使学习者明确本章的学习重点和难点，通过引导案例激发学习者的学习兴趣，通过正文为学习者介绍知识，通过本章小结帮助学习者回顾本章主要内容，通过本章习题帮助学习者加强和巩固学习效果，从而完成教学目标。

全书共十章，由广西师范大学经济管理学院和天津工业大学经济与管理学院教师共同撰写。王修志负责全书内容框架的设计及修订总纂，刘丽萍、孙彤、李增来协助确定修订内容。在具体的撰写分工上，第一章由王修志撰写，第二章至第五章和第八章、第九章由刘丽萍撰写，第六章由孙彤撰写，第七章由李增来撰写，第十章由刘丽萍、王贺东撰写。

本书在编写过程中，得到了电子工业出版社的大力支持与帮助。本书也得到了天津工业大学

"十三五"学科建设综合投资规划项目的大力支持，在此特别感谢项目负责人魏亚平教授。

在本书的写作过程中，我们参考了许多同仁的金融市场学方面的教材和著作，以及相关的书刊和网站信息，众多的研究者和实务工作者的真知灼见令我们获益匪浅，因难以在参考文献中一一注明，在此一并表示感谢。

由于我们的学识和编写时间所限，书中瑕疵恐难避免，真诚期待读者批评指正，我们将在修订时予以完善。

编　者

目 录

第一章 金融市场导论 1
1.1 金融市场的起源 2
1.1.1 西方金融市场的起源与发展 2
1.1.2 我国金融市场的起源与发展 3
1.2 金融市场的含义与功能 5
1.2.1 金融市场的含义 5
1.2.2 金融市场的功能 6
1.3 金融市场的构成要素 8
1.3.1 金融市场的主体 8
1.3.2 金融市场的客体 9
1.3.3 金融市场的组织方式 9
1.4 金融市场的分类 10
1.4.1 按交易标的划分 10
1.4.2 按金融资产发行和流通特征划分 12
1.4.3 按有无固定场所划分 13
1.4.4 按交割方式划分 13
1.4.5 按交易中介划分 13
1.4.6 按作用范围划分 14
1.5 金融市场的发展趋势 14
1.5.1 金融全球化 14
1.5.2 金融自由化 16
1.5.3 金融资产证券化 18
1.5.4 金融工程化 19
本章小结 20
本章习题 20
第二章 金融机构 21
2.1 金融机构概述 22
2.1.1 金融机构的含义 22
2.1.2 市场上的金融机构 23
2.2 中央银行 24
2.2.1 中央银行的功能 24
2.2.2 中央银行的资产负债业务 27
2.3 商业银行 30
2.3.1 商业银行的功能 30
2.3.2 商业银行的资产负债业务 31
2.3.3 商业银行的表外业务 33
2.4 保险公司 33
2.4.1 保险公司的含义 33
2.4.2 保险公司的经济功能 34
2.4.3 保险投资 35
2.5 证券公司等证券服务机构 36
2.5.1 证券公司的含义与功能 36
2.5.2 证券公司的设立 37
2.5.3 证券公司的业务 38
2.5.4 其他证券服务机构 41
2.6 其他金融机构 45
2.6.1 证券投资基金管理公司 45
2.6.2 信托公司 45
2.6.3 财务公司 46
本章小结 46
本章习题 47
第三章 货币市场 48
3.1 货币市场概述 49
3.1.1 货币市场的含义与构成 49
3.1.2 货币市场的功能 49
3.2 同业拆借市场 50
3.2.1 同业拆借市场的形成与发展 50
3.2.2 同业拆借市场的特征 50
3.2.3 同业拆借的期限与利息计算 51

3.2.4 同业拆借的运作程序 52
3.2.5 我国同业拆借市场概况 54
3.3 短期国库券市场 55
3.3.1 国库券的含义与特征 55
3.3.2 国库券的发行与流通 56
3.3.3 国库券的发行价格与收益计算 57
3.4 银行承兑汇票市场 58
3.4.1 银行承兑汇票的含义与特征 58
3.4.2 银行承兑汇票市场的产生与发展 59
3.4.3 银行承兑汇票的发行与交易 59
3.4.4 银行承兑汇票的价值分析 61
3.4.5 我国银行承兑汇票市场概况 61
3.5 商业票据市场 62
3.5.1 商业票据市场的产生与发展 63
3.5.2 商业票据的基本要素 63
3.5.3 商业票据的发行与流通 64
3.5.4 我国企业短期融资券的发展史 65
3.6 回购协议市场 66
3.6.1 回购协议的含义 66
3.6.2 回购协议市场的要素 66
3.6.3 回购协议的收益与风险 67
3.6.4 我国证券回购市场概况 68
3.7 大额可转让定期存单市场 68
3.7.1 大额可转让定期存单市场的产生与发展 68
3.7.2 大额可转让定期存单的特征 69
3.7.3 大额可转让定期存单的发行与交易 70
3.7.4 我国大额可转让定期存单市场概况 71
本章小结 72
本章习题 72
第四章 债券市场 74
4.1 债券的特征与分类 77
4.1.1 债券的含义与特征 77
4.1.2 债券的基本要素 77
4.1.3 债券的分类 78
4.2 债券的发行与流通 81
4.2.1 债券的发行 81
4.2.2 债券的流通 85
4.3 债券价值分析 86
4.3.1 债券价值的影响因素 86
4.3.2 债券的定价公式 93
4.3.3 债券的期限结构 94
4.3.4 债券的久期和凸度 97
4.4 可转换债券的价值分析 101
4.4.1 可转换债券的含义与特征 101
4.4.2 可转换债券的价值 102
4.4.3 可转换债券价值的计算 103
本章小结 104
本章习题 105
第五章 股票市场 106
5.1 股票的特征与分类 107
5.1.1 股票的含义与特征 107
5.1.2 股票的分类 108
5.2 股票的发行与流通 110
5.2.1 股票的发行 110
5.2.2 股票的流通 113
5.3 股票价格指数 122
5.3.1 股票价格指数的含义与作用 122
5.3.2 股票价格指数的编制步骤与方法 122
5.3.3 国内外主要股票价格指数 125
5.4 股票价值分析 127
5.4.1 股票价值的影响因素 127
5.4.2 股息贴现模型 129
5.4.3 市盈率模型 135
5.4.4 市净率与自由现金流分析 138
本章小结 142
本章习题 143
第六章 证券投资基金市场 145
6.1 证券投资基金概述 147
6.1.1 证券投资基金的起源与发展 147

6.1.2 证券投资基金的含义与特征 ... 148
6.1.3 证券投资基金的类型 149
6.2 证券投资基金的设立与募集 154
6.2.1 证券投资基金的当事人 154
6.2.2 证券投资基金的设立 156
6.2.3 证券投资基金的募集 157
6.3 交易型开放式基金与上市型开放式基金 158
6.3.1 交易型开放式基金 158
6.3.2 上市型开放式基金 160
6.4 证券投资基金的价格与收益分配 161
6.4.1 证券投资基金的价格 161
6.4.2 证券投资基金的收益分配 162
本章小结 164
本章习题 164
第七章 外汇市场 166
7.1 外汇和汇率 168
7.1.1 外汇 168
7.1.2 汇率 169
7.2 外汇市场概述 171
7.2.1 外汇市场的含义与特征 171
7.2.2 外汇市场的分类 173
7.3 外汇市场的构成要素 175
7.3.1 外汇市场工具 175
7.3.2 外汇市场的参与者 177
7.4 外汇市场的交易 179
7.4.1 即期外汇交易 179
7.4.2 远期外汇交易 180
7.4.3 掉期外汇交易 182
7.4.4 套汇交易 182
7.4.5 套利交易 185
本章小结 186
本章习题 187
第八章 金融衍生市场 188
8.1 金融衍生市场概述 189
8.1.1 金融衍生市场的起源与发展 ... 189
8.1.2 金融衍生工具的含义与种类 ... 190
8.1.3 金融衍生市场的功能 191
8.1.4 金融衍生市场的交易机制 192
8.2 金融远期市场 193
8.2.1 金融远期的含义与特征 193
8.2.2 远期利率协议 194
8.2.3 远期外汇合约 196
8.3 金融期货市场 197
8.3.1 金融期货的含义与特征 197
8.3.2 金融远期与金融期货的比较 199
8.3.3 金融期货的交易 200
8.4 金融期权市场 204
8.4.1 金融期权的起源与发展 204
8.4.2 金融期权的含义与特征 204
8.4.3 金融期权的种类 206
8.4.4 金融期权交易 208
8.5 金融互换市场 211
8.5.1 金融互换市场的起源与发展 211
8.5.2 金融互换的含义、特征与作用 212
8.5.3 金融互换的种类 213
8.5.4 金融互换交易 214
本章小结 215
本章习题 216
第九章 互联网金融 218
9.1 互联网金融概述 220
9.1.1 互联网金融的起源与现状 220
9.1.2 互联网金融的含义 222
9.2 互联网金融的分类 224
9.2.1 第三方支付 224
9.2.2 在线理财 226
9.2.3 P2P 网贷 227
9.2.4 众筹 228
9.2.5 互联网货币 230
9.3 互联网金融的前景 231
本章小结 232
本章习题 232

第十章 金融市场监管 233
10.1 金融市场监管概述 234
10.1.1 金融监管的含义与要素 234
10.1.2 金融监管的模式 235
10.1.3 金融监管的目标与原则 238
10.1.4 金融监管的内容与手段 239
10.1.5 典型国家的金融监管体系 241
10.2 银行业监管 243
10.2.1 市场准入监管 243
10.2.2 市场经营监管 245
10.2.3 跨国业务监管 247
10.2.4 市场退出监管 250
10.3 保险业监管 252
10.3.1 保险业监管的方式 252
10.3.2 保险组织的监管 253
10.3.3 保险经营的监管 254
10.3.4 保险财务的监管 256
10.3.5 保险中介人的监管 258
10.4 证券市场监管 262
10.4.1 证券市场监管的原则 262
10.4.2 证券市场监管模式 263
10.4.3 证券上市的监管 265
10.4.4 证券交易的监管 267
10.4.5 证券经营机构的监管 269
10.4.6 我国证券市场监管体制历史 270
本章小结 271
本章习题 271
参考文献 273

第一章 金融市场导论

学习目标

世界上第一个国际金融中心诞生于荷兰的阿姆斯特丹，之后世界金融中心由阿姆斯特丹转移到英国的伦敦，又由伦敦转移到美国的纽约。伴随着社会的变化与科技的发展，金融市场的层次和内涵在不断丰富，规模在不断扩张，且随着互联网技术的发展，金融市场呈现出全球化、自由化、工程化和资产证券化的趋势。

通过本章学习，学习者应掌握金融市场的定义、功能和分类，以及其对经济生活的重要性；理解金融市场的发展趋势；了解金融市场的发展历史；能正确区分各类金融产品。

引导案例

世界金融中心的变迁

因为成功打通了北美和亚洲海上贸易通道，世界上第一个金融中心在荷兰的阿姆斯特丹诞生，那里有了股票和股票交易模式，并建立起了现代银行体系。但因为“郁金香泡沫”而引发的人类历史上的第一次金融危机，使世界金融中心的航船开始起航，在绕道英国伦敦之后，奔向美国纽约。

华尔街是英语“Wall Street”的中文音译，它起初就是一道墙，是由最先买下纽约曼哈顿的荷兰人建立的。华尔街的历史完全可以代表纽约的历史，华尔街墙的建立与消失，以及后来成为世界金融中心的核心，都在着力塑造着纽约这座资本之城。

纽约的第一批移民来自荷兰。1609 年，荷兰东印度公司第一次登陆曼哈顿，16 年后，荷兰人用 24 美金买下了这个岛，他们给这片土地取了个容易记住的名字——新阿姆斯特丹，聊以抚慰思乡之情。1664 年，英国人进入新阿姆斯特丹，将其改名为新约克郡，并把它献给英国国王的弟弟约克公爵作为生日礼物。而那道被荷兰人筑起来的城墙，也很快就荒废了，1698 年被拆除，留下了一个名字：华尔街（Wall Street）。

18 世纪，伦敦像一块吸金石，将世界各地的资金吸纳到英国加入工业化革命当中，在资金的推动下，英国诞生了第一条铁路，生产出了第一艘蒸汽机船，炼造了第一块钢板，织出了第一匹棉布。同时，经济的发展也刺激了资本市场的繁荣，这里诞生了世界上最早的中央银行，最早的国家金库，最古老的交易大厅，最早的金属期货交易所。但繁荣的背后也蕴藏着风险，伦敦也曾重蹈荷兰的覆辙——资本市场经历了一场致命的泡沫。1720 年的“南海泡沫”，催生了英国《泡沫法案》的颁布，该法案保护了股东及社会利益，但却对股份公司实行了封杀，为英国工业革命急需的资本积累堵塞了一条重要渠道。英国经济自此一蹶不振。

而此时远在美国的曼哈顿岛，还是英国的一个殖民地。1775年，波士顿打响了美国独立战争的第一枪，1776年7月4日，美国独立。

1792年5月17日，24名经纪人在华尔街的一棵梧桐树下聚会，商订了一项名为“梧桐树协定”的协议，约定每日在梧桐树下聚会，从事证券交易，并订出了交易佣金的最低标准及其他交易条款。协议书上写道：“我们，在此签字者——作为证券买卖的经纪人，在此庄严宣誓，并向彼此承诺：从今天起，我们将不以低于0.25%的佣金费率为任何人买卖任何证券，同时在任何交易的磋商中我们将给予会员以彼此的优先权。”

1793年，一家名叫汤迪的咖啡馆在华尔街落成，华尔街终于有了一个固定的交易场地。1817年，参与华尔街汤迪咖啡馆证券交易的经纪人通过一项正式章程，并成立组织，起名为“纽约证券交易会”，1863年改名为“纽约证券交易所”。

1800年，美国迁都华盛顿，商人成为纽约的主人，华尔街成为金融天堂。

当然，纽约的繁荣还得益于它特殊的地理条件，它是一个港口城市，以贸易起家。从19世纪开始，纽约港就成了北美洲最忙碌的港口，它地处大西洋东北岸，是外国移民登陆北美大陆的第一站。

［资料来源：尤瑟夫·凯西斯著，陈晗译，《资本之都——国际金融中心变迁史（1780—2009年）》］

1.1 金融市场的起源

1.1.1 西方金融市场的起源与发展

西方金融市场的起源是汇票。无论是从时间上看，还是从重大意义上看，汇票都是影响全局的。如果没有汇票，西方就不能够发展起远程贸易体系，难以形成世界市场，也难以进化出非常精细的社会分工，那整个西方资本主义制度将受到很大影响。

具体来说，西方金融市场的发展经历了下面几个阶段。

1. 萌芽阶段（13世纪—19世纪初）

13至14世纪，欧洲出现了商品集散地和贸易交易所，它们是证券交易所的前身。荷兰的阿姆斯特丹作为欧洲的物流中心，吸引了大量的资金流，那里成立了世界上第一个证券交易所——阿姆斯特丹证券交易所，而后随着“郁金香泡沫”的破灭，荷兰的经济开始衰退。

之后英国成为世界的经济中心，同时经济的发展刺激了资本市场的繁荣：那里诞生了世界上最早的中央银行，最早的国家金库，最古老的交易大厅，最早的金属期货交易所。但繁荣的背后也蕴藏着风险，伦敦重蹈荷兰的覆辙，“南海泡沫”后，资本市场开始走向衰落。

随着美国的独立，美国的经济迅速繁荣。得益于得天独厚的地理位置，纽约港成为北美最繁忙的港口，巨大的物流带来源源不断的资金流，证券交易活动在此非常频繁，这也导致了很多恶性的竞争。1792 年，24 名经纪人签署了著名的梧桐树协议，约定了证券交易佣金的最低标准及其他交易条款。1817 年纽约证券交易会成立，1863 年改名为纽约证券交易所。

在 18 至 19 世纪工业革命的影响下，在运输、矿山、银行等行业中，股份公司成为普遍的企业组织形式，其股票及各类债券在证券市场上流通，这一切，标志着金融市场已基本形成。

2. 初步发展阶段（19 世纪初—20 世纪 20 年代）

从 18 世纪 60 年代开始的工业革命，到 19 世纪中叶已在各主要的资本主义国家相继完成。工业革命推动了机器制造业的迅速发展，并使股份公司在机器制造业中普遍建立起来。在 19 世纪 70 年代到 80 年代，股份公司有了极大的发展。

1862 年，英国有 165 家股份公司，到 80 年代中期，登记的股份公司达 1.5 万多家。发生在英国的这一过程，无一例外地发生于其他资本主义国家，如美国、法国、德国等。股份公司的建立和发展，使有价证券发行量不断扩大。据统计，世界有价证券发行额 1871—1880 年为 761 亿法郎，1881—1890 年为 645 亿法郎，1891—1900 年为 1004 亿法郎，1901—1910 年为 1978 亿法郎，1911—1920 年为 3000 亿法郎，1921—1930 年为 6000 亿法郎。与此同时，有价证券的结构也发生了变化，在有价证券中占有主要地位的已不是政府公债，而是公司股票和企业债券。据统计，1900—1913 年发行的有价证券中，政府公债占有价证券发行总额的 40%，公司债券和各类股票则占 60%。

20 世纪初，随着世界经济的繁荣，股份公司数量不断增多，资本主义由自由竞争过渡到垄断阶段，债券和股票的发行总额剧增。

3. 停滞阶段（20 世纪 20 年代—20 世纪 60 年代）

1929 至 1933 年的经济危机是资本主义世界严重和破坏性极大的一次经济危机。这次危机严重地影响了证券市场，当时世界主要证券市场股价一泻千里，市场崩溃，投资者损失惨重。到 1932 年 7 月 8 日，道琼斯工业股票价格平均指数只有 41 点，仅为 1929 年最高水平的 11%。大危机使各国政府清醒地认识到必须加强对证券市场的管理，于是，世界各国政府纷纷制定证券市场法规和设立管理机构，使证券交易市场趋向法制化。

4. 恢复发展阶段（20 世纪 60 年代以后）

在 20 世纪 60 年代（第二次世界大战已结束），各国把国家发展的重心转移到经济上来，金融市场开始复苏。金融衍生工具大量产生，证券市场的层次更加多样化，金融市场的监管更加透明和严格，金融市场秩序得以恢复。虽然在此过程中也有过几次金融危机，但属于局部作用于一定的区域内。

1.1.2 我国金融市场的起源与发展

1. 我国金融市场的起源与历史

我国金融市场的历史最早可以追溯到唐宋。据史料记载，早在唐代，我国就出现了兼营银钱的邸店、质库等；到了宋代，已有了专营银、钱、钞行交易的钱馆、钱铺。明代中叶以后，由于政治上相对安定，商品生产有了较快的发展，特别是江浙一带，出现了市镇勃兴、商业繁荣、金融业兴盛的景象，产生了证券市场的早期形态——钱业市场，其操作制度严格，业务内容繁多。从清代开始，随着帝国主义的入侵，大量银元从国外涌进，各地开始使用银元、银两、制钱和铜元等多种货币，于是以银元、银两兑换制钱、铜元成为当时钱庄的主要业务之一。

1840年鸦片战争以后，外国银行进入中国。1872年，李鸿章创办的轮船招商局发行股票。1894年，户部发行债券。清末，在上海出现了证券买卖活动。1914年，北洋政府颁布《证券交易所法》。1918年，我国出现第一个证券交易所——北京证券交易所，上海、天津也相继成立证券交易所。1921年，“信交风潮”发生，大量证券交易所倒闭，后曾有所恢复，但终因战争而日益萧条。

2. 新中国金融市场的发展

中华人民共和国成立之初，举国实行计划经济，资金这种要素的配置主要靠政府主管部门的计划，全国协调，不存在现代意义上的金融市场。在改革开放之前，我国金融市场活动主要以传统的银行业为主；金融市场真正意义上的形成和发展的起点是在改革开放之后，更为具体的阶段划分如下。

1）萌芽阶段（1979年1月—1992年2月）

由于金融运行体系在之前遭到严重破坏，这一阶段的金融运行环境相当贫瘠，金融机构、金融产品、金融法律法规非常少，融资渠道仅有复合制中央银行制度下的带有浓厚财政色彩的贷款方式，信贷几乎是一片空白。这一时期金融体系伴随经济体制改革发生了深刻巨大的变化，集中体现为上海证券交易所和深圳证券交易所的设立。我国的金融市场开始向现代金融市场迈进。

2）探索阶段（1992年3月—1996年12月）

在这一时期我国金融业的制度环境、法治体系逐步形成，市场架构逐步成型。金融领域的一些重要的、基础性的法律法规均在这一时期颁布，如《中华人民共和国中国人民银行法》《中华人民共和国商业银行法》《中华人民共和国担保法》《中华人民共和国保险法》《中华人民共和国证券法》《中华人民共和国公司法》及《证券投资基金管理暂行办法》。这一时期我国金融市场的法制体系处于由不完整和缺失的状态向架构基本完整转变的阶段。当然，这一时期尤其是前期由于法治体系的不健全、人们认识水平的局限性及金融市场结构和功能的缺失，使这一时期的金融市场波动很大，甚至出现了冲突事件，但这些事件的出现也强烈刺激了政府，金融制度和组织形式在这些事件之后逐步完善。

3）规范阶段（1997年1月—2006年10月）

这一时期我国经济进入一个新的发展阶段，快速稳步发展。1997年底，我国确立了银行、证券、保险分业经营、分业管理的原则。1998年4月，中国证券监督管理委员会（简称证监会）成为全国证券期货市场的监管部门，集中统一的证券期货监管体制形成。

这一阶段商业银行的改革成为一大亮点。为迎接入世后国际金融业的挑战，中国银行业按照《巴塞尔协议》的要求，通过引入战略投资者、剥离不良资产、发行次级债等一系列手段积极优化资本结构。尤其是国有五大银行中的四大银行都通过上市进一步扩大了规模，充足了自己的资本金，极大地提高了自身的国际声誉、国际竞争力和抗风险能力。

这一阶段也是基金业快速发展的时期。2001年，我国第一只开放式证券投资基金——华安创新获准发行。从此，开放式证券投资基金迅速起步并发展壮大，且很快超过了封闭式基金，成为重要的机构投资者和风险水平适中的重要投资产品。2004 年 1 月 31 日，国务院发布《关于推进资本市场改革开放和稳定发展的若干意见》，即“国九条”，该法案是我国资本市场建设的纲领性文件，为未来一段时期中国金融的发展指明了方向。2005 年 4 月，正式破冰启动的股权分置改革是中国股票市场发展历程中具有里程碑式意义的大事——股权分置改革的成功为中国资本市场的持续健康发展打下了良好的基础。

4）创新发展阶段（2006 年 10 月以后）

这一阶段我国金融市场沿着积极创新和结构优化的脚步继续前进，金融市场的产品进一步丰富，风险控制机制进一步加强。证券市场建立了以沪、深两市主板为主，创业板为辅，新三板为蓄水池的立体结构，市场规模进一步发展壮大。货币市场不断创新产品。互联网金融（ITFIN）取得了长足的发展。

1.2 金融市场的含义与功能

1.2.1 金融市场的含义

金融是指资金融通交易活动，是资金的盈余方将资金的所有权或使用权转移或让渡的过程。金融可以分为直接融资和间接融资。直接融资是指资金需求者直接从资金盈余者那里融通资金，一般通过资金需求者发行股票、债券的方式完成。间接融资是指拥有闲置资金的单位、个人通过存款的形式或者购买金融机构发行的有价证券，将闲置资金先提供给金融机构，然后由这些金融机构以贷款、贴现等形式，把资金提供给资金需求者使用，从而实现资金融通的过程。

“市场”是一个交易机制的概念，任何有关商品和劳务的交易机制都可以形成一个市场。“市场”最初的含义是指商品交易的场所，“市”就是买卖，“场”就是场所，“市场”即买者和卖者于一定的时间聚集在一起进行交换的场所。

对于金融市场含义的理解，不同的学者从不同的角度进行了解读。有的观点强调场所的概念，认为金融市场就是金融工具转手的场所；有的观点认为金融市场上要形成金融工具的价格，同时完成交易，强调场所和交易的机制；有的观点认为金融工具的交易不一定要在具体的场所里完成，无论通过何种形式，只要能够实现金融工具的交易，就可以称之为金融市场；有的观点强调金融工具交易中的买卖双方的关系，以及交易的场所。以上观点各有侧重，从不同的角度阐述了对金融市场含义的理解。

概括来说，金融市场是以金融工具或金融资产为交易对象，按照确定的价格实现资金供给者与资金需求者之间资金融通活动的场所。

金融市场是要素市场的重要组成部分，同其他市场相比具有下面两个特点：一是交易的对象是特殊的商品——各种金融工具，交易的是资金的所有权和使用权的暂时分离或过渡；二是金融机构既可以直接参与金融交易，也可以作为中介，创造金融工具，与买卖双方进行交易。

1.2.2 金融市场的功能

金融市场作为货币资金借贷与金融工具发行和流通的空间和场所，在现代经济体系的运行中发挥着非常重要的作用，特别是随着经济的金融化程度的加深，金融市场日益成为市场机制的主导和枢纽。金融市场的这种重要性主要是通过其功能得到体现的。从宏观层面来讲，金融市场有以下四个方面的主要功能。

1. 聚敛功能

金融市场的聚敛功能是指金融市场引导众多分散的小额资金汇聚成为可以投入社会再生产的资金集合功能。在这里，金融市场起着资金“蓄水池”的作用。金融市场是由资金供应者和资金需求者组成的。资金供应者就是在一定时间内的资金有余者，这些资金有余者的资金之所以暂时闲置，或者是因为要预防未来的意外急需，或者是要等到积累到足够数量之后再进行某项大额投资或消费。如个人为预防意外事件，或为了满足将来生活及购买大件消费品之需而进行储蓄，企业为了积存足够的资金投资于某个新项目而进行的资金积累等。这些暂时闲置的资金在使用之前有通过投资谋求保值增值的需要。对资金需求者来说，其资金的需要往往是由于要进行某项经济活动，或为了满足其比较迫切的需要，但手中积累的资金不足，因此，需要寻求更多的资金来源。而经济中各经济单位自身的闲置资金是相对有限的，这些暂时不用的资金就显得相对零散，不足以满足大规模的投资要求，特别是企业为发展生产而进行的大额投资和政府部门进行大规模的基础设施建设与公共支出的要求。这就需要一个能将众多的小额资金集合起来以形成大额资金的渠道——金融市场就提供了这种渠道，这就是金融市场的资金聚敛功能。

金融市场之所以具有资金的聚敛功能，原因如下。①金融市场创造了金融资产的流动性。现代金融市场正发展成为功能齐全、法规完善的资金融通场所，资金需求者可以很方便地通过直接或间接的融资方式获取资金，而资金供应者也可通过金融市场为资金找到满意的投资渠道。②金融市场的多样化的融资工具为资金供应者的资金寻求合适的投资手段找到了出路。金融市场根据不同的期限、收益和风险要求，提供了多种多样的可供投资者选择的金融工具，资金供应者可以依据自己的收益风险偏好和流动性要求选择其满意的投资工具，实现资金效益的最大化。

2. 配置功能

金融市场的配置功能表现在两个方面：一是资源的配置，二是财富的再分配。

在经济运行过程中，拥有多余资产的盈余部门并不一定是最有能力和机会做最有利投资的部门，现有的资产在这些盈余部门通常得不到有效的利用，金融市场通过将资源从低效率利用的部门转移到高效率利用的部门，从而使社会的经济资源能有效地配置在效率高或效用大的用途上，实现稀缺资源的合理配置和有效利用。在金融市场中，证券价格的波动，实际上反映着证券背后所隐含的相关信息。投资者可以通过证券交易中所公开的信息及证券价格波动所反映出的信息来判断整体经济运行情况及相关企业、行业的发展前景，从而决定其资金和其他经济资源的投向。一般来说，资金总是流向最有发展潜力，能够为投资者带来最大利益的部门和企业。通过金融市场的作用，有限的资源能够得到充分利用。

金融资产是财富的重要表现形式，政府、企业及个人通过持有金融资产的方式来持有的财富，在金融市场上的金融资产价格发生波动时，部分人的财富量随金融资产价格的升高而增加，也有部分人的财富量由于金融资产价格的下跌而减少。这样，社会财富就通过金融市场价格的波动实现了财富的再分配。

3．调节功能

调节功能是指金融市场对宏观经济的调节作用。金融市场一边连着储蓄者，一边连着投资者，金融市场的运行机制通过对储蓄者和投资者的影响而发挥作用。

金融市场具有直接调节作用。在金融市场大量的直接融资活动中，投资者为了自身利益，一定会谨慎地选择投资的国家、地区、行业、企业、项目及产品。只有符合市场需要、效益高的投资对象，才能获得投资者的青睐。而且，投资对象在获得资本后，只有保持较高的经济效益和较好的发展势头，才能继续生存并进一步扩张。否则，它的证券价格就会下跌，继续在金融市场上筹资就会面临困难，发展就会受到后续资本供应的抑制。这实际上是金融市场通过其特有的引导资本形成及合理配置资源的机制，先对微观经济部门产生影响，进而影响到宏观经济活动的一种有效的自发调节。

金融市场的存在及发展，为政府实施对宏观经济活动的间接调控创造了条件。货币政策属于调节宏观经济活动的重要宏观经济政策，其具体的调控工具有存款准备金、再贴现、公开市场操作等，这些政策的实施都以金融市场的存在、金融部门及企业成为金融市场体为前提。金融市场不仅提供货币政策实施的场所，也提供实施货币政策的决策信息。首先，因为金融市场的波动是对有关宏微观经济信息的反映，所以，政府有关部门可以通过收集和分析金融市场的运行情况来为政策的制定提供依据。其次，中央银行在实施货币政策过程中，金融市场可以调节货币供应量、传递政策信息，最终影响到各经济主体的经济活动而达到调节整个宏观经济运行的目的。此外，财政政策的实施也越来越离不开金融市场，政府通过国债的发行及运用等方式对各经济主体的行为加以引导和调节，并提供中央银行进行公开市场操作的手段，也对宏观经济活动产生着巨大的影响。

4．反映功能

金融市场是国民经济的“晴雨表”，是公认的国民经济的信号系统，与经济周期呈现相同的周期变化，这其实就是金融市场的反映功能。

金融市场的反映功能表现在以下几个方面。①由于证券买卖大部分都在证券交易所进行，因此人们可以随时通过这个有形的市场了解到各种上市证券的交易行情，并据以判断投资机会。证券价格的涨跌在一个有效的市场中实际上都反映着其背后企业的经营管理情况及发展前景。此外，一个有组织的市场，一般也要求上市证券公司定期或不定期地公布其经营信息和财务报表，这也有助于人们了解及推断上市公司及相关企业、行业的发展前景。所以，金融市场首先是反映微观经济运行状况的“指示器”。②金融市场的交易直接和间接地反映了国家货币供应量的变动。货币的紧缩和放松是通过金融市场进行的，在货币政策实施时，金融市场会出现波动，表示出紧缩和放松的程度。因此，金融市场所反馈的宏观经济运行方面的信息，有利于政府部门及时制定和调整宏观经济政策。③由于证券交易的需要，金融市场有大量专门人员长期从事商情研究和分析，并且他们经常与各类工商业直接接触，能了解企业的发展动态。④金融市场有着广泛而及时的收集和传播信息的通信网络，整个世界的金融市场已连成一体，人们可以及时了解世界经济发展变化情况。

上面四个方面是从宏观层面来看的。从微观层面来看，金融市场的主要功能包括价格发现、提供流动性和降低交易成本。

1.3　金融市场的构成要素

1.3.1　金融市场的主体

金融市场的主体也称为金融市场的参与者，是以各种身份参与到金融市场运行中的机构、公司及个人的总称。

1. 居民

在金融市场上，居民（在西方称为公众）以非组织成员的方式参与金融市场活动，是最大的资金供给者。居民为市场提供资金的方式通常有两种：一种是直接方式，通过基金、资产管理计划、养老金等形式将资金注入市场；另一种是间接方式，通过存款方式将资金注入市场。居民有时也是资金的需求者，他们需要购买高档耐用消费品，或个体经营者为了资金周转等目的，会到金融市场上筹集资金。

2. 工商企业

工商企业是市场运行的基础，也是市场上大宗资金的需求者与供给者。工商企业或由于各种原因出现长、中、短期的资金缺口，或有了暂时闲置的资金可以进行长、中、短期的投资。

3. 政府

一般情况下，政府是资金的净需求者，主要通过发行政府债券或国库券（Treasury Securities）来弥补财政赤字。此类债券风险较小，一般被看作是较佳的投资工具。

4. 金融机构

金融机构有广义和狭义之分（见 2.1.1 节金融机构的含义）。此处金融机构是指除中央银行外的金融机构，包括了银行业金融机构和非银行业金融机构。

银行业金融机构是指通过吸收各种存款而获得可利用资金，并将之贷给需要资金的各经济主体及投资于证券等以获取收益的金融机构。它们是金融市场的重要中介，也是套期保值和套利的重要主体。银行业金融机构一般包括商业银行、储蓄机构和信用合作社等。此外，政策性银行也归入银行业金融机构。

非银行业金融机构是指通过发行证券或以契约性的方式聚集社会闲散资金的金融机构，主要有保险公司、养老基金、证券公司（在美国称为投资银行）和投资基金等。

5. 中央银行

中央银行是一国最高的货币金融管理机构，在各国金融体系中居于主导地位。中央银行参与金融市场活动的主要目的是实现国家的货币政策，调节经济，稳定币值。

1.3.2 金融市场的客体

1. 金融工具

金融市场的客体是金融市场的交易对象和交易标的物，也就是通常所说的金融工具。

金融工具种类繁多，常见的可以分为两大类：一类是债务性金融工具，这类工具的主要特点是能给投资者带来固定的收益，主要包括债券、存单、借据、大额可转让定期存单（Negotiable Certificates of Deposits，CDs）等；另一类是权益性金融工具，是指能够给投资人带来不确定收益的工具，如基金、股票、期货期权等，其支付顺序在债务性证券之后。另外，还有一些特殊的金融工具介于两者之间，如优先股和可转换债券。

2. 金融工具的特征

金融工具的特征主要表现在四个方面：流动性、期限性、安全性和收益性。

（1）流动性。这是指金融资产在转换成货币时，其价值不会蒙受损失的能力。除货币外，其他金融资产都存在着不同程度的不完全流动性。其他的金融资产在没有到期之前要想转换成货币的话，或者打一定的折扣，或者花一定的交易费用。一般来说，金融工具如果具备下述两个特点，就可能具有较高的流动性：①发行金融资产的债务人信誉高，在已往的债务偿还中能及时、全部履行其义务；②债务的期限短，这样债权人持有的金融资产受市场利率的影响很小，转现时遭受亏损的可能性就很小。

（2）期限性。各种金融工具在发行时一般都具有各自的偿还期。从长期来说，有 10 年期、20 年期、50 年期。还有一种永久性债务，即借款人同意以后无限期地支付利息，但始终不偿还本金，这是长期的一个极端。在另一个极端，银行活期存款随时可以兑现，其偿还期实际等于 0。

（3）安全性。这是指投资于金融工具的本金是否会遭受损失的风险。风险可分为两类：①债务人不履行债务的风险，这种风险的大小主要取决于债务人的信誉及债务人的社会地位；②市场的风险，即金融资产的市场价格随市场利率的变化而跌落的风险。

（4）收益性。这是指金融工具能定期或不定期给持有人带来收益的特性。金融工具收益性的大小，是通过收益率来衡量的。

金融工具的流动性与安全性之间呈同方向变动关系，与收益性之间呈反方向变动关系；期限性与收益性之间呈同方向变动关系，与安全性之间呈反方向变动关系。

1.3.3 金融市场的组织方式

金融市场的组织方式是指金融市场交易能够实现的形式，主要有三种，即拍卖方式、柜台方式和场外交易方式。

（1）拍卖方式。金融市场的拍卖方式是指所有的金融交易都采取拍卖的方式成交，买卖双方通过公开竞价来确定买卖的成交价格。拍卖方式可以分为单向拍卖和双向拍卖。①单向拍卖方式的交易双方中一方是一个交易群体，另一方是一个交易单位。由交易工具的卖方报卖价，买方报买价，买方竞价来获取所售交易工具。②双向拍卖方式的交易双方都是交易群体，交易双方在买卖某种交易工具时，分别报出各自的买价和卖价，双方群体竞价，直到双方群体中最高买价和最低卖价相等时便可以成交。

利用拍卖方式组织金融市场交易活动必须具备几个条件：①要有一个集中的场所和相应的设备，能够把所有的交易主体集中在一起以便相互竞价；②要有大量可供交易的工具，否则无法形成大规模的拍卖交易；③要有相当规模的同质工具，否则金融工具的种类多而且数量少，会造成拍卖成本过高，拍卖条件过于苛刻；④要有大量的市场中介机构，否则无法代理大量的交易，也难以进行有效的价格竞争。

（2）柜台方式。柜台方式一般是指在各金融机构的柜台上进行的分散交易方式。这种方式中金融工具的买卖双方都分别同金融机构进行交易，或者将出售的金融工具卖给金融机构，或者从金融机构买进欲购买的金融工具。在柜台方式的金融交易中，买卖价格不通过交易双方直接竞价来确定，而是由金融机构根据市场行情和供求关系自行确定。金融机构以双价制的方式进行挂牌，同时报出买入价和卖出价，买卖价差就是金融机构的主要利润来源。

（3）场外交易方式。场外交易方式是一种既没有固定场所，买卖双方也不进行直接接触的交易方式。场外交易方式是一个无形市场，一般通过现代化的通信工具在各金融机构及投资者之间进行，交易者的金融资产及资金可以在其中迅速转移。在现实世界中，大部分的金融交易均是以这种方式进行的。

1.4 金融市场的分类

金融市场规模庞大，由众多的子市场构成，且在不同国家存在着差异，因此要了解金融市场的全貌，需要对金融市场进行分类。下面是从不同的角度对金融市场进行的划分。

1.4.1 按交易标的划分

按交易标的划分，金融市场可分为货币市场、资本市场、外汇市场和黄金市场。

1．货币市场

货币市场是指以期限在一年及一年以内的金融资产为交易标的物的短期金融市场。

在美国金融史上，早期的货币市场，就是指对证券经纪商和交易商进行通知放款的市场。后来，货币市场的概念广义地包含了短期资金市场。现在，货币市场一般是指短期国库券、商业票据（Commercial Paper，CP）、银行承兑汇票（Banker's Acceptance，BA）、可转让大额定期存单、回购协议（Repurchase Agreement，RP）、同业拆借等短期信用工具买卖的市场。一般来说，资金借贷以 3 至 6 月期最为普遍，而债券则以 6 至 9 月期为多。由于该类市场信用工具随时可以在市场上出售变现，具有很强的变现性和流动性，功能近似于货币，故称为货币市场。又由于该市场主要经营短期资金的借贷，故也称为短期资金市场。

货币市场一般没有正式的组织，所有交易特别是二级市场的交易几乎都是通过电讯方式联系进行的。市场交易量大是货币市场区别于其他市场的重要特征之一，巨额交易使货币市场实际上成了批发市场。且由于货币市场的非人为性及竞争性，它又是一个公开市场，任何人都可以进入市场进行交易，并不存在固定不变的顾客关系。

2. 资本市场

资本市场是指期限在一年以上的金融资产交易市场。一般来说，资本市场包括两大部分：一部分是银行中长期存贷款市场，另一部分是有价证券市场。

通常，资本市场主要指的是债券市场和股票市场。资本市场与货币市场的区别如下。①期限不同。资本市场上交易的金融工具均为一年以上，最长者可达数十年，有些甚至无期限（如股票）。而货币市场上一般交易的是一年以内的金融工具，最短的只有几日甚至几小时。②作用不同。货币市场所融通的资金，大多用于工商企业的短期周转资金。而在资本市场上所融通的资金，大多用于企业的创建、更新、扩充设备和储存原料，政府在资本市场上筹集长期资金则主要用于兴办公共事业和保持财政收支平衡。③风险程度不同。货币市场的信用工具，期限短，流动性高，价格通常不会发生剧烈变化，风险较小。资本市场的信用工具，期限长，流动性较低，价格变动幅度通常较大，风险也较高。

3. 外汇市场

如货币市场一样，外汇市场也是各种短期金融资产交易的市场，所不同的是，外汇市场是在不同种货币标价票据之间进行交易。

外汇市场可分为狭义的外汇市场和广义的外汇市场。狭义的外汇市场指银行间的外汇交易市场，包括外汇银行间的交易、中央银行与外汇银行间的交易，以及各国中央银行间的外汇交易活动，也称为批发外汇市场。广义的外汇市场还包括银行与客户间的外汇买卖交易活动，也就是还包括了零售市场。

外汇市场的主要功能如下：①通过外汇市场的外汇储备买卖和货币兑换业务，使各国间债权债务关系的货币清偿和资本的国际流动得以形成，实现购买力的国际转移；②外汇市场集中了各国政府、企业等经济单位的闲置资金，并对国际贸易活动中的进出口商进行借贷融资，从而加速了国际资金周转，调剂了国际资金余缺；③外汇市场所拥有的发达的通信设施及手段，将世界各地的外汇交易主体连成一个网络，缩短了世界各地间的远程货币收付时间，提高了资金的使用效率；④进出口商利用市场中的远期外汇买卖业务，可有效地避免或减少因汇率变动带来的风险，从而促进国际贸易的发展。此外，外汇市场提供的各种外汇资金的供求信息及其价格动态，有助于各国政府和企业正确地进行有关决策。

4. 黄金市场

黄金市场是专门集中黄金买卖的交易中心或场所。目前，由于黄金仍是国际储备工具之一，在国际结算中占据着重要的地位，因此，黄金市场仍被看作金融市场的组成部分。黄金市场是一个全球性的市场，世界上有四十多个城市有黄金市场。其中英国伦敦、美国纽约、瑞士苏黎世、美国芝加哥和中国香港的黄金市场是五大重要的国际黄金市场。

1.4.2 按金融资产发行和流通特征划分

按金融资产发行和流通特征划分，金融市场可分为初级市场和二级市场，此外还有第三市场和第四市场的说法。

1. 初级市场

资金需求者将金融资产首次出售给公众时所形成的交易市场称为初级市场、发行市场或一级市场。金融资产的发行方式主要有两种：一是将金融资产销售给特定的机构；二是将金融资产广泛地发售给社会公众。前者称为私募发行，其发行对象一般为机构投资者；后者称为公募发行，其发行对象为社会公众。私募又分为包销和代销两种。所谓包销，是指金融资产的发行人与银行等金融机构协商，由银行等承销机构按照商定的条件把全部证券承接下来负责对公众销售。包销期满后，不论证券是否已经推销出去，包销机构都要如数付给发行人应得资金。代销则是发行人自己承担全部发行风险，只将公开销售事务委托证券公司等机构来办理的一种方式，代销商销多少算多少，只收取手续费等费用，不承担任何风险。此外还有一种自办发行或称自销的方式，发行人一般通过私下洽商的方式直接销售给为数不多的个人及团体投资者。目前国际流行的是包销方式。

2. 二级市场

证券发行以后，各种证券在不同的投资者之间买卖流通所形成的市场即为二级市场，又称为流通市场或次级市场。它可分为两种：一种是场内交易市场即证券交易所；另一种是场外交易市场。证券交易所是依照国家有关法律规定，经政府主管机关批准设立的证券集中竞价的有形场所。场外交易市场，有时也称柜台交易或店头交易市场，它是在证券交易所之外进行证券买卖的市场，通过证券柜台和电讯方式买卖证券而形成。原则上在场外交易的证券以未上市的证券为主。然而现在情况发生了很大的变化，为数不少的上市证券，尤其是政府债券、公司债券也都纷纷涌入场外交易市场进行交易。

初级市场和二级市场的关系如下：初级市场是二级市场的基础和前提，没有初级市场就没有二级市场；二级市场是初级市场存在与发展的重要条件之一，无论从流动性上还是从价格的确定上，初级市场都要受到二级市场的影响。

除初级市场和二级市场外，在发达的市场经济国家还有第三市场和第四市场的说法，它们实际上都是场外交易市场的一部分。

第三市场是原来在交易所上市的证券移到场外进行交易而形成的市场。第三市场的交易相对于交易所交易来说，具有限制更少、成本更低的优点。

第四市场是投资者和证券的出售者直接交易形成的市场。其形成的主要原因是机构投资者在证券交易中所占的比例越来越大，它们之间的买卖数额很大，因此希望避开经纪人直接交易，以降低成本。

1.4.3 按有无固定场所划分

按照有无固定场所，金融市场可分为有形市场和无形市场。

有形市场是有固定交易场所的市场，固定交易场所一般指的是证券交易所等固定的交易场地。在证券交易所进行交易首先要开设账户，然后由投资者委托证券公司买卖证券，证券公司负责按投资者的指令进行操作。

无形市场是在证券交易所外进行金融资产交易的市场。它的交易一般通过现代化的电讯工具进行。无形市场是一个无形的网络，金融资产及资金可以在其中实现迅速的转移。在现实世界中，大部分的金融资产交易均在无形市场上进行。

1.4.4 按交割方式划分

按照金融工具在金融市场上的交割方式，金融市场可分为现货市场和衍生市场。

1. 现货市场

现货市场（Spot Market）实际上是指即期交易的市场，是金融市场上最普遍的一种交易方式。相对于远期交易市场来说，现货市场指市场上的买卖双方在成交后须在若干个交易日内办理交割的金融交易市场。现货交易包括现金交易、固定方式交易和保证金交易。现金交易是指成交日和结算日在同一天发生的证券买卖；固定方式交易是指成交日和结算日之间相隔几个交易日的交易，这种间隔一般在七天以内；保证金交易也称垫头交易，是指投资者在资金不足又想获得较多投资收益时，采取交付一定比例的现金，其余资金由经纪人贷款垫付，这样来买进证券的一种交易方法。目前现货市场上的大部分交易均为固定方式交易。

2. 衍生市场

衍生市场（Derivatives Market）是各种衍生金融工具进行交易的市场。衍生金融工具是指衍生性金融商品或基础性金融工具创造出的新型金融工具。衍生金融工具一般表现为一些合约，这些合约的价值由其交易的金融资产的价格决定，包括远期合约、期货合约、期权合约等。由于衍生金融工具在金融交易中具有套期保值、防范风险的作用，因此衍生金融工具的种类在不断增多。衍生金融工具同时也是一种投机的对象，其交易中带来的风险也需要引起注意。

1.4.5 按交易中介划分

按交易中介（针对资金来说）划分，金融市场可分为直接金融市场和间接金融市场。

1. 直接金融市场

直接金融市场是指资金供需双方不需要通过中介，直接实现资金的所有权或者使用权从盈余者手中让渡给资金需求方的市场。一般指通过发行债券或者股票等金融工具的方式在市场上筹资的行为。

2．间接金融市场

间接金融市场是通过银行等信用中介机构作为媒介来进行资金融通的市场。在间接金融市场上，资金所有者将手中的资金贷放给银行等信用中介机构，然后再由这些机构转贷给资金需求者。在此过程中，不管这笔资金最终归谁使用，资金所有者都将只拥有对信用中介机构的债权而不能对最终使用者具有任何权利要求。

直接金融市场与间接金融市场的差别并不在于是否有金融中介机构的介入，而主要在于中介机构的特征差异。在直接金融市场上也有金融中介机构，只不过这类公司不是资金的中介，而大多是信息中介和服务中介。

1.4.6　按作用范围划分

按作用范围划分，金融市场可分为国内金融市场和国际金融市场。

1．国内金融市场

国内金融市场是指金融交易的作用范围仅限于一国之内的市场，它除了包括全国性的以本币计值的金融资产交易市场，还包括一国范围内的地方性金融市场。

2．国际金融市场

国际金融市场是金融资产的交易跨越国界进行的市场，是进行金融资产国际交易的场所。国际金融市场有广义和狭义之分。狭义的国际金融市场指进行各种国际金融业务的场所，有时，又称为传统的国际金融市场；广义的国际金融市场则包括离岸金融市场。所谓离岸金融市场，是指非居民间从事国际金融交易的市场，资金来源于所在国的非居民或来自国外的外币资金。离岸金融市场基本不受所在国的金融监管机构的管制，并可享受税收方面的优惠待遇，资金出入境自由。离岸金融市场是一种无形市场。

1.5　金融市场的发展趋势

随着时代的变迁和科学技术的发展，金融市场的需求也在不断变化，现在的金融市场呈现出全球化、自由化、工程化和资产证券化的趋势。

1.5.1　金融全球化

金融全球化是指世界各国/地区在金融业务、金融政策等方面相互交往和协调、相互渗透和扩张、相互竞争和制约已发展到一定的水平，进而使全球金融形成一个联系密切、不可分割的整体。

金融全球化是经济发展到一定阶段的产物。在现在的金融市场，金融业跨国发展，金融活动按全球同一规则运行，同质的金融资产价格趋于等同，巨额国际资本通过金融中心在全球范围内迅速运转，从而形成全球一体化的趋势。

1. 金融全球化的主要表现

金融全球化有多种表现形式。由于金融活动是投资者和融资者通过一定的金融机构，利用金融工具在金融市场进行的资金交易活动，因此金融全球化就是金融活动的全球化。金融活动的全球化主要包括以下几个方面。

（1）资本流动全球化。随着投资行为和融资行为的全球化，投资者和融资者都可以在全球范围内选择最符合自己要求的金融机构和金融工具，资本流动实现了全球化。20 世纪 80 年代以来，国际资本流动呈现出不断加速和扩大的趋势。特别是进入 90 年代后，国际资本以前所未有的数量、惊人的速度和日新月异的形式使全球资本急剧膨胀。从国际债券市场的融资规模来看，包括银行贷款、票据融资和债券发行三项业务的融资额，从 1973 年的 622 亿美元发展到 1996 年的 15 139 亿美元。在国际证券市场上，发达国家证券资本的年平均流出入总额，在 1976—1980 年间为 476 亿美元，而在 1991—1994 年间已增加到 6311 亿美元。共同基金的融资规模更令人惊叹，美国 1970 年的共同基金数为 400 个，资产总额约为 448 亿美元，到 1994 年则相应增加到 5300 个和 21 000 亿美元。在全球外汇市场上，日均交易额 2013 年达到 5.3 万亿美元，2018 年为 6 万亿美元左右。

（2）金融机构全球化。金融机构是金融活动的组织者和服务者。金融机构全球化是指金融机构在国外广设分支机构，形成国际化或全球化的经营。20 世纪 80 年代以来，为了应对日益加剧的金融服务业全球竞争，许多国家的大银行等金融机构竞相以扩大规模、扩展业务范围和推进国际化经营作为自己的战略选择。进入 90 年代后，一些国家先后不同程度放松了对别国金融机构在本国从事金融业务或设立分支机构的限制，从而促进了各国银行向海外的拓展。1997 年末，世界贸易组织成员签署《金融服务协议》，把允许外国在其境内建立金融服务公司并将按竞争原则运行作为加入该组织的重要条件，进一步促进了各国金融业务和机构的跨国发展。近年来，随着全球竞争的加剧和金融风险的增加，国际上许多大银行都把扩大规模、扩展业务以提高效益和增强抵御风险能力作为发展新战略，国际金融市场掀起了声势浩大的跨国并购（兼并和收购）浪潮。金融机构的并购与重组成为金融机构全球化的一个突出特点。全球金融业并购浪潮，造就了众多的巨型跨国银行。银行并购使全球金融机构的数量减少，单个机构的规模相对扩大，银行业的集中度迅速提高。

（3）金融市场全球化。金融市场是金融活动的载体，金融市场全球化的重要表现是金融交易的市场超越时空和地域的限制而趋向于一体。目前全球主要国际金融中心已连成一片，全球各地各类型的金融市场趋于一体，金融市场的依赖性和相关性日益密切。金融市场全球化有两个重要的因素。①放松或取消对资金流动及金融机构跨国/地区经营的限制，即金融自由化。②金融创新，包括新的金融工具、融资方式与服务方式的创造，新技术的应用，新的金融市场的开拓，新的金融管理或组织形式的推行。特别是随着信息通信技术的高度发达和广泛应用，全球金融市场已经开始走向金融网络化，即全球金融信息系统、交易系统、支付系统和清算系统的网络化。全球外汇市场和黄金市场已经实现了每天 24 小时连续不间断交易。世界上任何一个角落有关汇率的政治、经济信息，几乎同步显示在其他国家的银行外汇交易室网络终端的电脑显示器上。人们在远隔重洋的地球两端进行的以亿美元为单位的外汇交易，在数秒钟之内就可以完成。

2．金融全球化的原因

（1）金融管制放松。各国对金融机构跨国/地区经营的限制减少，外汇管制政策的放宽，极大地促进了国际资本的流动及金融市场的国际化。

（2）现代电子通信技术的快速发展。现代计算机及通信技术的发展，使国际金融交易中信息传递更及时、交易成本更低、手续更简便。这构成了现代金融市场全球化的技术基础。

（3）金融创新。在 20 世纪 70 年代以来的国际金融创新浪潮中产生了许多新兴的金融工具，它们有的本身就具有国际性质，如利率互换、货币互换等。此外，高新技术在金融领域的广泛运用及不断创新，能不断地为国际金融交易提供更方便、成本更低的交易手段。

（4）投资主体的变化。国际金融市场的参与者已越来越多样化，特别是各种类型的投资基金的崛起极大地改变了投资结构及交易性质，产生了一批专为套利而参与买卖的机构。这些机构为了获利，必然频频出没于全球各国的金融市场，以寻找获利机会，由此导致的频繁交易更加促进了各国市场间的联系。

1.5.2 金融自由化

金融自由化理论是美国经济学家罗纳德 • 麦金农（R.I.Mckinnon）和爱德华 • 肖（E.S.Shaw）在 20 世纪 70 年代，针对当时发展中国家普遍存在的金融市场不完全、资本市场严重扭曲和患有政府对金融的“干预综合征”而影响经济发展的状况提出的。他们严密地论证了金融深化与储蓄、就业与经济增长的正向关系，深刻地指出金融抑制（Financial Repression）的危害，认为发展中国家经济欠发达是因为存在着金融抑制现象，因此主张发展中国家以金融自由化的方式促进经济增长。

金融自由化也称金融深化，是金融抑制的对称。金融自由化理论主张改革金融制度，改革政府对金融的过度干预，放松对金融机构和金融市场的限制，增强国内的筹资功能以改变对外资的过度依赖，放松对利率和汇率的管制使之市场化，从而使利率能反映资金供求，汇率能反映外汇供求，促进国内储蓄率的提高，最终达到抑制通货膨胀、刺激经济增长的目的。

1．金融自由化的主要表现

（1）减少或取消国与国之间对金融机构活动范围的限制。这是迄今为止金融业务活动全球化的最主要推动因素之一。国与国之间相互开放本国的金融市场，允许外国银行等金融机构在本国经营和国内金融机构一样的业务，并给予外国金融机构优惠的国民待遇，使金融交易急剧活跃，金融的全球化进程大为加快。

（2）对外汇管制的放松或解除。英国已于 20 世纪 70 年代末逐步取消了外汇管制，法国和日本也随后逐渐地予以取消，美国在外汇管制较为宽松的情况下，1990 年又取消了对外资银行账户的某些限制。外汇管制的放松或解除，使资本的国际流动进程大大加快，促进了国际金融的一体化。

（3）放宽金融机构业务活动范围的限制，允许金融机构之间的业务适当交叉。在西方国家，除少数实行全能银行制度的国家如联邦德国、奥地利、瑞士等国家外，绝大多数国家都在 20 世纪 30 年代经济危机经验教训的基础上，建立起严格的分业经营制度，其中一项是银行业务和证券业务的严格分离。但这一管制措施在20世纪70年代末期以来已经有缓和的趋势。特别是进入20世纪80年代后期以来，由于各国间金融竞争的日趋激烈，金融国际化进程的加快，各国为了抢占国际金融市场，提高本国金融机构在国际金融竞争中的地位，已放宽管制限制，尤其在国际金融领域，这些限制已大为放宽。

（4）放宽或取消对银行的利率管制。20世纪80年代，美国取消了“Q条例”所规定的银行存款利率上限。其他一些主要发达国家也纷纷步其后尘，这导致了银行领域内的自由化的快速发展。

除上述内容的管制措施的放宽或解除外，西方国家对金融创新活动的鼓励，对新金融工具交易的支持，实际上也是金融自由化兴起的重要表现。

2. 金融自由化的原因

（1）经济自由主义思潮的兴起。由于20世纪70年代以来西方经济的滞胀，凯恩斯学派的经济思潮受到质疑，代之以新经济自由主义思潮的崛起。如在20世纪70年代前后兴起的货币学派和供应学派都强调市场机制的作用，反对政府的过度干预，这在当时受到了较为广泛的欢迎，从而为金融自由化奠定了理论和实践的基础。

（2）金融创新的作用。20世纪70年代末和80年代初，西方国家出现了恶性通货膨胀，导致市场利率过高，而银行等金融机构受存款利率上限的限制，在市场竞争中处于不利的地位。为了缓解经营困境，并应付来自国内外金融同业之间的竞争，各国纷纷采取金融创新措施以规避管制，加之计算机与通信技术飞速发展，一些新的金融工具不断地被开发出来。这些新的金融工具有效地避开了原有的管制条例，使监管者意识到许多旧的条例已不适应形势的变化，从而在客观上促进了管制的放松。

（3）金融资产证券化和金融全球化。金融资产证券化、金融全球化与自由化是相互促进、相互影响、共同发展的，金融资产证券化过程中不断出现的新型金融工具总体已大大超出了原有管制条例的范围，全球24小时不间断的金融市场交易活动也对资本自由流动和外汇、利率及信贷等管制的放松提出了客观的要求。在国际金融市场的交易中，机会是稍纵即逝的。要参与国际金融的竞争，提高本国金融业在国际市场上的地位，放松管制，推行金融自由化是必然的。

3. 金融自由化的影响

1）金融自由化的积极影响

（1）金融自由化无疑增强了金融市场的竞争性，提高了世界金融市场的效率，促进了世界银行业的发展。金融自由化对所有的金融市场参与者，无论是借款人还是贷款人都既形成了压力也提供了机会，使他们有可能降低成本或提高收益。

（2）人们普遍认为在金融自由化的条件下，金融信息更具公开性，能够更为准确、更为迅速地反映市场的供求状况，也就是资金的稀缺程度，可形成更为有效的价格信号体系。尤为重要的是，金融自由化减少了产品间、银行间的资金流动障碍，从而使资源配置更为接近最优化。

（3）金融自由化为金融企业提供了更多的盈利机会。一方面，金融自由化极大地推动了金融资本的形成，为金融企业提供了更广阔的活动空间；另一方面，分业管理制度的逐步解除为金融企业（尤其是商业银行）提供了更灵活的经营手段。

（4）金融自由化，尤其是分业管理制度的逐步解除，为商业银行在盈利性与安全性之间的平衡选择提供了条件和手段。分业管理制度的建立原本着眼于商业银行的安全性，然而在传统的分业管理制度下，由于商业银行一方面囿于经营手段的匮乏，另一方面还面对着国内外同业的竞争，安全性并未真正得到保障，银行破产倒闭现象层出不穷。在分业管理制度逐步解除之后，商业银行的经营手段大量增加，从而有可能将高风险高收益的产品与低风险低收益的产品合理地搭配起来经营，从而破解两难局面。

（5）金融自由化推动了世界性的金融一体化。随着各国日益敞开本国金融市场的大门，资本流动的速度不断加快，促进了资源在全球内的合理配置，提高了金融效率。

2）金融自由化的负面影响

（1）加大了金融风险。金融自由化可能危及金融体系的稳定，或导致经济危机。对于本国金融市场不规范不健全的国家来说，还可能面临金融市场被外资操纵的局面。另外，利率和汇率管制的解除或导致市场波动幅度剧增。商业银行采纳混业经营模式，实行全能化之后，或大量涉足高风险的业务领域，从而增加了金融动荡和经济危机的可能性。

（2）加大了金融监管的难度。从被监管主体来看，金融自由化会增加被监管对象，又会改变被监管对象的经营行为。从监管内容来看，金融自由化将使原有金融市场的外延有所扩大，金融创新不断推进，同时，金融自由化会使金融监管的国际合作变得必不可少，这些无疑加大了金融监管的难度。在金融自由化的过程中，加强监管是非常重要的，否则将会给经济发展带来严重影响甚至可能发生毁灭性的打击。

总而言之，金融自由化是一把“双刃剑”，既有积极效应，也有负面效应。它废除了扭曲市场机制的政策限制，提高了金融市场的效率；但是，如果没有一个稳定的宏观经济环境，健全的国内市场体系和严格的法律监督管理，金融自由化会使整个金融体系受到威胁。

1.5.3 金融资产证券化

金融资产证券化，是指银行等金融机构或一般企业，通过特殊目的机构（可分为公司形态或信托形态）的创设及其隔离风险的功能，以其持有的各种资产如住宅贷款、信用卡应收账款等，筛选出未来产生现金流量、信用品质易于预测、具有标准特性（例如类似的期限、利率、债务人属性等）的资产作为基础或担保，经由信用增强及信用评级机制的搭配，将该等资产重新组群包装成为单位化、小额化的证券形式，向投资人销售的过程。简单来说，金融资产证券化就是把流动性弱的金融资产转换为流动性较强的证券的过程。

美国是金融资产证券化的发源地，最初是对住宅抵押贷款的证券化。美国的金融资产证券化产品可以按照两种基本方法进行分类：可以按照是否对现金进行重组而分为过手证券和转付证券；也可以按照基础资产类别分为住房抵押贷款支持证券（MBS）和资产支持证券（ABS）两大类。

2003 年，美国 MBS 和 ABS 的总存量约占美国市场债券总存量的 32%，存量规模超过了国债市场。

2005 年，美国 MBS 发行额达 1.92 万亿美元，历史性的较低的抵押贷款利率支持了强劲的住房销售和住房市场的增长，住房销售和抵押发起的高增长为证券化的贷款量提供了坚实的基础。同年 ABS 共发行 1.1 万亿美元，美国中长期债券市场新发行的资产证券化产品超过 3 万亿美元。

金融资产证券化能够建立连接不同金融市场的通道，实现资金优化配置。从宏观角度来看，金融资产证券化也有助于完善现有融资体制，提升效率，改善金融结构和化解金融风险。对于中央银行来说，金融资产证券化不仅有利于强化货币政策传导渠道，提高货币政策的传导效率，而且还可以拓展公开市场操作的工具。同时，金融资产证券化中的风险也表现出复杂性，使政府和金融监管当局在信贷扩张和货币供应量的估计上面临更多问题，金融调控和监管的难度加大。

在全球化背景下，近年来爆发的金融危机使世界各国不仅注重本国范围内金融稳定，也越来越强调国际金融市场的整体稳定性，关注全球性的金融市场监管协调。各国中央银行的金融调控职能中都包含了维护金融市场稳定的内容，作为金融体系的领导者和支付清算体系的监护者，中央银行担负着维护金融市场正常运行的重要职责，是防范整体金融风险的看门人。

1.5.4 金融工程化

金融工程是指用工程思维进入金融领域，综合采用各种工程技术方法（主要有数学建模、数值计算、网络图解、仿真模拟等）设计、开发新型的金融产品，创造性地解决金融问题。这里的新型和创造性指的是金融领域中思想的跃进，对已有观念的重新理解与运用，或者是对已有的金融产品进行分解和重新组合。

金融工程的概念有广义和狭义之分。广义上的金融工程是指一切利用工程化手段来解决金融问题的技术开发，它不仅包括金融产品设计，还包括金融产品定价、交易策略设计、金融风险管理等各个方面。而狭义上的金融工程则主要是指利用先进的数学及通信工具，在各种现有基本金融产品的基础上，进行不同形式的组合分解，以设计出符合客户需要并具有特定属性的新的金融产品。

金融工程化的动力来自 20 世纪 70 年代以来社会经济制度的变革和电子技术的进步。20 世纪 70 年代初，布雷顿森林体系崩溃。之后，汇率的浮动化使国际贸易和国际投资活动的风险加剧，工商企业不仅要应付经营上的风险，还要面对汇率波动的风险。为保证国际贸易和国际投资的稳定，各国货币当局力图通过货币政策控制汇率的波动幅度，其中最常用的是改变贴现率。这样汇率的波动就传导到了利率上。20 世纪 70 年代的另外一个重大的冲击是石油提价引起的基础商品价格的剧烈变动。这些变化共同形成了对风险管理技术的需求。

如果没有电子技术的进步，金融方面的演变将难以发生。今天的金融市场日益依赖于信息的全球传播速度、交易商迅速交流的能力和复杂的计算机分析软件。金融工程采用图解、数值计算和仿真技术等工程手段来研究问题，金融工程的研究直接而紧密地联系着金融市场的实际，而大部分真正有实际意义的金融工程研究，必须有计算机技术的支持。图解法需要计算机制表和作图软件的辅助，数值计算和仿真则需要很强的运算能力，经常用到百万次甚至上亿次的计算。与此同时，电信网络的发展则能够实现即时的数据传送，这样在全球范围内进行交易才成为可能。技术的进步使许多古老的交易思想“旧貌换新颜”，在新的条件下显示出更大的活力，譬如利用股票现货市场与股指期货之间的价格不均衡性来获利的计算机程序交易，其基本的套利策略本身是十分陈旧的，这种策略被应用于谷物交易已经有一个多世纪了，但是将该策略扩展到股票现货与股指期货上则要求复杂的数学建模、高速运算及电子证券交易等条件才能实现。

金融工程化的趋势为人们创造性地解决金融风险提供了空间。金融工程的出现标志着高科技在金融领域内的应用，它大大提高了金融市场的效率。值得注意的是，和金融自由化一样，金融工程也是一把“双刃剑”。1997 年东南亚金融危机中，国际炒家正是利用金融工程来设计精巧的套利和投机策略，从而直接导致这一地区的金融、经济动荡；反之，在金融市场日益开放的背景下，各国政府和货币当局要保卫自己经济和金融的稳定，也必须求助于这种高科技的手段。

本章小结

金融市场是市场经济的一个重要组成部分，有聚集资金、配置资源、调节经济运行、反映经济状况的功能。

金融市场的主体包括居民（在西方称为公众）、工商企业、政府、金融机构及特殊的参与主体——中央银行。金融工具是金融市场的客体，种类繁多，特征主要表现在流动性、期限性、安全性、收益性方面。其中流动性与安全性之间呈同方向变动关系，与收益性之间呈反方向变动关系；期限性与收益性之间呈同方向变动关系，与安全性之间呈反方向变动关系。

金融市场规模庞大，按照不同的分类标准，可以划分为不同的子市场。按照交易标的划分，金融市场可分为货币市场、资本市场、外汇市场、黄金市场；按照金融资产发行和流通特征划分，金融市场可分为初级市场、二级市场，此外还有第三市场和第四市场的说法。

随着经济全球化和信息技术的发展，金融市场也在适应时代的变迁，呈现出全球化、自由化、资产证券化和工程化的趋势。

本章习题

一、选择题。

1．金融市场的功能有（　　）。

A．聚敛功能　　B．配置功能　　C．调节功能　　D．反映功能

2．金融工具的特征有（　　）。

A．流动性　　B．期限性　　C．安全性　　D．收益性

3．金融资产按照发行和流通的特征，可分为（　　）。

A．一级市场　　B．货币市场　　C．二级市场　　D．资本市场

二、简答题。

1．金融市场的参与者主要有哪些？

2．金融市场的组织方式有哪些？

3．联系实际分析金融市场的发展趋势。

4．为什么说金融自由化是一把“双刃剑”？

第二章 金融机构

学习目标

金融市场的运行离不开金融机构的参与。通过金融机构，资金的供给者和需求者融通资金的效率大大提高，金融市场功能得以实现。不同的金融机构组织结构不同、功能不同、业务内容不同、服务领域不同，但都是金融市场不可或缺的组成部分，在各自的领域内发挥着自身的作用。我国的金融机构体系也在不断发展变迁。

通过本章学习，学习者应掌握不同金融机构的功能；理解我国金融机构体系的构成；了解不同金融机构业务的主要内容。

引导案例

我国金融业供给侧改革取得显著成效

2016年，我国金融业积极配合供给侧结构性改革，进一步深化金融改革开放，取得显著成效。

一是银行业改革逐步深化。2016年我国银行业改革发展和监管各项工作取得新成效，实现了银行“十三五”良好开局。支持“三去一补”全面推进，普惠金融全面实施，服务实体经济水平进一步提升。截至2016年12月末，银行业金融机构资产余额226.3万亿元，同比增长15.8%；全年实现净利润2万亿元，同比增长4%。商业银行不良贷款率1.81%，拨备覆盖率175.5%，资本充足率13.3%。2016年四大金融资产管理公司股改收官。经过多年发展，四家金融资产管理公司均已成为国有大型金融控股集团，旗下拥有银行、保险、证券、信托、租赁等金融牌照。随着我国农村经济的发展，农村金融作用的发挥呈现出如下特点：对农村金融的需求有所提高，融资额也在逐年增长；农村金融服务的领域逐步拓宽；农村金融体系在逐步形成。近年来，随着经济发展和金融业改革，越来越多的金融机构正在关注农村，形成以商业性、政策性、合作性金融机构为主体，多种农村金融机构并存的格局。同时，担保公司、民间互助社、典当公司、小额贷款公司等各种农村金融机构逐步产生和发展，使农村金融灵活多样地发挥着作用。不少农村金融机构在巩固传统的负债业务和资产业务的基础上，推出了银行卡、信息咨询、理财业务等金融产品。这些金融产品创新不仅满足了不同人群的多样化需求，改变着农民的传统理财观，同时一定程度上培育了农村金融市场。

2014年，银监会批准了深圳前海微众银行、天津金城银行、温州民商银行、浙江网商银行、上海华瑞银行的筹建。截至2016年底，首批试点5家民营银行资产总额达到1300多亿元，至此银监会共批准筹建 11 家民营银行，其中 6 家已经开业。这些银行探索出了有别于传统银行的发展特色，结合区域经济特点和股东资源优势，提出明确的市场定位和特定战略，开展颇具新意的各项业务，与现有银行实现错位竞争。

二是信托业不失时机地抓住宏观经济运行的积极变化，不断开拓业务空间。2016 年，全国 68 家信托公司管理的信托资产规模保持增长态势，跨入“18 万亿时代”，利润总额实现两位数增长。信托公司的业务拓展能力及与业务协同发展能力不断增强，信托业的资金实力处于提升时期，为今后信托业务转型夯实了实力基础。近年来，在政府出台的一系列利好政策的鼓励下，融资租赁行业呈现出快速发展的良好势头，企业数量、行业实力和业务总量都大幅增加，为整个经济社会的持续稳定发展做出了贡献。从融资租赁规模看，融资租赁行业已形成三分天下的市场格局，其中金融租赁公司市场份额领先，市场占比 39.45%；外商和内资租赁公司的租赁市场份额分别占 30.40%、30.15%。伴随着经济结构调整和我国消费市场的不断成熟，消费金融公司作为与商业银行传统消费信贷业务差异化竞争、互补发展的新型金融主体，已经成为拉动内需、促进消费增长的新抓手。2016 年底，消费金融公司行业资产总额达到 1100 多亿元。

三是保险业加快改革和发展的步伐。保险业始终坚持围绕中心、服务大局、深化改革、加强监管，保险监管和保险行业面貌发生了深刻变化，各方面工作取得突破性进展。2016 年底，我国保险业总资产达到 15.1 万亿元，同比增长 22.2%；全国保费收入从 2011 年的 1.4 万亿元增长到 2016 年的 3.1 万亿元，年均增长 16.8%，保费收入超过日本排名世界第二。全面深化保险监管改革，推动保险监管走向现代化。坚持“放开前端、管住后端”，积极推进保险费率形成机制改革、市场准入退出机制改革、保险资金运用体制改革、保险产品监管改革，正式实施“偿二代”监管制度体系，打造全面服务国家治理体系和治理能力现代化的新格局。个人税收优惠健康保险、巨灾保险工作持续推进，大病保险全面铺开，农业保险覆盖面不断扩大，责任保险产品体系日益健全，保险的经济“助推器”和社会“稳定器”作用日益发挥。

四是证券业积极创新和稳步发展。随着我国经济体制改革的逐步深化，宏观经济快速增长，上市公司股权分置改革、证券公司综合治理等多项基础性制度改革工作基本完成，历史遗留的一些突出制度障碍和市场风险得以化解，我国资本市场发生转折性变化，已初步建立多层次资本市场体系，沪港通、深港通开通并正常运行，宏观经济“晴雨表”作用日渐显现。从 2015 年 11 月股转系统发布分层方案征求意见稿以来，到 2016 年 6 月 27 日新三板分层制度正式实施，新三板进入价值重塑的新常态，新三版挂牌企业从 2015 年的 5129 家发展到 2016 年的 10 163 家。

［资料来源：中金网，中保网，中证网］

2.1　金融机构概述

2.1.1　金融机构的含义

理论界对金融机构的定义有狭义和广义之分。狭义的金融机构，是指以某种方式吸收资金，又以某种方式运用资金，能够提供特定金融产品和服务的金融企业。广义的金融机构，是指从事金融业务，协调金融关系，维护金融体系正常运行的机构。本书介绍的金融机构主要基于狭义口径的定义。

为准确理解金融机构的概念，我们要掌握金融机构以下三个方面的性质。

（1）金融机构是在经济活动中为资金供需双方提供投资、融资服务的机构，也是为资金安全性需求者和其他金融活动参与者提供各种相关服务的机构，而为实体经济部门服务则是金融机构最本质、最基本的职责。在现代经济中，实体经济运行与金融活动已完全融合在一起，加之众多金融机构的出现和金融业务的错综复杂，人们往往扭曲了金融机构的基本性质而追求金融本身的过度繁荣，这也是经济虚拟化程度不断上升和金融危机不断出现的重要原因。因此，强调金融机构为实体经济部门提供投资和融资服务的基本性质，对金融稳定和经济健康发展极为重要。

（2）随着经济和金融的发展，在金融机构提供各种融资、投资工具和各种相关便利而为实体经济部门提供服务的过程中，这种“服务”逐渐具有了“产品”的性质，金融机构便成为提供“金融服务产品”的特殊企业，这类企业及其业务活动也就形成了一种特殊“行业”或“产业”。在现实经济中，金融业被归于服务业的范畴。在国民经济宏观分析中，金融部门作为五大部门之一，与居民部门、企业部门、政府部门和国外部门一起纳入国民经济的宏观分析框架。

（3）在中央银行提供的货币具有无限法偿权力和信用无限创造机制条件下，金融机构的经营行为具有内在的膨胀动力和趋势。因此，金融业是一个充满风险且对整个国民经济影响巨大的行业。

2.1.2　市场上的金融机构

金融机构按照不同的分类标准可以划分为若干种类。国际货币基金组织（IMF）在2000年的《货币与金融统计手册》中，对金融机构做出如下划分。它首先给出并定义了一个概念——金融公司部门（Financial Corporations Sector），该概念包括所有主要从事金融中介或相关辅助性金融活动的公司机构或准公司机构，主要包括：中央银行、其他存款性公司、其他金融性公司（包括保险公司和养老基金、除保险公司和养老基金以外的其他金融中介、金融辅助机构）。

2008年金融危机以后，各国中央银行对金融统计数据缺失问题展开了广泛深入讨论，与此同时，日益发展的非银行金融中介、各种创新型金融产品，以及跨市场、跨产品、跨境资金流动风险，对原有的分类统计提出了新的挑战。为了更好地适应宏观数据分析需要，2012年，国际货币基金组织在华盛顿召开专家小组会议，正式启动了对《货币与金融统计手册》的全面修订工作，进一步细化了金融机构的类别。依据修订，金融公司部门可分为九类，即中央银行、除中央银行以外的存款吸收性公司、货币市场基金、除货币市场基金以外的投资基金、保险公司、养老基金、除保险公司和养老基金以外的其他金融中介、金融辅助机构、受限制性金融机构和货币放款人。同时，为了广义货币的统计需要，将以上九类机构再分为存款性公司和其他金融性公司两大类，其中的存款性公司分为中央银行、除中央银行以外的存款吸收公司和货币市场基金三个子部门。此外，修订中还特别强调了无特殊目的实体、主权财富基金等新型金融机构。

在我国，2010年，中国人民银行发布了《金融机构编码规范》，明确了我国金融机构的涵盖范围，界定了各类金融机构的具体组成。根据《金融机构编码规范》，可以将我国的金融机构分为以下类别：货币当局、监管当局、银行业存款类金融机构、银行业非存款类机构、证券业金融机构、保险业金融机构、交易及结算类金融机构、金融控股公司、其他金融机构等。由于本书介绍的金融机构主要基于狭义口径的定义，因此，本节主要介绍银行业金融机构、证券业金融机构、保险业金融机构等金融机构。

2.2 中央银行

2.2.1 中央银行的功能

中央银行制度是当今大多数国家实行的基本经济制度之一。由于各国历史传统、文化的差异，经济发展水平的不同，中央银行制度也有较大的差异，大致可归纳为以下几种形式。

（1）单一式中央银行制度，包括：①一元式中央银行制度，代表国家有英国、法国、日本、中国；②二元式中央银行制度，代表国家有美国。

（2）复合式中央银行制度，代表国家有俄罗斯。

（3）准中央银行制度，代表国家有新加坡、马尔代夫、斐济。

（4）跨国中央银行制度。实行此制度的国家主要在非洲和东加勒比海地区。

无论采取什么样的形式，中央银行在经济生活中的作用大同小异，主要包括以下方面。

1. 发行的银行

中央银行是发行的银行，是指中央银行接受国家政府的授权，集中和垄断货币发行，是国家唯一的货币发行机构。中央银行集中与垄断货币发行权是作为中央银行最基本、最重要的标志，也是中央银行发挥其全部职能的基础。纵观中央银行发展的历史，垄断货币发行都与中央银行的产生与发展密切相关，中央银行成为发行的银行是在其历史发展过程中逐步形成的。

中央银行垄断货币发行权是统一货币发行与流通和稳定货币币值的基本保证。根据货币流通规律的要求，要保持货币币值的稳定，必须使货币的流通量与商品流通量保持相适应。因此，只有中央银行集中和垄断货币发行，才能根据经济发展的客观状况和商品流通的实际需要，来决定货币的发行，满足经济发展对货币的需求。与此同时，中央银行还必须履行保持货币币值稳定的重要职责，这是社会经济正常运行与发展的一个基本条件。中央银行要根据一定时期内的经济发展需要及物价水平等因素，制定与实施货币政策，用多种手段有效地调控货币供应量，保持货币供应量与客观实际需要量的相对平衡，实现货币币值的基本稳定，并通过货币供应量的变动，作用于社会经济活动，从而实现对国家经济的调节和控制。

中央银行垄断货币发行权是中央银行制定和执行货币政策的基础。中央银行垄断货币发行，其负债中的货币发行才是社会货币供应的源头，货币发行的规模，直接决定了向社会投入的基础货币数量，在货币乘数不变的条件下，基础货币数量越多，货币银行创造的货币也越多。中央银行可以通过改变自身负债影响社会的货币供应量来控制银行信用规模，从而改变市场中货币流通量。

2．政府的银行

中央银行是政府的银行，是指中央银行与政府关系密切。中央银行根据国家法律授权，制定和实施货币金融政策，通过办理业务为政府服务，在法律许可的范围内向政府提供信用、代理政府债券，满足政府的需求，具体体现在下面几个方面。

1）代理国库，管理政府资金

国家财政收支一般都是委托中央银行代理，通过其在中央银行开立的各种账户进行。中央银行充当国库的总出纳，为政府管理资金提供服务，包括：按国家预算要求代收国库库款；按财政支付命令拨付财政支出；向财政部门反映预算收支的执行情况等。

2）代理政府债券发行与兑付

发行政府债券已成为一个国家弥补财政赤字的最主要的方法。为了保证政府债券的顺利发行和兑付，中央银行接受政府的委托，代理政府债券的发行和债券到期时的还本付息等事宜。

3）向政府提供信用

当政府财政收支失衡、收不抵支时，中央银行有责任也有义务为其提供资金融通。其方式主要有如下两种。①在法律许可限度内，直接向政府提供贷款（或透支），但是，只能用于弥补财政收支的临时差额，一般不承担向政府提供长期借款或无限额贷款（或透支）的责任。这主要是为了约束财政赤字的过度扩大和长期出现，避免通货膨胀，保持货币稳定。②购买政府债券。目前大多数国家的中央银行主要通过公开市场业务买卖政府债券。这种购买方式虽不是直接向政府融资，但通过中央银行的买卖行为，扩大了市场的政府债券的容量，增强了社会对政府债券的购买能力。同时，通过公开市场业务买卖，向市场投放基础货币，也有利于新的政府债券的发行和货币供应量的调节。

4）为国家持有和经营管理国际储备

世界各国的国际储备一般都由中央银行持有并进行经营管理。中央银行对国际储备管理的内容包括：①控制和调节国际储备的总量，使之与国内货币发行和国际贸易的对外支付的需要相适应；②控制和调节国际储备资产结构特别是外汇资产结构，使之与国际贸易对外支付货币结构和外债结构相适应；③在保证安全性、流动性的前提下，合理运用外汇储备资产，实现外汇储备资产的保值和增值。

5）代表国家参与国际金融活动

中央银行代表国家参与国际金融活动主要包括：①参加国际金融组织，如国际货币基金组织、世界银行、国际清算银行等世界性金融组织，亚洲开发银行、非洲开发银行、泛美开发银行等区域性金融组织，还有国际性、区域性的各种金融论坛和非正式的协调组织等；②代表政府签订国际金融协定；③参与国际金融事务与活动。

6）为政府金融政策的决策提出建议和参谋

中央银行作为一个国家金融体系的核心，处于社会资金运动的中心环节，是货币信用的调剂中心和社会资金清算中心，能够掌握全国经济金融活动的基本信息和资料，能够比较及时地反映整个经济金融运行状况。因此，当政府制定和决策金融政策时，中央银行能够提供比较全面的信息资料，并提出合理的建议。

7）制定和实施货币政策

中央银行垄断了货币发行，具备实施货币政策的手段，尽管货币政策具有相对独立性，但仍需与政府的总体宏观经济政策相配合，因此，中央银行作为政府的银行的具体表现之一是制定和实施与政府经济政策相配合的货币政策。

8）金融监管

政府对金融业的监管是指政府通过特定的机构（如中央银行）对金融交易行为主体进行的某种限制或规定。金融业存在外部效应、寻租、信息不对称等问题，对其的监管需要较高的技术要求和操作手段，还需要在业务上与银行有着密切的联系，以便通过业务活动来贯彻实施各项政策规定，因此，中央银行来承担对金融业的监管职能是必要的。这些职能具体包括：制定并监督执行有关的金融法规、基本制度、活动准则等，监督管理金融机构的业务活动，管理规范金融市场等。

3. 银行的银行

中央银行是银行的银行，一方面是指中央银行处于商业银行等其他金融机构之上，处于领导地位，并对它们进行监督管理；另一方面是指中央银行的业务对象是商业银行等其他金融机构，集中它们的准备金，对它们提供信用，办理它们之间的资金清算等。“银行的银行”这一功能最能体现中央银行是特殊的金融机构的性质，也是中央银行作为金融体系核心的基本条件，主要表现在三个方面。

1）集中存款准备金

为了保证商业银行和其他存款货币机构的支付和清偿能力，保障存款人的资金安全及合法权益，也为了保障商业银行和其他存款货币机构自身运营的安全，各个国家都通过法律规定，商业银行及其他存款货币机构必须按存款的一定比例向中央银行缴存存款准备金，这样中央银行就具有为商业银行等存款货币机构集中保管存款准备金的特权，成为法定存款准备金的唯一保管者。当商业银行等存款货币机构出现支付和清偿困难时，经过中央银行的认定并批准，商业银行等存款货币机构可以动用其在中央银行的法定存款准备金，以防止因发生挤兑而倒闭。中央银行集中存款准备金的另一个目的是为了调节信用规模和控制货币供应量。中央银行可以根据国民经济发展的需要，通过变更、调整法定存款准备金率，来影响货币乘数，进而改变商业银行等存款货币机构的信用创造能力，达到调控市场货币供应量的目的。因此，中央银行集中存款准备金是现代中央银行调节货币信用规模和货币供应量的重要工具之一。最后，中央银行在集中保管存款准备金的同时，也意味着拥有了对存款准备金的支配权，增强了中央银行的资金实力。

2）充当“最后贷款人”

“最后贷款人”一词是巴奈霍特于 1837 年在其《伦巴街》一书中首次提出的，意指在商业银行或其他金融机构发生资金困难而无法从其他金融市场筹措资金时，向中央银行融资是最后的办法，中央银行对其提供资金支持则是承担“最后贷款人”的角色，否则便会发生困难金融机构的破产倒闭。由此可见，“最后贷款人”的角色确立了中央银行在金融体系中的核心与主导地位，也确立了中央银行对金融机构实施监督管理的必然性和必要性。中央银行作为“最后贷款人”的职能主要表现在以下方面：①当商业银行或其他金融机构在业务经营过程中，出现临时性资金头寸不足时，中央银行可以通过再贴现、再抵押或直接贷款等方式为其提供资金融通；②当商业银行或其他金融机构发生资金周转困难、出现支付危机时，中央银行给予最后的紧急的资金救助，以避免商业银行或其他金融机构频繁破产倒闭而引发系统性或地区性金融危机；③中央银行通过对商业银行或其他金融机构提供资金支持，也可以起到调节银行信用和货币供应量的目的，从而传递和实施金融调控的意图。

3）组织、参与和管理商业银行间的清算

这里的银行间的清算，是指为避免现金支付的麻烦，以转账的形式了结债权债务关系。企业之间因经济往来所发生的债权债务关系一般要通过商业银行来办理转账结算，这样这种企业之间的债权债务关系就转变为商业银行之间的债权债务关系。为了及时结清商业银行之间的债权债务关系，早在1854年英格兰银行就采取了对各银行之间每日清算差额进行结算的做法，后来被其他国家相继效仿而推广开来，特别是在建立了存款准备金制度后，各商业银行都在中央银行开立了账户，并在中央银行拥有存款，这样中央银行就可以很方便地通过商业银行的存款账户划拨款项，办理结算。中央银行组织、参与和管理商业银行间的清算具有安全、快捷、可靠的特点。一方面可以加速资金周转，减少资金在结算中占用的时间，提高资金的利用效率，节约清算费用，提高清算效率；另一方面也有利于中央银行通过清算系统，及时了解和掌握商业银行等金融机构的业务经营状况和资金运行情况，为中央银行加强金融分析和监管提供了条件。目前，绝大多数国家的中央银行都已经成为全国资金清算中心。随着现代电子计算机技术和通信技术在金融领域的广泛运用，清算的准确性、时效性也有了极大的提高，从而进一步推动了全社会资金的加速周转，促进了市场经济的快速发展。

2.2.2 中央银行的资产负债业务

中央银行作为特殊的金融机构，与其他金融机构一样，也具有负债业务、资产业务、中间业务等。尽管各国体制不同，央行业务有差异，但基本业务是相同的。

1. 中央银行的负债业务

1）存款业务

中央银行的存款业务主要包括存款准备金业务和其他存款业务。

（1）存款准备金业务。存款准备金是商业银行等存款货币机构按吸收存款的一定比例提取的准备金。它由三部分组成：一是支付准备金，也称“自存准备”，通常以库存现金的方式存在；二是法定准备金，即依照法律规定，商业银行等存款货币机构必须按某一比例上缴中央银行的部分；三是超额准备金，即在中央银行存款中超过法定准备金的部分称为超额准备金。中央银行的存款准备金主要包括后面两个部分。中央银行可做出的存款准备金规定包括：存款准备金比率及其调整幅度的规定；按存款的类别规定准备金比率；按金融机构的信用创造能力不同规定不同的比率；规定可充当存款准备金资产的内容；确定存款准备金计提的基础。

（2）其他存款业务。中央银行吸收的存款包括政府存款、外国存款和特种存款等。其中特种存款是中央银行直接信用控制方式之一，是中央银行调整信贷资金结构和信贷规模的重要工具。

2）货币发行业务

（1）货币发行业务的含义。从货币发行的不同角度来看，它有不同的含义。若从货币发行的过程来看，货币发行是从中央银行的发行库通过其他金融机构的业务库流到社会；若从货币发行的结果来看，货币发行是指货币从中央银行流出的数量大于从流通中回笼的数量。它们通常都被称为货币发行。

（2）货币发行的原则。货币发行的原则主要包括垄断发行原则、信用保证原则和弹性发行原则。

垄断发行原则是指货币发行权高度集中于中央银行。货币的垄断发行，有利于统一国内的通货形式，避免多头发行造成的货币流通混乱；有利于控制货币的发行和流通；有利于中央银行制定和执行货币政策，灵活有效地调节流通中的货币量。

信用保证原则是指货币发行要有一定的黄金或有价证券作保证，即通过建立一定的发行准备制度，以保证中央银行独立发行。在现代不兑现信用货币制度下，货币发行要受到国民经济发展水平的制约，为了保证货币发行数量不超过经济发展的客观需要，必须制定某种强有力的货币发行准备制度，使货币的发行有可靠的信用和制度保证。

弹性发行原则是指货币发行要具有一定的伸缩性和灵活性。经济活动是千变万化的，因此，要保证货币供应量适应经济状况变化的需要，货币发行就应当有一定的弹性。既要充分满足经济发展的要求，避免因货币供应不足而导致通货紧缩与经济衰退；也要严格控制货币发行数量，避免因货币供应过多而造成通货膨胀与经济混乱。

3）其他负债业务

中央银行除了存款、货币发行等主要业务，还有如发行中央银行债券、对外负债业务和资本业务等其他一些业务也可以成为中央银行的资金来源，并引起中央银行资产负债表负债方的变化。

（1）发行中央银行债券。许多发展中国家在由直接调控转向间接调控的过程中，由于金融市场不发达，特别是国债市场不发达，中央银行缺乏公开市场操作所需要的有价证券，在这种情况下，中央银行往往发行债券作为公开市场操作的主要对象。发行中央银行债券是中央银行的一种主动负债业务。中央银行债券发行的对象主要是国内金融机构。中央银行发行债券的目的主要有两个：一是针对商业银行等金融机构超额储备过多的情况，发行债券以减少它们的超额储备，从而有效地控制货币供应量；二是以此作为公开市场操作的工具之一，通过中央银行债券的市场买卖行为，灵活地调节货币供应量。一般说来，当中央银行买进已发行债券时，商业银行等金融机构的超额储备增加，货币供应量增加；当中央银行卖出其债券时，商业银行等金融机构的超额储备减少，货币供应量减少。然而，中央银行必须为所发行的债券支付利息，因此，该项业务的成本较高。

（2）对外负债业务。中央银行的对外负债业务主要包括从国外银行借款、对外国中央银行的负债、向国际金融机构贷款、在国外发行中央银行债券等。各国中央银行对外负债的目的主要是为了平衡国际收支、维持本币汇率水平、应付货币危机或金融危机。如在 1997 年东南亚爆发的金融危机中，许多国家都向国际金融机构借款，以干预外汇市场，维持汇率水平，这对尽快克服金融危机起到了重要作用。

（3）资本业务。中央银行的资本业务就是筹集、维持和补充自有资本的业务。中央银行自有资本的形成主要有政府出资、私人持股、公私合股等多种类型。为了保持增资以后股权结构不变，中央银行补充自有资本的渠道和方法也受其出资方式所决定。当然，由于中央银行的特殊地位和法律特权，其资本金的作用很小，有的国家中央银行甚至没有资本金，因此，中央银行资本业务的重要性不能与一般金融机构相提并论。

2. 中央银行的资产业务

中央银行的资产，是指中央银行所持有的各种债权。中央银行主要的资产业务包括再贴现业务、贷款业务、证券买卖业务、国际储备业务等。

1）中央银行的再贴现与贷款业务

作为“银行的银行”，中央银行一方面吸收商业银行等金融机构的存款，另一方面以再贴现和贷款为主要方式为后者提供资金融通。同时，再贴现和贷款业务也是中央银行投放基础货币的重要途径。

（1）再贴现业务。再贴现也称重贴现，是指商业银行等金融机构将通过贴现业务所持有的尚未到期的商业票据向中央银行申请转让，中央银行据此以贴现方式向其融通资金的业务。对于中央银行而言，接受再贴现即为买进商业银行等金融机构已经贴现的商业票据，付出资金；对于申请贴现的商业银行等金融机构而言，则是卖出票据，取得资金。

只有在中央银行开立了账户的商业银行等金融机构才能够成为再贴现业务的对象。我国《商业汇票承兑、贴现与再贴现管理暂行办法》规定，再贴现的对象是在中国人民银行及其分支机构开立存款账户的商业银行、政策性银行及其分支机构。对非银行金融机构再贴现，须经中国人民银行总行批准。

一般而言，中央银行设立再贴现窗口，受理、审查、批准商业银行等金融机构的再贴现申请，并经办有关的再贴现业务。商业银行等金融机构必须以已办理贴现的未到期的合法票据，申请再贴现。中央银行接受商业银行等金融机构所提出的再贴现申请时，主要审查票据的合理性和申请者资金营运状况，确定是否符合再贴现的条件。若审查都一致通过，商业银行等金融机构则在票据上背书并办理再贴现手续。

再贴现时实付的金额按原承兑汇票票面金额扣除再贴现利息计算：

$$再贴现实付金额=票据面额-贴息额$$

$$贴息额=票据面额\times日贴现率\times未到期天数$$

$$日贴现率=年贴现率\div360=月贴现率\div30$$

大多数国家的再贴现利率是一种基准的官定利率，它是根据国家的政策所规定的，在一定程度上反映着中央银行的政策意向，其他各种利率依据再贴现变动而调整。在有些国家，再贴现利率在任何时候都保持在比短期市场利率更高一水平上，这时，它是作为一种“惩罚性利率”，来限制商业银行等金融机构过多地向中央银行融通资金。有些国家还对不同期限、不同种类的票据，规定了不同的再贴现利率。一般而言，再贴现利率是采取定期挂牌的方法公布的。再贴现利率的调整，一般都作为实现货币政策的手段。

（2）贷款业务。中央银行贷款业务是指中央银行采用信用放款或者抵押放款的方式，对商业银行等金融机构、政府及其他部门进行贷款。它是中央银行主要的资产业务之一，也是中央银行向社会提供基础货币的重要渠道。中央银行的贷款业务包括对商业银行等金融机构的放款；对非货币金融机构的贷款；对政府的放款；其他放款等。

2）中央银行的证券买卖业务

中央银行买卖证券的目的在于调节和控制货币供应量或者市场利率。这主要通过两个途径来实现：其一，中央银行在公开市场上买进证券就是直接投放了基础货币，而卖出证券是直接回笼了基础货币；其二，中央银行通过买卖不同期限的有价证券来影响利率的水平和结构，进而影响对不同利率有不同敏感性的贷款与投资，达到调控货币供应量或市场利率的目的。

中央银行在证券的买卖过程中会获得一些证券买进或卖出的价差收益，但就中央银行自身的行为而言，其目的主要在于通过对货币量的调节，以影响整个宏观经济。中央银行的证券买卖业务一般通过公开市场进行。

3）中央银行的黄金外汇储备业务

各国中央银行从国家利益考虑，从稳定本国货币出发，从加强国际经济往来着想，都要保留一定数量的黄金和外汇储备。在金本位制条件下，保留黄金外汇储备主要是为了银行券兑付的需要；在不兑换的信用货币条件下，中央银行保留黄金外汇储备主要是作为国际支付的保证金，并且成为一国对外经济交往实力的象征。由于黄金和外汇是国际支付手段，各国都把它们作为储备资产，由中央银行保管和经营，以便在国际收支发生逆差时，用来清偿债务。

2.3　商业银行

商业银行是现代金融体系中非常重要的金融机构，在现代经济社会中发挥着十分重要的作用。商业银行是一种特殊的企业，它经营存款货币、以多种金融负债筹集资金、能利用负债进行信用创造，并以多种金融资产作为经营对象，向客户提供多元化金融服务。商业银行伴随市场经济产生和发展，同时对社会经济发展起着重要的作用。

《中华人民共和国商业银行法》规定：“商业银行是指依照本法和《中华人民共和国公司法》设立的吸收公众存款、发放贷款、办理结算等业务的企业法人。”

2.3.1　商业银行的功能

1. 信用中介

商业银行的信用中介功能是指商业银行通过负债业务筹集各种闲散货币资金，再通过其资产业务把资金投向资金短缺部门。通过信用中介功能，商业银行在国民经济当中起到了支持储蓄向资本转化，优化资源配置，满足多元化资金需求，调节经济的作用。

2. 支付中介

商业银行的支付中介功能是指商业银行通过银行账户管理，为客户办理各种货币结算、货币收付、货币兑换和资金转移等业务。通过发挥支付中介功能，商业银行成了整个社会经济活动的出纳中心、支付中心，担当了企业、政府、家庭个人的货币保管者、出纳者和支付代理人。商业银行持续发挥自身的支付中介功能，起到了降低经济运行成本、节约社会流通费用、加速资金周转、提高经济运行效率的作用，同时也使商业银行拥有了稳定的廉价资金来源，扩大了商业银行的利益空间。

3. 信用创造

商业银行的信用创造功能是指商业银行利用其可以吸收存款货币的独特制度性优势，通过存款和贷款的循环创造了信用货币，衍生出更多的存款，从而扩大社会货币供应量。

信用创造功能是商业银行的特殊功能，商业银行利用吸收的存款在保证存款准备金的基础上发放贷款，贷款进一步转化为派生存款，派生存款又可以进一步放贷，从而带来商业银行存款倍数增加，制度性地创造了货币供应量。

商业银行通过信用创造功能，为社会提供流通手段和支付手段，节约现金使用，节约流通费用，扩大社会信用规模；同时传导中央银行货币政策，实现对经济的调节。

4．金融服务

商业银行基于信用中介、支付中介和信用创造的独特功能，通过其人员、机构、网点和先进技术手段，除开展存款、贷款业务之外，还发展各种代理类服务、担保类服务、承诺类服务，甚至扩展到保险、基金、信托、证券业务，为社会提供相对全面的金融服务功能。

商业银行发挥金融服务功能，促进了社会分工，改善了社会的福利，使其在国民经济中拥有特殊的地位。同时，商业银行为了实现利润最大化，不断地创新金融产品，为社会提供新的金融服务，也为商业银行带来了更广阔的低风险盈利空间。

2.3.2 商业银行的资产负债业务

1．商业银行的负债业务

商业银行负债是指商业银行在经营活动中产生的、尚未偿还的经济义务。商业银行的负债具有以下特点：这些经济义务可以用货币确定，即数量必须能够用货币来计量；这些经济义务一定是现实存在且尚未了结，需要用银行的资产或通过提供劳务进行偿还，那些虽已发生但已了结，或将来可能发生但尚未形成现实存在的经济义务不属于银行负债；这些经济义务必须在偿付后才能消失。

1）商业银行的存款业务

商业银行的存款业务主要包括两大类：传统类存款和创新型存款。传统类存款包括活期存款、定期存款。创新型存款主要有大额可转让定期存单、可转让支付命令账户、货币市场存款账户、自动转账服务账户、协定账户、个人退休金账户、股金提款单账户、与物价指数挂钩的指数存款账户等。

2）向中央银行借款

商业银行向中央银行借款是指商业银行作为借款人向中央银行获得融通资金。商业银行向中央银行借款主要有两条途径：再贴现和再贷款（“再贴现”可见 2.2.2 节中央银行的资产负债业务中的介绍）。

向中央银行借款，既是商业银行从外部获得资金来源的一条重要途径，也是中央银行实行宏观调控政策意图的途径与手段之一。基于这种业务的特点，商业银行在做出向中央银行借款的决策时，需要考虑以下几个因素：中央银行的货币政策或宏观调控政策的意图；各种获得资金渠道的比较与选择；银行资金运用的途径与方向。

我国中央银行再贷款的基本类型，主要包括以下三种：①年度性贷款，期限为 1 年，最长不超过 2 年；②季节性贷款，期限为 2 个月，最长不超过 4 个月；③日拆性贷款，主要用于解决银行因汇划账款未达、票据清算等原因造成的临时性资金的短缺，期限一般为 10 天，最长不超过 20 天。

3）同业拆借

同业拆借是指商业银行与其他金融机构之间的临时性借款，主要用于支持银行资金周转、弥补银行暂时的资金短缺。同业拆借期限一般较短，多在 7 日之内，最短可以为 1 天或 1 夜，因此也被称为隔日放款、隔夜放款或“日拆”，拆借是在会员银行之间通过银行间的资金拆借系统完成的。

同业拆借具有同业性和批发性、短期性和主动性、市场化、交易无担保性、不需要向央行缴纳存款准备金等特点。

4）回购业务

回购业务也称证券回购或回购协议，是指银行在出售有价证券等金融资产时，与购买金融资产的一方签订协议，约定在一定的期限后按协议价格购回所售证券。因此，这项业务相当于银行以所售证券为抵押，获取贷款，有价证券卖出与买入之间的价格差可视为贷款利息。证券回购业务大多在银行同业之间进行，中央银行也可以利用公开市场操作进行证券回购交易来调节商业银行的超额准备金，实现货币政策目标。

除上述负债业务外，商业银行的负债业务还包括其他短期借入资金，主要包括转贴现和转抵押、从国际金融市场取得的贷款及结算过程中的短期资金占用；商业银行的其他长期借入资金主要指银行发行的长期金融债券。

2. 商业银行的资产业务

商业银行资产业务是传统银行机构的主营业务，是其主要收入渠道。商业银行的业务收入包括资产收益和其他业务收入。资产收益是指银行从资产业务（放款和投资）中获得利差收益，而其他业务收入则是从银行各项金融服务中获取的收益。

1）现金资产业务

商业银行经营的是货币资金，为应付存款提取及贷款需求，能够直接满足流动性需求的现金资产管理是商业银行管理的最基本组成部分。

现金资产是银行持有的库存现金及与现金等同的可随时用于支付的银行资产，主要包括库存现金、在中央银行存款、存放同业存款、在途资金等。

2）信贷资产业务

商业银行贷款是指商业银行作为贷款人，按照一定的贷款原则和政策，以还本付息为条件，将一定数量的货币资金提供给借款人使用的一种借贷行为。商业银行贷款由贷款的对象、条件、用途、期限、利率和方式等因素构成，而这些因素的不同组合，就形成了不同的贷款种类。不同的贷款分类方法对于银行业务经营与管理又具有不同的意义。

信贷业务是商业银行资产业务中最重要的业务，作为资金运用的具体形式，有多种划分类型。比如，按照期限长短可分为长期贷款（3 年以上）、中期贷款（1～3 年）和短期贷款（1 年以内）；按照贷款对象可分为工商贷款、农业贷款、消费贷款等；按照贷款担保形式可分为贴现贷款、抵质押贷款、担保贷款、信用贷款等。无论怎样划分，贷款的质量都是最重要的。因此，贷款风险管理是商业银行经营管理的重中之重。

商业银行贷款应遵循以下原则。①利润最大化原则。在进行贷款定价时，银行首先必须确保贷款收益足以弥补资金成本和各项费用，在此基础上，尽可能实现利润的最大化。②扩大市场份额原则。在金融业竞争日益激烈的情况下，商业银行要生存、发展，除了在业务类型方面不断拓展，还应该在信贷市场份额方面不断扩展。③保证贷款安全原则。贷款业务既是银行主要的营利性资产业务，同时也是银行的一项风险性业务。因此，银行在贷款定价时，必须遵循风险与收益对称原则，以确保银行贷款的安全性。④维护银行形象原则。作为经营信用业务的企业，良好的社会形象是商业银行生存与发展的重要基础。

3）投资资产业务

商业银行的投资资产业务是商业银行利用自有资金进行的购买证券的行为，各国金融管理当局对商业银行的投资行为和投资对象制定了相应的限制政策，各国商业银行在进行投资时的主要对象是政府债券，包括中央政府债券和地方政府债券。企业发行的证券，包括发行的股票和债券都在限制之列。

2.3.3 商业银行的表外业务

所谓表外业务（Off-Balance Sheet Activities，OBS），是指商业银行所从事的，按照通行的会计准则不列入资产负债表内，不影响其资产负债总额，但能影响银行当期损益，改变银行资产报酬率的经营活动。

表外业务有狭义和广义之分。狭义的、通常提及的表外业务是指那些虽未列入资产负债表，但同表内的资产业务或负债业务关系密切的业务，包括贷款承诺业务、担保业务、金融衍生工具交易等。广义的表外业务包括狭义的表外义务和无风险金融服务类业务（也称中间业务），如支付结算、代理、信托、租赁、咨询、与贷款有关的组织及审批业务等。

表外项目被称为“或有负债”和“或有资产”项目，或者叫“或有资产和负债”。

2.4 保险公司

2.4.1 保险公司的含义

1. 保险公司

保险公司是依法设立的公司法人。保险公司收取保费，将保费所得资本投资于债券、股票、贷款等资产，运用这些资产所得收入支付保单所确定的保险赔偿。

2. 保险合同

保险公司经营的产品就是保险合同。《中华人民共和国保险法》第十条规定，保险合同是投保人与保险人约定保险权利义务关系的协议。该定义揭示了保险合同的基本内涵，即根据当事人双方的约定，投保人支付保险费给保险人，保险人在保险标的发生约定事故时，承担经济损失补偿责任，或者当约定事件发生时，承担给付保险金义务。

2.4.2 保险公司的经济功能

保险公司的经济功能在其履行保险职能的过程中得到体现。

1．基本职能

保险的基本职能就是保险的原始职能与固有职能，它不因时间的推移和社会形态的不同而改变。保险的基本职能包括以下两项。

1）补偿损失职能

保险是在特定风险损害发生时，在保险的有效期和保险合同约定的责任范围及保险金额内，按其实际损失数额给予赔付。这种赔付原则使已经存在的社会财富因灾害事故所致的实际损失在价值上得到补偿，在使用价值上得以恢复，从而使社会再生产过程得以连续进行。保险的补偿职能，只是对社会已有的财富进行再分配，而不能增加社会财富。这种补偿既包括财产损失的补偿，又包括了责任损害的赔偿。

2）经济给付职能

财产保险与人身保险是两种性质完全不同的保险。由于人的价值是很难用货币来计价的，所以人身保险是经过保险人和投保人双方约定进行给付的保险。因此，人身保险的职能不是损失补偿，而是经济给付。

2．派生职能

随着保险内容的丰富和保险种类的增多，保险的职能也有了新的发展，出现了派生职能。保险的派生职能主要有以下两项。

1）防灾防损职能

防灾防损是风险管理的重要内容，由于保险的经营对象就是风险，因此，保险本身也是风险管理的一项重要措施。保险公司为了稳定经营，要对风险进行分析、预测和评估，看哪些风险可作为承保风险，哪些风险可以进行时空上的分散等。而通过人为的事前预防，可以减少损失的发生。由此，保险又派生了防灾防损的职能。而且，防灾防损作为保险业务操作的环节之一，始终贯穿在整个保险工作之中。

从承保到理赔，保险公司要对风险进行识别、衡量和分析，因此，保险公司积累了大量的损失统计资料，其丰富的专业知识有利于开展防灾防损工作，进而履行其防灾防损的社会职责。

从保险自身的经营稳定和收益角度来讲，保险公司通过积极防灾防损，可以减少保险的风险损失，增强其财务的支付能力，并增加保险经营的收益。

保险公司加强防灾防损工作，也能积极有效地促进投保人的风险管理意识，从而促使其加强防灾防损工作。

2）融资职能

保险的融资职能，就是保险融通资金的职能或保险资金运用的职能。保险的补偿与给付的发生具有一定的时差性，这就为保险人进行资金运用提供了可能。同时，保险人为了使保险经营稳定，必须壮大保险基金，这也要求保险人对保险资金进行运用。因此，保险又派生了融资的职能。而且，资金运用业务与承保业务并称为保险公司的两大支柱。

保险融资的来源主要包括资本金、总准备金或公积金、各项保险准备金及未分配的盈余。保险融资的内容主要包括银行存款、购买有价证券、购买不动产、各种贷款、委托信托公司投资、经管理机构批准的项目投资及公共投资、各种票据贴现等。

2.4.3 保险投资

1. 保险投资的含义

保险投资指保险公司在组织经济补偿过程中，将积聚的各种保险资金加以运用，使资金增值的活动。

2. 保险投资的渠道和范围

我国保险投资渠道的演变历程如下。

1995 年，《中华人民共和国保险法》第一百零四条规定：保险公司的资金运用，限于在银行存款、买卖政府债券、金融债券和国务院规定的其他资金运用形式；保险公司的资金不得用于设立证券经营机构和向企业投资。

1998 年 10 月，保险公司获批加入全国银行间同业拆借市场，不过仅可从事债券现券交易。

1999 年 7 月，保险公司获批在国务院批复的额度内购买信用等级在 AA+以上的中央企业债券，并可对沪深证券交易所上市的债券进行交易，单购买的企业债券不得超过该公司资产的 10%。8 月，保险公司获批在全国银行间同业拆借市场办理债券回购业务，交易期限最长为 1 年。10 月，保险资金可通过购买债券投资基金间接进入证券市场，其后比例逐渐提高。

2000 年，中国保监会先后批复泰康人寿、华泰财产保险等多家保险公司投资于证券投资基金的比例提高至不超过上年末总资产的 10%。2001 年 3 月，中国保监会将平安、新华、中宏等三家保险公司的投资连结保险在证券投资基金上的投资比例从 30%放宽至 100%。2001 年 8 月，有关保险公司申请设立债券投资基金和基金管理公司的报告递交政府有关部门。

2001 至 2002 年，中国人寿、中国人保、中国再保险、平安、太平洋、华泰等国内大型保险公司都建立了人、财、物相对独立的保险投资管理机构。

2002 年，修正的《中华人民共和国保险法》第一百零五条规定：保险公司的资金运用，限于在银行存款、买卖政府债券、金融债券和国务院规定的其他资金运用形式；保险公司的资金不得用于设立证券经营机构，不得用于设立保险业以外的企业；保险公司运用的资金和具体项目的资金占其资金总额的具体比例，由保险监督管理机构规定。

2003 年 6 月，经国务院批准，中国保监会公布新的《保险公司投资企业债券管理暂行办法》。我国保险业投资企业债券的范围，由只允许投资三峡、铁路、电力、移动通信等中央企业债券，扩大到自主选择购买经国家主管部门批准发行，且经监管部门认可的信用评级在 AA 级以上的企业债券；保险公司投资企业债券的比例由之前不得超过总资产的 10%，提高到 20%。

2004年，《保险公司管理规定》发布，根据第八十条规定，保险资金运用方式限于银行存款、买卖政府债券、买卖金融债券、买卖企业债券、买卖证券投资基金以及国务院规定的其他资金运用方式；保险公司运用保险资金投资的具体方式、具体品种的比例以及认定的最低评级，应当符合中国保监会有关规定。

2004年，《保险机构投资者股票投资管理暂行办法》发布，保险资金被允许直接入市，可以投资股票上限为5%。2005年2月后一系列配套措施打通了保险资金直接入市的通道。

2006年10月，《关于保险机构投资商业银行股权的通知》下发，保险机构可以投资境内国有商业银行、股份制商业银行和城市商业银行等未上市银行的股权。保险机构投资银行股权应当遵循审慎原则，按照资产负债匹配管理要求，严格选择投资对象，慎重确定投资方式，合理安排投资额度，妥善配置各类资金，确保投资符合公司战略，支持主营业务发展，提高核心竞争能力，切实维护公司股东和被保险人权益。

2010年8月5日，中国保监会发布《保险资金运用管理暂行办法》，针对2002年修正的《中华人民共和国保险法》中放开的不动产投资和股权投资两大渠道，首次明确了投资比例上限。8月11日，中国保监会发布《关于调整保险资金投资政策有关问题的通知》，明确规定：保险公司应根据权益类投资计划，在上季末总资产20%的比例内自主投资股票和股票型基金；投资证券投资基金的余额，不超过该保险公司上季末总资产的15%，且投资证券投资基金和股票的余额，合计不超过该保险公司上季末总资产的25%。9月3日，中国保监会同时发布《保险资金投资不动产暂行办法》和《保险资金投资股权暂行办法》。

2012年6月，中国保监会下发13个关于保险资金运用的规范文件的征求意见稿。截至2013年3月，已陆续发布《保险资金投资债券暂行办法》《关于保险资金投资股权及不动产有关问题的通知》《保险资金委托投资管理暂行办法》《保险资产配置管理暂行办法》《保险资金参与股指期货交易规定》《保险资金参与金融衍生产品交易暂行办法》《保险资金境外投资管理暂行办法实施细则》《基础设施债权投资计划管理暂行办法》《关于保险资金投资有关金融产品的通知》《关于保险资产管理公司开展资产管理产品业务试点有关问题的通知》等10项政策。这些政策的实施，扩大了保险资金的可投资范围，降低了投资门槛。

2.5 证券公司等证券服务机构

2.5.1 证券公司的含义与功能

1. 证券公司的含义

证券公司是依法设立的经营证券业务的公司。

美国对证券公司的通俗称谓是“投资银行”，英国则称之为“商人银行”。

证券公司分为证券经营公司和证券登记公司。狭义的证券公司是指证券经营公司，它具有证券交易所的会员资格，可以承销发行、代理买卖或自营兼代理买卖证券等业务。普通投资人的证券投资都要通过证券公司来进行。

证券公司是证券市场重要的中介机构，在证券市场的运作中发挥着重要作用。一方面，证券公司是证券市场投融资服务的提供者，为证券发行人和投资者提供专业化的中介服务，如证券发行和上市保荐、承销，代理证券买卖等；另一方面，证券公司也是证券市场重要的机构投资者。此外，有些证券公司还通过资产管理方式，为投资者提供证券及其他金融产品的投资管理服务。综上所述，证券公司在证券市场中扮演着重要角色。

2．证券公司的功能

1）媒介资金供需

证券公司作为资金供需双方的媒介，加速了资金从盈余者手中向资金需求者手中转移的效率，在二级市场上，有了证券公司的参与，也使证券的变现效率提升，同时让初级市场的筹资功能得以实现。

2）优化资源配置

证券公司作为承销商，在进行承销业务对象选择时，会注重公司的盈利水平，并根据二级市场价格对股票合理定价，发挥了优化资源配置的职能。

3）维护证券市场有序发展

证券公司是证券市场的参与者，具有维护证券市场稳定的职责，并对维护市场供需平衡起到了重要作用。

专业性的证券公司，作为融资融券市场的窗口，可以掌握市场的融资融券情况，便于在监管部门的指导下完成融资融券服务。中央银行通过货币政策调整，可以有效调控证券市场。总之，证券公司的性质、地位及其与监管部门的关系决定了其在提供服务时将履行严格的自律准则，降低风险并防范不规范行为的发生。

2.5.2 证券公司的设立

1．证券公司设立条件

《中华人民共和国证券法》对证券公司的设立条件做出了如下规定：

① 有符合法律、行政法规规定的公司章程；

② 主要股东具有持续盈利能力，信誉良好，最近 3 年无重大违法违纪记录，净资产不低于人民币 2 亿元；

③ 有符合本法规定的注册资本；

④ 董事、监事、高级管理人员具备任职资格，从业人员具有证券从业资格；

⑤ 有完善的风险管理与内部控制制度；

⑥ 有合格的经营场所和业务设施；

⑦ 法律、行政法规规定的和经国务院批准的国务院证券监督管理机构规定的其他条件。

2. 注册资本要求

根据《中华人民共和国证券法》，证券公司的注册资本最低限额有人民币 5000 万元、1 亿元和 5 亿元三个标准。

① 证券公司经营证券经纪、证券投资咨询和与证券交易、证券投资活动有关的财务顾问业务中的一项或数项的，注册资本最低限额为人民币 5000 万元。

② 证券公司经营证券承销与保荐、证券自营、证券资产管理和其他证券业务中的任何一项业务，注册资本最低限额为人民币 1 亿元。

③ 证券公司经营证券承销与保荐、证券自营、证券资产管理以及其他业务中的任何两项以上的业务，注册资本最低限额为人民币 5 亿元。

证券公司的注册资本应当是实缴资本，证券监督管理机构根据审慎监管原则和各项业务的风险程度，可以调整注册资本最低限额，但不得低于上述限额。

根据《证券公司监督管理条例》第十条规定，有下列情形之一的单位或者个人，不得成为持有证券公司 5%以上股权的股东、实际控制人：

① 因故意犯罪被判处刑罚，刑罚执行完毕未逾 3 年；

② 净资产低于实收资本的 50%，或者或有负债达到净资产的 50%；

③ 不能清偿到期债务；

④ 国务院证券监督管理机构认定的其他情形。

3. 证券公司设立及重要事项变更审批要求

证券公司设立及重要事项变更审批要求如下。

（1）行政审批程序。证券监督管理机构应当自受理证券公司设立申请之日起 6 个月内，依照法定条件和法定程序并根据审慎监管原则进行审查，做出批准或者不予批准的书面决定，并通知申请人，不予批准的，应当说明理由。

（2）重要事项变更审批要求。证券公司设立、收购或者撤销分支机构，变更业务范围或者注册资本，变更持有 5%以上股权的股东或实际控制人，变更公司章程中的重要条款，合并、分立、变更公司形式，停业、解散、破产，必须经证券监督管理机构批准。证券公司在境外设立、收购或者参股证券经营机构，必须经证券监督管理机构批准。

2.5.3 证券公司的业务

1. 证券经纪业务

证券经纪业务就是代理买卖证券业务，是指证券公司接受客户委托代客户买卖有价证券的业务。

证券经营机构在从事证券经纪业务时禁止有如下行为。

① 挪用客户所委托买卖的证券或者客户账户上的资金；或将客户的资金和证券借与他人，或者作为担保物或质押物；或违规向客户提供资金或有价证券。

② 侵占、损害客户的合法权益。

③ 未经客户的委托，擅自为客户买卖证券，或者假借客户的名义买卖证券；违背客户的委托为其买卖证券；接受客户的全权委托而决定证券买卖、选择证券种类、决定买卖数量或者买卖价

格；代理买卖法律规定不得买卖的证券。

④ 以任何方式对客户证券买卖的收益或者赔偿证券买卖的损失做出承诺。

⑤ 为牟取佣金收入，诱使客户进行不必要的证券买卖。

⑥ 在批准的营业场所之外私下接受客户委托买卖证券。

⑦ 编造、传播虚假或者误导投资者的信息；散布、泄露或利用内幕信息。

⑧ 从事或协同他人从事欺诈、内幕交易、操纵证券交易价格等非法活动。

⑨ 贬损同行或以其他不正当竞争手段争揽业务。

⑩ 隐匿、伪造、篡改或者毁损交易记录。

⑪ 泄露客户资料。

2. 证券投资咨询业务

证券投资咨询业务，是指取得监管部门颁发的相关资格的机构及其咨询人员，为证券投资者或客户，提供证券投资的相关信息、分析、预测或建议，并直接或间接收取服务费用的活动。

证券公司从事投资咨询业务，应当有 5 名以上取得证券投资咨询从业资格的专职人员，其高级管理人员中，至少应有 1 名取得证券投资咨询从业资格。同时，证券公司应有健全的内部管理制度。

根据服务对象的不同，证券投资咨询业务可以分为：面向公众的投资咨询业务；为签订了咨询服务合同的特定对象提供的投资咨询业务；为本公司投资管理部门、投资银行部门提供的投资咨询服务。

3. 与证券交易、证券投资活动有关的财务顾问业务

与证券相关的财务顾问业务是指与证券交易、证券投资活动有关的咨询、建议、策划业务，具体包括以下内容：

① 为企业申请证券发行和上市提供改制改组、资产重组、前期辅导等方面的咨询服务；

② 为上市公司重大投资、收购兼并、关联交易等业务提供咨询服务；

③ 为法人、自然人及其他组织收购上市公司及相关的资产重组、债务重组等提供咨询服务；

④ 为上市公司完善法人治理结构、设计经理层股票期权、职工持股计划、投资者关系管理等提供咨询服务；

⑤ 为上市公司再融资、资产重组、债务重组等资本营运提供融资策划、方案设计、推介路演等方面的咨询服务；

⑥ 为上市公司的债权人、债务人对上市公司进行债务重组、资产重组、相关的股权重组等提供咨询服务；

⑦ 中国证监会认定的其他业务形式。

4. 证券承销与保荐业务

证券承销是指证券公司代理证券发行人发行证券的行为。发行人向不特定对象公开发行的证券，法律、行政法规规定应当由证券公司承销的，发行人应当同证券公司签订承销协议。

证券承销业务可以采取包销或者代销方式。证券包销是指证券公司将发行人的证券按照协议全部购入，或者在承销期结束时将售后剩余证券全部自行购入的承销方式，前者为全额包销，后

者为余额包销。证券代销是指证券公司代发行人发售证券，在承销期结束时，将未售出的证券全部退还给发行人的承销方式。

保荐是证券承销中一个重要的环节，由证券公司推荐符合条件的公司上市，并对提交材料的真实性进行担保。

5．证券自营业务

证券自营业务，简单地说，就是证券经营机构以自己的名义和资金买卖证券从而获取利润的证券业务。在我国，证券自营业务专指证券公司为自己买卖证券产品的行为。买卖的证券产品包括在证券交易所挂牌交易的 A 股、基金、认股权证、国债、企业债券等。

6．证券资产管理业务

证券资产管理业务是指证券公司作为资产管理人，根据有关法律、法规和与投资者签订的资产管理合同，按照资产管理合同约定的方式、条件、要求和限制，为投资者提供证券及其他金融产品的投资管理服务，以实现资产收益最大化的行为。

经中国证监会批准，证券公司可以从事为单一客户办理定向资产管理业务，为多个客户办理集合资产管理业务，以及为客户办理特定目的的专项资产管理业务。

1）证券公司从事客户资产管理业务应符合的条件

① 经中国证监会核定为综合类证券公司。

② 公司净资本不低于 2 亿元，且各项风险控制指标符合有关监管规定，设立限定性集合资产管理计划的净资本限额为 3 亿元，设立非限定性集合资产管理计划的净资本限额为 5 亿元。

③ 资产管理业务人员具有证券从业资格，且无不良行为记录，其中具有 3 年以上证券自营、资产管理或者证券投资基金管理从业经历的人员不少于 5 人。

④ 公司具有良好的法人治理结构、完备的内部控制和风险管理制度，并得到有效执行。

⑤ 最近一年未受到过行政处罚或者刑事处罚。

⑥ 中国证监会规定的其他条件。

2）资产管理的一般规定

① 定向资产管理业务的单个客户资产净值最低限额为 100 万元，证券公司可以在上述基础上确定本公司客户委托资产净值的限额。

② 集合资产管理计划只接受货币资金形式的资产。

③ 证券公司应当将集合计划设定为均等份额，客户按其所拥有的份额在集合计划资产中所占的比例享有利益，承担风险。投资者不得转让其所拥有的份额，但法律、行政法规另有规定的除外。

④ 证券公司可依法以自有资金参与本公司设立的集合资产管理计划。

⑤ 证券公司可以自行推广集合计划，也可以委托证券公司的客户资金存管银行代理推广。

⑥ 证券公司进行集合计划的投资运作，在证券交易所进行证券交易的，应当通过专用交易单元进行，集合计划账户、专用交易单元应当报有关单位备案，集合计划资产中的证券不得用于回购。

⑦ 集合计划资产投资于一家公司发行的证券，按证券面值计算，不得超过该证券发行总量的 10%，也不得超过计划资产净值的 10%。

⑧ 证券公司将集合计划资产投资于本公司、资产托管机构及与本公司或资产托管机构有关联关系的公司发行的证券，应当事先取得客户的同意，同时向证券交易所报告。

7. 融资融券业务

融资融券业务是指证券公司向客户出借资金供其买入证券或出具证券供其卖出证券的业务。由融资融券业务产生的证券交易称为融资融券交易。融资融券交易分为融资交易和融券交易两类，客户向证券公司借资金买证券为融资交易，客户向证券公司借证券卖出证券为融券交易。

证券公司申请融资融券业务试点，应当具备下列条件：

① 经营证券经纪业务已满 3 年，且已被中国证券业协会评审为创新试点类证券公司；

② 公司治理健全，内部控制有效，能有效识别、控制和防范业务经营风险和内部管理风险；

③ 公司及其董事、监事、高级管理人员最近 2 年内未因违法违规经营受到行政处罚和刑事处罚，且不存在因涉嫌违法违规正被证监会立案调查或者正处于整改期间的情形；

④ 财务状况良好，最近 2 年各项风险控制指标持续符合规定，最近 6 个月净资本均在 12 亿元以上；

⑤ 客户资产安全、完整，客户交易结算资金第三方存管方案已经经中国证监会认可，且已对实施进度做出明确安排；

⑥ 已完成交易、清算、客户账户和风险监控的集中管理，对历史遗留的不规范账户已设定标识并集中监控；

⑦ 已制定切实可行的融资融券业务试点实施方案和内部管理制度，具备开展融资融券业务试点所需的专业人员、技术系统、资金和证券。

8. 证券公司 IB 业务

证券公司介绍业务（Introducing Broker，IB），是指证券机构接受期货经纪商的委托，介绍客户给期货经纪商并收取一定佣金的业务模式。

证券公司开展 IB 业务，应当满足相应的资格条件：

① 申请日前 6 个月各项风险控制指标符合规定标准；

② 已按规定建立客户交易结算资金第三方存管制度；

③ 全资拥有或者控股一家期货公司，或者与一家期货公司被同一机构控制，且该期货公司具有实行会员分级结算制度期货交易所的会员资格、申请日前 2 个月的风险监管指标持续符合规定的标准；

④ 配备必要的业务人员，公司至少有 5 名、拟开展 IB 业务的营业部至少有 2 名具有期货从业人员资格的业务人员；

⑤ 已按规定建立健全与 IB 业务相关的业务规则、内部控制、风险隔离及合规检查等制度；

⑥ 具有满足业务需求的技术系统；

⑦ 中国证监会根据市场发展情况和审慎监管原则规定的其他条件。

2.5.4 其他证券服务机构

1. 证券登记结算公司

1）证券登记结算公司的含义

证券登记结算公司是为证券交易提供集中登记、存管与结算服务，不以盈利为目的的法人。

设立证券登记结算公司必须经国务院证券监督管理机构批准。2001 年 3 月 30 日，中国证券登记结算有限责任公司成立。这标志着中国建立全国集中、统一的证券登记结算体制的组织构架已经基本形成。

证券登记结算公司在我国目前主要有两种形式：一种是专门为证券交易所提供集中登记、集中存管、集中结算服务的机构，称为中央登记结算机构；另一种是代理中央登记结算机构为地方证券经营机构和投资者提供登记、结算及其他服务的地方机构，称为地方登记结算机构。

2）证券登记结算公司的职能

（1）证券账户、结算账户的设立和管理。通常由证券公司等开户代理机构代理证券登记结算公司为投资者开立证券账户。证券公司直接为投资者开立资金结算账户。证券登记结算公司仅为证券公司开立结算账户，用于证券交易成交后的清算交收，具有结算履约担保作用。

（2）证券的存管和过户。在无纸化交易模式下，投资者持有的证券必须集中存入证券登记结算系统，以电子数据划转方式完成证券过户行为。

（3）证券持有人名册登记及权益登记。证券登记结算公司为证券发行人提供证券持有人名册及权益登记服务，准确记载证券持有人的必要信息。

（4）证券交易所上市证券交易的清算、交收及相关管理。证券的清算和交收统称为证券结算，包括证券结算和资金结算，证券交易所上市证券的清算和交收由证券登记结算公司集中完成。

（5）受发行人委托派发证券权益。证券登记结算公司可以根据发行人的委托向证券持有人派发证券权益，如派发红股、股息和利息等。

（6）办理与上述业务有关的查询信息、咨询和培训服务。证券登记结算公司可按有关规定为符合条件的主体办理相关业务的查询。

（7）国务院证券监督管理机构批准的其他业务。如为证券持有人代理投票服务等。

3）证券登记结算公司的设立条件

我国规定的证券登记结算公司的设立条件如下：

① 自有资金不少于人民币 2 亿元；

② 具有证券登记、存管和结算服务所必需的场所和设施；

③ 主要管理人员和从业人员必须具有证券从业资格；

④ 证券监督管理机构规定的其他条件。

此外，证券登记结算公司的名称中应当标明“证券登记结算”字样。证券登记结算采取全国集中统一的运营方式，证券登记结算公司的章程、业务规则应当依法制定，并须经证券监督管理机构批准。

为保证证券登记结算公司履行职能，证券登记结算公司应具有必备的服务设备和完善的数据安全保护措施；应建立完善的业务、财务和安全防范等管理制度；应建立完善的风险管理系统。

2. 律师事务所

中国证监会与司法部于 2007 年 3 月 9 日发布了《律师事务所从事证券法律业务管理办法》，对律师事务所的证券法律业务范围进行了规范。

（1）律师事务所从事证券法律业务，可以为下列事项出具法律意见：

① 首次公开发行股票及上市；

② 上市公司发行证券及上市；

③ 上市公司的收购、重大资产重组及股份回购；

④ 上市公司实行股权激励计划；

⑤ 上市公司召开股东大会；

⑥ 境内企业直接或者间接到境外发行证券、将其证券在境外上市交易；

⑦ 证券公司、证券投资基金管理公司及其分支机构的设立、变更、解散、终止；

⑧ 证券投资基金的募集、证券公司集合资产管理计划的设立；

⑨ 证券衍生品种的发行及上市；

⑩ 中国证监会规定的其他事项。

（2）律师事务所可以接受当事人的委托，组织制作与证券业务活动相关的法律文件。

（3）鼓励具备下列条件的律师事务所从事证券法律业务：

① 内部管理规范，风险控制制度健全，执业水准高，社会信誉良好；

② 有20名以上执业律师，其中5名以上曾从事过证券法律业务；

③ 已经办理有效的执业责任保险；

④ 最近2年未因违法执业行为受到行政处罚。

（4）鼓励具备下列条件之一，并且最近2年未因违法执业行为受到行政处罚的律师从事证券法律业务：

① 最近3年从事过证券法律业务；

② 最近3年连续执业，且拟与其共同承办业务的律师最近3年从事过证券法律业务；

③ 最近3年连续从事证券法律领域的教学、研究工作，或者接受过证券法律业务的行业培训。

（5）律师被吊销执业证书的，不得再从事证券法律业务。律师被中国证监会采取证券市场禁入措施或者被司法行政机关给予停止执业处罚的，在规定禁入或者停止执业的期间不得从事证券法律业务。

（6）同一律师事务所不得同时为同一证券发行的发行人和保荐人、承销的证券公司出具法律意见，不得同时为同一收购行为的收购人和被收购的上市公司出具法律意见，不得在其他同一证券业务活动中为具有利害关系的不同当事人出具法律意见。律师担任公司及其关联方董事、监事、高级管理人员，或者存在其他影响律师独立性的情形的，该律师所在律师事务所不得接受所任职公司的委托，为该公司提供证券法律服务。

3. 注册会计师事务所

1）会计师事务所申请证券资格的条件

依据《关于会计师事务所从事证券、期货相关业务有关问题的通知》，会计师事务所从事证券、期货相关业务，应具备以下条件：

① 依法成立3年以上；

② 质量控制制度和内部管理制度健全并有效执行，执业质量和职业道德良好；

③ 注册会计师不少于80人，其中通过注册会计师全国统一考试取得注册会计证书的不少于55人，上述55人中最近5年持有注册会计师证书且连续执业的不少于35人；

④ 有限责任会计师事务所净资产不少于500万元，合伙会计师事务所净资产不少于300万元；

⑤ 会计师事务所职业保险的累计赔偿限额与累计职业风险基金之和不少于600万元；

⑥ 上一年度审计业务收入不少于1600万元；

⑦ 持有不少于50%股权的股东，或半数以上合伙人最近在本机构连续执业3年以上；

⑧ 不存在下列情形之一：在执业活动中受到行政处罚、刑事处罚，自处罚决定生效之日起至提出申请之日止未满3年；因以欺骗等不正当手段取得证券资格而被撤销该资格，自撤销之日起至提出申请之日止未满3年；申请证券资格过程中，因隐瞒有关情况或者提供虚假材料被不予受理或者不予批准的，自被出具不予受理凭证或者不予批准决定之日起至提出申请之日止未满3年。

2）注册会计师申请证券许可证的条件

依据《注册会计师执行证券、期货相关业务许可证管理规定》第五条，注册会计师申请证券许可证，应当符合下列条件：

① 所在会计师事务所已取得证券许可证或者符合本规定第六条所规定的条件并已提出申请；

② 具有证券、期货相关业务资格考试合格证书；

③ 取得注册会计师证书1年以上；

④ 不超过60周岁；

⑤ 执业质量和职业道德良好，在以往3年执业活动中没有违法违规行为。

4. 资产评估机构

资产评估机构是指组织专业人员依照有关规定和数据资料，按照特定的目的，遵循适当的原则、方法和计价标准，对资产价格进行评定估算的专门机构。

（1）依据《关于从事证券期货相关业务的资产评估机构有关管理问题的通知》，资产评估机构申请证券评估资格，应当符合下列条件：

① 资产评估机构依法设立并取得资产评估资格3年以上，发生过吸收合并的，还应当自完成工商变更登记之日起满1年；

② 质量控制制度和其他内部管理制度健全并有效执行，执业质量和职业道德良好；

③ 具有不少于30名注册资产评估师，其中最近3年持有注册资产评估师证书且连续执业的不少于20人；

④ 净资产不少于200万元；

⑤ 按规定购买职业责任保险或者提取职业风险基金；

⑥ 半数以上合伙人或者持有不少于50%股权的股东最近在本机构连续执业3年以上；

⑦ 最近3年评估业务收入合计不少于2000万元，且每年不少于500万元。

（2）资产评估机构申请证券评估资格，应当不存在下列情形之一：

① 在执业活动中受到刑事处罚、行政处罚，自处罚决定执行完毕之日起至提出申请之日止未满3年；

② 因以欺骗等不正当手段取得证券评估资格而被撤销该资格，自撤销之日起至提出申请之日止未满3年；

③ 申请证券评估资格过程中，因隐瞒有关情况或者提供虚假材料被不予受理或者不予批准的，自被出具不予受理凭证或者不予批准决定之日起至提出申请之日止未满3年。

5. 资信评级机构

资信评级机构是由专职机构使用科学的评价方法，对在经济活动中的借贷信用行为的可靠性和安全性程度进行分析，并用专用符号做出评估报告的一种提供金融信息服务业务的机构。

根据《证券市场资信评级业务管理暂行办法》规定，申请证券评级业务许可的资信评级机构，应当具备下列条件：

① 具有中国法人资格，实收资本与净资产均不少于人民币2000万元；

② 具有符合本办法规定的高级管理人员不少于3人；具有证券从业资格的评级从业人员不少于20人，其中包括具有3年以上资信评级业务经验的评级从业人员不少于10人，具有中国注册会计师资格的评级从业人员不少于3人；

③ 具有健全且运行良好的内部控制机制和管理制度；

④ 具有完善的业务制度，包括信用等级划分及定义、评级标准、评级程序、评级委员会制度、评级结果公布制度、跟踪评级制度、信息保密制度、证券评级业务档案管理制度等；

⑤ 最近5年未受到刑事处罚，最近3年未因违法经营受到行政处罚，不存在因涉嫌违法经营、犯罪正在被调查的情形；

⑥ 最近3年在税务、工商、金融等行政管理机关，以及自律组织、商业银行等机构无不良诚信记录；

⑦ 中国证监会基于保护投资者、维护社会公共利益规定的其他条件。

2.6 其他金融机构

2.6.1 证券投资基金管理公司

在我国，证券投资基金管理公司（基金公司），是指经中国证监会批准，在中国境内设立，从事证券投资基金管理业务的企业法人。公司董事会是基金公司的最高权力机构。

从狭义上说，基金公司仅指经中国证监会批准的、可以从事证券投资基金管理业务的基金管理公司（公募基金公司）；从广义上说，基金公司分为公募基金公司和私募基金公司。

从组织形式上划分，基金公司分为公司制基金公司和有限合伙制基金公司。从实践来看，公募基金公司全部为公司制基金公司，私募基金公司既有采用公司制的，也有采用有限合伙制的。

2.6.2 信托公司

信托公司，是依法设立的主要经营信托业务的金融机构。信托公司以信任委托为基础，以货币资金和实物财产的经营管理为形式，从事融资和融物相结合的多边信用活动。

信托业务主要包括委托和代理两个方面的内容。前者是指财产的所有者为自己或其指定人的利益，将其财产委托给他人，要求按照一定的目的，代为妥善地管理和经营；后者是指一方授权另一方，代为办理的一定经济事项。

信托业务的关系人有委托人、受托人和受益人三个方面。转移财产权的人，即原财产的所有者是委托人；接受委托代为管理和经营财产的人是受托人；享受财产所带来的利益的人是受益人。信托的种类很多，主要包括个人信托、法人信托、任意信托、特约信托、公益信托、私益信托、自益信托、他益信托、资金信托、动产信托、不动产信托、营业信托、非营业信托、民事信托和商事信托等。

2.6.3 财务公司

财务公司又称金融公司，是为企业技术改造、新产品开发及产品销售提供金融服务，以中长期金融业务为主的非银行机构。财务公司在各国的名称不同，业务内容上也有差异，但多数是商业银行的附属机构，主要业务是吸收存款。中国的财务公司不是商业银行的附属机构，而是隶属于大型集团的非银行金融机构。

中国的财务公司业务范围广泛，但以企业集团为限。资金来源于集团公司，用于集团公司，对集团公司的依附性强，接受企业集团和人民银行的双重监管。财务公司以服务与效益相结合、服务优先为经营原则。

财务公司的资金管理和使用，促使了企业从粗放型向集约型转变；财务公司以资金为纽带，以服务为手段，增强了集团公司的凝聚力；财务公司及时解决企业集团急需的资金，保证了企业生产经营的正常进行；财务公司增强了企业集团的融资功能，促进了集团公司的发展壮大，有利于打破现有银行体制下资金规模按行政区域分割的局面，促进了大集团公司跨地区、跨行业发展，促进了金融业的竞争，有利于金融机构提高服务质量和效益，有利于金融体制改革的深化。

本章小结

金融市场的高效运行，离不开金融机构的参与。金融机构是专门从事金融服务的中介机构，是金融体系的重要组成部分。

金融机构有广义和狭义之分，本书采用了狭义口径，把金融机构定义为从事金融活动且为金融活动提供相关服务的各类金融机构。金融机构具有三方面的性质：一是金融机构为实体经济提供投资和融资服务；二是金融机构成为提供“金融服务产品”的特殊企业；三是金融业充满风险且对整个国民经济影响巨大。市场上的金融机构主要包括中央银行、商业银行、保险公司、证券公司及其他证券服务机构、其他金融机构（如证券投资基金管理公司、信托公司、财务公司）。

中央银行是国家重要的宏观管理部门，面对的客户主要是政府和各类金融机构。中央银行是“发行的银行”“政府的银行”“银行的银行”：通过特殊的资产负债业务，垄断国家货币发行；根据国家法律授权，制定和实施货币金融政策，为政府提供信用、代理政府债券；对商业银行等金融机构进行监督，对其提供信用并办理它们之间的资金清算。

商业银行是现代金融体系中非常重要的金融机构。商业银行经营存款货币、以多种金融负债筹集资金、能利用负债进行信用创造，并以多种金融资产作为经营对象，为客户提供多元化的金融服务。在市场上商业银行发挥着信用中介、支付中介、信用创造、金融服务等功能。其资产负债业务的主要对象是个人和企业。商业银行的表外业务有狭义和广义之分。狭义的表外业务也称中间业务，是无风险金融服务类业务。

保险公司是发取保费、为客户提供风险保障的公司，其基本职能包括补偿损失、经济给付，同时派生出防灾防损、融资职能。保险基金作为金融市场上的重要机构投资者，是金融市场资金的主要来源之一。

证券公司及其他证券服务机构是证券市场的主要参与者，为证券的发行和流通提供服务，使证券市场得以高效运行。证券公司的设立需满足特定的条件，并根据注册资本的不同区分了业务范围，其主要的功能有媒介资金需求、优化资源配置、维护证券市场秩序等。其他的证券中介机构包括证券登记结算公司、律师事务所、注册会计师事务所、资产评估机构、资信评级机构等。

除此之外，市场上还有其他的金融机构，它们也为金融市场运行提供服务，包括证券投资基金管理公司、信托公司、财务公司等。

本章习题

一、选择题。

1．中央银行的功能包括（　　）。

A．发行的银行　　B．政府的银行　　C．国家的银行　　D．银行的银行

2．商业银行的负债业务包括（　　）。

A．存款业务　　B．向中央银行的借款　　C．同业拆借　　D．回购业务

3．保险的基本职能包括（　　）。

A．补偿损失　　B．防灾防损　　C．经济给付　　D．融资职能

4．证券公司的功能包括（　　）。

A．存贷款　　B．媒介资金需求

C．优化资源配置　　D．维护证券市场有序发展

5．在我国，证券公司的注册资本标准是（　　）元人民币。

A．5000 万　　B．1 亿　　C．5 亿　　D．2 亿

6．在我国，证券公司从事资产管理业务，公司净资本应不低于（　　）元人民币。

A．5000 万　　B．1 亿　　C．5 亿　　D．2 亿

二、问答题。

1．简述证券登记结算公司的主要功能。

2．简述商业银行的表外业务有哪些。

3．简述保险公司的保险投资禁止行为有哪些。

4．结合实际，论述证券公司设立条件有哪些。

第三章 货币市场

学习目标

货币市场是金融市场的重要组成部分，是期限在一年以内的短期资金融通的市场，其主要的特点在于期限短、风险小、流动性强、资金规模巨大。货币市场下有诸多的子市场，包括同业拆借市场、短期国库券市场、银行承兑汇票市场、商业票据市场、回购协议市场、大额可转让定期存单市场等。

通过本章学习，学习者应掌握货币市场及货币市场各子市场的有关概念、形成与发展，了解货币市场各子市场的作用；在技能方面，学习者应熟悉各种货币市场工具的主要特点，掌握国库券收益率、同业拆借利息、回购协议利息等指标的计算；在能力方面，学习者应熟悉货币市场各子市场的交易机制，了解货币市场的发展趋势。

引导案例

2017 年货币市场运行情况的一些数据

2017 年 8 月份，货币市场成交共计 64.9 万亿元，同比下降 12.3%，环比增长 9.0%。其中，质押式回购成交 55.8 万亿元，同比下降 6.6%，环比增长 8.3%；买断式回购成交 2.8 万亿元，同比下降 19.9%，环比增长 23.5%；同业拆借成交 6.2 万亿元，同比下降 41.8%，环比增长 9.8%。同业拆借月加权平均利率为 2.96%，较上月上行 14 个基点；质押式回购月加权平均利率为 3.09%，较上月上行 19 个基点。

12 月份，银行间市场信用拆借、回购交易成交总量 695.3 万亿元，同比下降 0.3%。其中，同业拆借累计成交 79.0 万亿元，同比下降 17.7%；质押式回购累计成交 588.3 万亿元，同比增长 3.5%；买断式回购累计成交 28.1 万亿元，同比下降 14.9%。银行间货币市场同业拆借月加权平均利率为 2.91%；质押式回购月加权平均利率为 3.11%。

截至 2017 年末，银行间市场各类参与主体共计 18 681 家，较上年末增加 3437 家。其中，境内法人类机构 2665 家，较上年末增加 235 家；境内非法人类机构 15 458 家，较上年末增加 2999 家；境外机构投资者 617 家，较上年末增加 210 家。

［资料来源：中国人民银行网站］

3.1 货币市场概述

货币市场是金融市场的重要组成部分。与其他金融市场一样，货币市场为金融资产交易提供了平台。货币市场交易的主要目的是保持资金的流动性，因此，货币市场上所交易金融工具的期限通常在一年以内，多用于满足资金需求者对短期资金的需求。货币市场的主要子市场有同业拆借市场、短期国库券市场、银行承兑汇票市场、商业票据市场、回购协议市场、大额可转让定期存单市场等。

3.1.1 货币市场的含义与构成

货币市场，又称短期资金市场，是指期限在一年以内的短期金融工具交易所形成的供求关系及其运行机制的总和。

这些金融工具筹措的资金主要用于货币支付、解决头寸不足、季节性支付等。

货币一般分为三个层次的供应量：M_0（单位和居民手中持有的流通中的现金）；M_1（M_0+单位活期存款）；M_2（M_0 +M_1+单位定期存款+居民储蓄存款+单位其他存款+证券公司客户保证金）。M_2-M_1 是准货币，是在货币市场上交易的金融工具，与我们所说的货币的性质最接近，因此称为货币市场。

货币市场具有期限短、风险小、流动性强的特点。货币市场是批发市场，参与者主要是各种机构；同时货币市场也是一个不断创新的市场，金融工具的创新多发生在这个市场。中央银行会直接参与货币市场，来调控货币量。

3.1.2 货币市场的功能

1. 短期资金融通功能

各种经济主体客观上有资金盈余方和资金不足方之分，相对于资本市场为中长期资金的供需提供服务，货币市场则为季节性、临时性资金的融通提供了可行之径。短期资金融通功能是货币市场的一个基本功能.

2. 资产管理功能

货币市场的资产管理功能主要是指通过其业务活动的开展，促使微观经济行为主体加强自身管理，提高自身经营水平和盈利能力。同业拆借市场、证券回购市场有利于商业银行业务经营水平的提高和利润最大化目标的实现；票据市场有利于以盈利为目的的企业加强经营管理，提高自身信用水平。

3．政策传导功能

货币市场具有传导货币政策的功能。市场经济国家的中央银行实施货币政策，主要是通过再贴现政策、法定存款准备金政策、公开市场业务等的运用来影响市场利率和调节货币供应量，以实现宏观经济调控目标，在这个过程中，货币市场发挥了基础性作用。

3.2 同业拆借市场

3.2.1 同业拆借市场的形成与发展

同业拆借市场的产生源于存款准备金制度的实施。

最先实行存款准备金制度的中央银行是英国的英格兰银行，它最初只是出于资金清算上的方便、限制银行券过度发行及保护银行体系的支付能力的目的，而实行了该制度。1913 年制定的美国《联邦储备银行法》第一次真正以法律形式确立了存款准备金制度。该银行法规定：作为联邦储备体系的会员银行，必须按存款的规定比例向联邦储备银行缴纳法定存款准备金，如果准备金数额不足，联邦储备银行将采取较严厉的措施予以惩罚或制裁。为避免遭受惩罚，会员银行既要保证一定数额的存款准备金，但又不能过多地存有存款准备金，因为存款准备金没有利息收入。由于商业银行的资产负债结构及余额每日都在发生变化，经常会出现有的商业银行存款准备金多余，而有的商业银行存款准备金不足的情况。这时，准备金多余的商业银行就想把超额部分运用出去以增加盈利，而准备金不足的商业银行则需要借入资金来弥补缺口。由此，以货币头寸为交易对象的同业拆借市场也就形成了。1921 年，美国纽约首先出现了会员银行之间的准备金头寸拆借市场，以后逐渐发展为联邦基金市场。

20 世纪 30 年代的经济危机使西方各国认识到金融安全的重要性，它们相继引入法定存款准备金制度。与此相适应，同业拆借市场也得到了较快发展。当今的同业拆借市场，无论是在交易内容、开放程度方面，还是在融资规模方面，都发生了深刻变化。

现在，拆借交易不仅发生在银行之间，还扩展到了银行与其他金融机构之间。从拆借目的看，已不仅仅限于补足存款准备和轧平票据交换头寸，金融机构如在经营过程中出现暂时的、临时性的资金短缺，也可进行拆借。

更重要的是，同业拆借已成为银行实施资产负债管理的有效工具。由于同业拆借的期限较短，风险较小，许多银行都把短期闲置资金投放于该市场，以利于及时调整资产负债结构，保持资产的流动性。特别是那些市场份额有限、承受经营风险能力脆弱的中小银行，更是把同业拆借市场作为短期资金经常性运用的场所，力图通过这种做法提高资产质量、降低经营风险、增加利息收入。

3.2.2 同业拆借市场的特征

（1）市场准入严格。世界各国都对同业拆借市场的进入进行严格的管理，金融管理当局只允许符合资格要求的金融机构进入该市场。非金融机构和未经金融管理当局许可的金融机构不得进入该市场进行融资活动。

（2）交易手续简便。金融机构的信用比一般工商企业可靠，风险较低，而同业拆借一般是信用拆借，所以大多通过电话、电传或网络就能达成协议，手续十分简便。

（3）资金期限较短。同业拆借市场以短期的资金调剂为主，期限一般为 1 至 2 日，最短的仅为隔夜拆借，大多不超过 1 个月，最长不超过 1 年。我国《同业拆借管理办法》规定：政策性银行、商业银行、信用合作社拆入资金的最长期限为 1 年；金融资产管理公司、金融租赁公司、汽车金融公司、保险公司拆入资金的最长期限为 3 个月；企业集团财务公司、信托公司、证券公司、保险资产管理公司拆入资金的最长期限为 7 天。

（4）单笔规模较大。同业拆借是金融机构之间的资金批发业务，单笔金额巨大。如美国联储资金借贷的起点额度为 5 万美元；英国银行同业拆借市场每笔交易的最低限额为 50 万英镑。根据我国《同业拆借交易操作规则》，国内每笔拆借交易的最低拆借金额为人民币 10 万元，最小拆借金额变动量为人民币 1 万元。

（5）利率变动灵敏。同业拆借利率根据市场资金的供求状况确定，能迅速反映货币市场资金供求的变动情况，是金融市场上最敏感的利率。正因如此，各金融机构和投资者都密切关注同业拆借利率变动，以把握市场利率和金融资产价格的走向。

3.2.3 同业拆借的期限与利息计算

1. 同业拆借的期限与利率

同业拆借市场利率是货币市场的基准利率。它有两个利率，拆进利率表示金融机构愿意借款的利率，拆出利率表示愿意贷款的利率。同业拆借利率期限最短半天（日本），最长一年（同业借贷），一般多为 1 天、7 天、14 天、21 天、1 个月、2 个月、3 个月、4 个月、6 个月、9 个月、1 年。

2. 拆借利息的计算

拆借利息的计算公式如下：

$$拆借利息=拆借金额\times拆借利率\times生息天数/基础天数$$

不同的国家/地区对计息期限的计算方法有一定差异，目前国际上主要有三种利息计算方法。①欧洲货币法。这种方法主要在欧洲和美国货币市场使用，也称实际天数/360 计算方法，即以 360 天作为一年的基础天数，生息天数则按实际天数计算。②欧洲大陆法。这种方法在欧洲大陆国家较为流行，也称 30/360 计算方法，即规定 1 个月为 30 天，1 年为 360 天，生息天数和基础天数均按这个时间概念计算。③英国法。这种方法主要为英国、科威特和比利时等国所采用，也称实际天数/365 计算方法，即按实际天数计算利息，如遇闰年，则改为实际天数/366。

即使拆借利率相同，但由于计息方法的不同，所以实际支付的利息也是不同的。我国采用英国法计算拆借利息。

【例 3-1】某日拆借利率为 10%，拆出资金 100 万元，期限 1 天，则其拆入到期利息为多少？

拆入到期利息=100×10 000×10%÷365=274（元）

在国际货币市场上比较典型的、有代表性的同业拆借利率有三种：伦敦银行同业拆借利率（LIBOR）、新加坡银行同业拆借利率（SIBOR）和香港银行同业拆借利率（HIBOR）。伦敦银行同业拆借利率是伦敦金融市场上银行之间相互拆借英镑、欧洲美元及其他欧洲货币时的利率，由报价银行在每个营业日上午 11 时对外报出，分为存款利率和贷款利率两种报价，资金拆借的期限分为 1 个月、3 个月、6 个月和 1 年等几个档次。新加坡银行同业拆借利率和香港银行同业拆借利率的生成和作用范围是两地的亚洲货币市场，其报价方法和拆借期限与伦敦银行同业拆借利率并无差别，不过，其在国际货币市场中的地位和作用较之伦敦同业拆借利率要大大逊色。

为进一步推动中国的利率市场化，培育中国货币市场基准利率体系，上海银行间同业拆借利率（SHIBOR）自 2007 年 1 月 4 日起开始运行。SHIBOR 以位于上海的全国银行间同业拆借中心为技术平台计算、发布并命名，是由信用等级较高的银行组成报价银行团自主报出的人民币同业拆借利率计算确定的算术平均利率，是单利、无担保、批发性利率。目前，对社会公布的 SHIBOR 品种包括隔夜、1 周、2 周、1 个月、2 个月、3 个月、6 个月、9 个月及 1 年。SHIBOR 报价银行团现由 16 家商业银行组成。报价银行是公开市场一级交易商或外汇市场做市商，是在中国货币市场人民币交易相对活跃、信息披露比较充分的银行。全国银行间同业拆借中心授权 SHIBOR 进行报价计算和信息发布。每个交易日根据各报价行的报价，剔除最高、最低各两家报价，对其余报价进行算术平均计算后，得出每一期限品种的 SHIBOR，于 11:30 对外发布。

3.2.4 同业拆借的运作程序

同业拆借分同城拆借和异地拆借两种情况。同业拆借的市场运作模式可以分为两类：一类是直接交易；另一类是间接交易，即通过中介机构进行交易。

1. 同城拆借

1）直接交易

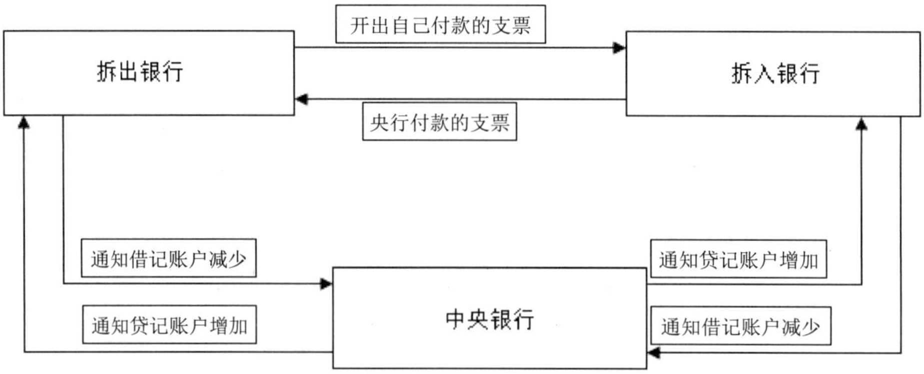

图 3-1 直接交易下的同城拆借

2）间接交易

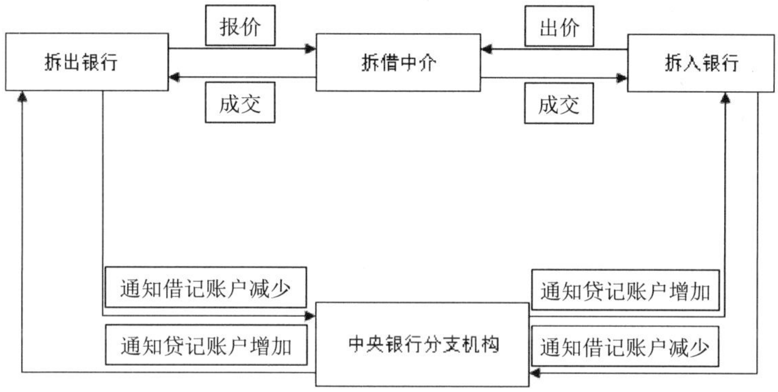

图 3-2 间接交易下的同城拆借

2. 异地拆借

1）直接拆借

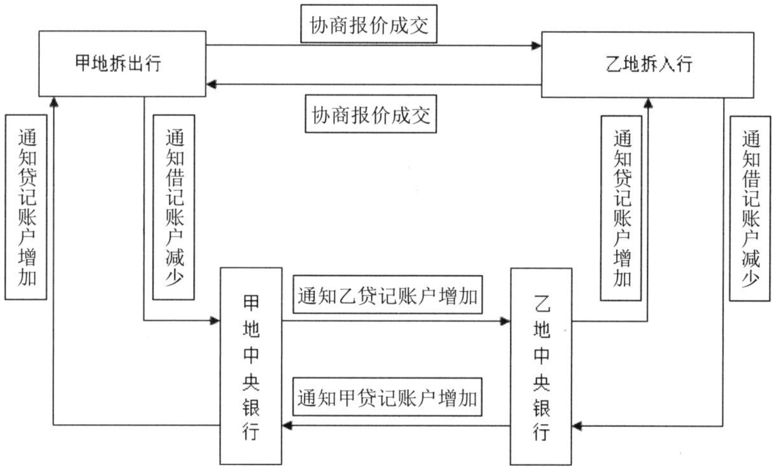

图 3-3 直接交易下的异地拆借

2）间接拆借

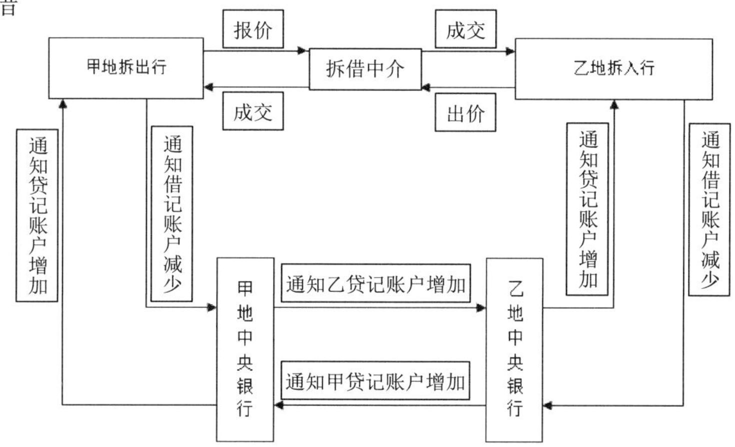

图 3-4 间接交易下的异地拆借

3.2.5 我国同业拆借市场概况

中国的同业拆借市场始于 1984 年。1984 年 10 月，中国人民银行确定了“统一计划、划分资金、实存实贷、相互融通”的信贷资金管理体制，当时明确“相互融通”就是资金的横向调剂，主要是各地区、各银行之间相互拆借资金。于是，一些地区的金融机构开始出现同业拆借活动，当时拆借量很小，没有形成规模市场。1986 年初，国家体改委和中国人民银行总行在广州联合召开五城市金融体制改革试点座谈会，会议明确提出要开放和发展我国的同业拆借市场。同年 1 月，国务院发布《中华人民共和国银行管理暂行条例》，其中第三十九条明确规定“专业银行的资金可以相互拆借”，为我国拆借市场发展提供了法律依据。从此，同业拆借市场开始在全国迅速展开，当年建立了以广州、重庆、武汉、沈阳、成都等几个城市为中心的有形同业拆借市场。

1990 年 3 月，中国人民银行印发的《同业拆借管理试行办法》第一次规范了同业拆借业务和比例要求。1995 年 9 月，中国人民银行开始建立全国统一的同业拆借市场。同年 11 月，中国人民银行下文件撤销了商业银行组建的融资中心、资金市场和各种中介组织约 50 多家，只保留中国人民银行牵头设立的融资中心 43 家。1996 年 1 月 3 日，全国统一的同业拆借市场运行，自此，中国的拆借市场进入了一个新的发展阶段。统一的拆借市场分为两个交易网络，即一级网络和二级网络。进入一级网络的交易主体为经中国人民银行批准、具有独立法人资格的商业银行总行，以及省、自治区、计划单列市的融资中心，其中各类商业银行 20 家、融资中心 35 家，它们利用中国计算机网络进行交易。二级网络由中国人民银行各省市分行组建的 35 家融资中心牵头，交易主体为各商业银行总行授权的分支机构，包括在各地人民银行开立账户的金融信托投资公司、合作银行、城乡信用合作社、金融租赁公司、企业集团财务公司、保险公司（只能拆出，不得拆入）等，它们通过融资中心不断接到省内金融机构拆出拆入的报价，不断就地平衡。在本地市场无法平衡的情况下，二级网络将差额报到一级网络平衡，并将成交银行、数量、期限、利率等交易信息全部反映到一级网络上。同时将一级网络的报价传送到省内机构，以保持一级网络、二级网络拆借利率大体一致。

我们应从下面这几个方面对同业拆借市场进行改革，以建立有一定深度、广度和富有弹性的市场。①我国目前同业拆借市场的交易主要发生在大银行之间。由于大银行资金的同向度、松紧度基本一致，经常出现多余资金不能及时拆出的现象，影响了资金的使用效率。②我国同业拆借的中介机构为银行间同业拆借中心，它为了保证交易的顺利进行，不仅要提供交易系统，也要提供信息系统，经过几年的运行，交易系统已趋于成熟，但与交易系统配套的信息系统还不成熟，不能满足交易成员防范风险的要求。③中央银行并不能充分了解与及时监测交易成员的交易行为，缺少足够的信息通道，监测功能尚需开发；且交易成员自律观念不强，以行业公会为形式的自律机制还未形成。④同业拆借市场至今尚未颁布一个具有法律效应的规则，没有规则的有效约束易导致同业拆借市场的混乱和无序。

3.3 短期国库券市场

3.3.1 国库券的含义与特征

1. 国库券的含义

国库券是指国家财政当局为弥补国库收支不平衡而发行的一种政府债券。国库券于 1877 年由英国经济学家和作家沃尔特·巴佐特发明，并首次在英国发行。因国库券的债务人是国家，其还款保证是国家财政收入，所以它几乎不存在信用违约风险，是金融市场风险最小的信用工具。中国国库券的期限最短的为一年，而西方国家国库券品种较多，一般可分为 3 个月、6 个月、9 个月、1 年期四种，其面额起点各国不一。国库券采用不记名形式，无须经过背书就可以转让流通。

2. 国库券的特征

1）违约风险小

由于国库券以一个国家的税收权利作为担保，所以被认为不存在或基本上不存在信用风险。这一特征增加了对投资者的吸引力。国库券的这一特征还间接地影响投资者对国库券的需求，因为各种法令和条例赋予了国库券在投资中的特殊地位，所以对商业银行和地方政府来说，利用国库券可以解决其他形式的货币市场票据（如商业票据和银行承兑汇票）所无法解决的问题。例如，商业银行利用国库券可以很容易地进行回购交易。

2）流动性强

这一特征使国库券能在交易成本偏低及价格风险较低的情况下迅速变现。当然，投资者在需要资金时，究竟是出售国库券还是通过其他手段来筹集资金，在很大程度上取决于其所需资金的期限及筹集资金的机会成本问题。它包括对风险的考虑，通信费用等从属性交易成本，以及报价和出价之差额所形成的成本。

3）面值小

相对于其他货币市场工具来说，国库券的面额较低。在美国，1970 年以前，国库券的最小面额为 1000 美元；1970 年年初，国库券的最小面额在 1000 至 10 000 美元之间；目前国库券的最小面额为 10 000 美元，其面额远远低于其他货币市场票据的面额。对许多小投资者来说，国库券通常是他们能直接从货币市场购买的唯一有价证券。我国的国库券面值在 100 至 5000 元之间。

4）收入免税

收入免税主要是指免除利息税。免税待遇提高了国库券的实际投资收益。

3.3.2 国库券的发行与流通

1. 国库券的发行

国库券的发行市场，也称国库券的一级市场。国库券的发行有公开招标、承购包销、随时出售和直接发行四种方式。

1）公开招标

公开招标即拍卖，大多数西方发达国家采用这种方式。在美国，国库券的发行数量非常大，发行活动十分频繁，形成了一个完备的发行制度，所以下面主要以美国国库券的发行为例来说明拍卖过程。

在美国，3 个月期和 6 个月期的国库券在每周二进行公告和招标，下周一拍卖（如逢周一为假日，拍卖日期就提前到前一周的周五），周四交割和支付；1 年期国库券在每月的第四个周五公告和招标，下周四拍卖，再下周四交割和支付。拍卖工作，主要通过联邦储备银行进行。

投标分为竞争性投标和非竞争性投标两种。非竞争性投标是指投标者在一定额度（20 万美元）之内投标即中标，其投标书只标明金额而不标明价格。一些小的公司和机构投资者及个人投资者多采用非竞争性投标。竞争性投标，是指投资者为了用较有利的价格买入一定数量的国库券所进行的投标，其投标书必须标明认购的数量和认购价格。一般的做法是从总拍卖数额中减去非竞争性投标者和非公众购买额（非公众购买，主要是联邦储备银行自己购买和外国中央银行为管理本国外汇储备中的美元储备而进行的购买），剩余的数额即用于竞争性投标。从理论上讲，任何人都可以提出一个竞争性的投标价格，但大多数投标人是作为国库券经纪商的银行和投资银行。联邦储备银行按照价格从高到低或贴现率从低到高的顺序将投资者的竞标进行排序和选择，直到发行额满为止。

竞争性招标（拍卖）又可以分为单一价格招标方式（荷兰式）和多种价格招标方式（美国式）。按单一价格招标时，所有中标者都按最低中标价格（或最高贴现率）获得国库券。按多种价格招标时，中标者按各自申报价格（贴现率）获得国库券。非竞争性投标者则按竞争性投标的平均中标价格来认购。

2）承购包销

在以承购包销方式发行国库券时，财政部或代理财政部发行国库券的央行与金融机构，和政府证券交易商组成的承销团签订承购合同，在确定各自权利义务的基础上，商定双方满意的价格，承销团按照这一价格认购国库券后，再将国库券出售给二级市场的投资者。

承购包销方式的优点是发行时间短，发行效率比较高，因而也是一些发达国家（如德国和日本）早期常用的一种发行方式。但以这种发行方式发行国库券时，发行人需要向承销机构支付一定的承销费和手续费，发行成本比较高，且不利于形成市场化的价格和利率，因此，这种方式目前已不再流行。

3）随时出售

随时出售也叫连续发行，指发行人不预先确定发行条件，而由代理机构或销售网点根据市场情况的变化，随时改变发行条件的一种发行方式。这种方式的主要特点是发售期限不定，发行条件比较灵活。但发售期限过长，不利于在较短的时间内完成国库券的发行计划。

4）直接发行

直接发行是指发行人单方面确定国库券的发行条件，再通过各种渠道（如银行、证券公司的柜台）向投资者直接出售国库券的方式。以这种方式发行国库券时间长，成本高，市场化程度低。因此，在国库券市场发达的国家，这种方式基本被淘汰，只有少数国家将这种方式用于发行面向个人投资者的非上市流通国库券。

2. 国库券的流通

采用非竞价方式购买国库券的多为个人和其他小投资者，该方式虽然可以避免竞价方式的风险，但对大多数个人和其他小投资者而言，为避免直接向财政部购买国库券的烦琐手续，一般认购是在流通市场上购买国库券。在美国的货币证券市场中，短期国库券规模最大。市场的核心是由纽约联邦储蓄银行所发行的一级政府债券交易商组成的。它们在一级市场通过竞争性投标购买到大多数的国库券，同时创造出一个活跃的二级市场。此外，大量的规模较小的交易商参与其中，它们通过自己的账户买卖及代客买卖。国库券市场是一个分散的市场，多数交易是通过电话完成的。一级政府债券交易商的国库券的交易是通过美联储电子转账系统完成的，交易双方通过电话联系达成协议后，通知美联储电子转账系统，转账系统将每笔交易记录在簿记系统中，交易就完成了。下面通过一个例子来反映二级市场的交易。

【例 3-2】2009 年 3 月 21 日摩根士丹利和花旗银行达成协议，摩根士丹利将卖给花旗银行价值 1000 万美元的 3 个月期国库券。摩根士丹利通知美联储，通过联邦电子系统将自己账户上的 3 个月期的国库券划到花旗银行的账上。美联储就会在摩根士丹利公司联储账户减去（借记）1000 万美元国库券，同时记入（贷记）花旗银行账户，交易就完成了，无须实物交割。

一般的投资者可以通过银行和交易商联系，并完成交易。经营国库券的银行或交易商，会联系本地联储，由联储将把这笔交易计入银行或交易商的电子账户。在收到投资者的资金后，银行或交易商将自己的交易账户上保留投资者的交易记录，并为投资者保存国库券。

3.3.3 国库券的发行价格与收益计算

国库券并不提供利息支付，而是以贴现方式发行，其投资收益来自国库券的出售价格和购买价格之差。

1. 国库券的发行价格

$$国库券发行价格 = 面值 \times \left(1 - 贴现率 \times \frac{偿还天数}{360}\right)$$

【例 3-3】某国库券的面值为 100 元，偿付期为 91 天，贴现利率为 14.657%，则其发行价格为多少？

$$国库券发行价格 = 100 \times \left(1 - 14.657\% \times \frac{91}{360}\right) = 96.295（元）$$

2. 国库券的收益率的计算

$$国库券名义收益率 = \frac{面值 - 发行价格}{面值} \times \frac{360}{国库券的期限} \times 100\%$$

$$国库券真实收益率=\frac{面值-发行价格}{发行价格}\times\frac{365}{国库券的期限}\times 100\%$$

$$国库券转让价格=面值-\frac{转让日市场利率\times面值\times转让日距到期日天数}{360}$$

【例 3-4】 某国库券 9 月 1 日发行，11 月 30 日到期，期限 3 个月，面值 100 元，发行价格为 97.25 元，则其名义收益率和实际收益率各是多少？持有 30 天后转让，转让日市场利率为 10%，其转让价格为多少？

$$国库券名义收益率=\frac{100-97.25}{100}\times\frac{360}{91}\times 100\%=10.88\%$$

$$国库券真实收益率=\frac{100-97.25}{97.25}\times\frac{365}{91}\times 100\%=11.34\%$$

$$国库券转让价格=100-\frac{10\%\times 100\times(31+30)}{360}=98.31\text{（元）}$$

3.4 银行承兑汇票市场

3.4.1 银行承兑汇票的含义与特征

1. 银行承兑汇票的含义

银行承兑汇票是指应购货人或销货人的请求由购货人或销货人开出以某银行为付款人的汇票，这张汇票经付款银行承兑后，即在汇票上签署“承兑”字样并背书，承兑银行就承担到期付款的不可推卸的责任，即保证在到期日无条件支付承兑汇票的票面值。

2. 银行承兑汇票的原理

银行承兑汇票是为方便商业交易活动而创造出的一种工具，在对外贸易中运用较多。当一笔国际贸易发生时，由于出口商不了解进口商的信用状况，加之没有其他的信用协议，出口方担心对方不付款或不能按时付款，进口方担心对方不发货或不能按时发货。此时，如没有第三者的担保，交易就难以进行。由于银行拥有公认的较高的资信，其信誉一般都为进、出口商所认可，因此，银行就自然而然地承担了第三者信用保证的职能。一般地，进口商首先要求本国银行开立信用证，作为向国外出口商的保证。信用证授权国外出口商开出以进口商开证行（付款行）作为付款人的汇票，付款行将在未来一指定的日期向出口商支付进出口货物款项。付款行在汇票正面签上“承兑”字样，填上到期日，并盖章为凭。这样，银行承兑汇票就产生了。

3. 银行承兑汇票的特征

银行承兑汇票与商业承兑汇票相比较，具有以下特征。①安全性较强。一般来讲，银行信用风险比较小，对收款人而言，由银行作为汇票的承兑人要比由企业、个人作为汇票的承兑人更安全。

②流动性较大。以银行信用作为付款担保的银行承兑汇票，随时可以在贴现市场上进行贴现，或将其转让，其流动性大于商业承兑汇票。③灵活性较高。当持有银行承兑汇票的银行发生资金短缺时，可将汇票向中央银行进行再贴现以获取资金，也可以持票至到期日收款，取得贴息。④具可追索性。银行承兑汇票由银行作为付款人，是以银行自身提供担保的，因此，在任何情况下，持票人都享有向承兑银行的追索权。

3.4.2 银行承兑汇票市场的产生与发展

银行承兑汇票最早起源于英国。19 世纪后期，伦敦已成为各国贸易和国际金融中心，世界各地的借款人汇集于此。由于许多外国借款人不被当地的投资者所认可，所以由他们签发的汇票很难转让。当时伦敦的私人银行虽然有熟练的资信鉴别技术，但苦于没有足够的资金，无力直接向外国借款人贷款。这时这些私人银行发现利用自己娴熟的资信鉴别技术，对外国借款人的汇票进行承兑，将自己的信用借给外国借款人，对其债务进行担保，即可收取一定的费用，取得收入。在这种情况下，银行承兑汇票得以产生。

20 世纪初，美国政府为了发展对外贸易和将纽约建成能够与伦敦竞争的国际货币市场，采取了一系列措施刺激银行承兑汇票市场的发展。美联储除鼓励银行签发、转让银行承兑汇票外，还直接参与二级市场交易，以高于市场价的价格买入银行承兑汇票，从而增加市场对银行承兑汇票的需求，促进市场的繁荣。除此之外，美联储还同意接受以银行承兑汇票为担保的再贴现、再贷款申请，或同意与银行签订以银行承兑汇票为交易对象的回购协议，美联储的措施对美国银行承兑汇票市场的发展产生了积极的影响。

第二次世界大战以后，美国银行承兑汇票市场再次获得发展。国际贸易的迅猛增长、石油和其他商品价格的上涨等都刺激了银行承兑汇票市场的增长。1982 年 10 月，美国国会通过银行出口服务法，大大放宽了银行承兑汇票的限额，致使市场竞争加剧，承兑手续费下降，银行承兑交易额上升。然而，进入 20 世纪 80 年代以后，银行承兑汇票的增长速度明显下降，在 1979 至 1989 年间，美国银行承兑汇票市场余额的年均增长率从 10 年前的 20%下降到 6.1%，是所有货币市场工具中增长最缓慢的。到了 1998 年，银行承兑汇票余额出现了负增长，市场余额也已经下降到 143 亿美元，仅占除政府短期证券外所有货币市场工具交易余额的 0.6%，到 2000 年的时候，银行承兑汇票余额仅为 103 亿美元。

为了解决企业较大范围的货款拖欠问题，我国于 20 世纪 80 年代开始实施银行结算制度的改革，通过推广票据结算，逐步实现商业信用关系票据化。1981 年，上海率先开办银行承兑汇票的承兑和贴现业务。由于我国货币市场和信用体系建设滞后，自票据结算推广以来，商业承兑汇票遭到冷落，银行承兑汇票受到欢迎。2003 年，全国银行间市场推出全国统一网络化票据市场服务平台，标志着我国票据市场电子化开始起步。2009 年 10 月 28 日，随着中国电力投资集团公司通过招商银行网上企业银行成功开出第一张电子银行承兑汇票，由中国人民银行建设并管理的电子票据系统正式上线，意味着中国电子票据业务从此进入跨行全流通的时代。

3.4.3 银行承兑汇票的发行与交易

银行承兑汇票是短期融资工具，在未承兑之前，作为商业信用的一种形式，它的期限通常低于 1 年，最常见的期限有 30 天、60 天、90 天，稍长的有 180 天和 270 天。

1. 出票和承兑

出票是指出票人签发汇票并交付给收款人的行为。它包括两个环节：出票和承兑。出票是基本的票据行为。承兑是指银行对汇票的付款人明确表示承兑，按出票人的指示，于到期日付款给持票人的行为。承兑是一种附属票据行为。银行汇票承兑大致有以下几种类型：国际进出口贸易的银行汇票承兑，国内货物运输的银行汇票承兑，国内仓储货物的银行汇票承兑。

为了具体了解银行承兑汇票的出票与承兑过程，举例如下。例如，出口商 A 与进口商 B 成交一笔交易，约定出票后 30 至 180 天付款，进口商开出银行信用证后，经某家银行保兑。出口商按照信用证条款装货出口，出口商将跟单汇票交保兑行审核无误后寄开证行请求承兑。出口商另制一张银行承兑汇票，它的金额期限与跟单汇票金额期限相同，其付款/承兑人就是保兑行。经后者承兑贴现后，立即将净款付给出口商，从而出口商获得融资。开证行接到通知行寄来的跟单汇票经承兑后，到期付款保兑行归还银行承兑汇票的票据。

2. 银行承兑汇票的贴现与再贴现

银行承兑汇票的转让一般通过贴现方式进行。商业银行通过贴现方式买入自己承兑的汇票后既可以将汇票持至到期日，也可以把承兑汇票再贴现出去。参加银行承兑汇票贴现市场的交易者有中央银行、外国中央银行、工商企业、银行与非银行金融机构。

汇票贴现是已承兑汇票的持有人以未到期的票据向银行换取贴金，并贴付利息的一种票据转让行为。对于银行来说，贴现实质上是一种票据的买卖行为。贴现必须具备一定的条件：首先，汇票的信用要好；其次，必须提供在途货物或一笔信用证交易的证明以保证汇票的自行偿还性。银行承兑汇票的贴现率因承兑银行的资信度的不同而存在差异。资信等级越高的银行所创造的汇票越安全、市场性越强，但其贴现率也越低。

汇票转贴现是指银行将已贴现的承兑汇票，转让给其他银行，由其他银行买进的行为。转贴现既是银行之间的票据转让行为，也是银行之间的资金融通方式，而且这种方式更容易为银行所接受。银行贴现承兑汇票不仅不影响其流动性，而且提供了传统的银行贷款所无法实现的多样化的投资组合，优化了资产负债比例。

汇票再贴现是商业银行以其持有的未到期汇票，向中央银行转让承兑汇票的行为。它既是中央银行对商业银行融通资金的一种形式，也是中央银行调节市场银根紧的重要手段。中央银行参与银行承兑汇票市场可以保证承兑汇票的质量。

转贴现和再贴现虽然都是金融机构之间的一种票据转让行为，都能起到资金融通的作用，但是，它们在资金供给方面所起的作用却截然不同。转贴现由于是在银行之间进行的，因而转贴现资金数量的多少只关系到各银行之间的资金的调配量，并不影响货币供应量。而再贴现是在商业银行与中央银行之间进行的，中央银行通过贴现投放的货币是初始货币（又称基础货币或强力货币），由于初始货币具有乘数作用，能引起实际货币供给量的成倍数增加，因而再贴现资金数量的多少，会对货币供应量产生影响。

3.4.4 银行承兑汇票的价值分析

同其他货币市场信用工具相比，银行承兑汇票在某些方面更能吸引储蓄者、银行和投资者，因而它是既受借款者欢迎又被投资者青睐，同时也受到银行喜欢的信用工具。

1. 从借款者角度看

首先，借款人利用银行承兑汇票的成本，要比传统银行贷款的利息成本及非利息成本之和低。要求银行承兑汇票的企业实际上就是借款者，它必须向银行交付一定的手续费。当它向银行贴现后，又取得现款，故其融资成本为贴息与手续费之和。传统的银行贷款，除必须支付一定的利息外，借款者还必须在银行账户保持一定比例的补偿性最低存款额，这部分存款没有利息，构成企业的非利息成本。对比而言，使用传统银行贷款的成本比运用银行承兑汇票的成本高。

其次，借款者运用银行承兑汇票比发行商业票据筹资有利。能在商业票据市场上发行商业票据的都是规模大、信誉好的企业，许多借款者并没有足够的规模和信誉以竞争性的利率发行商业票据筹资。这部分企业可以运用银行承兑票据来解决资金上的困难。即使是少数能发行商业票据的企业，其发行费用和手续费加上商业票据利息成本，总筹资成本也高于运用银行承兑汇票的成本。

2. 从银行角度看

首先，银行运用银行承兑汇票可以增加经营效益。银行通过创造银行承兑汇票，不必动用自己的资金，即可赚取手续费。当然，有时银行也用自己的资金贴进银行承兑汇票，但由于银行承兑汇票拥有大的二级市场，很容易变现，因此银行承兑汇票不仅不影响其流动性，而且提供了传统的银行贷款所无法提供的多样化的投资组合。

其次，银行运用银行承兑汇票可以增加其信用能力。一般来说，各国银行法都规定了其银行对单个客户提供信用的最高额度。通过创造、贴现或出售符合中央银行要求的银行承兑汇票，银行对单个客户提供的信用可在原有的基础上增加 10%。

最后，各国银行法规定出售合格的银行承兑汇票所取得的资金不要求缴纳准备金。这样，在流向银行的资金减少的信用紧缩时期，这一措施将刺激银行出售银行承兑汇票，引导资金从非银行部门流向银行部门。

3. 从投资者角度看

投资者最重视的是投资的收益性、安全性和流动性。投资于银行承兑汇票的收益同投资于其他货币市场信用工具相比，收益不相上下。银行承兑汇票的承兑银行对汇票持有人负有第一性付款责任，且持票人对背书人和出票人有追索权，因此，银行承兑汇票的安全性非常高。同时，一流质量的银行承兑汇票具有公开的贴现市场，可以随时转售，因而具有高度的流动性。

3.4.5 我国银行承兑汇票市场概况

在改革开放前的计划体制下，我国企业的生产和销售全部按照国家计划进行，企业应收账款采用异地托收承付的办法：收款单位发货后，委托银行向异地付款单位收取款项，付款单位向银行承诺付款。

1981 年，为了防止企业间拖欠货款，上海率先推出银行汇票承兑、贴现业务。

1982 年，中国人民银行总结了上海的试办经验，并将试点范围扩大到重庆、河北等地。

1984 年，《商业汇票承兑、贴现暂行办法》发布实施。

1986 年，在北京、上海、天津等城市工商银行系统之间推广商业汇票承兑和贴现业务，且工商银行贴现需要的资金可向当地中国人民银行申请再贴现，这是再贴现政策首次用于支持商业汇票业务，但二级市场管理上实行严格控制，规定商业汇票不得流通转让。

1988 年，中国人民银行改革了银行结算制度，取消了银行签发汇票必须确定收款人和兑付行的限制，允许一次背书转让，试办银行本票等。以上政策一直延续到 1993 年，由于当时票据承兑、贴现和再贴现是一项试点性业务，商业汇票业务仍处于探索阶段。

为适应社会主义市场经济发展的需要，中国人民银行在总结 10 多年的汇票业务发展经验的基础上，在 1994 年先后发布《商业汇票办法》《再贴现办法》和《信贷资金管理暂行办法》，下发了《关于在煤炭、电力、冶金、化工和铁道行业推行商业汇票结算的通知》《关于棉花调销推行银行承兑汇票贴现与再贴现的通知》和《关于下达再贴现额度的通知》。这些办法和通知规范了商业汇票行为，统一了操作流程，对商业汇票业务进行推广并给予再贴现支持。1995 年，《中华人民共和国票据法》颁布后，中国人民银行又先后发布了《商业票据承兑、贴现与再贴现管理暂行办法》《票据管理实施办法》和《支付结算办法》等一系列规章。票据业务的法制基础逐步健全，以此为基础，我国商业汇票业务步入了规范发展阶段。

1998 年，中国人民银行加大了对再贴现政策的运用力度，改变了贴现和再贴现利率生成机制。在下调金融机构和中央银行存贷款利率的同时，中国人民银行三次下调了再贴现和贴现利率。其中，再贴现利率累计下调 4.06 个百分点，贴现利率相应下调。同时，从 1998 年 3 月 25 日起，改变了过去再贴现利率按同档次再贷款利率下浮 5%至 10%、贴现利率按同期同档次法定贷款利率下浮 5%至 10%的做法。特别是 1999 年 6 月 10 日，中国人民银行再次调低了再贴现利率，拉开了再贴现利率与再贷款利率的差距，再贷款与再贴现利率差由 1 个百分点以内，扩大到 1.5 个百分点。商业银行充分利用央行再贴现资金，扩大票据贴现业务，极大地激活了商业汇票业务。央行的再贴现贷款和利率的优惠支持，使商业汇票业务在后来的几年中持续增长。

2000 年，中国人民银行批准工商银行在上海成立了票据专营机构——票据营业部，随后工商银行又建立了北京、天津、广州、西安、重庆等多个分部，其他银行如浦发银行、光大银行、上海银行、民生银行等也相继成立了票据中心，其业务范围主要是票据承兑、担保、承销、经销及票据贴现、转贴现和回购交易。这些票据专营机构集中办理票据业务，有利于提高经营效率，降低成本和风险。

3.5 商业票据市场

商业票据市场是商业票据发行和交易活动的总括，是货币市场中历史最悠久的子市场。商业票据是公司为了筹措资金而发行的短期无担保凭证。美国的商业票据属本票性质，英国的商业票据则属汇票性质。大多数情况下，商业票据是一种非常安全的投资工具，因为发行公司在未来几个月内的财务状况比较容易判断，且通常只有规模巨大、信誉卓著的公司才会发行商业票据。

3.5.1 商业票据市场的产生与发展

作为一种古老的商业信用工具，商业票据最早可以追溯到 19 世纪。早期商业票据的发展和运用几乎都集中在美国，当时，公司之间在进行交易的过程中经常采用一种延期付款的销售方式，即买方在获得商品和劳务时因各种原因并不马上支付货款，而是约定在一定时期后付款。因此，债权人为保证自己对债务的追索权而与债务人签订了一种具有法律效力的书面债权债务凭证，这就是最初的商业票据。

20 世纪 20 年代，美国的汽车制造业及其他高档耐用品业发展迅速，为扩大市场份额，一些大公司采用赊销、分期付款等方式刺激销售，然而这种策略往往使公司的资金周转陷于困境，在银行贷款受到种种限制的情况下，这些公司开始发行商业票据，不通过银行直接向市场筹集资金。美国通用汽车承兑公司是首家发行商业票据的大型销售信贷公司。

随着社会和经济的发展，商业票据与商品、劳务相分离，逐渐演变成为货币市场上的一种融资工具，发行人与投资者之间是单纯的债务债权关系，而不是商品买卖或劳务供应关系，商业票据上不用再列明收款人，只需签上付款人，且金额标准化。20 世纪 60 年代以后，商业票据真正作为货币工具开始大量使用。商业领域普遍认为通过发行商业票据直接融资，比向银行借款手续简便，发行利率较低，且不受银行干预，因此商业票据发行量急剧增加。到了 70 年代，以英国伦敦为中心的欧洲商业票据市场开始形成。

20 世纪 80 年代，美国票据市场发展迅猛。1979 至 1989 年，美国商业票据市场年发行量扩大了 5 倍，平均每年以 17%的速度增长。1988 年，全美商业票据的发行额超过了美国财政部国库券的当年发行额，市场未清偿额占货币市场总额的 66%。20 世纪 80 年代末至 90 年代初，随着美国经济增长的衰退，商业票据市场也一度受到重创。1990 年，美国证券交易委员会（SEC）修改控制货币基金投资条款，大幅度限制货币市场基金持有 A2/P2 及以下信誉等级的公司商业票据数量。

3.5.2 商业票据的基本要素

1．发行者

商业票据的主要发行者是金融公司、非金融公司（如大企业、公用事业单位等）及银行控股公司等。从西方一些国家的实际情况来看，真正能在商业票据市场上经常大量发行商业票据、筹措巨额资金的只有那些资金雄厚、信誉卓越、评级优良的大公司。

2．投资者

在商业票据的历史上，其购买者主要是商业银行。从 20 世纪 50 年代以来，由于商业票据风险较低，期限较短，收益较高，许多公司也开始购买商业票据。目前，商业票据市场的主要投资者是保险公司、非金融企业、银行信托部门、地方政府及养老基金组织等，而商业银行则退居次要地位。但商业银行在票据市场上仍发挥着重要作用，主要表现在代理发行、代为保管票据及提供票据发行的信用额度支持等方面。由于商业票据面额一般较大，所以个人很少参与购买。但随着经济的发展及个人闲置资金的增加，近年来个人投资者数量明显增多。

3. 商业票据的面额及期限

商业票据的面额大、期限短，发行者利用这种信用工具可以在短期内迅速地吸收大量资金。如在美国的商业票据市场上，大多数商业票据的发行面额在 10 000 美元以上，只有少量的商业票据发行面额是 25 000 美元或 50 000 美元；美国的二级市场则规定商业票据的最低交易规模为 10 000 美元。商业票据的期限一般不超 9 个月，市场上未到期的商业票据平均期限为 1 至 2 个月，成交量和占市场总量百分比的统计，包括 1 至 4 天、5 至 9 天、10 至 20 天、21 至 40 天、41 至 80 天和 80 天以上六大类。

4. 商业票据的利率

商业票据均为贴现发行，故商业票据的利率取决于其贴现率。影响商业票据利率的主要因素包括：商业票据的发行成本，发行人的资信等级，发行时有无担保及担保人的资信等级，流动性的强弱，税率高低等。通常，商业票据发行成本越高，就越需要较高的发行利率予以弥补；发行人资信等级越高或有大银行担保，则利率可适当降低；此外，商业票据利率还同货币市场内的资金供求状况和银行信贷利率紧密相关，若资金供给紧张，发行利率就要高一些，反之则较低。

由于发行商业票据与银行短期贷款两种融资方式可以相互代替，因此商业票据利率与银行贷款利率也存在着重要联系。前者以后者为基础，不可能大幅度、长期偏离，如果商业票据利率下降，相对低于贷款利率，那么借款人将以商业票据作为资金来源，这种行为将倾向于提高商业票据利率和降低银行贷款利率，直到这两种利率恢复均衡。

3.5.3 商业票据的发行与流通

1. 商业票据的发行方式

商业票据的发行方式有直接发行方式和间接发行方式两种。发行方式的选取，主要取决于发行人使用这两种方式的成本高低及发行人自身实力的大小。直接发行是指商业票据的发行人直接将票据出售给投资者。一般在采取这种方式前，要对商业票据进行评级，公告票据的数量、价格、期限等，所以发行人基本上是那些实力雄厚、能够承担巨额发行成本的大公司。间接发行是指商业票据的发行人通过交易商发行票据，通常有三种形式，即助销发行、代销发行和招标发行。

2. 商业票据的发行成本

商业票据发行成本的大小在很大程度上决定着企业是否会采取这种方式筹集资金。一般来说，影响商业票据发行成本的因素由五个方面构成：①按规定利率所支付的利息；②承销费，通常根据发行额及期限计付；③签订费，即为证明商业票据所载事项的真实性而付给权威中介机构的签订手续费和工本费；④保证费，即金融机构为发行商业票据的企业提供信用保证而收取的相应费用；⑤评级费，指信用评级机构对发行人进行信用评级而收取的相关费用。

3. 商业票据价格的确定

商业票据价格的确定主要是指其发行价格的确定，相关公式如下：

$$发行价格=票面金额-贴现金额$$

$$贴现金额=票面金额\times贴现率\times期限/360$$

$$贴现率=(1-发行价格/面额)\times(360/期限)\times100\%$$

$$=(贴现金额/面额)\times(360/期限)\times100\%$$

【例 3-5】某公司发行票面金额为 10 万元、贴现率为 7%、期限为 2 年的商业票据，其发行价格为多少？

$$发行价格=10-10\times7\%\times2=8.6（万元）$$

【例 3-6】某投资者以 955 000 元的价格购买了一份期限为 182 天、面值为 1 000 000 元的商业票据，该商业票据的贴现率为多少？

$$贴现率=(1-955\,000/1\,000\,000)\times(360/182)\times100\%=8.9\%$$

4. 商业票据的评级

商业票据是信用性票据，直接反映了发行者的商业信用状况。商业票据评级是指对商业票据的质量进行评价，并按质量高低分成等级。由专业的评估机构对商业票据进行评级，有助于形成市场准入机制，推动票据市场的稳定发展。

美国主要有四家机构对商业票据进行评级，它们是穆迪投资者服务公司、标准普尔公司和费奇投资公司。它们对商业票据的评级主要考察两方面的内容：一是对发行企业经营状况主要是财务状况的分析，包括资金的周转速度、流动性及债务结构等方面；二是对企业管理阶层管理水平和稳定性做出判断，并在此基础上准确评价企业的竞争能力及未来的发展前景。

3.5.4　我国企业短期融资券的发展史

我国企业短期融资券的试点开始于 1987 年年底，当时政府采取紧缩银根的金融政策治理通货膨胀。为了缓和短期资金的供需矛盾，促使企业面向社会筹集资金，中国人民银行会同有关专业银行，在一些大城市选择一些经济效益较好的大中型企业向企业、单位和个人发行 3 个月、6 个月、9 个月、12 个月的短期融资券，并规定月利率不得超过当时流动资金贷款的利率。1989 年 2 月，中国人民银行发出《关于发行企业短期融资券的有关问题的通知》，明确提出要在试点的基础上正式开放企业短期融资券市场，并规定这种短期融资券可在企业间买卖，还可以由各种金融机构代理发行和承销，从而进一步促进了企业短期融资券的发行。至 1998 年，企业融资券停止了发行。这期间二级市场也不发达。

2000 年，中国债券市场的一个重要改革是推出了真正基于企业信用的短期融资券，从而打破了国家信用和银行信用在债券发行中的垄断地位。2005 年 5 月 24 日，中国人民银行发布了《短期融资券管理办法》，允许符合条件的企业在银行间债券市场向合格机构投资者发行短期融资券。通过发行短期融资券，企业可以便捷地进入银行间债券市场进行融资。此办法一出台，便受到了市场的热烈追捧，在企业中掀起了发行短期融资券的热潮，当年总计发行金额达 1453 亿元。2012

年共发行超短期融资券 5822 亿元，短期融资券 8356 亿元，合计 14 178 亿元。截至 2013 年 2 月 28 日，市场流通的未到期融资券有 852 只，合计金额超过 9150 亿元。

3.6 回购协议市场

3.6.1 回购协议的含义

回购协议市场是指签订回购协议进行短期资金融通的市场。回购协议市场的交易大多以电信方式进行。回购协议是指证券持有人（融资方）在卖出证券的同时，与买方（资金贷方）签订协议，约定一定期限内，按照约定价格买回所售证券的短期融资活动。此外，还有一种逆回购协议，它是从资金贷方角度来设计的。逆回购协议是指资金供给方在买入债券的同时，与债券持有人即资金需求方签订协议，约定在一定期限后按照某个价格将债券卖还给债券持有人的交易行为。对逆回购方来说，这是一种很好的短期投资途径。

从本质上来看，回购协议是一种质押贷款，其质押物就是回购的证券。虽然回购协议是一种高质量的质押贷款，但仍有一定的信用风险。当所质押证券的价格下跌时，卖方可能到期不购回证券；当所质押证券的价格上涨时，买方可能不愿意将证券回售给卖方。因此，协议双方一般通过以下三种方式降低风险：①要求质押的证券市值大于借款额，质押证券市值与借款额之间的差额称为保证金；②当质押证券市值上涨或下跌一定百分比时，相应调整回购协议，要求资金需求者调整质押金或者要求资金供给者调整回购协议本金；③为了防范融资方在回购协议期间将证券卖出或逆回购方到期不交还证券，可把证券交由第三方进行托管。

3.6.2 回购协议市场的要素

1. 回购协议市场的参与者

在回购协议市场中，证券交易商和商业银行是主要的资金需求者。

证券交易商是证券回购市场最积极的参与者，也是最早发现和利用证券回购的私人部门。它们最初从事证券回购交易的主要目的，是以更加廉价的方式融资或以更加灵活的方式投资。但目前，它们不仅作为做市商向任何有意参与证券回购的市场参与者报出正回购与逆回购的价格，并随时准备与之成交，以维持市场的流动性，而且会根据对市场利率变化的预期调整正回购和逆回购的头寸和期限，以从未来利率的变化中获利。

商业银行作为资金需求者在回购协议市场上也具有独特优势：一是它们往往持有大量的政府债券或政府代理机构证券，这些都是优良的抵押品；二是其利用回购协议取得的资金因不属于存款负债而不需缴纳准备金。

回购协议市场的资金供给者众多，如基金公司、保险公司等非银行金融机构、外国银行及外国政府等。

中央银行也是回购协议市场的重要参与者，其目的是通过实施公开市场操作执行货币政策。

2．回购协议的期限

回购协议的期限可长可短。最短为隔夜回购（Overnight RP），常见的有3至14天，也有1至3个月，但最长不超过1年，约定的时间多见1天、7天、14天、21天、1个月、2个月、3个月、6个月。有的回购协议期限不定，属于开放式的证券回购（Open RP），协议每天经交易双方同意后进行展期，利率根据隔夜回购利率每天重新确定一次。

3．回购协议的利率

回购协议的利率取决于很多因素，主要因素列举如下。①回购证券的质地，即信用风险的大小。如果信用风险小，那么利率就低些。②回购期限的长短。一般来说，回购期限越长，利率越高。③可替代资金来源的利率。回购协议利率要参照期限相同的其他可替代的资金来源的成本（从投资者角度来看，则要考虑其他可替代投资的收益）来确定。期限极短的回购协议利率有可能高于期限稍长一些的回购协议利率（如隔夜证券，回购协议的利率常常比期限为7至14天的证券回购协议的利率高出几个点），原因就在于期限稍长的回购协议有商业票据、大额可转让定期存单、银行承兑汇票等与之竞争。④货币市场其他子市场的利率水平。作为一种重要的货币市场工具，回购协议市场的利率与其他货币市场的利率紧密地联系在一起。在期限相同时，回购协议利率往往高于国库券利率、低于同业拆借利率。回购协议利率之所以高于国库券利率，是因为国库券信用风险最低，且流动性高于证券回购。回购协议利率之所以低于同业拆借利率，一是因为回购相当于有担保的贷款而同业拆借是信用贷款；二是非金融公司、地方政府等不能进入同业拆借市场的投资者均可参与回购市场，增加了回购交易中资金的供给。

3.6.3 回购协议的收益与风险

1．回购协议收益的计算

$$回购利率=（证券回购价格-证券卖出价格）/证券卖出价格\times360/期限\times100\%$$

$$回购利息=证券回购价格\times回购利率\times期限/360$$

2．回购协议的风险

尽管回购协议中使用的是高质量的抵押品，但是交易的双方当事人也会面临一定的风险，主要有信用风险和清算风险。回购协议交易中的信用风险来源如下。如果到约定期限后资金需求方无力购回证券，资金供给方只有保留这些抵押品。但如果适逢证券利率上升，则手中持有的证券价格就会下跌，资金供给方所拥有的证券价值就会小于其借出的资金价值；反之，如果证券的市场价值上升，资金需求方又会担心抵押品的收回，因为这时其市场价值要高于贷款数额。在实际操作中通常通过设置保证金和根据证券抵押品的市值随时调整回购价格或保证金的方法来减少信用风险。

此外，为降低交易费用和节省时间，回购协议中证券的交付一般不采用实物交付的方式，特别是在期限较短的回购协议中，这样就带来了清算风险。为了避免清算风险，一般要资金需求方将抵押证券转入贷款人在其清算银行的保管账户或借款人专用的证券担保账户中以备随时查询。

3.6.4　我国证券回购市场概况

中国的国债回购市场最初是为了促进国债销售、解决国债发行难的问题而由财政当局推动发展起来的。国债回购业务的运行试点始于1991年，是由中国证券市场研究设计中心所建立的STAQ系统开办的。第一笔回购交易完成于1991年9月14日。1992年，武汉证券交易中心也推出了国债回购业务。其后，国债发行规模的扩大、国债期货试点的推出及国债现货市场的日趋活跃，大大刺激和促进了国债回购业务的发展。不久，上海证券交易所、深圳证券交易所等也先后开办了国债回购业务。1993年，几个主要市场的回购业务已初具规模。在这些市场上，许多机构买空卖空国债，利率很高，期限有的长达两年。由于出现以代开国债保管单买空卖空的问题，甚至有人用假保管单进行，出现了大量债务无法偿还。1995年，政府对这一市场进行清理，规定只有上海证券交易所可以做回购业务，并不允许非金融机构、个人和不具有法人资格的金融机构参与。回购品种只能是国库券和金融债券。国库券要交在指定的证券登记托管机构。1996年以来，由于当局对同业拆借市场实行了严格控制，作为替代物的回购市场便有了跳跃性的发展。

大约说来，我国的回购市场有三种类型。一是上海证券交易所、深圳证券交易所的国债回购交易市场，模式是电脑撮合、集中交易和集中清算。深圳证券交易所的债券回购采用资金年收益率方式报价，即报价时直接输入资金年收益率的数值（去掉百分号），最小报价变动单位为0.01。债券回购交易以“手”为单位，每手合计面额为1000元，回购最小交易单位为1手。市场参与者主要是证券公司和信托投资公司，还有一些金融机构。二是各地（如天津、武汉、大连）证券交易中心的市场。三是上述两种有组织的市场之外通过交易者直接联系而达成交易的市场。1997年上半年，货币当局要求国有商业银行和非银行金融机构从上海证券交易所和深圳交易所市场中撤回其回购交易席位，单独形成一个封闭性的银行间回购市场。这样，中国的回购市场就有了第四种类型。

中国的回购市场是高度分割的，每一个回购市场事实上都自成体系。各回购市场之间存在极大的利率差异，给市场参与者留下了套利空间，但由于当局的限制性政策和信息的不畅，套利并没有现实发生。但这种分割的局面会造成资源配置效率的损失。

3.7　大额可转让定期存单市场

3.7.1　大额可转让定期存单市场的产生与发展

大额可转让定期存单是随着20世纪60年代以来国际金融环境的巨大变化而产生的。由于60年代市场利率上升，美国的商业银行受Q条例限制，不能支付较高的利率，所以银行存款的吸引力下降，很多公司为了增加临时闲散资金的利息收益，开始减少在商业银行的存款，将资金投入国库券和其他较高利率的货币市场工具。资金流动存在大量“脱媒”现象，金融机构流动性状况恶化。为了解决流动性问题，金融机构不得不创造新的金融工具来扩大资金来源。1961 年 2 月，美国花旗银行推出了具有其他货币市场工具类似特点的大额可转让定期存单，以便吸引社会闲散资金，并和投资银行为这类金融工具创造了二级市场，以便于流通转让。于是，大额可转让定期存单便成为银行的一项重要短期资金来源。由于美联储准许大额可转让定期存单不受利率上限限制，从而使投资者可以通过购买大额可转让定期存单获得较好的收益，同时淡化了银行单独依靠存款作为资金来源所形成的约束。所以，大额可转让定期存单迅速发展成美国货币市场上重要的交易工具。

几十年间，大额可转让定期存单在各方面都得到了极大的发展。从规模上看，2007 年，在美国的银行和存贷机构中未付清的大额可转让定期存单总额超过 170 亿美元；从品种上看，从最初的单一品种发展到目前的多个品种；从范围上看，从最初唯一的美国发展到包括英国和日本在内的几乎所有发达国家。

3.7.2 大额可转让定期存单的特征

1. 发行人通常是资金雄厚的大银行

大额可转让定期存单一般由资金雄厚的大银行发行，主要是由于这些机构信誉较高，可以相对降低筹资成本，且发行规模大，容易在二级市场流通。虽然小银行也发行大额可转让定期存单，但其发行量和流通量远远小于大银行所发行的大额可转让定期存单。大型的和财务状况可靠的银行发行的存单通常被认为是优等存单。

2. 面额固定，起点较高

大额可转让定期存单在美国法定为大额存款，最低为 10 万美元。大多数大额可转让定期存单的面额为 10 万美元、50 万美元和 100 万美元。二级市场交易的大额可转让定期存单面额通常为 100 万美元。

3. 可流通和转让

大额可转让定期存单不能提前支付，但可以在到期日前拿到市场上出售和转让，集中了活期存款和定期存款的优点。对于银行来说，它是定期存款，未到期不能提前支取，可作为相对稳定的资金用于期限较长的放款；对于存款人来说，大额可转让定期存单既有较高的利息收入，又能随时变现，是一种理想的投资工具。

4. 收益稳定，风险较低

在美国，投资国内以美元为面值的大额可转让定期存单可以获得比一般储蓄账户更高的利息，同时还能像所有的银行存款产品一样，得到联邦存款保险机构为每个银行的存款账户所提供的 10 万美元的存款保险。当然，对持有百万美元和更大存单的公司来说，这个保险额度还是有限的。但大额可转让定期存单的持有者可以根据发行银行评级结果来判断所面临的信用风险。

总结来说，大额可转让定期存单与普通定期存单相比有以下区别：普通定期存单记名，不可流通和转让，大额可转让定期存单通常是不记名和可转让的；普通定期存单金额不固定，大小不等，而大额可转让定期存单的金额都是整数，按标准单位发行；普通定期存单的利率一般是固定的，大额可转让定期存单则有固定利率也有浮动利率，且一般来说要高于同期限的普通定期存单利率；普通定期存单可以提前支取，支取时要损失部分利息，大额可转让定期存单不得提前支取，但可以在二级市场上流通和转让。

3.7.3　大额可转让定期存单的发行与交易

1．发行市场

1）发行要素

发行大额可转让定期存单时通常考虑以下几个因素。

（1）银行资产负债的差额及期限结构。在分析银行资产负债结构的同时，预测负债的增长，看能否满足临时出现的优良资产项目的资金需要及作为经常性地调节流动性的需要，要预测负债差额及支付日期。

（2）利率风险。主要是根据市场利率变化情况，判断总的利率走势。一般地，如果预测利率上升，那么存单的日期可稍微长些；如果预测利率下降，那么存单的日期则应短些。

（3）发行人的资信等级。一般可向评级机构申请评级。资信等级愈高，发行利率愈低；反之则发行利率愈高。

（4）金融管理法规。发行存单时通常要受到金融管理法规的制约，如发行额度、发行利率、期限、让渡方式等方面的限制。

2）发行价格与期限

大额可转让定期存单的发行价格取决于以下四个因素：发行人资信等级；发行时市场利率水平；存单的期限；存单的流动性。

大额可转让定期存单的发行价格一般有两种形式：一是按面额发行；二是贴现发行，即以票面面额扣除一定贴现利息而发行，发行价格低于票面面额。大额可转让定期存单的期限一般为30天、60天或90天，最短的为7天，最长可达5至7年。在美国，面额最低的为10万美元，但实际上一般都为100万美元，有的达500万美元。在英国，大额可转让定期存单的最低面值为5万英镑，最常见的为50万英镑和500万英镑。我国大额可转让定期存单的期限有1个月到12个月不等，面值为500元、1000元、5000元、5万元和10万元五种，前三种是面向个人发行的，后两种是面向企事业单位发行的。

3）发行方式

大额可转让定期存单的发行，既可采用批发式发行，也可采用零售式发行。批发式发行就是发行银行将发行的存单数量、利率、面额、发行日期、到期日期等信息预先公布，供投资者认购。零售式发行就是发行银行根据投资者需要随时发行存单，面额、期限和利率由资金供求双方商定。

2．转让市场

大额可转让定期存单的转让市场是指已发行上市但尚未到期的存单买卖的市场。存单的转让流通一般需要经销商作为中介。它们通常买入急需资金者卖出的存单，既可以将这些存单持至到期日，兑取本息，也可以到二级市场出售。

在大额可转让定期存单的转让市场上，大额可转让定期存单的流动性比不上国库券市场。此外，较大面值存单的流动性高于较小面值的存单。

大额可转让定期存单的利率有固定利率和浮动利率之分，在转让时需按转让时市场利率计算其转让价格。

（1）贴现发行大额可转让定期存单。

$$转让价格=面值-\frac{面值\times市场利率\times转让日距到期日天数}{360}$$

【例 3-7】大额可转让定期存单面值 100 万美元，期限 90 天，某经销商已持有 30 天，决定在市场上转让，转让时市场利率为 10%，其转让的价格为多少？

$$转让价格=100-\frac{100\times10\%\times(90-30)}{360}=98.33（万美元）$$

（2）按固定利率发行的大额可转让定期存单。

$$转让价格=\frac{面值\times\left(票面利率\times\frac{存单期限}{360}+1\right)}{1+市场利率\times\frac{转让日距到期日天数}{360}}-面值\times票面利率\times\frac{已持有天数}{360}$$

【例 3-8】大额可转让定期存单面值 100 万美元，票面利率为 10%，期限为 180 天，投资人持有存单 60 天后出售，距到期日还有 120 天，当市场利率为 11%时，该存单的转让价格为多少？

$$转让价格=\frac{100\times\left(10\%\times\frac{180}{360}+1\right)}{1+11\%\times\frac{120}{360}}-100\times10\%\times\frac{60}{360}=996195（万美元）$$

3.7.4　我国大额可转让定期存单市场概况

我国的大额可转让定期存单市场开始于 1986 年 10 月，经中国人民银行批准，交通银行在上海市分行成立之初推出了大额可转让定期存单。1987 年，中国银行、工商银行也相继发行大额可转让定期存单，当时大额可转让定期存单作为新的金融工具，利率可以在同期存款基础上浮动 10%，而且具有可转让的特点。可以说，大额可转让定期存单集中了定期储蓄存款与活期存款的优点，所以在推出之际非常受欢迎。1989 年，中国人民银行发布了《大额可转让定期存单管理办法》和《关于大额可转让定期存单转让问题的通知》，批准在全国推行大额可转让定期存单。依照规定，大额可转让定期存单对个人投资者发行的最低面额为 500 元，对单位发行的最低面额为 5 万元；发行期限有 1 个月、3 个月、6 个月、9 个月及 12 个月五种；存单利率最高限与同期银行存款利率应基本相同；各银行不能办理自己发行的存单的转让业务，需通过经营证券柜台交易业务的金融机构来办理存单的转让和流通。1992 年，我国工、农、中、建、交五大银行共发行大额可转让定期存单 427 亿元，总计发行 1642.18 亿元。1993 年，未偿付存单余额 625 亿元，转让额为 3 亿元。

但是，总体来说，我国大额可转让定期存单市场的发行量比较低，二级市场上的交易额更低，没有发挥存单对于银行增加短期资金来源、改善资产负债结构及提高盈利的作用。存单利率与同期存款利率基本持平，缺乏利率弹性，通过存单市场不能较好地反映货币市场资金的供求状况。目前，我国大额可转让定期存单的投资者主要是居民个人，机构投资者短缺。该存单实质上只相当于国外的小银行发行的小额存单，而不是真正意义上的大额可转让定期存单。央行于1997年暂停审批银行的大额可转让定期存单发行申请。从2010年开始，随着利率市场化的改革，商业银行表外业务内在需求不断上升，民间借贷不规范问题相继显现，大额可转让定期存单的重新启动及健康发展问题日益迫切，引起了学者和央行管理当局的关注。相信随着金融改革的不断深化，具有中国特色的大额可转让定期存单市场必将会得到健康的发展。

本章小结

货币市场是资金期限在一年以内的金融工具交易所形成的供求关系及运行机制的总和，主要用于满足短期资金需求。货币市场上的主要子市场有同业拆借市场、短期国库券市场、银行承兑汇票市场、商业票据市场、回购协议市场、大额可转让定期存单市场等。

同业拆借市场源于存款准备金制度，其特征主要表现为市场准入严格、交易手续简便、资金期限较短、单笔规模较大、利率变动灵敏。同业拆借分为同城拆借和异地拆借两种情况。

国库券是指国家财政当局为弥补国库收支不平衡而发行的一种政府债券。国库券具有违约风险小、流动性强、面值小、收入免税的特征，市场上交易活跃，是政府进行资金调剂的主要工具。其发行方式有公开招标、承购包销、随时出售和直接发行。中央银行的公开市场业务主要在这个市场进行。

银行承兑汇票是短期融资工具，在未承兑之前，是商业信用的一种形式，经过承兑之后可以在市场上流通。银行承兑汇票的发行要经过出票、承兑两个环节。在二级市场上以贴现和再贴现的方式进行流通。

商业票据市场是商业票据发行和交易的市场，是货币市场中历史最悠久的子市场。商业票据的基本要素包括发行者、投资者、面额和期限、利率。商业票据是信用性票据，直接反映了发行者的商业信用状况，因此在发行前需要进行信用评级。

回购协议市场是指签订回购协议进行短期资金融通的市场，其实质是一种以债券作为质押所进行的短期资金融通活动。其构成要素有市场参与者、回购协议的期限和利率。参与主体不同或期限不同等因素，会使回购利率有不同的表现，回购收益率也不同。

大额可转让定期存单是商业银行为规避中央银行存款利率管制而创新的工具，只有信誉较高、资金雄厚的大银行才有资格发行，面额固定且数值高、收益稳定、风险小。大额可转让定期存单利率受发行人资信等级、存单期限、发行总额等因素影响，在到期前可以流通和转让。

本章习题

一、选择题。

1．货币市场的功能有（　　）。

A．短期资金融通　　B．资产管理功能　　C．政策传导　　D．市场反映

2．下面关于同城资金拆借叙述正确的是（　　）。

A．通知拆入行贷记账户减少　　B．通知拆出行贷记账户增加

C．通知拆入行借记账户减少　　D．通知拆出行借记账户增加

3．国库券发行的方式包括（　　）。

A．公开招标　　B．承购包销　　C．随时出售　　D．直接发行

4．银行承兑汇票发行的环节包括（　　）。

A．出票　　B．贴现　　C．再贴现　　D．承兑

二、计算题。

1．某商业银行计缴存款准备金，在中央银行的准备金存款为 7000 万元，应该计缴准备金的各项存款额为 50 000 万元，法定准备金率为 6%，该行准备将超额准备金的各项存款额全部拆放出去，期限为 14 天，市场利率（年利率）为 6.4%，请计算该行 3 天后收到的拆借资金利息额。

2．假设你花了 976.5 元购买了一份还剩 182 天到期的短期国债，该国债的面值为 1000 元，请计算该短期国债报价时的贴现收益率。

3．假设 2009 年 3 月 25 日，你以 95 850 元从银行买了一份面值为 100 000 元的短期国债，距到期日有 225 天，请计算此短期国债的贴现收益率。将到期时间改为 300 天后，再计算此短期国债的贴现收益率。

4．假设 2009 年 3 月 25 日，华夏银行急需资金 1000 万元，故将其持有的部分政府债券抵押给交通银行，并与交通银行签订回购协议， 10 天后将债券赎回，支付给交通银行 4.5% （年利率）的利息，请计算回购价格。

5．假设你刚购买了一份期限为 4 个月、面值为 500 000 美元的大额可转让定期存单，存单的年利率为 6.5%，请计算：

（1）如果定期存单的市场利率上升到 7%，该存单现在的价格是多少？

（2）如果定期存单的市场利率下降为 5.25%，该存单现在的价格是多少？

第四章 债券市场

学习目标

债券市场是资本市场的重要组成部分，是一国金融体系中不可或缺的一部分。债券的收益率曲线是社会经济中一切金融商品收益水平的基础，央行的公开市场业务也主要通过债券市场开展。债券价值的估算目前主要采用收入资本化的方法，理论上可以通过久期和凸度对其进行预测。

通过本章学习，学习者应掌握债券的特点，债券价值决定的因素及债券的久期和凸度；理解债券发行的条件、方式和交易机制；了解我国债券市场的现状。

引导案例

2018年我国债券市场回顾与分析

近年来，我国债券市场发展迅速，总体平稳规范。截至2018年10月末，债券市场余额达到83.8万亿元，位居全球第三、亚洲第二，公司信用类债券余额位居全球第二、亚洲第一。2018年我国债券市场具体运行状况如何？由国家金融与发展实验室、第一创业证券、第一创业债券研究院联合出品的中国债券市场年度报告——《中国债券市场2018》(以下简称《报告》)对其进行了详细的描述和分析。

债券一级市场

《报告》认为，2018年的中国债券一级市场从发行量的角度看，仍然保持着平稳发展的势头，跨市场发行成为普遍现象。但无论是从市场结构还是从品种结构看，这种发展都是不平衡的，从现券和回购交易的比例看也是如此。而从净融资额看，在2016年就已经达到16.6万亿元的历史最高水平，随后急剧减少，2017年为11万亿元，2018年前三个季度仅有1.35万亿元。究其原因，受去杠杆影响，利率债和信用债的净融资额均有所下滑，更重要的是近两年同业存单发行量和净融资量的巨大反差。

由于同业存单在银行同业业务中具有核心地位，无论是在金融加杠杆过程中，还是在金融去杠杆的背景下，同业存单的“价”和“量”的变化，都是影响债券市场走势的非常重要的因素。这是因为，同业存单的发行利率的高低作为一个非常灵敏的信号，可以反映资金面的松紧，其与短端债券收益率的走势基本一致。

从金融债的品种结构上看，政策性金融债在金融债中占主导地位，发行额占比在2/3左右；而在政策性金融债中，国开债占主导地位。2018年前三个季度，非金融企业债券共发行大约5.1万亿元，比上年增长 24.8%。其中，中期票据的增长最为迅猛，增速 54.4%；其后为一般公司债，增速 52.6%；超短融 2018 年表现亦极为亮眼，同比增长 32.8%，规模已远远超过一般短融，成为短期融资券的主体。不过，国家发改委主管的企业债发行量比 2017 年同期减少一半还多，这与 2018 年去杠杆的监管环境、主动收紧的企业债审批环节及地方债的替代等多方面因素有关。就可转债和可交换债而言，虽然发行规模和占比较小，但近三年来发展迅猛，是具有广阔发展前景的“热门品种”。

债券交易及存量特征

《报告》分析认为，2018 年的中国债券二级市场，从整体规模来看，延续了增长势头，债券现券成交额与其占 GDP 的比例均有所回升。结构上，银行间市场在回购及现券交易上仍占据主导地位，并且占比进一步上升。从债券品种来看，信用债的成交量仍然远小于利率债，2018 年利率债中同业存单及国债的成交量最高。

从托管总量上来看，全国债券市场总托管量及占 GDP 的比例都在增加。从银行间和交易所各自的占比来看，2018 年虽然银行间市场在我国债券市场中仍占据主导地位，但近三年来交易所市场的发展速度要快于银行间市场。

收益率走势方面，在较为宽松的流动性环境下，2018 年二级市场明显回暖，国债收益率不断震荡下行。从杠杆率来看，除季节性因素外，银行间及交易所的杠杆率都保持了下降的趋势，而交易所杠杆依然高于银行间杠杆。换手率方面，银行间的债券交易更加活跃，同业存单是银行间交易最为活跃的品种。交易所的换手率与 2017 年相比略有下行，主要是受到此前最为活跃的可转债换手率下降的影响。

投资者结构方面，商业银行主要增持国债、金融债，小幅减持企业债；广义基金主要增持国债、政金债，减持企业债；证券公司主要增持政金债、国债，减持中期票据；保险机构主要增持国债、金融债，减持中期票据及企业债；境外机构在国债方面的增持力度较大，同时增持了金融债及企业债。

债券衍生品市场

2018 年利率衍生品市场总体保持快速发展，不同品种有所分化。利率互换成交量保持高速增长，国债期货成交量则较 2017 年有所下降，截至 2018 年 9 月末，利率互换成交名义本金 16.1 万亿元，同比增长 76%；国债期货总成交量 806.96 万手，同比下降 28%。货币市场利率下行，债券市场收益率和发行利率下行明显，收益率曲线呈陡峭化趋势。在市场利率总体下行的环境下，机构套保需求有所下降；充裕的流动性和陡峭化的收益率曲线使债券投资价值提高，衍生品跨期套利策略吸引力下降，交易性需求成为交易量变化的主要原因。

《报告》分析认为，利率衍生品交易量增长分化的深层次原因是投资者结构的变化。人民币利率互换保持快速发展得益于投资者多元化，境内外投资机构不断增加的同时，非法人机构资产管理计划等产品户增长迅速。中国国债期货的机构参与度还十分有限，目前以券商、资管产品为主，商业银行、保险公司等国债托管量较大的机构始终没能进入国债期货市场。随着投资者结构的进一步完善，预计利率衍生品会加快发展。

2018 年随着经济增长降速，信用融资收紧，企业尤其是民营企业经营环境进一步恶化，信用风险事件频繁爆发。在此背景下，信用衍生品得到进一步发展，首次出现了以民营企业作为参考实体的信用衍生品，这对于优化民营企业融资环境、降低企业融资成本产生了积极的影响。银行间信用风险缓释工具引入簿记建档的发行机制，定价过程更加透明，市场化程度有所提高。交易所市场也推出了信用风险保护合约，并且首批产品都以民营企业债券为参考债务。在监管机构和市场成员的共同推进下，信用衍生品的制度体系、交易规则、信息披露、投资者结构得到进一步规范完善，为今后信用衍生品的发展奠定了良好的基础。

政府债券市场

2018 年，地方政府项目收益专项债券试点范围不断扩大，债券品种持续创新和丰富。《报告》认为，随着稳投资诉求的不断强化，地方政府专项债券的重要性进一步凸显。为保障专项债券发行，财政部在完善发行机制方面推出了一系列举措，包括引入弹性招标制度、实行公开承销制度等，此外还对发行利率做出指导。在相关措施的共同作用下，地方政府专项债券市场特别是项目收益专项债券市场加速发展。

财政部去年针对地方政府债券管理出台的一系列文件涉及不少有关债券市场基础制度建设的内容，包括提升发行定价市场化水平、推动投资主体多元化、完善信用评级和信息披露机制、促进市场流动性改善、丰富债券期限结构、推出再融资债券等。未来在价格形成、收益率波动、投资者约束、信用评级、信息披露、违约惩戒等方面还需要进一步完善相应的制度基础。

2018 年以来，政企信用剥离、市场风险偏好改变等因素共同引致城投“信仰”趋弱，城投债发行难度提升，收益率和信用溢价同时走高。进入 2018 年下半年，在维稳基础设施投资成为逆周期调节重要工具的背景下，为确保基建项目获得充足的投资资金，针对地方融资平台的政策在一度收紧后又呈边际放松状态。随着融资约束的松动，城投债的融资功能得到一定强化，整体利率水平和信用利差出现了一定程度的修复。

中国债券市场对外开放

2018 年以来，随着国务院常务会议提出要“稳步扩大金融业开放”，中国债券市场对外开放政策也开启新的篇章。《报告》指出，通过开展“一带一路”试点，减免境外投资者投资境内债券税收政策及一系列对既有机制的完善，促进了相关制度规则与国际接轨，进一步提高了中国债券市场的国际化水平，对中国债券市场改革开放具有重要意义。

在债券市场对外开放实践中，中国债券进一步被纳入彭博巴克莱全球综合指数，熊猫债券继续大规模发行，通过“债券通”和结算代理渠道进入中国债券市场的境外投资者大幅增加，境外机构和个人对中国债券投资规模增长迅速，中国国债和政策性金融债持续得到境外投资者的青睐，境外机构参与中国债券市场力度和深度均有明显提升。

《报告》认为，下一步要继续加快债券市场对外开放。宏观层面，继续加强顶层设计与监管协调，持续加强基准利率培育；中观层面，积极推进财税政策、信息披露机制、投资者保护、评级体系及核心环节的金融基础设施建设；微观层面，不断完善做市商制度，完善风险对冲管理工具及创造投资者便利。同时，坚持在岸市场和离岸市场协调发展，坚持债券市场开放与人民币国际化的共同推进。

［资料来源：中国金融新闻网］

4.1　债券的特征与分类

4.1.1　债券的含义与特征

1．债券的含义

债券也称为固定收益证券，是发行人按照法定程序发行并约定在一定期限内还本付息的有价证券，是债券发行人和债券持有人之间债权债务关系的反映。

2．债券的特征

（1）偿还性。债券在发行时，必须明确其还本付息日期，发行人在到期日按约定偿还本金并支付利息。

（2）流动性。债券在到期之前，可以在流通市场上自由转让，能迅速变现为货币而在价值上也不会遭受损失。

（3）安全性。债券通常规定有固定利率，与企业绩效没有直接联系。债券的收益较稳定，能避免市场价值下跌的风险。

（4）收益性。债券可以给投资者带来一定的收益，投资者可以利用债券价格的变动，买卖债权获取差额收益。

4.1.2　债券的基本要素

1．票面价值

债券的票面价值是债券票面标明的货币价值，是债券发行人承诺在债券到期日偿还给债券持有人的金额。债券的票面要标明币种，要确定票面的金额。票面金额大小不同，可以适应不同的投资对象，同时也会产生不同的发行成本。票面金额定得较小，有利于小额投资者购买，持有者分布面广，但债券本身的印刷及发行工作量大，费用可能较高；票面金额定得较大，有利于少数大额投资者认购，且印刷费用等也会相应减少，但使小额投资者无法参与。因此，债券票面金额的确定也要根据债券的发行对象、市场资金供给情况及债券发行费用等因素综合考虑。

2．到期期限

债券到期期限是指债券从发行之日起至偿清本息之日止的时间，也是债券发行人承诺履行合同义务的全部时间。决定偿还期限的主要因素包括资金使用方向、市场利率变化、债券变现能力等。一般来说，当未来市场利率趋于下降时，应发行期限较短的债券；而当未来市场利率趋于上升时，应发行期限较长的债券，这样有利于降低筹资者的利息负担。

3．票面利率

票面利率也称名义利率，是债券年利息与债券票面价值的比值，用百分数表示。其形式有单利、复利和贴现利率。影响票面利率的因素包括借贷资金市场利率水平、筹资者的资信、债券期限长短等。一般来说，期限较长的债券流动性差，风险相对较大，票面利率应该定得高一些；而期限较短的债券流动性强，风险相对较小，票面利率可以定得低一些。

4．发行主体

债券发行者名称表明债券的债务主体，为债权人到期追回本金和利息提供了依据。

以上四个要素虽然是债券票面的基本要素，但它们并非一定在债券票面上印制出来。在许多情况下，债券发行者是以公布条例或公告形式向社会公开宣布某债券的期限与利率。此外，债券票面上有时还包含一些其他要素，如还本付息方式等。

4.1.3　债券的分类

1．按发行主体分类

按照发行主体不同，债券可分为政府债券、公司债券和金融债券。

1）政府债券

政府债券是指中央政府、政府机构和地方政府发行的债券，它以政府的信誉做保证，因而通常无须抵押品，其风险在各种投资工具中是最小的。

（1）中央政府债券。中央政府债券是中央政府财政部发行的以国家财政收入为保证的债券，也称国家公债。其特点首先表现为一般不存在违约风险，故又称金边债券；其次，购买中央政府债券可享受税收优惠，利息收入可豁免所得税。

在美国，国债按期限可分为 1 年以内的短期国库券、从 1 年到 10 年之间的中期国债和从 10 年到 30 年之间的长期国债。短期的属于货币市场工具，是贴现证券；后两者属于资本市场工具，是息票证券，通常是每 6 个月付一次息，到期偿还本金。

此外，按是否与物价挂钩，国债可分为固定利率公债和保值公债。前者在发行时就确定名义利率，投资者得到的真实利率取决于投资期的通货膨胀率，而后者的本金则随通货膨胀指数做调整，利息是根据调整后的本金支付的，因而不受通货膨胀影响，可以保护债券的价值。

（2）政府机构债券。在美国、日本等不少国家，除财政部外，一些政府机构也可发行债券，这些债券的收支偿付均不列入政府预算，而是由发行单位自行负责。有权发行债券的政府机构有两种：一种是政府部门机构和直属企事业单位，如美国联邦住宅和城市发展部下属的政府机构美国政府国民抵押贷款协会（GNMA）；另一种是虽然由政府主办却属于私营的机构，如联邦国民抵押贷款协会（FNMA）和联邦住宅抵押贷款公司（FHLMC）。这些政府有关机构或资助企业具有某些社会功能，它们通过发行债券的经济部门增加信贷资金及降低融资成本，其债务最终由中央政府做后盾，因而信誉也很高。

（3）地方政府债券。在多数国家，地方政府都可以发行债券，这些债券也是由政府担保，其信用风险仅次于国债及政府机构债券，同时也具有税收豁免特征。若按偿还的资金来源来分，它们可分为普通债券和收益债券两大类。普通债券是以发行人的无限征税能力为保证来筹集资金用于基本的政府服务，如教育、治安、防火、抗灾等，其偿还列入地方政府的财政预算。收益债券则是为了给某一特定的营利建设项目（如公用电力事业、自来水设施、收费公路等）而发行的，其偿付依靠这些项目建成后的营运收入。

2）公司债券

公司债券是公司为筹措营运资本而发行的债券，该合同要求不管公司业绩如何，优先偿还其固定收益，否则将在相应破产法的裁决下寻求解决，因而其风险小于股票，但比政府债券高。公司债券的种类很多，通常可分为以下几类。

（1）公司债券按照抵押担保状况可分为抵押担保债券、抵押公司债券、担保信托债券和设备信托证。

抵押担保债券是完全凭借公司信誉，不提供任何抵押品而发行的债券；抵押公司债券是以土地、房屋等不动产为抵押品而发行的一种公司债券，也称固定抵押公司债券；担保信托债券是指以公司持有的各种动产或有价证券为抵押品而发行的公司债券，也称流动抵押公司债券；设备信托证是指公司为了筹资购买设备并以设备为抵押品而发行的公司债券。

（2）公司债券按利率可分为固定利率债券、浮动利率债券和指数债券。

固定利率债券，也称定息债券或直接债券，是指事先确定利率，每半年或一年付息一次，或一次还本付息的公司债券。这种公司债券最为常见。

浮动利率债券是在某一基础利率（如同期限的政府债券收益率）之上增加一个固定的溢价，如 100 个基点即 1%，以防止未来市场利率变动可能造成的价值损失。对某些中小型公司或状况不太稳定的大公司来说，固定利率债券发行困难或成本过高时，可考虑选择浮动利率债券。

指数债券是通过将利率与通货膨胀率挂钩来保证债权人不致因物价上涨而遭受损失的公司债券，挂钩办法通常为“债券利率=固定利率+通胀率+固定利率×通胀率”。有时，用来计算利息的指数并不与通胀率相联系，而与某一特定的商品价格（油价、金价等）挂钩，这种债券又称商品相关债券。

（3）公司债券按内含选择权可分为可赎回债券、偿债基金债券、可转换债券和带认股证的债券。

可赎回债券是指公司债券附加可提前赎回和以新偿旧条款，允许发行公司选择于到期日之前购回全部或部分债券。当市场利率降至债券利率之下时，赎回债券或代之以新发行的低利率债券对债券持有人不利，因而通常规定在债券发行后至少 5 年内不允许赎回。

偿债基金债券是要求发行公司每年从盈余或利息收入中提存一定比例存入信托基金，定期偿还本金，即从债券持有人手中购回一定量的债券。偿债基金债券有一定的安全性，但持有人仍有风险。

可转换债券是指公司债券附加可转换条款，赋予债券持有人按预先确定的比例（转换比率）转换为该公司普通股的选择权。大部分可转换债券都是没有抵押的低等级债券，并且是由风险较大的小型公司所发行的。这类公司筹措债务资本的能力较低，一方面，使用可转换债券的方式将增强对投资者的吸引力；另一方面，可转换债券可被发行公司提前赎回。

带认股证的债券是指公司债券可把认股证作为合同的一部分附带发行。与可转换债券一样，认股证允许债券持有人购买发行人的普通股，但对于公司来说，认股证是不能赎回的。

3）金融债券

金融债券是银行等金融机构为了筹集信贷资金而发行的债券。在西方国家，由于金融机构大多属于股份公司组织，可以将其归为公司债券的范围。

由于金融机构在市场中的特殊和重要地位，我国的金融机构发行债券的相关条件和监管都要更严格，因此把其与普通公司债券分开论述。

2．按计息与付息方式分类

按计息与付息方式的不同，债券可分为单利计息债券、复利计息债券、贴现债券、零息债券和累进利率债券。

（1）单利计息债券，按本金计算每一期的利息，所生利息不加入本金计算下一期利息。

（2）复利计息债券，按照债券票面载明的利率定期定次付息，所生利息加入本金计算下一期利息。

（3）贴现债券，按折扣率发行，到期按票面金额返还。

（4）零息债券，存续期内不支付利息，投资者以低于面值的价格购买，购买价格是票面值的现值，到期时按票面值兑付。

零息债券与贴现债券的区别如下：贴现债券期限通常小于 1 年，零息债券期限一般长于 1 年；贴现债券的发行价格是债券面值扣除贴息后的差额，零息债券是按票面利率折现后的现值发行。

（5）累进利率债券，是以利率逐年累计的方法计息的债券，也称利率递增债券，即随时间推移，后期利率比前期利率高，呈累进状态。债券的期限往往是流动的，这种债券有一个最短和最长的持有期的规定。

3．按利率是否固定分类

按利率是否固定，债券可分为固定利率债券和浮动利率债券。

固定利率债券，债券的票面利率固定不变，投资者每期取得等额的利息。浮动利率债券票面利率可变，与基准利率挂钩，高于其一定的百分比，投资者每期所获利息取决于市场利率的波动情况。

4．按债券的形态分类

按债券的形态不同，债券可分为实物债券、凭证式债券和记账式债券。

实物债券是指具有标准格式实物券面的债券。在这种标准格式的债券券面上一般印有债券面额、债券利率、债券期限、债券发行人全称、还本付息方式等各种债券要素。有时债券利率、债券期限等要素也可以通过公告向社会公布，而不再在债券票面上注明。

凭证式债券是一种债权人认购债券的收款凭证，而不是债券发行人印制的标准格式的债券。我国通过银行系统发行的凭证式国债，券面上不印制票面金额，而是根据认购者的认购金额填写实际的交款金额，是一种国家储蓄债券，可记名、挂失、提前兑付，可流通。

记账式债券是指没有实物形态，而只是在电脑账户中加以记录的债券。在我国，通过上海证券交易所和深圳证券交易所的交易系统发行与交易的债券就是典型的记账式的债券。投资者要买卖记账式债券，必须在证券交易所开立证券账户。记账式债券的发行和交易均采用无纸化方式，效率高、成本低、交易安全。

5. 按期限的长短分类

按期限的长短，债券可分为短期债券、中期债券和长期债券。

不同国家对短期、中期、长期债券的划分不完全相同。一般的划分标准为期限在 1 年以内的债券称为短期债券；期限在 10 年以上的称为长期债券；1 年至 10 年之间的称为中期债券。

4.2 债券的发行与流通

4.2.1 债券的发行

1. 债券的发行方式

（1）按其发行方式和认购对象，债券发行可分为私募发行和公募发行。

以不特定多数人为募集对象公开发行债券，称作公募发行。公开募集债券涉及众多的投资者，其社会责任和影响都很大。各国对其发行规定比私募发行更多，条件也更高。

私募发行是相对于公募这一概念而说的，指向特定的少数投资者发行债券。这里的“特定”投资者，一般指与证券发行者有某种关系的对象。

（2）按有无中介机构协助发行，债券发行可分为直接发行和间接发行。

直接发行是指债券发行人不委托专门的证券发行机构，如证券承销商或投资银行，而直接向投资者推销债券。直接发行的优点是节省费用，但也存在缺点，主要是所筹资金数额有限，需要债券发行人有专门的知识和经验。

间接发行指债券发行人通过证券中介机构进行的发行。按证券中介机构承销责任的不同，间接发行有两种形式——委托发行和包销。委托发行又称代理发行或代销，发行中介机构只代理发行者推销债券，发行者支付一定的委托手续费。包销分为全额包销和余额包销两种。前者指发行者与中介机构之间不是代理关系，而是买卖关系；后者又叫助销，指中介机构先代理发行者推销债券，如实际推销的结果未达发行契约所规定的发行额，其剩余部分由中介机构买进。

（3）按发行条件及其投资者的决定方式，债券发行可分为招标发行和非招标发行。

招标发行是债券发行人通过招标的方式来决定债券的投资者和债券的发行条件的方法，一般只适用于债券。招标发行是公开进行的，属于公募性质，故也称公募招标。公募招标有时通过证券发行中介机构，有时发行者直接办理。公募招标分价格招标和利率招标两种。价格招标，是发行者只确定债券发行额和债券票面利率，发行和认购价格则由投资者投标；利率招标，是发行者只确定发行总额，利率则由投资者投标决定。

非招标发行指债券发行人与债券承销商或投资银行直接协商发行条件，以便最适合于发行人的需要和现行市场状况。

2. 债券的发行条件

1）公司债券的发行条件

发行公司债券，应当符合下列条件。

① 股份有限公司的净资产不低于人民币 3000 万元，有限责任公司和其他类企业的净资产不低于人民币 6000 万元。

② 累计债券余额不超过企业净资产（不包括少数股东权益）的 40%。

③ 最近 3 年平均可分配利润（净利润）足以支付企业债券 1 年的利息。

④ 筹集资金的投向符合国家产业政策和行业发展方向，所需相关手续齐全。用于固定资产投资项目的，应符合固定资产投资项目资本金制度的要求，原则上累计发行额不得超过该项目总投资的 70%，用于收购产权（股权）的，比照该比例执行。用于调整债务结构的，不受该比例限制，但企业应提供银行同意以债还贷的证明。用于补充营运资金的，不超过发债总额的 40%。

⑤ 债券的利率由企业根据市场情况确定，但不得超过国务院限定的利率水平。

⑥ 已发行的企业债券或者其他债务未处于违约或者延迟支付本息的状态。

⑦ 最近 3 年没有重大违法违规行为。

公司存在下列情形的不得发行公司债券。

① 前一次公开发行的公司债券尚未募足。

② 已发行的公司债券或者其他债务有违约或者迟延支付本息的事实，仍处于继续状态。

③ 违反规定，改变公开募集公司债券所募资金的用途。

④ 最近 36 个月内公司财务会计文件存在虚假记载，或公司存在其他重大违法行为。

⑤ 本次发行申请文件存在虚假记载、误导性陈述或重大遗漏。

⑥ 严重损害投资者合法权益和社会公共利益的其他情形。

此外，根据《中华人民共和国证券法》的规定，公开发行公司债券募集的资金，必须用于核准的用途，不得用于弥补亏损和非生产性支出。

发行人发行可转换公司债券，应当符合《可转换公司债券管理暂行办法》规定的条件：最近 3 年连续盈利，且最近 3 年净资产收益率平均在 10%以上；属于能源、原材料基础设施类的公司可以略低，但是不得低于 7%；可转换债券发行后，公司资产负债率不高于 70%；累计债券余额不超过公司净资产额的 40%；上市公司发行可转换债券，还应当符合关于公开发行股票的条件。

2）金融债券的发行条件

（1）政策性银行发行金融债券，应按年向中国人民银行报送金融债券发行申请，经中国人民银行核准后方可发行。政策性银行金融债券发行申请应包括发行数量、期限安排、发行方式等内容，如需调整，应及时报中国人民银行核准。

（2）商业银行发行金融债券应具备以下条件：具有良好的公司治理机制；核心资本充足率不低于 4%；最近 3 年连续盈利；贷款损失准备计提充足；风险监管指标符合监管机构的有关规定；最近 3 年没有重大违法违规行为；中国人民银行要求的其他条件。

商业银行公开发行次级债券应具备以下条件：实行贷款五级分类，贷款五级分类偏差小；核心资本充足率不低于 5%；贷款损失准备计提充足；具有良好的公司治理结构与机制；最近 3 年没有重大违法违规行为。

商业银行以私募方式发行次级债券或募集次级定期债务应符合以下条件：实行贷款五级分类，贷款五级分类偏差小；核心资本充足率不低于 4%；贷款损失准备计提充足；具有良好的公司治理结构与机制；最近 3 年没有重大违法违规行为。

（3）企业集团财务公司发行金融债券应具备以下条件：具有良好的公司治理结构、完善的投资决策机制、健全有效的内部管理和风险控制制度及相应的管理信息系统；具有从事金融债券发行的合格专业人员；财务公司设立 1 年以上，经营状况良好，申请前 1 年利润率不低于行业平均水平，且有稳定的盈利预期；申请前 1 年，不良资产率低于行业平均水平，资产损失准备拨备充足；申请前 1 年，注册资本金不低于 3 亿元人民币，净资产不低于行业平均水平；近 3 年无重大违法违规记录；无到期不能支付债务；公司已发行、尚未兑付的金融债券总额不得超过其净资产总额的 100%，发行金融债券后，资本充足率不低于 10%；风险监管指标符合监管机构的有关规定；最近 3 年没有重大违法违规行为。

3. 债券的发行程序

1）申报材料制作阶段

（1）发行人形成发债意愿并与发展改革部门预沟通。

（2）制作发行人本次债券发行的申请报告。

（3）召开股东大会，形成董事会决议，制定债券发行章程。

（4）出具发行企业债券可行性研究报告。报告应包括债券资金用途、发行风险说明、偿债能力分析等。

（5）安排担保事宜。发行人做好企业债券发行的担保工作，按照《中华人民共和国担保法》的有关规定，聘请其他独立经济法人依法进行担保，并按照规定格式以书面形式出具担保函。

（6）安排审计机构。发行人及其担保人提供的最近 3 年财务报表（包括资产负债表、利润和利润分配表、现金流量表），经具有从业资格的会计师事务所进行审计。

（7）安排信用评级。发行人聘请有资格的信用评级机构对其发行的企业债券进行信用评级。

（8）安排律师认证工作。企业债券发行申请材料由具有从业资格的律师事务所进行资格审查和提供法律认证。

（9）组建营销团。企业债券由具有承销资格的证券经营机构承销，企业不得自行销售企业债券。主承销商由企业自主选择。需要组织承销团的，由主承销商组织承销团。承销商承销企业债券，可以采取代销、余额包销或全额包销方式，承销方式由发行人和主承销商协商确定。

（10）其他。主承销商协助制作完成债券申报材料，并报送省发展改革委，由省发展改革委转报国家发展改革委。

附债券发行申请材料目录：

① 国务院行业管理部门或省级发展改革部门转报发行企业债券申请材料的文件；

② 发行人关于本次债券发行的申请报告；

③ 主承销商对发行本次债券的推荐意见（包括内审表）；

④ 发行企业债券可行性研究报告，包括债券资金用途、发行风险说明、偿债能力分析等；

⑤ 发债资金投向的有关原始合法文件；

⑥ 发行人最近 3 年的财务报告和审计报告（连审）及最近一期的财务报告；

⑦ 担保人最近 1 年的财务报告和审计报告及最近一期的财务报告（如有）；

⑧ 企业（公司）债券募集说明书；

⑨ 企业（公司）债券募集说明书摘要；

⑩ 承销协议；

⑪ 承销团协议；

⑫ 第三方担保函（如有）；

⑬ 资产抵押有关文件（如有）；

⑭ 信用评级报告；

⑮ 法律意见书；

⑯ 发行人《企业法人营业执照》（副本）复印件；

⑰ 中介机构从业资格证书复印件；

⑱ 本次债券发行有关机构联系方式；

⑲ 其他文件。

2）发行报批阶段

（1）上报发行申报材料。按照公开发行企业债券申请材料目录及其规定格式，逐级上报企业债券发行方案。经省发展改革委审核后，向国家发展改革委申请。

（2）跟踪核准进程。国家发展改革委受理企业发债申请后，依据法律法规及有关文件规定，对申请材料进行审核。符合发债条件、申请材料齐全的直接予以核准。申请材料存在不足或需要补充有关材料的，应及时向发行人和主承销商提出反馈意见。发行人及主承销商根据反馈意见对申请材料进行补充、修改和完善，重要问题应出具文件进行说明。

（3）修改方案及材料。发行人及主承销商根据国家发展改革委提出的反馈意见，对企业债券发行方案及申报材料进行修改和调整，并出具文件进行说明。

（4）债券发行会签。国家发展改革委分别会签中国人民银行、中国证监会后，印发企业债券发行批准文件，并抄送各营业网点所在地省级发展改革部门等有关单位。

（5）会签结束拿到批文。企业债券发行批准文件由国家发展改革委批复给省发展改革委后（中央企业除外），再由省发展改革委批复给企业或相关市发展改革委。

3）债券正式发行阶段

（1）刊登发行公告。发行人应当通过指定媒体，在债券发行首日 3 日前公告企业债券发行公告或公司债券募集说明书。发行公告和募集说明书应当真实、准确、完整，不得有虚假记载、误导性陈述或者重大遗漏。

（2）市场宣传工作。承销团做好债券销售市场宣传工作，推广债券的发行和认购工作。

（3）债券销售工作。在企业债券发行过程中，各承销商面向社会公开零售企业债券的所有营业网点及每个营业网点的承销份额。

（4）承销团工作监控。发行人应当及时了解承销工作进度和发行销售情况。

（5）募集资金划付。承销团销售债券募集到的资金应划付到发行人专门的资金账户。

（6）验收资金。发行人根据债券的发行情况对募集资金相关情况进行查验。

4）发行后期管理工作

（1）实名制记账式企业债券应当按照有关规定进行债权登记托管。托管人为实名制记账式企业债券的法定债权登记人，在企业债券发行结束后负责对企业债券进行债权管理、权益监护和代理兑付，并负责向投资者提供有关信息服务。

（2）制定偿债计划。发行人、担保人应制订切实可行的偿债计划并认真执行，确保企业债券本息按期兑付。

（3）发行人应当在债券本金兑付首日 60 日前向国家发展改革委及省级发展改革部门报告兑付

方案，并于兑付首日5个工作日前通过指定媒体公布兑付事项。

（4）企业债券本息兑付首日5个工作日前，发行人应当将兑付资金全额划入指定账户。实名制记账式企业债券划入托管人指定的账户；无记名实物券企业债券划入主承销商指定的账户。

（5）发行人不能按照规定期限履行兑付义务的，主承销商应当及时通知担保人履行担保义务。

（6）发行人应当在债券存续期间的每一会计年度结束之日起4个月内，向国家发展改革委及省级发展改革部门报送发行人、担保人经审计的年度财务报告，并公开披露。

（7）主承销商应当在企业债券发行和兑付工作结束后15个工作日内，将企业债券发行、兑付情况报国家发展改革委及省级发展改革部门。

（8）在企业债券存续期内，发行人、担保人发生可能影响企业债券兑付的重大事项时，发行人应当及时向国家发展改革委报告，并公开披露。

（9）在企业债券存续期内，发行人应当委托原信用评级机构每年至少进行一次跟踪评级，于信用评级机构出具企业债券跟踪评级结果之后15日内，将跟踪评级结果报国家发展改革委及省级发展改革部门，并公告披露。

4.2.2 债券的流通

债券流通市场，也称债券交易市场、债券二级市场，是指债券买卖、转让、流通的场所，基本作用是为在一级市场发行的债券提供流动性。

1. 债券上市

债券上市指证券交易所承认并接纳某种债券在交易所市场上交易。各国有各自的债券上市制度，包括上市申请、上市审查基准和上市公司管理三部分。各国对上市债券都有一定的标准，债券上市也需经过一定的程序，大体程序如下：

（1）发行公司提出上市申请；

（2）证券交易所初审；

（3）证券管理委员会核定；

（4）订立上市契约；

（5）发行公司缴纳上市费；

（6）确定上市日期；

（7）挂牌交易。

2. 债券的交易程序

（1）投资者通过证券交易所进行债券交易的程序如下。

① 取得联系。投资者联系证券经纪人。

② 开立账户。债券投资者在证券经纪人处开立委托买卖账户。

③ 委托买卖。委托应包括的内容：委托时间；购买还是出售证券；买卖证券的名称；买卖证券的数量；经纪人商行的名称和交易所电话号码；其他方面。

④ 交割和过户。交割指买卖债券成交后，买卖双方之间的资金结算。过户就是将债券的所有权从一个所有人的名下，转移到另一个所有人的名下。

（2）在柜台交易的情况下，债券交易的程序要分自营买卖和代理买卖两种情况。在自营买卖情况下，基本是证券公司以批发价格从其他证券公司买进债券，然后再以零售价格将债券出售给客户。或者证券公司从客户处买进债券，再批发给其他证券公司。代理买卖的程序与交易所交易委托的程序差不多，只是没有后者那么严格。

3．债券的交易形式

债券二级市场上的交易，主要有五种形式。

1）现货交易

现货交易是指交易双方在成交后立即实行交割，或在极短的期限内办理交割的一种交易方式。

2）期货交易

期货交易是指交易双方成交后，按照期货协议规定条件，远期交割的交易方式。债券的买卖双方在进行期货交易订立契约时，双方手中不需要有债券和现款，只需向证券交易所交纳按成交额一定比例计取的保证金。因此这种方法叫买空和卖空（买空和卖空也可以在信用交易的情况下进行），先买后卖盼望以后价格上涨的叫多头，先卖后买盼望价格下跌的叫空头。

3）期权交易

期权原意为选择权，它是投资者在付出一定的费用后，取得的一种可按约定价格在规定期限内买进或卖出一定数量的金融资产或商品（如债券）的权利。

4）信用交易

债券的信用交易，也称垫头交易，是指交易人凭自己的信誉，通过交纳一定数额的保证金或者交付部分债券，其应当支付的价款和应交付的债券不足时，由证券公司进行垫付，而代理进行债券买卖的交易。

5）现先交易

“现先”是日本的特有名词，与美国的“购回协议”的内容基本上相同。现先交易的特点是在卖出（或买入）债券的时候，事先约定到一定期间后按规定的价格再购回（或卖出）同一债券。换言之，所谓债券现先交易是指附有购回（或卖出）条件的债券买卖。

（1）自己现先。证券公司以附有定期购回为条件卖出自己手持的债券来筹集所需资金。

（2）委托现先。证券公司以外的债券持有者通过委托证券公司，以现先交易的形式卖出自己保有的债券来筹措资金。

（3）直接现先。资金不足的金融机构，不通过证券公司而直接以附买回条件的方式将自己持有的债券卖给债券购买者。

4.3 债券价值分析

4.3.1 债券价值的影响因素

收入资本化法认为任何资产的内在价值（Intrinsic Value）决定于投资者对持有该资产预期的

未来现金流的现值。根据资产的内在价值与市场价格是否一致，可以判断该资产是否被低估或高估，从而帮助投资者进行正确的投资决策。所以，决定债券的内在价值成为债券价值分析的核心。

根据收入资本化原理，我们可以得出不同计息方式债券的定价公式。债券的未来现金流入为利息和本金，其债券的价格 P 计算公式如下：

$$P=\frac{C}{1+r}+\frac{C}{(1+r)^2}+\cdots+\frac{C}{(1+r)^n}+\frac{M}{(1+r)^n}$$

$$P=\sum_{t=1}^{n}\frac{C}{(1+r)^t}+\frac{M}{(1+r)^n}$$

式中，P 表示债券价格，C 表示债券年利息额，r 表示预期的到期收益率（折现率），M 表示债券的面值，n 表示债券的年限。

在上述定价过程中，实际上是假设了债券发行人能够履行承诺，在规定的时间内支付系列现金流给投资者，因此使债券的价值估值变得很容易。但现实中需要明确的事实是债券面临各种各样的风险，如信用风险、利率风险、流动性风险、时机风险等。因此在债券定价中一般遵循渐进的原则进行。首先是国债定价，国债的流动性最强而且有信用风险和时机风险。其次，市政债券（地方政府债券）、公司债券、金融债券等债券，是相对于国债这一基准来定价的。

因此在对债券进行准确估值之前，我们要对债券价格的决定因素及影响因素进行全面系统的分析。

对于一张债券而言，它通常都具有到期时间、息票率（票面利率）、发行人等基本要素，除此之外，债券还会规定一些附加条款，比如可赎回条款、可转换条款及可延期条款等。这些条款同样会影响债券的内在价值。

1．债券价值的决定因素

1）市场利率

在债券价值估值中，用于折现现金流量的利率是市场利率。这一市场利率也称即期利率，是贷款或债券只向投资者支付一次现金流量时的到期收益率。期限不同的贴现债券具有不同的到期收益率，这一点可以由利率期限结构理论来解释。显然，市场利率在债券估值中具有特殊的意义。在以后的分析中，为了简便起见，除特别说明外，都假设收益率曲线是平的，即所有即期利率等于 r。

【例 4-1】一张债券票面利率 8%，一年付息一次，10 年到期，面值为 1000 元，如果该债券的到期收益率为 10%，其债券价格为多少？如果到期收益率降为 6%，则其债券价格为多少？

$$P=\sum_{t=1}^{10}\frac{1000\times 8\%}{(1+10\%)^t}+\frac{1000}{(1+10)^{10}}=877.07\text{（元）}$$

$$P=\sum_{t=1}^{10}\frac{1000\times 8\%}{(1+6\%)^t}+\frac{1000}{(1+6)^{10}}=1147.21\text{（元）}$$

在债券的息票率、期限及面值确定的条件下，债券的内在价值由市场利率（到期收益率）决定，内在价值和市场利率之间的关系如图 4-1 所示。

由图 4-1 可以得到以下几个结论。

（1）债券价格和市场利率之间是反向变动关系，且二者关系不是一条直线，而是一条曲线。随着市场利率的下降，价格上升的速度在增加；随着市场利率的上升，价格下降的速度在减小。

（2）当到期收益率和票面利率相等时，债券的价格正好等于其面值；当到期收益率高于票面利率时，债券的价格小于其面值，此时债券就是折价债券；反之，当到期收益率低于票面利率时，债券价格高于其面值，此时债券就是溢价债券。

（3）当市场利率为 0 时，债券的价格正好等于它的所有现金流的和，如上例中的债券，在市场利率为 0 时，债券价格为所有现金流的和，即 1000×8%×10+1000=1800（元）；当市场利率越来越大时，债券的价格趋于 0。

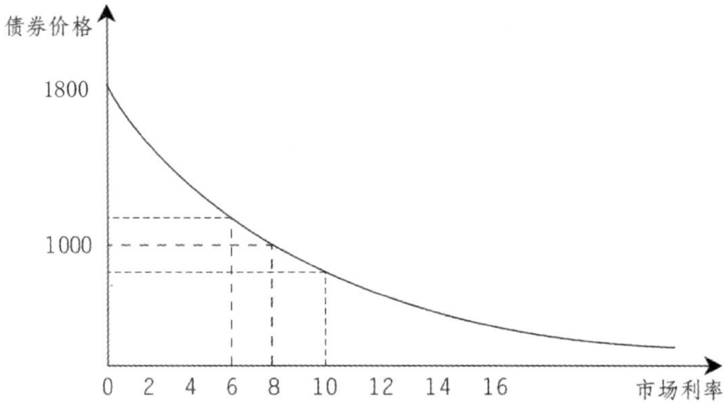

图 4-1　债券价格与市场利率曲线

以上只是得出粗略的结论，关于市场利率对于债券价格的影响分析，可以深入探究。

2）到期时间

根据债券内在价值的计算公式，当其他条件完全一致时，我们可以从两个方面来考虑债券的到期时间对价格的影响：一是对不同到期时间的债券而言，债券的到期时间越长，债券价格的波动幅度越大，但增加的速度递减；二是对同一债券而言，随着到期时间的减少，债券价格波动幅度减少，并且是以递增的速度减少。

（1）证明其他条件不变时，债券的到期时间与债券价格波动幅度之间呈正相关关系。

$$P_n = \sum_{t=1}^{n-1}\frac{C}{(1+r)^t}+\frac{C}{(1+r)^n}+\frac{M}{(1+r)^n}$$

$$= \sum_{t=1}^{n-1}\frac{Mi}{(1+r)^t}+\frac{Mi}{(1+r)^n}+\frac{M}{(1+r)^n}$$

$$P_{n+1} = \sum_{t=1}^{n-1}\frac{Mi}{(1+r)^t}+\frac{Mi}{(1+r)^n}+\frac{Mi}{(1+r)^{n+1}}+\frac{M}{(1+r)^{n+1}}$$

当$i>r$时，有$\frac{1+i}{1+r}>1$，则有

$$\frac{Mi}{(1+r)^{n+1}}+\frac{M}{(1+r)^{n+1}}=\frac{M}{(1+r)^n}\cdot\frac{1+i}{1+r}>\frac{M}{(1+r)^n}$$

从而得出 $P_{n+1}>P_n$。同理，当$i<r$时，$P_{n+1}<P_n$。

显然，长期债券由于期限长，利率对其价格的作用大，因而，同样的市场利率变动，给长期债券造成的波动更大。

（2）虽然到期时间延长，债券的价格波动幅度增加，但增加的速度递减。即第（n+2）年和第（n+1）年之间债券价格变动的差异小于第（n+1）年和第 n 年之间债券价格变动的差异。现分别观察 n 年期、（n+1）年期和（n+2）年期债券投资者最后 1 年、2 年和 3 年的年金现金流量的现值。

$$\Delta P_n = \frac{Mi}{(1+r)^n} + \frac{M}{(1+r)^n}$$

$$\Delta P_{n,\ n+1} = \frac{Mi}{(1+r)^n} + \frac{Mi}{(1+r)^{n+1}} + \frac{M}{(1+r)^{n+1}}$$

$$\Delta P_{n,\ n+2} = \frac{Mi}{(1+r)^n} + \frac{Mi}{(1+r)^{n+1}} + \frac{Mi}{(1+r)^{n+2}} + \frac{M}{(1+r)^{n+2}}$$

因为

$$\Delta P_{n,\ n+1} - \Delta P_n = \frac{Mi}{(1+r)^{n+1}} + \frac{M}{(1+r)^{n+1}} - \frac{M}{(1+r)^n}$$

$$\Delta P_{n,\ n+2} - \Delta P_{n,\ n+1} = \frac{Mi}{(1+r)^{n+2}} + \frac{M}{(1+r)^{n+2}} - \frac{M}{(1+r)^{n+1}}$$

所以

$$\frac{\Delta P_{n,\ n+2} - \Delta P_{n,\ n+1}}{\Delta P_{n,\ n+1} - \Delta P_n} = \frac{1}{1+r} < 1$$

【例 4-2】假定存在四种期限分别是 1 年、10 年、20 年和 30 年的债券，它们的息票率都是 6%，面值均为 100 元，其他的属性完全一样。如果起初的市场利率为 6%，根据内在价值的计算公式可知这四种债券的内在价值都是 100 元。如果相应的市场利率上升或下降，这四种债券的内在价值的变化如表 4-1 所示。

表 4-1 证券价格与期限之间的关系

相应的市场利率	证券内在价值			
	1 年期限	10 年期限	20 年期限	30 年期限
4%	102	116	127	135
5%	101	108	112	115
6%	100	100	100	100
7%	99	93	89	88
8%	98	86	80	77

表 4-1 反映了当市场利率由现在的 6%上升到 8%时，四种期限的债券的内在价值分别下降 2 元、14 元、20 元和 23 元；反之，当市场利率由现在的 6%下降到 4%时，四种期限的债券的内在价值分别上升 2 元、16 元、27 元和 35 元。同时，当市场利率由现在的 6%上升到 8%时，1 年期和 10 年期债券的内在价值下降幅度相差 12 元，10 年期和 20 年期债券的内在价值下降幅度相差 6 元，20 年期和 30 年期债券的内在价值下降幅度相差 3 元。可见，由单位期限变动引起的边际价格变动率递减。

下面分析随着到期时间的减少，同一债券价格的变动情况，即动态的债券价格。

当债券息票率等于市场利率时，投资者资金的时间价值通过利息收入得到补偿。当息票率低于市场价值时，利息支付不足以补偿资金的时间价值，投资者还需从债券价格的升值中获得资本收益。

【例 4-3】几年前发行的某债券的市场利率和息票率都等于 8%，面值为 1000 元，现在离到期日还有 3 年时间，市场利率变为 9%，则此时债券合理的市场价格计算如下：

$$\frac{1000\times8\%}{(1+9\%)}+\frac{1000\times8\%}{(1+9\%)^2}+\frac{1000\times8\%}{(1+9\%)^3}+\frac{1000}{(1+9\%)^3}=969.09\text{（元）}$$

1 年后，债券的价格计算如下：

$$\frac{1000\times8\%}{(1+9\%)}+\frac{1000\times8\%}{(1+9\%)^2}+\frac{1000}{(1+9\%)^2}=976.81\text{（元）}$$

所以，如果投资者以 969.09 元的价格买入，这 1 年投资者获得的资本收益为 7.72 元（算式 976.81−969.09），总收益为 87.72 元（算式 80+7.72），持有期收益率为 9%（算式 87.72/969.09），正好等于市场利率。

当债券价格由市场利率确定的现值决定时，折价债券将会升值，预期的资本收益能够补足息票率与市场利率的差异；相反，溢价债券的价格将会下跌，资本损失抵消了较高的利息收入，投资者仍然获得相当于市场利率的收益率。图 4-2 反映了这两种债券的价格变动轨迹。

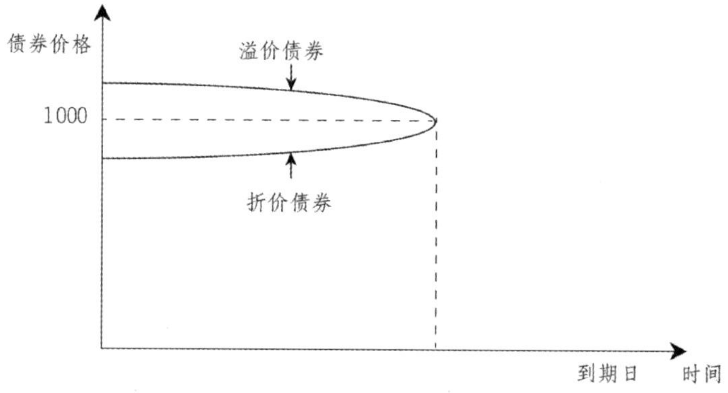

图 4-2　折（溢）价债券的价格变动

例 4-3 说明，虽然利息收入与资本收益的比重有所不同，但不同息票率的债券提供给投资者的收益率是相同的。在一个有效的资本市场上，经过税负调节和风险因素的调整后，各种债券的整体收益应该是相等的。否则，投资者就会卖掉收益率低的债券，买入收益率高的债券，导致相应价格的下降或上升，直到各种债券收益率相等为止。

零息票债券的价格变动有其特殊性。在到期日，债券价格等于面值，到期日之前，由于资金的时间价值，债券价格低于面值，并且随着到期日的临近而趋近于面值。如果利率恒定，则价格以等于利率值的速度上升。例如，30 年期的零息票债券，面值 1000 元，市场利率等于 10%，当前价格为 $1000/(1+10\%)^{30}=57.31$(元)，1 年后，价格为 $1000/(1+10\%)^{29}=63.04$(元)，比上一年增长了 10%，图 4-3 反映了零息票债券价格的变动轨迹。

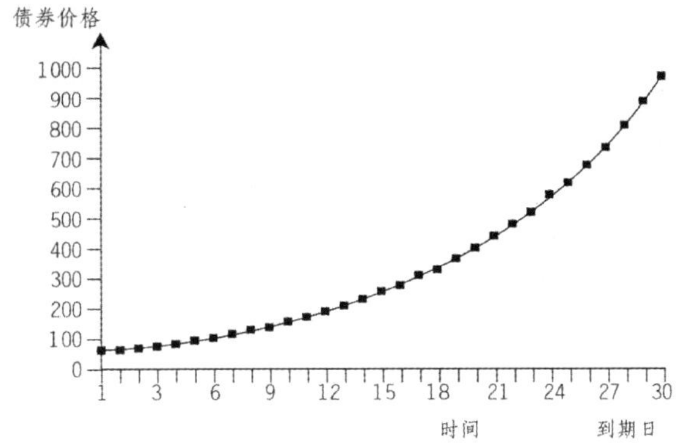

图 4-3 零息票债券价格的变动轨迹

3）息票率

债券的到期时间决定了债券的投资者取得未来现金流的时间，而息票率决定了未来现金流的大小。债券价格与市场利率之间的关系如图 4-4 所示，在其他条件不变的情况下，息票率越高，债券价格越高；反之，息票率越低，债券价格越低。但是债券的息票率越低，债券价格的波动幅度越大；反之，息票率越高，价格波动幅度越小。

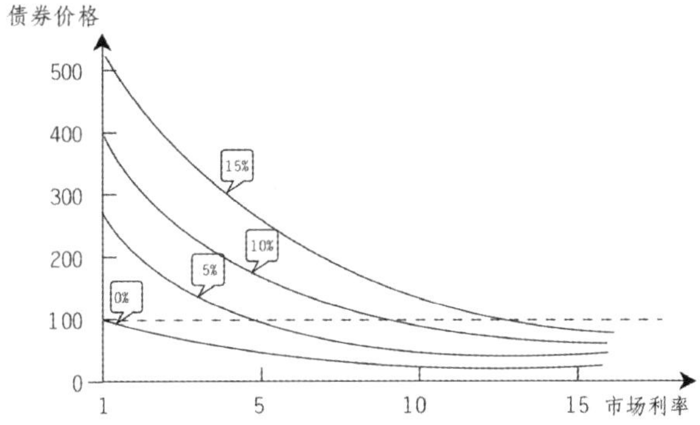

图 4-4 债券价格与市场利率之间的关系

【例 4-4】存在五种债券，期限均为 20 年，面值为 100 元。唯一的区别在于息票率，它们的息票率分别为 4%、5%、6%、7%和 8%。假设初始的市场利率水平为 7%，那么，可以利用公式分别计算出各自初始的内在价值。如果市场利率发生了变化（上升到 8%，或下降到 5%），相应地可以计算出这五种债券新的内在价值，具体结果见表 4-2。

表 4-2 内在价值（价格）变化与息票率之间的关系

息票率	相应的市场利率			内在价值变化率（7%上升到 8%）	内在价值变化率（7%下降到 5%）
	7%	8%	5%		
4%	68	60	87	−11.30%	28.70%
5%	78	70	100	−10.50%	27.10%
6%	89	80	112	−10.00%	25.80%
7%	100	90	125	−9.80%	25.10%
8%	110	100	137	−9.50%	24.40%

从表 4-2 中可以发现，面对同样的市场利率变动，无论市场利率上升还是下降，五种债券中息

票率最低的债券的内在价值波动幅度最大，而随着息票率的提高，五种债券的内在价值的变化幅度逐渐降低。所以，债券的息票率越低，债券价格的波动幅度越大。

2. 影响债券价值的其他因素

1）违约风险

违约风险是当债券发行者发生财务危机进而没有能力履行付息还本义务时给投资者带来的风险。一般来说，债券的违约风险越高，投资者承担的风险就越大，其价格就越高。债券评级则是反映债券违约风险的重要指标。

既然债券存在着违约风险，投资者必然要求获得相应的风险补偿，即较高的投资收益率。所以，违约风险越高，投资收益率也应该越高。在美国债券市场上，联邦政府债券的违约风险最低，地方政府债券的违约风险次低，AAA 级的公司债券的违约风险较高，D 级的公司债券违约风险最高。相应地，上述债券的收益率应从低向高排列。但是，由于地方政府债券的利息收入可以免缴联邦政府收入所得税，所以，美国地方政府债券的投资收益率低于联邦政府债券的收益率，而联邦政府债券的投资收益率又低于 AAA 级的公司债券的收益率。在公司债券中，投资级债券的投资收益率低于投机级债券的收益率。

2）可赎回条款

可赎回条款是债券发行人拥有的一种选择权，它允许债券发行人在债券发行一段时间以后，按约定的赎回价格在债券到期前部分或全部偿还债务。这种规定在财务上对发行人是有利的，因为发行人可以发行较低利率的债券取代那些利率较高的被赎回的债券，减少融资成本。而对于投资者来说，他的再投资机会受到限制，再投资利率也较低，这种风险是要补偿的。因此，具有较高赎回可能性的债券应具有较高的票面利率，也应具有较高的到期收益率。

可赎回债券可以看作一个普通债券加上一个看涨期权，期权以具有相同期限和息票率的可赎回债券作为标的资产。标的资产价格越高，看涨期权被执行的概率越大，期权价值越高。因此，当市场利率下降时，债券价格相应会提高，这时赎回选择权的价值会增加，债券被赎回的概率增加。当市场利率下降时，可赎回条款对发行人更有利，对债券持有人不利；反之，当市场利率上升时，可赎回条款对债券发行人不利，对债券持有人有利。

对于可赎回债券，投资者除了关注债券的到期收益率，还会关注债券的赎回收益率。赎回收益率也称首次赎回收益率，即假设赎回保护期一结束，发行人就执行赎回权时的收益率。

3）可转换条款

可转换债券的持有者可用债券来交换一定数量的普通股股票。每单位债券可换得股票股数称为转换率，可换得的股票当前价值称为市场转换价值，债券价格与市场转换价值的差额称为转换损益。例如，债券价格为 1000 元，转换率为 50，当前股价每股 15 元，此时，转换损失为 $1000-50\times15 = 250$（元），投资者不会实行转换权。如果股价升至每股 25 元，则转换收益为 $50\times25-1000 =250$（元），可见，投资者可以从公司股票的升值中受益。

所以，可转换债券息票率和承诺的到期收益率通常较低。但是，如果从转换中获利，则持有者的实际收益率会大于承诺的收益率。

4）免税待遇

一般来说，免税债券的到期收益率比类似的应纳税债券的到期收益率低。此外，税收还以其他方式影响着债券的价格和收益率。例如，任何一种按折扣方式出售低利率附息债券提供的收益有两种形式——息票利息和资本收益。在美国，这两种收入都被当作普通收入进行征税，但是对于后者的征税可以推迟到债券出售或到期时才进行。这种推迟就表明大额折价债券具有一定的税收利益。在其他条件相同的情况下，这种债券的税前收益率必然略低于高利率附息债券。也就是说，低利率附息债券比高利率附息债券的内在价值要高。

5）流通性

流通性是指债券可以迅速出售而不会发生实际价格损失的能力。如果某种债券按市价卖出很困难，持有者会因该债券的市场性差而遭受损失，这种损失包括较高的交易成本及资本损失，这种风险也必须在债券的定价中得到补偿。因此，流通性好的债券与流通性差的债券相比，具有较高的内在价值。

4.3.2 债券的定价公式

1. 附息债券的定价

附息债券是按照票面金额计算利息并定期支付的一种债券。投资者未来的现金流包括两个部分——利息和本金。一年付息一次的债券的价格计算公式如下：

$$P=\sum_{t=1}^{n}\frac{C}{(1+r)^t}+\frac{M}{(1+r)^n}$$
$$=\sum_{t=1}^{n}\frac{Mi}{(1+r)^t}+\frac{M}{(1+r)^n}$$

一年付息 m 次的债券的价格的计算，需要在公式中涉及利率变量除以付息次数，期限变量乘以付息次数，因此其计算公式如下：

$$P=\sum_{t=1}^{nm}\frac{C/m}{\left(1+{}^{r}\!/_{m}\right)^t}+\frac{M}{\left(1+{}^{r}\!/_{m}\right)^{nm}}$$
$$=\sum_{t=1}^{nm}\frac{Mi/m}{\left(1+{}^{r}\!/_{m}\right)^t}+\frac{M}{\left(1+{}^{r}\!/_{m}\right)^{nm}}$$

【例 4-5】某公司发行期限 3 年期的国债，面值 100 元，票面利率为 8%，折现率为 10%，每年付息一次，其债券发行价格为多少？

$$P=\sum_{t=1}^{3}\frac{100\times 8\%}{(1+10\%)^t}+\frac{100}{(1+10\%)^3}=95.03\text{（元）}$$

【例 4-6】某公司发行期限 3 年期的国债，面值 100 元，票面利率为 8%，折现率为 10%，如果此债券为一年付息两次，则其发行价格为多少？

$$P=\sum_{t=1}^{3\times 2}\frac{100\times\frac{8\%}{2}}{\left(1+\frac{10\%}{2}\right)^t}+\frac{100}{\left(1+\frac{10\%}{2}\right)^6}=93.09\text{（元）}$$

2．一次还本付息债券的定价

一次还本付息债券的特点是持有期间没有利息收入，利息和本金在债券到期日一次性支付给投资者。根据计息方式的不同，利息的计算有两种方式——单利计息和复利计息。

（1）单利计息一次还本付息债券的价格计算公式：

$$P=\frac{M\left(1+ni\right)}{\left(1+r\right)^{m}}$$

【例 4-7】某 3 年期国债，面值为 100 元，票面利率为 8%，折现率为 10%，单利计息，其发行价格为多少？

$$P=\frac{100\times\left(1+8\%\times3\right)}{\left(1+10\%\right)^{3}}=93.16\text{（元）}$$

（2）复利计息一次还本付息债券的价格计算公式：

$$P=\frac{M\left(1+i\right)^{n}}{\left(1+r\right)^{n}}$$

【例 4-8】某 3 年期国债，面值为 100 元，票面利率为 8%，折现率为 10%，复利计息，其发行价格为多少？

$$P=\frac{100\times(1+8\%)^{3}}{\left(1+10\%\right)^{3}}=94.64\text{（元）}$$

3．零息债券的定价

零息债券投资者持有期间不能获得任何利息，到期返还面值，因此其发行价格计算公式如下：

$$P=\frac{M}{\left(1+r\right)^{n}}$$

【例 4-9】财政部发行一种 3 年期的零息债券，面值为 1000 元，假设市场利率为 10%，这只债券的发行价格为多少？

$$P=\frac{1000}{\left(1+10\%\right)^{3}}=751.31\text{（元）}$$

4.3.3　债券的期限结构

在所有影响债券收益的因素中，最难理解的是期限，因此我们有必要深入研究一下利率期限结构理论。

1．利率期限结构的含义

利率期限结构（Term Structure of Interest Rates）是指在某一时点上，不同期限资金的收益率与到期期限之间的关系。利率的期限结构反映了不同期限的资金供求关系，揭示了市场利率的总体水平和变化方向，为投资者从事债券投资和政府有关部门加强债券管理提供了可参考的依据。利率期限结构可以用债券的收益率曲线来表示。

债券收益率曲线是把期限不同，但风险、流动性和其他条件都相同的债券的收益率连成一条曲线。这种曲线有四种可能的形态（见图 4-5）：向上倾斜；水平；向下倾斜；隆起。收益率曲线向上倾斜表明长期利率高于短期利率，这种情形最常见；收益率曲线呈水平形态表示长期利率等于短期利率，这种情形很罕见；收益率曲线向下倾斜表明长期利率低于短期利率，这种情形较少见；收益率曲线呈隆起形态表明利率起初随期限延长而逐步上升，但在一定期限后又随期限延长而缓缓下降，这种情形较多见。

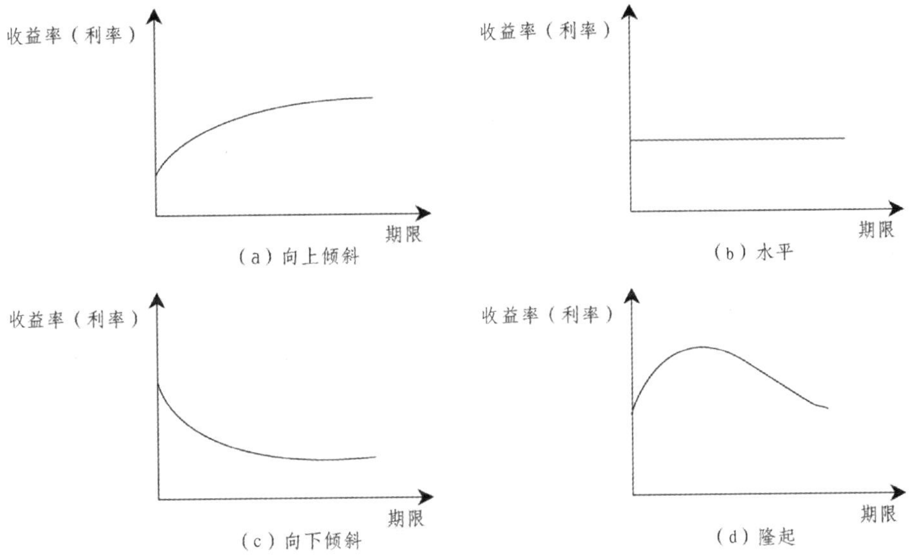

图 4-5　债券收益率曲线的四种可能形态

2．利率期限价格理论

为什么利率的期限结构会存在不同的形态呢？经济学家在解释这种现象的时候，形成了不同的理论。

1）预期理论

预期理论认为长期债券利率等于长期债券到期之前人们预期的短期利率的平均值。

该理论隐含一个关键的假设：不同期限的债券是完全替代品，也就是说，人们并不偏好某种期限的债券，如果某种债券的预期收益率低于期限不同的另一债券时，人们将不再持有该债券。预期理论描述的短期利率和长期利率的关系如下：

$$r_{nt}=\frac{r_i+r_{i+1}^e+r_{i+2}^e+\cdots+r_{i+(n-1)}^e}{n}$$

式中，r_{nt} 为第 t 期的长期债券利率，r_i 为第 i 期的短期债券利率，r_{i+1}^e 为第 i+1 期的短期债券预期利率，$r_{i+(n-1)}^e$ 为第[i+(n−1)]期的短期债券预期利率，n 为到期期限。

等式表明，n 年期债券的现行利率等于 1 年期债券的现行利率和人们预期的未来（n−1）年内所有 1 年期债券利率的平均值。

例如，若第 1 年短期债券利率为 5%，预测的第 2 年短期利率为 6%，预测的第 3 年短期利率为 7%，则 3 年期限的长期债券利率为 r_{3t} = (5% +6% +7%)/3=6%。

根据预期理论，收益率曲线的形态是由人们对未来短期利率的预期决定的。如果人们预期未来短期利率上升，则收益率曲线呈向上倾斜状态；如果人们预期未来短期利率不变，则收益率曲线呈水平状态；如果人们预期未来短期利率下降，则收益率曲线呈向下倾斜状态。

预期理论解释了利率的期限结构（以收益率曲线表示）在不同时期的变动原因，但无法解释为什么现实中收益率曲线通常都是向上倾斜的：向上倾斜的收益率曲线意味着预期未来短期利率上升，而事实上，短期利率可能上升也可能下降，因此，据预期理论，收益率曲线向上倾斜或向下倾斜的概率应该是大致相等的，而不总是向上倾斜。

2）市场分割理论

市场分割理论认为不同期限的债券市场是彼此分割、相互独立的。这样，不同期限债券的利率仅由该种债券的市场供求所决定，而不受其他期限债券预期收益率的影响。

市场分割理论有一个关键的假设：不同期限的债券完全不是替代品，因此一种期限债券的预期收益率根本不会对另外一种期限债券的需求造成任何影响。这与预期理论相反，预期理论假设不同期限的债券是完全替代品。

之所以说不同期限的债券不是替代品，是因为投资者对某种期限的债券具有强烈的偏好，所以他们只会关注所偏好的债券的预期收益率。例如，人寿保险公司和养老基金等机构投资者对流动性要求较低，因而基本上投资于长期债券，而对流动性要求较高的公司和机构则将注意力放在短期债券上。因此，长期债券和短期债券的收益率实际上由各分割市场本身的供求所决定，收益率曲线及其变动仅是各分割市场供求力量的反映。

市场分割理论解释了收益率曲线通常向上倾斜的事实：这是因为在通常的情况下长期债券的需求低于短期债券的需求，造成长期债券价格相对较低，而利率相对较高，因此收益率曲线通常向上倾斜。但该理论无法解释具有不同期限债券的利率随时间一起变动的事实，也无法解释为何短期利率水平较低时，收益率曲线向上倾斜，而短期利率较高时，收益率曲线向下倾斜。

我们可以看到，以上两种理论都能解释对方所无法解释的经验事实，一个合乎逻辑的办法就是将两种理论结合起来，从而导致了流动性溢价理论的出现。

3）流动性溢价理论

流动性溢价理论认为，长期债券的利率等于该种债券到期之前短期利率预期的平均值加上该种债券随供求的变化而变化的流动性溢价（也称期限溢价）。

流动性溢价理论的一个关键假设是不同期限的债券是相互替代品，这意味着一种债券的预期收益率确实能影响另一种不同期限债券的预期收益率，但该理论允许投资者相对于一种债券更偏好另一种债券，也就是说不同期限的债券被假定是相互替代品但不是完全的替代品。投资者更偏好于利率风险较低的短期债券，因此，要使投资者愿意持有长期债券，必须提供一个正的流动性溢价。这一结果修正了预期理论，在描述短期利率和长期利率的等式中增加了一项正的流动性溢价。流动性溢价理论可以被表示如下：

$$r_{nt}=\frac{r_i+r_{i+1}^e+r_{i+2}^e+\cdots+r_{i+(n-1)}^e}{n}+k_{nt}$$

式中，k_{nt} 为时间 t 上 n 周期债券的流动性溢价。k_{nt} 总是正值，且随到期期限 n 同向变动。

流动性溢价理论与预期理论的关系如图 4-6 所示。我们可以发现，流动性溢价总为正值，且随离到期日的时间增加而上升，因此根据流动性溢价理论推导出的收益率曲线总高于根据预期理论推导出的收益率曲线，且形状更陡峭。

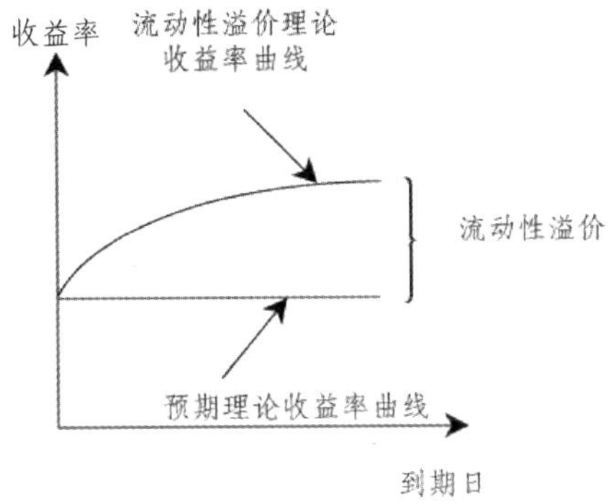

图 4-6 流动性溢价理论与预期理论的关系

由于流动性溢价的存在，在流动性溢价理论中，如果预期利率上升，其利率期限结构是向上倾斜的；如果预期利率下降的幅度较小，其利率期限结构可能是水平的；如果预期利率下降较多，其利率期限结构是向下倾斜的。在预期利率上升和下降的概率大体相等时，利率期限结构上升的情况要多于利率期限结构下降的情况，与现实中的情况类似。

流动性溢价理论综合了预期理论和市场分割理论的特点，较好地解释了有关利率期限结构的经验事实，因此是相关理论中最被广泛接受的理论。

4.3.4 债券的久期和凸度

当前，我国正在加快推进利率市场化，可以预期的是，未来债券收益率变动的幅度和频率会增大。面对债券收益率的频繁变动，一定幅度的收益率变动对债券价格的影响大小，可以运用久期和凸度计算出相应的答案。下面分别介绍久期、凸度与债券价格的关系。

1. 久期

久期的概念最早是由麦考利（Frederick Robertson Macaulay）在 1938 年提出来的，所以又称麦考利久期（Macaulay Duration，简记为 D）。麦考利久期是使用加权平均数的形式计算债券的平均到期时间。它是债券在未来产生现金流的时间的加权平均，其权重是各期现值在债券价格中所占的比重。

1）麦考利久期的计算

假设一 n 年期债券，面值为 M，到期收益率为 y，每期支付利息为 C，则有：

$$P=\frac{C}{1+y}+\frac{C}{(1+y)^2}+\cdots+\frac{C}{(1+y)^n}+\frac{M}{(1+y)^n}$$

对 y 求一阶导数：

$$\frac{\mathrm{d}p}{\mathrm{d}y}=\frac{-C}{(1+y)^2}+\frac{-2C}{(1+y)^3}+\cdots+\frac{-nC}{(1+y)^{n+1}}+\frac{-nM}{(1+y)^{n+1}}$$

$$\frac{\mathrm{d}p}{\mathrm{d}y}\cdot\frac{1}{P}=-\frac{1}{1+y}\left[\frac{C}{(1+y)}+\frac{2C}{(1+y)^2}+\cdots+\frac{nC}{(1+y)^n}+\frac{nM}{(1+y)^n}\right]\cdot\frac{1}{P}$$

麦考利久期定义如下：

$$D=\left[\frac{C}{(1+y)}+\frac{2C}{(1+y)^2}+\cdots+\frac{nC}{(1+y)^n}+\frac{nM}{(1+y)^n}\right]\cdot\frac{1}{P}$$

C_t为债券每一期的现金流入。

$$D=\left(\sum_{t=1}^{n}\frac{C_t\cdot t}{(1+y)^t}\right)/\left(\sum_{t=1}^{n}\frac{C_t}{(1+y)^t}\right)$$

$$\frac{\Delta P}{P}\approx-\frac{D}{1+y}\times\Delta y$$

修正久期如下：

$$D^*=\frac{D}{1+y}$$

$$\text{价格变动率}=-D^*\times\Delta y$$

$$\text{价格变动额}=\text{价格变动率}\times\text{债券的价格}$$

$$\text{组合的久期}=\sum\text{债券的每一种债券的投资比重}\times\text{对应债券的修正久期}$$

由公式可知，债券的价格变动与到期收益率反方向变动，利用久期可以近似得出债券价格变动的百分比。

【例 4-10】某债券面值为 100 元，息票率为 6%，期限为 25 年，售价为 70.357 元，根据市场价格可以计算出该债券的到期收益率为 9%，久期为 11.10 年，修正久期为 10.62 年。如债券的到期收益率由 9%上升为 9.1%，即变动 0.1 个百分点，则债券价格变动的幅度为多少？价格变动额为多少？

$$\text{价格变动率}=-10.62\times0.1\%=-1.062\%$$

$$\text{价格变动额}=-1.062\%\times70.357=-0.747\ (\text{元})$$

2）麦考利久期定理

通过上面的分析和推导，麦考利给出了久期和债券之间的关系，存在如下定理。

（1）只有贴现债券的麦考利久期等于它们的到期时间。由于该种债券以贴现方式发行，期间不支付利息，到期一次性偿还本金，所以现金流到期期限的加权平均数就等于其到期时间。

（2）直接债券的麦考利久期小于或等于它们的到期时间。只有仅剩最后一期就要期满的直接债券的麦考利久期等于它们的到期时间，并等于 1。

（3）统一公债的麦考利久期等于（$1+1/y$）；其中 y 是计算现值采用的贴现。

（4）到期时间相同的条件下，息票率越高，久期越短。债券的现金流可以分为利息现金流和本金现金流。利息现金流的期限相对更短。息票率越高的债券，利息现金流的权重越大，现金流到期期限的加权平均值越小，期限相应越短。

（5）在息票率不变的条件下，到期时间越长，久期一般也越长。

（6）在其他条件不变的情况下，债券的到期收益率越低，久期越长。这是因为到期收益率越低，远期支付的现金流贴现值相对越大，其在债券总价值中占的权重越大。

3）债券免疫策略

在市场上，只要投资者持有债券的麦考利久期与目标投资期相同，就可以消除市场利率变动的风险，这称为利息免疫策略。

假如一个投资者将来要偿还一定的负债（P，n 年后到期），现在进行债券投资，需通过免疫策略来确定两种债券的投资额 V_1、V_2，知两种债券的久期为 D_1、D_2。如果要消除利率变动对投资者未来偿还债务的影响，须满足资产与负债的现值相等且资产与负债的久期相等，即满足如下等式组：

$$\begin{cases} V_1 + V_2 = P \\ V_1 D_1 + V_2 D_2 = nP \end{cases}$$

【例 4-11】某投资者第五年后需要偿付一笔 100 万元的债务，希望目前投资一定的金额以保证到期偿还，现有两种方案保证可以实现：一种方案是持有一只到期时间为五年的债券，另一种方案是持有一个久期为五年的债券组合。下面举例对这两种方案进行比较（注：数据取自 2004 年 7 月 28 日）：

方案一：持有 04 国债（3）

该国债目前到期收益率为 4.31%，如果需要五年后偿付 100 万元，需要目前投入 80.978 6 万元。

方案二：构建一个 04 国债（3）与 04 国债（4）的免疫组合

五年后偿付 100 万元，其现值为 80.978 6 万元，相应的修正久期为 4.74。

按照上述方法构建的投资组合，即期需分别买入 04 国债（3）、04 国债（4）4838 张和 3111 张，市值总计 809 817 万元，04 国债（3）占总投资比重的 60.72%，04 国债（4）占投资比重的 39.28%。整个投资组合内部收益率为 4.31%。

对比上述两个方案可以看出，方案一是假设未来五年内市场利率不发生变化的情况下得到的，如果市场利率上升，则再投资的利息收入很难弥补净价下跌的损失。而方案二的免疫组合则避免了市场利率波动带来的不利影响，利率上升时，再投资的利息收入可以弥补净价损失，利率下降时，净价上涨能弥补再投资利率的下降，而且总体投资现值差异不大。显然方案二要远远优于方案一。

2．凸度

采用久期方法对债券价格的变动率进行测量，实际上只考虑了债券价格与收益率的线性关系，而实际情况是，债券价格与收益率之间的关系是非线性的。1 个息票率为 5%、到期收益率为 5%、面值 100 元的 5 年期债券，当前价格为 100 元，如果该债券的到期收益率上升 200 个基点，即达到 7%时，债券价格为 91.8 元，债券的价格降低 8.2 元或 820 个基点；如果债券的收益率下降 200 个基点，达到 3%时，债券价格为 109.16 元，债券的价格上升 9.16 元或 916 个基点。

这表明，债券的价格变化与收益率之间不是线性关系，而是一条凸的曲线，债券价格凸性如图 4-7 所示。债券价格与收益率之间的凸性关系也可以描述如下：对于相同收益率的变动，收益率上升导致债券价格下降的幅度要小于收益率下降导致债券价格上升的幅度。

因此，只有当债券的收益率变动幅度很小时，久期所代表的线性关系近似成立；当收益率出现较大幅度变动时，采用久期方法不能准确测量出债券价格的变化幅度，要想准确估计，需要考虑债券价格收益率曲线的弯曲程度，即凸度。

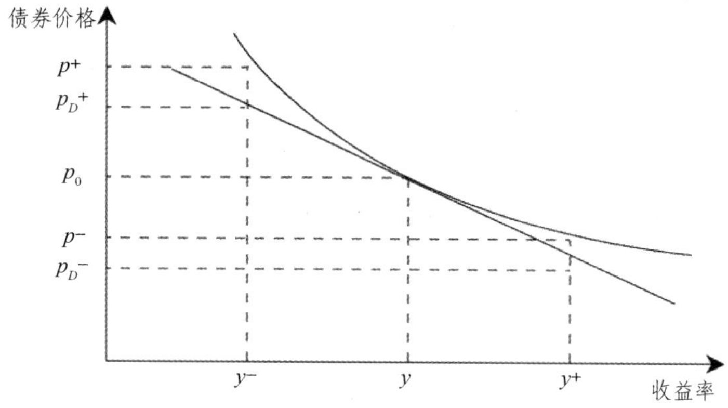

图 4-7　债券价格凸性

1）凸度的计算

假设一 n 年期债券，面值为 M，到期收益率为 y，每期支付利息为 C，则有：

$$P=\frac{C}{1+y}+\frac{C}{(1+y)^2}+\cdots+\frac{C}{(1+y)^n}+\frac{M}{(1+y)^n}$$

对 y 求一阶导数：

$$\frac{\mathrm{d}p}{\mathrm{d}y}=\frac{-C}{(1+y)^2}+\frac{-2C}{(1+y)^3}+\cdots+\frac{-nC}{(1+y)^{n+1}}+\frac{-nM}{(1+y)^{n+1}}$$

对 y 求二阶偏导：

$$\frac{\mathrm{d}^2p}{\mathrm{d}y^2}=\frac{1\times2C}{(1+y)^3}+\frac{2\times3C}{(1+y)^4}+\cdots+\frac{n(n+1)C}{(1+y)^{n+2}}+\frac{n(n+1)M}{(1+y)^{n+2}}$$

$$\frac{\mathrm{d}^2p}{\mathrm{d}y^2}=\frac{1}{(1+y)^2}\left(\frac{1\times2C}{1+y}+\frac{2\times3C}{(1+y)^2}+\cdots+\frac{n(n+1)C}{(1+y)^n}+\frac{n(n+1)M}{(1+y)^n}\right)$$

两边同时除以 P：

$$\frac{\mathrm{d}^2p}{\mathrm{d}y^2}\cdot\frac{1}{P}=\frac{1}{(1+y)^2}\left(\frac{1\times2C}{1+y}+\frac{2\times3C}{(1+y)^2}+\cdots+\frac{n(n+1)C}{(1+y)^n}+\frac{n(n+1)M}{(1+y)^n}\right)\cdot\frac{1}{P}$$

$$\text{凸度}=\frac{1}{(1+y)^2}\left(\frac{1\times2C}{1+y}+\frac{2\times3C}{(1+y)^2}+\cdots+\frac{n(n+1)C}{(1+y)^n}+\frac{n(n+1)M}{(1+y)^n}\right)\cdot\frac{1}{P}$$

$$\text{凸度}=\frac{1}{(1+y)^2}\cdot\sum_{t=1}^{n}\frac{t(t+1)C}{(1+y)^t}+\frac{n(n+1)M}{(1+y)^n}$$

$$\text{债券组合的凸度}=\sum\text{各债券投资比例}\times\text{各债券对应凸度}$$

2）债券的凸度和债券价格之间的关系

债券的凸度对债券价格的影响恒为正数。

凸度产生的价格变化百分比的估计值＝0.5×凸度×（预期收益变动值）^{2}

价格变动绝对值估计值＝0.5×凸度×（预期收益变动值）^{2}×债券价格

（1）当到期收益率在正反两个方向变化相同的基本点时，债券的价格上涨的幅度将大于债券价格下降的幅度。

（2）久期相同，凸度越大的债券受到期收益率上升或下降的影响都越小。

（3）在有效的市场中，投资者要为凸度较高的债券付出代价，即自身收益率的降低。

【例 4-12】15 年期的债券，年息票率为 8%，半年付息一次，到期收益率为 10%，凸度为 94.36，久期为 8.45，当到期收益率变为 13%或 7%时，估计债券价格变化的百分比。

$$\text{修正久期}=\frac{8.45}{1+5\%}=8.05$$

当到期收益率上升为 13%时：

$$\text{价格变动率}=-8.05\times0.03+0.5\times94.36\times0.03^2=19.9\%$$

当到期收益率下降为 7%时：

$$\text{价格变动率}=-8.05\times-0.03+0.5\times94.36\times0.03^2=28.4\%$$

4.4 可转换债券的价值分析

4.4.1 可转换债券的含义与特征

1. 可转换债券的含义

可转换债券是指可转换证券，是指上市公司发行的可依一定条件转换为股票的债券。上市公司发行可转换债券，须由股东大会做出决定，制作公司债券募集办法，规定具体的转换条件和转换办法，并报国务院证券管理部门核准。可转换债券是可以在一定时期内，按一定比例或价格转化为一定数量的股票的特殊公司债券。

2. 可转换债券的特征

1）债权性

与其他债券一样，可转换债券也有规定的利率和期限，投资者可以选择持有债券到期，收取本息。

2）股权性

可转换债券在转换成股票之前是纯粹的债券，但在转换成股票之后，原债券持有人就由债权人变成了公司的股东，可参与企业的经营决策和红利分配，这也在一定程度上会影响公司的股本结构。

3）可转换性

可转换性是可转换债券的重要标志，债券持有人可以按约定的条件将债券转换成股票。转股权是投资者享有的、一般债券所没有的选择权。可转换债券在发行时就明确约定，债券持有人可按照发行时约定的价格将债券转换成公司的普通股票。如果债券持有人不想转换，则可以继续持有债券，直到偿还期满时收取本金和利息，或者在流通市场出售变现。如果持有人看好发债公司股票增值潜力，在宽限期之后可以行使转换权，按照预定转换价格将债券转换为股票，发债公司不得拒绝。正因为具有可转换性，可转换债券利率一般低于普通公司债券利率，公司发行可转换债券可以降低筹资成本。

可转换债券持有人还享有在一定条件下将债券回售给发行人的权利，发行人在一定条件下拥有强制赎回债券的权利。

4）双重选择权

可转换债券由投资者一直持有还是到期之后转换为股票，投资者具有双重选择权，可根据转换期内哪种持有方式更有利于自己而做出选择。

3. 发行可转换债券时的票面要素

1）有效期限和转换期限

就可转换债券而言，其有效期限与一般债券相同，指债券从发行之日起至偿清本息之日止的存续期间。转换期限是指可转换债券转换为普通股票的起始日至结束日的期间。大多数情况下，发行人都规定一个特定的转换期限，在该期限内，允许可转换债券的持有人按转换比例或转换价格转换成发行人的股票。我国《上市公司证券发行管理办法》规定，可转换公司债券的期限最短为 1 年，最长为 6 年，自发行结束之日起 6 个月方可转换为公司股票。

2）票面利率（或可转换优先股票的股息率）

可转换公司债券的票面利率（或可转换优先股票的股息率）是指可转换债券作为一种债券时的票面利率（或优先股股息率），由发行人根据当前市场利率水平、公司债券资信等级和发行条款确定，一般低于相同条件的不可转换债券（或不可转换优先股票）。可转换公司债券应半年或 1 年付息 1 次，到期后 5 个工作日内应偿还未转股债券的本金及最后 1 期利息。

3）转换价格或转换比例

转换比例是指一定面额可转换债券可转换成普通股票的股数，用公式表示如下：

转换比例=可转换债券面值/转换价格

转换价格是指可转换债券转换为每股普通股份所支付的价格，用公式表示如下：

转换价格=可转换债券面值/转换比例

4）赎回和回售条款

赎回是指发行人在发行一段时间后，可以提前赎回未到期的发行在外的可转换公司债券。

赎回条件一般是当公司股票在一段时间内连续高于转换价格达到一定幅度时，公司可按照事先约定的赎回价格买回发行在外尚未转股的可转换公司债券。

回售是指公司股票在一段时间内连续低于转换价格达到某一幅度时，可转换公司债券持有人按事先约定的价格将所持可转换债券卖给发行人的行为。

赎回条款和回售条款是可转换债券在发行时规定的赎回行为和回售行为发生的具体市场条件。

4.4.2 可转换债券的价值

1. 可转换债券的投资价值

把可转换债券作为不具有转股权的债券持有时的价值：

$$P=\sum_{t=1}^{n}\frac{Mi}{(1+r)^t}+\frac{M}{(1+r)^n}$$

2. 可转换债券的转换价值

实施转换时标的股票的市场价值：

$$\mathrm{CV}=\text{标的股票市场价值}\times\text{转换比例}$$

【例 4-13】若某债券面值 1000 元，债券的转换比例为 40，实施转换时标的股票的市场价格为每股 26 元，则该债券的转换价值为多少？

$$\mathrm{CV}=26\times40=1040\ （元）$$

3. 可转换债券的理论价值（内在价值）

可转换债券的理论价值是指可转换债券转股前的利息收入和转股时的转换价值按适当的必要收益率折算的现值。

$$V=\sum_{t=1}^{n}\frac{Mi}{(1+r)^t}+\frac{\mathrm{CV}}{(1+r)^n}$$

4. 可转换债券的市场价值（市场价格）

可转换债券的市场价值是可转换债券在转换前的市场价格。

（1）市场价值＞转换价值，投资者可选择持有到期。

（2）市场价值＜转换价值，投资者可选择购买债券转换为标的股票，再将股票出售，就可以获得可转换价值与市场价值之间的价差收益。

4.4.3 可转换债券价值的计算

1. 转换平价

转换平价是指使可转换债券市场价值等于该可转换债券转换价值的标的股票的每股价格。

$$\text{转换平价}=\frac{\text{可转换债券的市场价值}}{\text{转换比例}}$$

$$\text{可转换债券的市场价值}=\text{转换平价}\times\text{转换比例}$$

$$\text{可转换债券的转换价值}=\text{标的股票市场价格}\times\text{转换比例}$$

（1）转换平价＞标的股票市场价格，转股对持有人不利。

（2）转换平价＜标的股票市场价格，转股对持有人有利。

转换平价被视为已将可转换债券转换为标的股票的投资者的盈亏平衡点。

2. 转换升水和转换贴水

（1）可转换债券的市场价格大于其可转换债券的转换价值时，称为转换升水。

$$\text{转换升水}=\text{可转换债券的市场价值}-\text{可转换债券的转换价值}$$

$$\text{转换升水率}=\frac{\text{转换升水}}{\text{可转换债券的转换价值}}\times100\%$$

$$\text{转换升水率}=\frac{\text{转换平价}-\text{标的股票市场价格}}{\text{标的股票市场价格}}\times 100\%$$

（2）可转换债券的市场价格小于其可转换债券的转换价值时，称为转换贴水。

$$\text{转换贴水}=\text{可转换债券的转换价值}-\text{可转换债券的市场价值}$$

$$\text{转换贴水率}=\frac{\text{转换贴水}}{\text{可转换债券的转换价值}}\times 100\%$$

$$\text{转换贴水率}=\frac{\text{标的股票市场价格}-\text{转换平价}}{\text{标的股票市场价格}}\times 100\%$$

【例 4-14】 某公司发行的可转换债券，面值为 1000 元，转换价格为 25 元，当前市场价值为 1200 元，其标的股票当前的市场价格为 26 元，该债券处于什么状态？转换升贴水率为多少？

$$\text{转换比例}=1000\div 25=40\text{（股）}$$

$$\text{债券转换价值}=40\times 26=1040\text{（元）}$$

$$\text{债券的转换平价}=1200\div 40=30\text{（元）}$$

因为 30 元>26 元，即转换平价>标的股票市场价格，所以该债券处于转换升水状态。

$$\text{转换升水}=1200-1040=160\text{（元）}$$

$$\text{转换升水率}=\frac{160}{1040}\times 100\%=15.38\%$$

$$\text{或转换升水率}=\frac{30-26}{26}\times 100\%=15.38\%$$

本章小结

债券市场是资本市场的重要组成部分。债券具有偿还性、流动性、安全性和收益性的特征，其基本要素包括票面价值、到期期限、票面利率和发行主体等。根据不同的划分标准，债券可进行不同的分类。

债券市场同样可以分为发行市场和流通市场。各国对债券的发行都有严格的条件限制，在我国，无论何种债券都要按照《中华人民共和国证券法》的要求申请和准备相应的发行文件。债券公开发行以后，可以申请在证券交易所进行交易。

债券的价值根据收入资本化原理进行确定，其内在价值等于债券未来利息现值累积和加上面额的现值。市场利率、到期时间、息票率等对债券价值有决定性的作用，除此之外，债券价值还受到违约风险、可赎回条款、可转换条款、流通性、是否免税等的影响。根据收入资本化原理，文中对不同付息方式的债券内在价值进行了计算。债券收益率与到期期限之间呈现正向、反向、水平、拱形等不同形态，文中运用预期理论、市场分割理论、流动性溢价理论对其表现形态进行了分析。可转换债券的价值决定因素比较特殊，存在升贴水两种状态，文中也进行了分析。

随着利率的市场化，债券收益率的变动对债券价格的影响越来越明显和普遍。债券久期和凸度的理论揭示了债券收益率与债券价格变动之间的关系，让我们能够从理论上对债券价格的波动进行估计，为债券的发行和投资提供理论依据。当市场利率变动比较小时，可以用修正久期近似估计债券价格变动幅度和绝对值，债券价格和到期收益率之间呈反方向变动的关系。当收益率变动值比较大时，仅用久期修正会存在较大误差，因此引入“凸度”的概念，凸度对债券价格的影响都是正的，当到期收益率上下变化相同百分点的时候，债券价格上涨的幅度要大于债券价格下降的幅度。

本章习题

一、选择题。

1．债券的特征有（　　）。

A．偿还性　　B．流动性　　C．安全性　　D．收益性

2．地方政府债券可分为（　　）。

A．专门债券　　B．普通债券　　C．收益债券　　D．特种债券

3．在我国，股份有限公司发行债券净资产不低于人民币（　　）。

A．3000 万元　　B．5000 万元　　C．6000 万元　　D．1 亿元

4．下面对债券内在价值和到期收益率之间的关系描述正确的是（　　）。

A．两者呈反方向变动

B．当到期收益率为零时，债券的价格正好等于它的所有现金流之和

C．到期收益率高于票面利率时，债券的价格小于其面值

D．到期收益率高于票面利率时，债券的价格大于其面值

5．利率期限结构理论包括（　　）。

A．预期理论　　B．市场分割理论　　C．流动性溢价理论　　D．现值理论

6．利息免疫策略的条件有（　　）。

A．资产与负债的投资额相等　　B．资产与负债的现值相等

C．资产与负债的久期相等　　D．资产与负债的期限相等

7．下面有关凸度描述正确的是（　　）。

A．债券的凸度对债券价格的影响恒为正

B．当到期收益率在正反两个方向变化相同基本点时，债券的价格上涨的幅度大于债券价格下降的幅度

C．当到期收益率在正反两个方向变化相同基本点时，债券的价格上涨的幅度小于债券价格下降的幅度

D．久期相同，凸度越大的债券受到期收益率上升或下降的影响都越小

二、计算题。

1．一次还本付息债券，单利计息，3 年期，面值 100 元，票面利率 8%，发行时市场利率为 7%，则其发行价格为多少？

2．零息债券 3 年期，面值 1000 元，发行时市场利率为 8%，则其发行价格为多少？

3．15 年期债券，年息票率为 8%，半年付息一次，到期收益率为 10%，凸度为 90.25，久期为 7.8，当到期收益率变为 12%或 8%时，估计债券价格变化的百分比。假如当前债券价格为 89.6 元，估算债券价格变动的金额。

4．某公司可转换债券，面值为 1000 元，转换价格为 25 元，当前市场价值为 1100 元，其标的股票当前的市场价格为 20 元，转换平价为多少？该债券处于什么状态？转换升贴水率为多少？

第五章 股票市场

学习目标

股票市场是非常重要的金融市场，同时也是各国经济动向的“晴雨表”。经过几百年的发展，股票市场的层次不断深化，很多国家除主板市场外，还开通了创业板市场，为国家经济的发展集聚了大量的资金。当然，股票市场影响因素众多，其中也蕴含着可能的金融风险。

通过本章学习，学习者可以了解股票、股票市场、股票价格指数有关概念，掌握股票发行和流通的有关知识，重点掌握股票价值的影响因素及相关计算。

引导案例

沪深股市发展史回顾

1986年9月，上海工商银行信托投资公司静安业务部开始了股票柜台交易，主要交易飞乐音响和延中实业两家公司的股票。1988年，上海又有海通、万国、振兴三家证券公司成立，从而初步形成了场外证券交易市场。到1990年，上海市场上有延中实业、真空电子、飞乐音响、爱使电子、申华电工、飞乐股份、豫园商场、凤凰化工等8只股票进行交易，这就是所谓的“老八股”。到1991年上海证券交易所成立时，上海市场上除“老八股”外，还有89年保值公债三种、87年至91年国库券四种、工行债券六种、交行债券一种、中行债券两种、建行债券一种、企业债券十四种（如上海石化、氯碱化工）进行交易。深圳证券市场从1987年启动，到1990年已有发展、万科、金田、安达、原野5家上市公司的股票公开交易，证券公司12家，营业网点16个。深圳与上海不同，大宗的交易不是债券，而是股票。

1992年5月，上海和深圳相继开放股价，同时在两个交易所进行规范化的场内交易，两地综合指数分别达到1429点和312点，到11月又分别回落到386点和164点。1992年底，在上海证券交易所上市的A股29只、B股9只；在深圳证券交易所上市的A股23只、B股9只。

1993年2月，沪深股市的指数分别上升到1558点和369点，同时又有大批新股上市，到1993年底，在上海证券交易所上市的A股107只、B股22只，国库券5种；在深圳证券交易所上市的A股76只、B股19只。

1994年7月29日，沪深股市在扩容的压力下分别降到325点和94点，8月份管理层提出暂停发行新股等三项政策，两市指数在9月份又分别上升到1052点和210点。到1994年底，在上海证券交易所上市的A股168只、B股32只，基金10只，国债现券5种，期货10种；在深圳证券交易所上市的A股118只、B股18只，基金8只，国债期货15种。

1995 年初，由于大量资金云集国债期货市场，沪深股市分别降到 524 点和 122 点。5 月 18 日，国务院宣布停止国债期货交易并处罚违规的券商，3 天之内沪深股市指数分别上升到 927 点和 175 点。到 1995 年底，在沪深证券市场上市的证券达到 460 个，全年累计成交额 64 097 亿元，在上海证券交易所上市的 A 股 184 只、B 股 35 只，基金 12 只，国债现券 6 种，期货 14 种，国债回购 8 种；在深圳证券交易所上市的 A 股 127 只、B 股 34 只，基金 10 只，国债现券 6 种，期货 14 种，国债回购 7 种。

1996 年初，沪深股市指数分别在 522 点和 104 点徘徊，但是随着宏观经济的好转、1997 年香港回归以及中国共产党第十五次代表大会即将召开，两市指数迅速上升，到 12 月 11 日和 12 日分别达到 1258 点（30 指数 3064 点）和 476 点（成份指数 4522 点）。1996 年底，沪深两市上市的证券达到 667 个，全年成交额 41 610 亿元，在上海证券交易所上市的 A 股 287 只、B 股 42 只；在深圳证券交易所上市的 A 股 227 只、B 股 43 只，基金 10 只，国债现券 9 种，国债回购 9 种。

1997 年 5 月，沪深股市的指数分别达到 1510 点（30 指数 4286 点）和 520 点（成份指数 6130 点）。到 1997 年 10 月 1 日在上海证券交易所上市的 A 股 361 只、B 股 48 只；在深圳证券交易所上市的 A 股 336 只、B 股 51 只。

截止到 2018 年底，沪深两市上市公司总数达 3567 家，总市值 48.67 万亿元。近 30 年的发展，我国股票市场无论是在上市公司数量上还是在市值上都有了飞速的发展，市场层次也在不断丰富，现在有主板、创业板、新三板、区域性股权交易所等。

［资料来源：据相关资料整理］

5.1 股票的特征与分类

5.1.1 股票的含义与特征

1. 股票的含义

股票是股份公司依照法定程序发行的证明其股东按其在公司中持有的股份享有权益并承担义务的可转让凭证，是股份公司发给股东作为其入股凭证并使其据以取得股息和红利的有价凭证。换言之，股票是表明股东对公司财产拥有相应所有权和处置权的一种凭证。

2. 股票的性质

（1）股票是一种有价证券。股票代表一定价值量的财产；股东具有股息、红利的请求权。

（2）股票是一种要式证券。股票记载的事项通过公司的章程进行规定，以法律形式加以规定。

（3）股票是一种证权证券。此性质是和债券相比较而言的。债券是一种设权证券，证券所代表的权利本来不存在，而是随着证券的编制产生的。股票则是一种证权证券，证券所代表的权利本来就存在，股票是权利的载体，股票的存在是以公司股份的存在为前提的。

（4）股票是一种资本证券，是公司筹措资本金的手段。股票独立于真实资本之外，在股票市场上进行着独立的价值运动。

（5）股票是一种综合权利证券，股东享有所有权、收益权、处置权、投票权、被选举权、优先股认购权等权利。

3．股票的特征

股票的特征主要表现在以下方面。

（1）收益性。股票的持有者作为股东，可以凭借股东身份参与公司剩余利润和剩余资产的分配，根据公司的利润分配取得一定金额的股息。

（2）流动性。股票的持有者有把股票转换为现金的需求，股票通过二级流通市场的交易，可满足这种需求，可随时变现。

（3）风险性。投资者购买股票是一种投资行为，任何投资在未来都有可能面临各种各样的风险，给投资人带来损失。

（4）永久性。股票没有到期期限的限制，上市公司发行股票筹集的资金由企业长期使用（不破产为前提），投资者并不能要求发行公司返还投资的本金。

（5）参与性。投资者作为公司的股东，可以参与公司重大事项的决策，在股东大会上有投票权和被选举权。

5.1.2 股票的分类

股票的种类很多，不同类型的股票在持有权益、投资收益、投资风险等方面存在着诸多差异。对于投资者来说，了解不同类型的股票对于其投资决策无疑是必要的。

1．按股东所享有的权益划分，股票主要有普通股和优先股

（1）普通股票（Common Stock）。普通股票，简称普通股，它是特种股票的对称，是股份公司发行的最普遍、也是数量最大的股票种类。普通股作为股份有限公司资本的基本构成部分，具有股票的一般特征，每一股份对公司财产都拥有平等权益，并随股份公司利润的大小而分取相应股息。股份有限公司最初发行的大都是普通股，通过这类股票所筹集到的资金通常是股份有限公司股本的基础。

（2）优先股票（Preferred Stock）。优先股票指由股份有限公司发行的、在分配公司收益和剩余财产方面比普通股票具有优先权的股票。优先股票是特种股票中最为重要也最为常见的一种。优先股票与普通股票一样代表对公司的所有权，同属于权益证券，相对于普通股，优先股在收益稳定性的保障上和在收益与剩余财产分配顺序上具有优先权。但通常优先股无权参与公司的经营管理，没有对公司人事、决策等方面的表决权，且优先股股息率固定，即使公司经营状况良好，优先股股东也不能享受公司利润增长所带来的分配利益。优先股也可以根据其是否附加其他权利分为参与性和不可参与性优先股、可转换和不可转换优先股、可赎回和不可赎回优先股等。

2．按是否记名划分，股票分为记名股票和不记名股票

（1）记名股票。记名股票指持有人姓名载于票面，同时持有人基本情况登录于公司股东名册

的股票。我国目前的股票即属此类。公司发行记名股票，是基于掌握股东情况和使股东充分行使权利、享受权益的考虑。记名股票在转让时必须办理过户手续，否则受让人不能享受股东权益。在国外，许多股份公司的章程中都对记名股票的转让规定有某些限制条款，如不得转让给与本公司敌对的公司、在股东大会举行前的一定时间内不得转让、发行后特定的时间范围内不办理过户转让手续等，以维护公司和股东的利益。

（2）不记名股票。不记名股票指持有人姓名既不在票面上记载，也不在股东名册上登录，派息时不专门通知，持有人可随时转让且无须在转让时办理过户手续的股票。由于对不记名股票持有人的具体情况公司实际上并不掌握，股东要行使权利、享受权益，就不得不向公司出示股票，因而不记名股票的印制要求十分严格，严防伪造。

3．按票面是否标明金额划分，股票分为有面额股票和无面额股票

（1）有面额股票。有面额股票又称面值股票，即票面上标明一定金额和股数的股票。有面额股票的作用是可以确定每一股在公司资本中所占的比例，如某公司发行总价为 100 亿元的股票，每一股的票面金额为 100 元，每一股就拥有公司一亿分之一的所有权。

（2）无面额股票。无面额股票又称无面值股票、份额股票、比例股票，即股票票面上未标明金额和股数，仅注明该股票所代表的股份在所发行股份的总量中所占比例的股票。股票的价值随公司资产的增减而增减。发行无面额股票，可以由公司董事会对每股规定一个价值，称为设定价值，以此作为公司记账的依据。我国不允许发行这种股票。

4．按在我国购买时所使用的货币划分，股票主要有 A 种股票和 B 种股票

（1）A 种股票。A 种股票的正式名称是人民币普通股票，是以人民币计值和购买，主要针对国内投资者发行的股票，简称 A 股。A 种股票目前在我国发行量最大、最常见。

（2）B 种股票。B 种股票的正式名称是人民币特种股票，是指由我国股份有限公司发行的、在境内上市并以人民币标明面值，供境内外投资者用外币认购的普通股票，简称 B 股。B 股的发行最初主要是为了在更广泛的范围内吸引境外资金，以弥补国内资金缺口。从 2001 年 2 月 26 日起，B 股交易对境内投资者开放。

5．按绩效或收益特性划分，股票主要有蓝筹股、收益股、成长股、周期股、防守股和投机股等

（1）蓝筹股。蓝筹股原是美国投资者使用的一个概念，是由一些历史悠久、实力雄厚的公司发行，并有长久及稳定的派息记录的股票。现泛指在证券交易所公开上市的、由著名的大公司发行的、收益可靠而丰厚的股票。

（2）收益股。收益股是指那些能在当前和今后一定时期内支付较高股息的股票。通常是已进入成熟期，而产品的市场需求正处于旺盛期的公司发行的股票。发行收益股的公司多属稳定的行业，这些行业通常不受时势影响，但同时其扩张机会也不大，只能平稳地经营业务，故其股价涨跌不会很大。正是由于它们不需要扩张业务，其收入往往多转化为较高的股息和红利。

（3）成长股。成长股是指由发展前景极佳、销售额及收益额迅速扩张的成长型的公司发行的股票。由于成长型公司（多属高新技术产业、朝阳产业）正处于经营业务蓬勃上升的时期，公司需

要大量资金来扩充业务，往往将公司盈余的大部分留作发展基金，用于公司的再投资，因而其近期的分配收益往往并不很高。

（4）周期股。周期股是指那些经营及收益分配水平随商业、经济周期同向变动的股票。其特点是当商业经济背景改善、市场需求旺盛时，公司的经营业绩也向好，利润大幅度增长，股息支付水平显著提高，股票市场价格也持续上扬；反之，则情形相反。

（5）防守股。防守股是指收益相对稳定、价格变动弹性较小的一类股票。这类股票的特征是，无论是公司的经营状况还是公司的收益水平，都较少受到商业、经济背景的影响，因而其在市场交易价格上的表现也相对稳定。

（6）投机股。投机股是指发行公司的经营前景和收益水平都很难确定，市场交易价格波动性极强或由于本身所具有的某些特点，常常被投机炒作的一类股票。

6. 按股票交易进行的场所划分，股票可分为上市股票和非上市股票

（1）上市股票。上市股票即在证券交易所公开挂牌交易的股票。股份有限公司发行的股票原则上都可以进行公开交易，但交易进行的空间并不相同。上市股票并不是进入市场交易的所有股票的统称，而是特指被允许在证券交易所内集中、公开进行挂牌交易的那部分股票。在可交易的股票中，上市股票在种类上通常只占一个较小的比例，但它们通常都是各行各业比较有代表性的、较重要的公司发行的，因而其交易的绝对金额、交易活跃程度、专业化水平和方便性也是其他股票不能比拟的。

（2）非上市股票。非上市股票是指未在证券交易所公开挂牌交易的股票，包括在各类场外市场进行交易和尚未进入市场交易的各种股票，又可以再分为场外交易股和非流通股。前者是在金融机构的柜台、专门的计算机交易网络上进行交易的可流通股票；后者则是不能或由于某些原因暂时未公开流通的股票，如我国一些公司发行的定向募集的股票。

5.2 股票的发行与流通

股票市场是股票发行市场和流通市场的统称，是股票交易的场所、过程、供求关系及其机制的总和。我国股票市场目前有主板市场、创业板市场、新三板市场等。

5.2.1 股票的发行

1. 股票发行市场的概念

股票发行市场是通过发行新股票筹集资本的市场，是股份公司筹集资金、将社会闲散资金转化为公司资本的场所。公司发行股票上市有诸多好处。首先，公司首次发行上市可以筹集到大量的资金，上市后也有再融资的机会，从而为公司进一步发展壮大提供了资金来源。其次，发行股

票可以推动公司建立规范的经营管理机制，完善公司治理结构，不断提高运行质量。再次，股票上市需满足较为严格的上市标准，并通过监管机构的审核，是对公司管理水平、发展前景、盈利能力的有力考验。最后，股票交易的信息通过报纸、电视台等各种媒介不断向社会发布，扩大了公司的知名度，提高了公司的市场地位和影响力，有助于公司树立品牌形象，提高公司实力。

2. 股票市场发行制度

股票市场发行制度可以分为注册制和核准制两大类。

1）注册制

注册制是指发行人在准备发行股票时，必须将依法公开的各种资料完全、准确地向证券主管机关呈报并申请注册，证券主管机关只对申报资料的全面性、真实性、准确性和及时性做形式审查。如果申报资料没有包含任何不真实的信息且证券主管机关对申报资料没有异议，则经过一定的法定期限，申请自动生效。一旦申请生效，发行人就有权发行股票，其发行无须再由证券主管机关批准。

2）核准制

核准制是指发行人在准备发行股票时，不仅要充分公开公司的真实情况，而且必须符合有关法律和证券管理机关规定的必备条件，证券管理机关有权否定不符合条件的股票发行的申请。在核准制下，证券管理机关不仅要进行注册制下所要求的形式审查，而且要对发行人的经营业绩、发展前景、发行数量和发行价格等条件进行实质审核，并由此做发行人是否符合发行实质条件的判断，进而最终决定是否准予发行。

从以上两种发行制度的不同可以看出，在注册制下，证券主管机关只对发行人申报材料的真实性进行形式审查，不对发行人的业绩前景做实质性的判断，将判断权交给投资人，由投资人决定是否购买发行人发行的股票。而在核准制下，证券主管机关必须对发行人的业绩前景做实质性的判断，实际上是在投资人之前对发行人进行提前的判断。一般采取注册制的国家多是证券市场历史较长、证券市场较为规范、投资者较为理性的国家。而证券市场历史较短、各种制度还不完善、投资者不太理性的国家则多采用核准制。

中国现在的股票发行制度是核准制，并配之以发行审核制和保荐人制度。即在核准制下，证券发行审核委员会依法独立地审核股票发行申请，中国证监会根据证券发行审核委员会的审核意见，依法做出核准或不予核准的决定。保荐人有义务确保发行人符合发行上市的条件，并且在发行以后的一段时间内还负有督导发行人规范运作与信守承诺的义务。这一制度安排形成了市场各参与主体各司其职、各尽所能、各负其责、各担风险的权责关系。

3. 咨询与管理

这是股票发行的前期准备阶段，发行人（公司）须听取证券公司的咨询意见并对一些主要问题做出决策，主要包括以下内容。

1）发行方式的选择

股票发行的方式一般可分成公募和私募两类。公募是指面向市场上大量的非特定的投资者公开发行股票。其优点是可以扩大股票的发行量，筹资潜力大；无须提供特殊优厚的条件，发行者具有较大的经营管理独立性；股票可在二级市场上流通，从而提高发行者的知名度和股票的流动性。私募是指只向少数特定的投资者发行股票，其对象主要有个人投资者和机构投资者两类，前者如使用发行公司产品的用户或本公司的职工，后者如大的金融机构或与发行者有密切业务往来的机构。

对于再发行的股票还可以采取优先认股权方式，也称配股，它给予现有股东以低于市价的价格优先购买一部分新发行股票的权利，其优点是发行费用低并可维持现有股东在公司的权益比例不变。在认股权发行期间，公司设置一个除权日，在这一天之前，股票带权交易，即购得股票者同时也取得认股权；而除权日之后，股票不再附有认股权。

2）承销商的选择

公开发行股票一般都通过证券公司来进行，证券公司的这一角色称为承销商。许多公司都与某一特定承销商建立起牢固的关系，承销商为这些公司发行股票并提供其他必要的金融服务。通常由多家证券公司组成承销商来负责发行工作，其中一家证券公司作为牵头承销商起主导作用。

在私募的情况下，发行条件通常由发行公司和投资者直接商定，从而绕过了承销环节。证券公司的中介作用随之减弱许多，通常包括寻找可能的投资者、帮助发行公司准备各项文件、进行尽责调查和制订发行日程表等。

3）准备招股说明书

招股说明书是公司公开发行股票的计划书面说明，也是投资者准备购买的依据。招股说明书必须包括财务信息和公司经营历史的陈述、高级管理人员的状况、筹资目的和使用计划、公司内部悬而未决的问题如诉讼等。

在招股说明书的准备过程中，一般组建专家工作团并有较明确的专业分工：发行公司的管理层在其律师的协助下负责招股说明书的非财务部分，作为承销商的证券公司负责股票承销合约部分，发行公司内部的会计师准备所有的财务数据，独立的注册会计师对财务账目的适当性提供咨询和审计。

4）发行定价

发行定价是一级市场的关键环节。如果定价过高，会使股票的发行数量减少，进而使发行公司不能筹到所需资金，股票承销商也会遭受损失；如果定价过低，则股票承销商的工作较容易，但发行公司却会蒙受损失，对于再发行的股票，价格过低还会使老股东受损。

4．认购与销售

发行公司着手完成准备工作之后即可按照预定的方案发售股票。对于承销商来说，就是执行承销合同批发认购股票，然后售给投资者。承销方式通常有以下几种。

1）包销

包销是指承销商以低于发行定价的价格把公司发行的股票全部买进，再转卖给投资者，这样承销商就承担了在销售过程中股票价格下跌的全部风险。承销商所得到的买卖差价是对承销商所提供的咨询服务及承担包销风险的报偿，也称承销折扣。

2）代销

代销，即“尽力销售”，指承销商许诺尽可能多地销售股票，但不保证能够完成预定销售额，任何没有出售的股票可退给发行公司。这样，承销商不承担发行的风险。

3）余额包销

通过认股权来发行股票并不需要证券公司的承销服务，但发行公司可与证券公司协商签订备用包销合同，该合同要求证券公司作备用认购者买下未能售出的剩余股票，而发行公司为此支付备用费。但应该指出的是，在现有股东决定是否购买新股或出售其认股权的备用期间，备用认购者不能认购新股，以保证现有股东的优先认股权。

与承销相比，私募条件下的认购和销售则较为简单，通常是发行公司根据认购协议直接出售给投资者，而证券公司则通过安排投资者和提供咨询服务而得到酬金收入。

5. 信息披露（信息公开制度或信息公开披露制度）

1）信息披露的起源

英国的“南海泡沫事件”导致了1720年“泡沫法案”的出台，而后1844年英国合股公司法中关于“招股说明书”的规定，首次确立了强制性信息披露原则（the principle of compulsory disclosure）。

美国的信息披露制度较为完善、成熟。它关于信息披露的要求最初源于1911年堪萨斯州的《蓝天法》。1929年华尔街证券市场的大阵痛，以及阵痛前的非法投机、欺诈与操纵行为，促使了美国联邦政府1933年的《证券法》和1934年的《证券交易法》的颁布。在1933年的《证券法》中，美国首次规定实行财务公开制度，这被认为是世界上最早的信息披露制度。

2）信息披露的原则

（1）真实性原则。披露的信息应当以客观事实或者具有事实基础的判断和意见为依据，如实反映客观情况，不得有虚假记载和不实陈述。

（2）准确性原则。披露的信息应当使用明确、贴切的语言和简明扼要、通俗易懂的文字，不得含有任何宣传、广告、恭维或者夸大等性质的词句，不得有误导性陈述。公司披露预测性信息及其他涉及公司未来经营和财务状况等信息时，应当合理、谨慎、客观。

（3）完整性原则。披露的信息应当内容完整、文件齐备。格式符合规定要求，不得有重大遗漏。

（4）及时性原则。公司应当在规定的期限内披露所有对公司股票及其衍生品种交易价格可能产生较大影响的信息。

（5）易解性原则。公开发布的信息要简单明了，使投资人容易理解，不产生歧义。避免使用晦涩的语言引发歧义。

3）信息披露的内容

公开发行股票的公司在首次公开发行股票及上市公司存续期间，要不间断地向投资者披露公司运营相关的信息。最主要的是招股说明书和上市公告书，以及中报、年报、临时报告、重大事件、关联交易等。

5.2.2 股票的流通

1. 股票流通市场的含义及分类

1）股票流通市场的含义

流通市场是投资者买卖已经发行的股票的场所，又称二级市场，这个市场是以已经发行的股票为基本交易对象而形成的反映供求关系及其机制的总和。价格是股票流通运行机制的基础，股票的价格不仅能反映市场的供求状况，而且包含了上市公司及国际国内市场诸多信息，是国民经济的“晴雨表”。这一市场为股票提供了流动性，同时通过市场的价格机制合理地引导资金流向效率最高的地方，实现资源配置。

2）股票流通市场的分类

股票流通市场按组织程度不同，可分为场内交易市场（证券交易所）和场外交易市场。

（1）场内交易市场。证券交易所是股票交易和实现流通的场所，它不仅为股票的交易和流通提供场地、设备等物化的条件，同时制定规则来保障股票以合理的价格有序流通，形成了一整套合理高效的交易机制。所有股票在该市场上市并进行交易。

① 公司制证券交易所。公司制证券交易所是以股份有限公司形式设立的、以盈利为目的的法人团体，一般是由银行、证券公司、信托机构及各类民营公司共同出资建立的。公司制的证券交易所本身是一家公司，其运行模式完全公司化，它可以发行股票，并可流通转让，例如我国香港的联交所（香港联合交易所有限公司）。但任何成员公司的股东、高级职员、雇员都不能担任证券交易所高级职员，以保证交易的公正性。

② 会员制证券交易所。会员制证券交易所是以会员协会形式设立、不以盈利为目的的法人团体，一般由证券公司等证券商组成。会员大会是会员制证券交易所的最高权力机构，决定交易所的基本经营方针，理事会为执行机构。 会员必须缴纳各项经费，会员对证券交易所的责任仅以其缴纳的会员费为限。所有会员都有选举和被选举权，可参加交易所组织的证券交易，并享受证券交易所提供的服务。只有会员才能进入交易大厅进行证券交易，非会员要买卖证券交易所上市的证券只有委托会员进行。我国上海和深圳的证券交易所均实行会员制。

（2）场外交易市场。场外交易市场是相对于证券交易所而言的，凡是在证券交易所之外的股票交易市场都可以称作场外交易市场。

与正规的证券交易所相比，场外交易市场没有固定的交易场所和统一的交易制度，规模有大有小，分散在各地，交易的证券以不在交易所上市的证券为主。场外交易市场主要由店头市场、第三市场、第四市场组成。

随着信息技术的发展，证券交易的方式逐渐演变为通过网络系统将订单汇集起来，再由电子交易系统处理，场内交易市场和场外交易市场的物理界限逐渐模糊。目前，场内交易市场和场外交易市场的概念演变为风险分层管理的概念，即不同层次市场按照上市品种的风险大小，通过对上市或挂牌条件、信息披露制度、交易结算制度、证券产品设计及投资者约束条件等做出差异化安排，实现了资本市场交易产品的风险纵向分层。

① 店头市场。店头市场又称证券商柜台买卖市场、柜台交易市场，是证券市场的一种独特形式。店头市场是指在证券公司的柜台上交易未上市证券的市场，有时也包括部分已上市的证券直接同顾客进行买卖的市场。店头市场主要有以下三个特点。首先，从设施上看，店头市场并没有大型证券交易所设立的中央市场，但个别的店头市场也有不小的规模和门面。例如，美国规模较大的店头市场经营证券多达数百种，同全国 300 多家证券自营商建有业务联系。其次，从价格形成方式看，店头市场只提供协议价格，也就是证券自营商买卖双方之间或客户与自营商直接协商的价格。最后，从价格水平看，店头市场一般按净价基础进行交易。净价就是指不包含佣金的证券价格。

② 第三市场。第三市场是指已经在证券交易所上市却在证券交易所之外进行交易的证券市场。第三市场的参与者主要为机构投资者，如养老基金、互助基金、保险公司等。第三市场最早形成于 20 世纪 60 年代的美国市场。当时美国的证券交易所长期实行固定佣金制，且未对大宗交易提供折扣佣金。为了降低交易费用，一些机构投资者和个人投资者在场外交易上市公司股票。随着机构投资者比重的不断增加和股票成交额的不断增大，这种交易形式因手续简单、佣金便宜而备受投资者欢迎，从而形成了专门的市场。1975 年 5 月 1 日，美国证券交易委员会宣布取消固定佣金制，由交易所会员自行决定佣金，且证交所提高了成交速度，第三市场的吸引力才有所下降。

③ 第四市场。第四市场是指投资者（多为大机构和个人大户）绕开证券经纪人，买卖双方利用计算机网络直接进行大宗股票交易。其实质是从事大批量证券交易的一个电子计算机网络。在国内，一般由专门的证券经纪公司安排资金雄厚、规模巨大的集体投资者，通过计算机终端技术进行直接的证券交易。买卖双方通过计算机网络洽谈价格，成交迅速，并且能保持交易的秘密性。

2. 股票流通市场的功能

从“功能论”的角度而言，股票流通市场是金融市场功能实现的典型代表。对上市公司来说，一级市场只是完成了资本职能的转换，资本职能效应并没有完全体现出来，价格的博弈也相对简单，并没有体现出市场的完全竞争，二级市场的流通较好地实现了这些功能。股票流通市场的功能主要包括以下几种。

1）创造流动性

流通市场为股票创造了流动性，投资者可以根据自己的投资计划和市场变动情况，随时买卖股票，可以使长期投资短期化，在股票和现金之间随时转换。

流动也意味着控制权的重新配置，当公司经营状况不佳时，大股东通过卖出股票放弃其控制权，这实质上是一个“用脚投票”的机制，它使股票价格下跌以“发现”公司的有关信息并改变控制权分布状况，进而导致股东大会的直接干预或外部接管，而这两者都是“用手投票”行使控制权。由此可见，二级市场另一个重要作用是优化控制权的配置，从而保证权益合同的有效性。

2）价格发现功能

在股票流动的过程中，投资者将自己获得的有关信息反映在股票的交易价格中，而一旦形成公认的价格，投资者凭此价格就能了解公司的经营概况，公司则知道投资者对其股票价值即经营业绩的判断，这样一个“价格发现”过程降低了交易成本。

3）资金期限的转化

投资者手里的闲置资金的期限是参差不齐的，或长或短，而公司发行股票筹集的资金是需要长期留在公司运营使用的，这就产生了资金供给者和资金需求者之间资金的不对称性。二级市场的存在很好地解决了这个问题，通过二级市场的买和卖，实现资金期限在不同投资者之间的“接力”，形成上市公司需求的长期资金。

4）反映功能

股票流通市场上的价格是反映经济动向的“晴雨表”，它能灵敏地反映出资金供求状况、市场供求、行业前景和政治形势的变化，是进行经济预测和分析的重要指标。对于公司来说，股权的转移和股票行市的涨落是其经营状况的指示器，还能为公司及时提供大量信息，有助于公司的经营决策和经营管理。

发行活动是股市一切活动的源头和起始点，同时也是股票流通市场的基础和前提。股票流通市场是发行市场得以存在和发展的条件。二者相辅相成。

3．股票流通市场的交易机制

1）交易制度类型

根据价格决定方式的不同，股票交易可以分为做市商交易制度和竞价交易制度。

（1）做市商交易制度。做市商交易制度是不同于竞价交易方式的一种证券交易制度，一般为柜台交易市场所采用。做市商是指在证券市场上，由具备一定实力和信誉的证券经营法人作为特许交易商，不断向公众投资者报出某些特定证券的买卖价格，双向报价并在该价位上接受公众投资者的买卖要求，以其自有资金和证券与投资者进行证券交易。做市商通过这种不断买卖来维持市场的流动性，满足公众投资者的投资需求。做市商通过买卖报价的适当差额来补偿所提供服务的成本费用，并实现一定的利润。

（2）竞价交易制度。竞价交易制度也称委托驱动制度。在此制度下，买卖双方直接进行交易或者将委托通过经纪商送到交易中心，由交易中心进行撮合成交。竞价交易可以分为集合竞价和连续竞价。

① 集合竞价（交易不活跃时）是指对一段时间内接收的买卖申报一次性集中撮合的竞价方式。以我国竞价交易制度为例，集合竞价时成交价格的确定原则如下：第一，在有效价格范围内选取成交量最大的价位；第二，高于成交价格的买进申报与低于成交价格的卖出申报全部成交；第三，与成交价格相同的买方或卖方至少一方全部成交。两个以上价位符合上述条件的，上海证券交易所规定取未成交量最小的申报价格为成交价格。若仍有两个以上申报价格符合条件，取其中间价为成交价格。深圳证券交易所取距前收盘价近的价位为成交价。集合竞价的所有交易以同一价格成交。集合竞价未成交的部分，自动进入连续竞价。如表 5-1 所示为最大成交量只有一个的情况，如表 5-2 所示为最大成交量有两个的情况。

表 5-1　最大成交量只有一个的情况

累积买入数量（手）	价格（元/股）	累积卖出数量（手）	最大成交量（手）
0	10.50	1400	0
150	10.40	1300	150
300	10.30	1100	300
500	10.20	800	500
800	10.10	300	300
1300	10.00	300	300
900	9.90	100	100
2200	9.80	0	0
2500	9.70	0	0

表 5-2　最大成交量有两个的情况

累积买入数量（手）	价格（元/股）	累积卖出数量（手）	最大成交量（手）
0	10.50	1400	0
150	10.40	1300	150

续表

累积买入数量（手）	价格（元/股）	累积卖出数量（手）	最大成交量（手）
300	10.30	1100	300
500	10.20	800	500
800	10.10	500	500
1300	10.00	300	300
900	9.90	100	100
2200	9.80	0	0
2500	9.70	0	0

② 连续竞价机制（交易活跃时）是指对买卖申报逐笔连续撮合的竞价方式。连续竞价时，成交价格的确定原则如下：第一，最高买入申报价和最低卖出申报价相同，以该价格成交，如表 5-3 所示，成交后的价格等待情况如表 5-4 所示；第二，买入申报价高于即时揭示的最低卖出申报价时，以即时揭示的最低卖出申报价为成交价格，假如有一笔买入申报进入，价格为 15.4 元/股，买入数量 600 手如表 5-5 所示，成交后的价格等待情况如表 5-6 所示；第三，卖出申报价格低于即时揭示的最高买入申报价格时，以即时揭示的最高买入申报价格为成交价，假如有一笔卖出申报进入，价格为 15.2 元/股，卖出数量 600 手如表 5-7 所示，成交后的价格等待情况如表 5-8 所示。

表 5-3　最高买入申报价和最低卖出申报价相同，以该价格成交

买 卖 方	价格（元/股）
卖四	15.60（1000）
卖三	15.50（800）
卖二	15.40（400）
卖一	15.35（100）
成交价	15.35（100）（买一剩余 300 进入等待）
买一	15.35（400）
买二	15.30（600）
买三	15.20（700）
买四	15.10（1200）

表 5-4　成交后的价格等待情况

买 卖 方	价格（元/股）
卖三	15.60（1000）
卖二	15.50（800）
卖一	15.40（400）
成交价	
买一	15.35（300）
买二	15.30（600）
买三	15.20（700）
买四	15.10（1200）

表 5-5　假如有一笔买入申报进入，价格为 15.4 元/股，买入数量 600 手

买　卖　方	价格（元/股）
卖四	15.60（1000）
卖三	15.50（800）
卖二	15.40（400）
卖一	15.35（100）
成交价	15.35（100）；15.40（400），剩余 100 等待
买一	15.25（400）
买二	15.20（600）
买三	15.15（700）
买四	15.10（1200）

表 5-6　成交后的价格等待情况

买　卖　方	价格（元/股）
卖二	15.60（1000）
卖一	15.50（800）
成交价	
买一	15.40（100）
买二	15.25（400）
买三	15.20（600）
买四	15.15（700）
买五	15.10（1200）

表 5-7　假如有一笔卖出申报进入，价格为 15.2 元/股，卖出数量 600 手

买　卖　方	价格（元/股）
卖四	15.60（1000）
卖三	15.50（800）
卖二	15.40（400）
卖一	15.35（100）
成交价	15.25（400）；15.20（200）
买一	15.25（400）
买二	15.20（600）
买三	15.15（700）
买四	15.10（1200）

表 5-8　成交后的价格等待情况

买　卖　方	价格（元/股）
卖四	15.60（1000）
卖三	15.50（800）
卖二	15.40（400）

续表

买 卖 方	价格（元/股）
卖一	15.35（100）
成交价	
买一	15.20（400）
买二	15.15（700）
买三	15.10（1200）

在每个交易日结束之后，会形成收盘价。沪市收盘价为当日该证券最后一笔交易前一分钟所有交易的成交量加权平均价（含最后一笔交易）。当日无成交的，以前一日收盘价为当日收盘价。深市收盘价通过集合竞价的方式产生。收盘集合竞价不能产生收盘价的，以当日该证券最后一笔交易前一分钟所有交易的成交量加权平均价（含最后一笔交易）为收盘价。当日无成交的，以前一日收盘价为当日收盘价。

目前世界上大多数证券交易所都是实行混合的交易制度（又称混合做市商制度）。如纽约证券交易所实行辅之以专家经纪人的竞价制度，伦敦证券交易所部分股票实行做市商制度，部分股票实行竞价制度。巴黎、布鲁塞尔、阿姆斯特丹的证券交易所对交易活跃的股票实行连续竞价交易，对交易不活跃的股票实行集合竞价。包括我国在内的亚洲国家和新兴证券市场大多实行竞价交易。

2）交易指令种类

投资者向证券商下达的买卖证券的指令称为委托。按照投资者委托价格方式的不同，委托可以分为市价委托、限价委托、止损委托和限价停损委托。

（1）市价委托。市价委托是指委托人自己不确定价格，而委托经纪人按市面上最有利的价格买卖证券。市价委托的优点是成交速度快，能快速实现投资者的买卖意图。其缺点是当行情变化较快或市场深度不够时，执行价格可能与发出委托时的市场价格相去甚远。

（2）限价委托。限价委托是指投资者自己规定一个价格，经纪商以这个限定的价格或者更有利的价格进行交易。一般来说，限价委托都有一个时间限定，超过一定时间，指令自动作废。限价委托克服了市价委托的缺点，为投资者提供了以更有利的价格买卖证券的机会。但是，限价委托常常由于市场价格无法满足限定价格的要求而无法执行，使投资者坐失良机。

【例 5-1】某只股票买卖双方报价情况如下：卖一，13.5 元/股；买一，13.4 元/股。投资者提交限价委托单，限价 13.3 元/股。则成交价可能为多少？

成交价≤13.3 元/股

（3）止损委托。止损委托是委托人向证券商发出的一种保护性指令，它实质上是一种限价委托，但与一般限价委托又有区别：一是有效期长，在委托人取消指令前都有效；二是只能按限价成交，不能低于或高于限价。委托人发出这种指令的目的是获得尽可能多的利益，蒙受尽可能少的损失。这种指令适合于保守型投资者，它可以保证既得利益或防止可能受到的损失。但是，如果市场价格变化速度过快，止损委托就会过早地被执行，使投资者丧失获利的机会。

【例 5-2】某投资者在股票市场上做空，卖出价 50 元/股，持有一段时期后，价格变为 30 元/股，不能确定股票价格是否继续下跌，投资者提交买入止损委托单，止损价格为 35 元，则股票可能的成交价格为多少？

如果股价回升，成交价≥35 元/股；如果股价继续下跌，投资者会撤回买入止损委托单，提交新的买入止损委托单，止损价进一步下移。

（4）限价停损委托。限价停损委托指同时具有止损委托和限价委托两种特征的指令。如前所述，止损委托是投资者为了维护利益、避免或减少损失而指定价格，但经纪人实际交易的价格可能不等于指定价格。如果投资者不仅发出止损委托，而且发出限价委托，即发出限价停损委托，那么经纪人实际交易的价格必须等于指定的价格或者是更有利的价格。

【例 5-3】某投资者在市场上做空某股票 A，当时卖出价为 50 元/股，持有一段时期后，价格变为 30 元/股，为防止股票价格的剧烈上升，提交买入限价停损委托单，止损价格为 35 元/股，限价为 40 元/股，则其可能的成交价格为多少？

股票在 35 元/股至 40 元/股的价格之间成交

我国证券交易所目前只允许发出市价委托和限价委托。

3）优先权规则

经纪人在接受投资者委托后，即按投资者指令进行申报竞价，然后拍板成交。

竞价遵循价格优先、时间优先的原则。价格优先的原则为较高价格买进申报优先于较低价格买进申报，较低价格卖出申报优先于较高价格卖出申报。时间优先的原则为买卖方向、价格相同的，先申报者优先于后申报者。先后顺序按主机接收申报的时间确定。所有报价均通过证券交易所的计算机撮合系统自动撮合成交来完成买卖。

目前，上海证券交易所、深圳证券交易所都采用集合竞价和连续竞价两种方式。在每个交易日（周一至周五，法定假日和交易所公告的休息日除外）的 9:15 至 9:25 计算机撮合系统对接收的全部有效委托进行集合竞价处理，对其余交易时间的有效委托进行连续竞价处理。

4）信用交易（保证金交易）

信用交易又称融资融券交易或保证金交易，是指证券交易的当事人在买卖股票时，只向证券公司交付一定的保证金，或者只向证券公司交付一定的股票，而由证券公司提供融资或融券进行交易。我国从 2006 年 8 月 21 日起逐步将信用交易纳入市场操作阶段。

信用交易主要有两种形式，即融资买入交易和融券卖出交易。融资买入交易又称买入保证金交易，是指对市场行情看涨的投资者交付一定比例的初始保证金，由经纪人垫付其余价款，为其买进指定证券。融券卖出交易也称卖空保证金交易，是指对市场行情看跌的投资者本身没有证券，向经纪人交纳一定比率的初始保证金借入证券，在市场上卖出，并在未来买回该证券还给经纪人。在卖空证券期间，该证券的所有权益均归原所有人所有。因此若出现现金分红的情形，卖空者依然得补偿原所有人该得而未得的现金红利。

参与信用交易的投资者，应首先委托一家具备开展融资融券业务资格的证券公司为其开立信用证券账户和信用资金账户。沪深证券交易所要求会员（证券公司）向客户融资、融券时，应当向客户收取一定比例的保证金。

在我国，投资者进行融资、融券交付保证金比例不得低于 50%，维持担保比例不得低于 130%。当客户维持比例低于 130%时，经纪人会通知客户在 2 个交易日内追加担保物。当维持担保比率高于 300%时，客户可以提取保证金可用余额中的现金或充抵保证金的证券，但提取后维持担保比例不低于 300%。

在信用交易中涉及以下概念。

（1）初始保证金。初始保证金是投资者自己应支付的占买卖股票市价的最小比例现金。初始保证金率由股票交易所确定并在市场上公布。

初始保证金=买入证券市值（卖出证券市值）×初始保证金率

（2）实际保证金率。投资者在持有股票期间，如果股票价格发生波动，会使投资者的实际保证金率发生变化。

买入实际保证金率=（资产市值-贷款）/资产市值×100%

卖出实际保证金率=（资产市值-贷款）/贷款×100%

（3）维持保证金率。在信用交易中，经纪商要求投资者账户保留一定比例的实际保证金，这一比例的保证金被称为维持保证金，这一比例一般是固定的比率，即维持保证金率。

如果投资者账户的实际保证金率小于维持保证金率，称为保证金不足。经纪人将向投资者追加保证金，有以下几种途径：在账户中存入现金或证券；偿还部分贷款；出售部分证券。

追加保证金=资产价格变化后的市值×（维持保证金率-实际保证金率）

如果实际保证金超过其初始保证金要求时，投资者可以提现。这时账户被称为无限制账户或保证金盈余账户。

（4）保证金交易收益率。信用交易是投资者的一种以小博大的行为，判断正确，可以获得较大的利润；如果判断失误，损失也会很大。

买入保证金交易收益率=（卖出市值-买入市值-贷款利息）/初始保证金×100%

买入保证金交易收益率=（卖出市值-初始保证金-贷款本利和）/初始保证金×100%

卖空交易收益率=[卖出市值-买入市值×（1+贷款利率）]/初始保证金×100%

【例 5-4】假设某投资者买入股票 10 手，市价为 20 元/股，初始保证金率为 60%，当价格降为 10 元/股时，其实际保证金率为多少？假设维持保证金率为 40%，其追加的保证金为多少？当价格为 30 元/股时，其收益率为多少？（贷款利率为 10%）

初始保证金=10×100×20×60% =12 000（元）

贷款=10×100×20×40% = 8000（元）

实际保证金率=（10×100×10-8000）/（10×100×10）×100%=20%

追加保证金=10×100×10×（40%-20%）=2000（元）

当价格为 30 元/股时，

收益率=（10×100×30-10×100×20-10×100×20×40%×10%）/（10×100×20×60%）×100%=76.67%

【例 5-5】客户向经纪商融券卖空，初始保证金率为 60%，股票市价为 100 元/股，交易量为 10 手，维持保证金率为 30%，当市场股票价格为 140 元/股时，实际保证金率为多少？需追加的保证金为多少？当价格为 80 元/股时，其收益率为多少？（贷款利率为 10%）

初始保证金=10×100×100×60%=60 000（元）

实际保证金率=[10×100×100×（1+60%）-140×100×10]/（140×100×10）×100%=14.29%

追加的保证金=140×100×10×（30%-14.29%）=2199.4（元）

当价格为 80 元/股时，

收益率=[100×100×10-80×100×10×（1+10%）]/（10×100×100×60%）×100%=20%

5.3 股票价格指数

5.3.1 股票价格指数的含义与作用

1. 股票价格指数的含义

股票价格指数是用来度量和反映股票市场总体价格水平及其变动趋势的指标，用来衡量股市行情，简称股票价格指数或股指，是一种一般由证券交易所或金融服务机构编制的、表明股票市场行市变动的、供参考的指数。

2. 股票价格指数的作用

（1）如果说股票市场是国民经济的“晴雨表”，那么股票价格指数就是国民经济的“指示器”。政府可根据股票市场行情的变动，制定相应的宏观经济政策，为宏观经济平稳发展把脉护航。

（2）投资者可以通过股票价格指数的变动，预测经济发展趋势，获得投资股市的决策依据，调整自身的投资行为。

3. 股票价格指数的分类

（1）根据股票价格指数反映的价格走势所涵盖的范围，股票价格指数可分为整体指数和分类指数。整体指数是指反映整个股票市场价格走势的指数，分类指数则是反映股票市场上某一行业或某一类股票价格走势的指数。以中国香港股市为例，恒生指数反映的是中国香港股市的整体走势，而恒生国企指数反映的是在中国香港上市的H股价格走势，恒生红筹股指数反映的是中国香港股市中红筹股的价格走势。

（2）根据指数编制时纳入计算范围的股票样本数，股票价格指数可分为综合指数和成份股指数。综合指数是指将指数所反映出的价格走势涉及的全部股票都纳入指数计算范围，即以一个市场全部上市股票为样本所计算的指数，如我国的上证综合指数。成份股指数，简称成份指数，是指从指数所涵盖的全部股票中选取一部分较有代表性的股票作为指数的样本股（或叫指数的成份股），计算时只把所选取的成份股纳入指数计算范围的指数。如深圳证券交易所发布的深证成份指数，就是从深圳证券交易所全部上市股票中选取40种有代表性的样本股计算而成的。

5.3.2 股票价格指数的编制步骤与方法

1. 编制股票价格指数需要注意的问题

股票价格指数一般具有客观性、准确性、代表性和敏感性的特征，因此在编制股票价格指数的过程中要注意以下几个问题。

（1）样本股票必须具有典型性、普遍性，为此，选择样本股票应综合考虑其行业分布、市场影响力、规模等因素。

（2）计算方法要科学，计算口径要统一。一般以交易所的收盘价作为计算依据，但随着计算频率的增加，有的以每小时的价格甚至更短时间的价格来计算。

（3）基期的选择要有较好的均衡性和代表性，要能够代表正常情况下股票市场的均衡水平。基期只有定得合适才有可比性，据此计算出的股票价格指数才能如实反映股票市场活动的全貌。

（4）指数要有连续性，要排除非价格因素对指数的影响。

2. 股票价格指数的编制步骤

1）编制的准备

编制的准备包括确定编制的目的，收集上市公司的信息、市值、股票流通数量等资料。

2）选择样本股票

选择一定数量、具有代表性的股票作为样本。

3）基期、基点的选择

选取成交稳定、具有代表性的日期作为基期。基点可以自由选择 50、100、1000 等。

4）计算指数

3. 股票价格指数的编制方法

1）股价平均数的计算

股价平均数反映一定时点上股票价格的绝对水平，人们通过对不同时期股价平均数的比较，可以看出股票价格的变动情况及其趋势。股价平均数可分为简单算术股价平均数、修正股价平均数和加权股份平均数三类。

（1）简单算术股价平均数。计算方法如下：

$$\text{股票指数}=\frac{\sum P_i}{N}$$

式中，p_i 代表第 i 只股票在报告期的价格，N 为编制的股票数量。

这种方法计算简单，但也存在着缺点。

① 当样本发生拆股和更换时，股价平均数失去真实性、连续性和时间序列上的可比性（称为非实质性跌价的断层现象）。

【例 5-6】假设市场上，有 A、B、C 三只股票，价格分别为 11 元/股、12 元/股、13 元/股，则其股价平均数为多少？

根据简单算术平均法计算股价平均数得：$\bar{P_1}=\frac{11+12+13}{3}=12$。

现 B 股票决定在第二天交易结束后，一分为四，则 B 股票变为 3 元/股。若根据简单算术平均法计算此时的股票价格指数得：$\bar{P_2}=\frac{11+3+13}{3}=9$。

但实际上，投资者持有三只股票的市值没有发生任何变动。这样得到的股票指数已失真。

② 发生送配股时，股价缺乏连续性。

③ 没有考虑权数、不同股票发行量的影响。

（2）修正股价平均数。为了消除简单算术股价平均数的缺陷，修正股价平均数对其进行了修正。有两种修正方法进行修正——除数修正法和股价修正法。

① 除数修正法。除数修正法又称道氏修正法。该法的核心是求出一个除数，以修正因股份分割、增资、发放红股等因素造成的股价平均数的变化，从而保持股价平均数的连续性和可比性。具体做法是以新股价总额除以旧股价平均数，求出新除数，再以报告期的股价总额除以新除数，从而得出修正的股价平均数。美国的道•琼斯股价平均数和日本的日经平均股价指数均采用此法计算。

$$新除数=\frac{收市后股价变动后的总价格}{原股票指数}$$

$$修正股价平均数=报告期股价总额/新除数$$

如例 5-6，当 B 股发生拆股时：

$$新除数=\frac{11+3+13}{12}=2.25$$

$$修正股价平均数=\frac{11+3+13}{2.25}=12$$

② 股价修正法。股价修正法是将发生股份分割等变动后的股价还原为变动前的股价，使股价平均数不会因此变动。

如例 5-6，B 股拆分前的价格为 12 元/股，原 A、B、C 的股价平均数也为 12 元/股，则 B 股拆分后股价平均数不会变。

（3）加权股价平均数。加权股价平均数是根据各种样本股票的相对重要性进行加权平均计算得出的股价平均数，其权数 Q 可以是成交股数、股票总市值、股票总股本等，其计算公式如下：

$$加权股价平均数=\sum_{i=1}^{n}P_iQ_i/\sum_{i=1}^{n}Q_i$$

2）股票价格指数的计算

股票价格指数是反映不同时点上股价变动情况的相对指标。通常是用报告期的股票价格与选定的基数价格相比，并将二者的比值再乘以基数的指数值即为该报告期的股票价格指数。人们通过观察股票价格指数的变化，可以衡量出报告期股价与基期股价相比的变动方向及其幅度。

股票价格指数的计算方法主要有两种——简单算术股价指数和加权股价指数。

（1）简单算术股价指数，可分为平均法和总和法。

① 相对法又称平均法，就是先计算单个样本股价指数，再加总求和的算术平均法，P_1^i 表示第 i 种股票在报告期的价格，P_0^i 表示第 i 种股票在基期的价格，其计算公式如下：

$$股价指数=\frac{1}{n}\sum_{i=1}^{n}\frac{P_1^i}{P_0^i}\times基点$$

② 总和法是将样本股票的基期和报告期分别加总，然后求出股价指数。

$$股价指数=\sum_{i=1}^{n}P_1^i/\sum_{i=1}^{n}P_0^i\times基点$$

（2）加权股价指数。加权股价指数是根据各期样本股票的相对重要性予以加权，其权重可以是成交股数、总股本等。以基期成交股数（或股本）为权数的指数称为拉斯拜尔指数，以报告期成交股数（或股本）为权数的指数称为派许指数，其计算公式如下：

$$拉斯拜尔加权股价指数 = \frac{\sum P_1 Q_0}{\sum P_0 Q_0} \times 基点$$

$$派许加权股价指数 = \frac{\sum P_1 Q_1}{\sum P_0 Q_1} \times 基点$$

5.3.3 国内外主要股票价格指数

1. 国际主要股票价格指数

1）道 • 琼斯股价平均数

道 • 琼斯股价平均数习惯上被称为道 • 琼斯指数，是世界上最早和最具影响力的股票价格平均数。它由美国报业集团及道 • 琼斯公司编制并在《华尔街日报》上公布，最早由查尔斯 • 亨利 • 道和爱德华 • 琼斯于 1884 年 7 月 3 日发表，当时是根据 11 种有代表性的美国股票价格计算出的股票价格平均数。现在道 • 琼斯指数实际上是如下五组平均数。①道 • 琼斯工业股票价格平均数。该平均数根据 30 种主要工商业公司股票编制，通常人们说的道 • 琼斯指数就是指该股价平均数。②道 • 琼斯运输业股票价格平均数。它是根据 20 家具有代表性的运输业公司股票价格编制的。③道 • 琼斯公用事业股票价格平均数。它是根据 15 家最大的公用事业股票价格编制的。④道 • 琼斯 65 综合股票价格平均数。它是工业、运输业、公用事业股价平均数的综合指数，更能反映股票市场变化趋势。⑤道 • 琼斯公正市价指数。该指数于 1988 年 10 月首次发表，以 700 家不同规模或实力的公司股票作为编制对象。道 • 琼斯股价平均数以 1928 年 10 月 1 日为基期，其编制方法原来为简单算术平均法，由于这一方法有明显不足，从 1928 年起，采用除数修正法，使其平均数能连续、真实地反映股价变动状况。

2）标准普尔股票价格指数

标准普尔公司是美国最大的证券研究机构，它于 1923 年开始编制和发布标准普尔股票价格指数。该指数最初的样本股票为 233 种，到 1957 年样本股票增加到 500 种，指数种类增加到 95 种。最著名的是以下四组：工业、运输业、公共事业和 500 种股票综合指数（即标准普尔 500 种股票价格指数，或简称标准普尔 500）。标准普尔指数采用以样本股发行量为权数的计算期加权综合指数法，它以 1941 年到 1943 年为基期，设基期的平均值为 10，每小时计算一次。

3）NASDAQ 指数

NASDAQ（National Association of Securities Dealers Automated Quotations）的中文全称是全美证券交易商自动报价系统，于 1971 年正式启用，是最成功的二板市场。NASDAQ 市场设立 113 种指数，其中 NASDAQ 综合指数是反映在 NASDAQ 上市的美国公司和非美国公司普通股票市值的指标，是 NASDAQ 的主要市场指数。该指数按每个公司的市场价格来设权数，基准点为 100，于 1971 年 2 月 5 日开始发布。

4）金融时报指数

金融时报指数是英国最具权威性的股价指数，由《金融时报》编制和发布，这一指数包括三种：一是工业股票指数，又称 30 种股票指数，以 1935 年 7 月 1 日为基期，基点 100；二是 100 种股票交易指数，又称 FT-100 指数，该指数自 1984 年 1 月 3 日编制并公布，基数为 1000 点；三是综合精算股票指数，该指数从伦敦股票市场精选了 700 种股票作为样本加以计算，自 1962 年 4 月

10 日起编制和公布，并令这一天为基期，基数为 105 点。

5）日经 225 股价指数

它是日本经济新闻社编制的，用以反映日本股票市场价格变动的股价指数。该指数从 1950 年 9 月开始编制，最初根据在东京证券交易所第一市场上市的 225 家公司的股票算出修正平均股价，称为“东证修正平均股价”。1975 年 5 月 1 日，日本经济新闻社自道·琼斯公司买进商标，采用道·琼斯修正指数法计算，指数也改称为“日经道·琼斯平均股价指数”，1985 年 5 月合同期满，经协商又将名称改为“日经股价指数”。现在日经指数分为两组：一是日经 225 种股价指数，以在东京证券交易所第一市场上市的 225 种股票为样本，样本原则上不变，以 1950 年算出的平均股价 176.21 元为基数，由于该指数从 1950 年起连续编制，具有较好的可比性，因此成为反映和分析日本股票市场价格长期变动趋势最常用和最可靠的指标；二是日经 500 种股价指数，该指数从 1982 年 1 月 4 日起开始编制，样本扩大到 500 种，该指数的采样不固定，每年根据各公司前三个结算年度的经营状况、股票成交量、成交金额、市价总额等情况对样本股票进行更换。

2. 我国主要的股票价格指数

1）上海证券交易所指数

（1）上证综合指数。上证综合指数是由上海证券交易所编制的以上海证券交易所挂牌上市的全部股票为计算范围并以发行量为权数的加权综合股价指数。上证综合指数综合反映上海证券交易所全部 A 股、B 股上市股票的股价走势。该指数自 1991 年 7 月 15 日起开始实时发布，基期为 1990 年 12 月 19 日，基点为 100。1992 年 2 月 21 日第一只 B 股上市后，增设了上证 A 股指数和 B 股指数，分别反映全部 A 股和全部 B 股的股价走势。上证 A 股指数以 1990 年 12 月 29 日为基准日，基数为 100 点；上证 B 股指数以 1992 年 2 月 21 日为基准日，基数为 100 点。从 1993 年 6 月 1 日起，上海证券交易所又正式发布了上证分类指数，包括工业类指数、商业类指数、房地产类指数、公用事业类指数和综合类指数。

（2）上证成份股指数。上证成份股指数简称 180 指数，是对原上证 30 指数进行调整和更名产生的指数。其样本共 180 种，选择样本股的标准遵循规模（总市值、流通市值）、流通性（成交金额、换手率）、行业代表性三项指标。上证成份股指数依据样本稳定性和动态跟踪的原则，每半年调整一次成份股，每次调整比例一般不超过 10%，特殊情况下也可能对样本股进行临时调整。上证成份股指数采用派许加权综合价格指数公式计算，以样本股的调整股本数为权重，并采用流通股本占总股本比例分级加权的计算方法。当样本股名单发生变化，样本股的股本结构发生变化或股价出现非交易性因素的变动时，采用除数修正法修正原固定除数，以维护指数的连续性。上证 180 指数是 1996 年 7 月 1 日起正式发布的上证 30 指数的延续，从 2002 年 7 月 1 日起正式发布，基数为 2002 年 6 月 28 日上证 30 指数的收盘点数 3299。

2）深圳证券交易所指数

（1）深证综合指数。深证综合指数是由深圳证券交易所编制的以深圳证券交易所挂牌上市的全部股票为计算范围、以发行量为权重的加权综合股价指数，用以综合反映深圳证券交易所全部上市股票的股价走势，该指数以 1991 年 4 月 3 日为基日，基数为 100 点。此外，深圳证券交易所还编制了分别反映全部 A 股和全部 B 股股价走势的深证 A 股指数和深证 B 股指数。深证 A 股指数以 1991 年 4 月 3 日为基日，1992 年 10 月 4 日开始公布，基数为 100 点；深证 B 股指数以 1992

年 2 月 28 日为基日，1992 年 10 月 6 日公布，基数为 100 点。

（2）深证成份股指数。深证成份股指数由深圳证券交易所编制，通过对所有在深圳证券交易所上市的公司进行考察，按一定标准选出 52 家（其中 A 股 40 家，B 股 12 家）有代表性的上市公司作为成份股，以成份股的可流通股数为权数，采用加权平均法编制而成。深圳证券交易所分别公布深证成份指数、成份 A 股指数和成份 B 股指数。深证成份股指数以 1994 年 7 月 20 日为基期，基期指数为 1000 点，1995 年 1 月 23 日公布，是中国证券市场上最悠久、最广泛的成份股指数。

3）沪深 300 指数

上述各股价指数，无论是综合指数，还是成份股指数，只是分别表征了两个市场各自的行情走势，都不具有反映沪深两个市场整体走势的能力。基于此，2005 年 4 月 8 日，上海证券交易所和深圳证券交易所联合编制了沪深 300 指数用于反映 A 股市场整体走势。样本选择标准为上海和深圳两个市场中规模大、流动性好的 300 只 A 股，包括 121 家深市个股和 179 家沪市个股。沪深 300 指数样本覆盖了沪深两个市场 60%以上的市值，具有良好的市场代表性。该指数以 2004 年 12 月 31 日为基日，基日点位 1000 点。

4）恒生指数

恒生指数由香港恒生银行全资附属的恒生指数服务有限公司编制，是以香港股票市场中的 33 家上市股票为成份股样本，以其发行量为权数的加权平均股价指数，是反映香港股市价格趋势最有影响的一种股价指数。该指数于 1969 年 11 月 24 日首次公开发布，基期为 1964 年 7 月 31 日，基期指数定为 1000，后来因为恒生指数按行业增设了分类指数，将基期改为 1984 年 1 月 13 日，并将该日收市指数的 975.47 点定为新基期指数。

5.4 股票价值分析

5.4.1 股票价值的影响因素

1. 内部因素

一般来讲，影响股票投资价值的内部因素主要包括公司净资产基准、公司盈利水平、重要原材料供应及价格变化、公司股利政策、股份分割、增资和减资以及公司资产重组等因素。

1）公司净资产基准

公司经过一段时间的运营，其资产净值必然有所变动。股票作为投资的凭证，每一股代表一定数量的净值。从理论上讲，资产净值应与股价保持一定比例，即净值增加，股价上涨，净值减少，股价下跌。

2）公司盈利水平

公司业绩好坏集中表现在盈利水平上。公司的盈利水平是影响股票投资价值的基本因素之一。在一般情况下，预期公司盈利增加，股票市场价格上涨；预期公司盈利减少，股票市场价格下跌。值得注意的是，股票价格的涨跌和公司盈利的变化并不完全同时发生。

3）重要原材料供应及价格变化

公司正常生产所需的重要原材料的供应及价格变化将严重影响公司的正常运转，进而影响公司股票的价值。如果重要原材料缺货，将会使生产中断；如果重要原材料价格上涨，也会使成本增加，利润减少，这些都会传递出公司运营不利的信号，使股票价格下跌。

4）公司股利政策

股份公司的股利政策直接影响股票投资价值。在一般情况下，股票价格与股利水平成正比，股利水平越高，股票价格越高；反之，股利水平越低，股票价格越低。股利来自公司的税后盈利，但公司盈利的增加只为股利分配提供了可能，并非盈利增加股利一定增加。公司为了合理地在扩大再生产和回报股东之间分配盈利，都会有一定的股利政策。股利政策体现了公司的经营作风和发展潜力，不同的股利政策对各期股利收入有不同的影响。此外，公司的股利分配方式也会给股价波动带来影响。

5）股份分割

股份分割又称拆股、拆细，是将原有股份均等地拆分成若干较小的股份。股份分割一般在年度决算月份进行，通常会刺激股价上升。股份分割给投资者带来的不是现实的利益，因为股份分割前后投资者持有公司净资产和以前一样，得到的股利也相同。但是，投资者持有的股份数量增加了，给投资者带来了今后可多分股利和更高收益的预期，因此股份分割往往比增加股利分配对股价上涨的刺激作用更大。

6）增资和减资

增资是指公司因业务发展需要增加资本额而发行新股的行为，对不同公司股票价格的影响不尽相同。在没有产生相应效益前，增资可能会使每股净资产下降，因而可能会促使股价下跌。但对那些业绩优良、财务结构健全、具有发展潜力的公司而言，增资意味着将增加公司经营实力，会给股东带来更多回报，股价不仅不会下跌，可能还会上涨。当公司宣布减资时，多半是因为经营不善、亏损严重、需要重新整顿，所以股价一般会大幅下降。

7）公司资产重组

公司发生资产重组总会引起公司价值的巨大变动，因而其股价也随之产生剧烈的波动。公司价值未来走势是决定股价变动方向的决定因素，因此需要分析公司重组对公司是否有利，以及重组后是否会改善公司的经营状况。

2. 外部因素

一般来讲，影响股票投资价值的外部因素主要包括宏观经济因素、行业因素及市场因素。

1）宏观经济因素

宏观经济发展水平和状况是股票市场的背景，也是影响股票投资价值的重要因素。宏观经济影响股票价格的特点是波及范围广、干扰程度深、作用机制复杂和股价波动幅度较大。宏观经济因素主要包括经济增长、经济周期循环、通货膨胀、市场利率、汇率、国际收支状况、货币政策、财政政策、收入分配政策和对证券市场的监管政策等。

2）行业因素

产业的发展状况和趋势对于该产业上市公司的影响是巨大的，因而产业的发展状况和趋势、国家的产业政策和相关产业的发展都会对该产业上市公司的股票投资价值产生影响。我国的上市公司主要分为工业类、商业类、房地产类、公用事业类和综合类。

3）市场因素

证券市场上的投资者对股票走势的心理预期会对股票价格走势产生重要的影响。市场中的散户投资者往往有从众心理，对股市产生助涨助跌的作用。

5.4.2 股息贴现模型

普通股价值分析，是通过定量分析来判断一家公司的价值，同时与它的当前股价进行对比，得出股价是否偏离价值的判断，进而指导人们的投资。以股息贴现模型（Dividend Discount Model，DDM）为代表的绝对估值方法的作用，主要是基于基本价值规律“价格围绕价值上下波动”，对普通股票进行准确估值，发现价格被低估的股票，在股票的价格低于内在价值的时候买入，而在股票的价格回归到内在价值乃至高于内在价值的时候卖出以获利。

股息贴现模型，是现金流折现模型的一种特殊形式，多用于为公司的股权资产定价，是一种最常见的绝对估值模型。其用于以投资者角度估算公司股票价格的合理值，基本原理是把预期将来派发的一系列股息按利率贴现成现值，一系列股息的净现值的总和相加即为该股票的合理价值。这个模型又称为戈登模型，是以学者迈伦·J·戈登命名的，戈登在1959年提出该模型，实际上其理论基础可追溯至1938年由经济学家约翰·伯尔·威廉姆斯发表的文章《投资价值理论》。

1．股息贴现的一般形式

由于未来现金流取决于投资者的预测，并且其支付是在未来实现的，所以需要用贴现率将未来现金流调整为现值。我们在选择贴现率时，不仅需要考虑货币的时间价值，而且应该反映未来现金流的风险值。股息贴现的公式可以表述如下：

$$P_0=\frac{D_1}{1+r}+\frac{D_2}{(1+r)^2}+\frac{D_3}{(1+r)^3}+\cdots=\sum_{t=1}^{\infty}\frac{D_t}{(1+r)^t} \quad (5\text{-}1)$$

其中，P 代表某一企业股权的现值（当前股票价格），D_t 代表当前预测的未来第 t 期发放的股息，r 代表股息的贴现率即权益成本（对投资者来说，是他的期望回报率），又称为资本化率。这个模型假定股票的价值等于其内在价值，而股息是投资者追求所获得的唯一现金流。但是，在实践中，我们经常会遭遇到另外一种情况，即投资者购买股票不仅仅是为了获得利息收入，他们还追求利差收入即低价买入、高价抛出。由于未来的股息具有不确定性，因此公式如下：

$$P_0=\frac{D_1}{1+r}+\frac{D_2}{(1+r)^2}+\cdots+\frac{D_n+P_n}{(1+r)^n} \quad (5\text{-}2)$$

n 代表持有股票时间的长短，这个公式强调人们投资股票不仅为了收取股息，还能说明股票价格上升所带来的资本增值亦是人们投资的目的。

另外，大多数投资者并非在买进股票之后长期或者永久性地持有该股票，而是持有一段时间之后就卖出，根据收入资本化，卖出股票现金流也应纳入股票价值计算。对此，股息贴现模型能否予以解释？

假设投资者在第3期期末抛出该股票，该股票的内在价值如下：

$$P_0=\frac{D_1}{1+r}+\frac{D_2}{(1+r)^2}+\frac{D_3}{(1+r)^3}+\frac{P_3}{(1+r)^3} \tag{5-3}$$

$$P_3=\frac{D_4}{1+r}+\frac{D_5}{(1+r)^2}+\frac{D_6}{(1+r)^3}+\cdots=\sum_{t=1}^{\infty}\frac{D_{t+3}}{(1+r)^t} \tag{5-4}$$

把式 5-4 代入式 5-3：

$$P=\frac{D_1}{1+r}+\frac{D_2}{(1+r)^2}+\frac{D_3}{(1+r)^3}+\frac{\frac{D_4}{1+r}+\frac{D_5}{(1+r)^2}+\frac{D_6}{(1+r)^3}+\cdots}{(1+r)^3} \tag{5-5}$$

因为：

$$\frac{\frac{D_{t+3}}{(1+r)^t}}{(1+r)^3}=\frac{D_{t+3}}{(1+r)^{t+3}}$$

所以式 5-5 简化如下：

$$P=\frac{D_1}{1+r}+\frac{D_2}{(1+r)^2}+\frac{D_3}{(1+r)^3}+\frac{D_4}{(1+r)^{3+1}}+\frac{D_5}{(1+r)^{3+2}}+\cdots=\sum_{t=1}^{\infty}\frac{D_t}{(1+r)^t} \tag{5-6}$$

所以，股息贴现模型同样能够说明投资者在购买、持有某公司股票一段时间后，抛售的时候的内在价值的计算。

在式 5-5 中，预期收益率 r 和持有期限 t，取决于投资者自身，该股票的价值关键在于每期现金流 D_1、D_2、D_3……如果我们用 g 表示现金流的变动率，则有：

$$g_t=\frac{D_t-D_{t-1}}{D_{t-1}} \tag{5-7}$$

根据增长率的不同假设，我们可以建立满足特殊条件的一般模型：零增长模型、不变增长模型、多元增长模型等。

2．零增长模型

根据上面等式的定义可知，零增长表示 g=0，因此有 $D_1=D_2=D_3=\cdots=D_t$，根据式 5-1：

$$P_0=\frac{D_1}{1+r}+\frac{D_2}{(1+r)^2}+\frac{D_3}{(1+r)^3}+\cdots=\sum_{t=1}^{\infty}\frac{D_t}{(1+r)^t}$$

当 $D_1=D_2=D_3=\cdots=D_t$，上式可简化如下：

$$P_0=\frac{D_1}{1+r}+\frac{D_2}{(1+r)^2}+\frac{D_3}{(1+r)^3}+\cdots=D_0\sum_{t=1}^{\infty}\frac{1}{(1+r)^t}$$

当 $r>0$时，$\frac{1}{1+r}<1$，上式可以简化如下：

$$P_0=\frac{D_0}{r} \tag{5-8}$$

【例 5-7】假定某公司在未来无限时期支付每股股利为 2 元，其公司必要收益率为 10%，则每股该公司股票的价值为多少？

$$p = \frac{2}{10\%} = 20 \text{（元/股）}$$

人们可以根据该股票的市场价格判断该股票是被低估还是被高估了，从而做出投资决策。

零增长模型的应用受到相当的限制，毕竟假定对某一种股票永远支付固定的股利是不合理的。但在特定的情况下，在决定普通股票的价值时，这种模型也是相当有用的，尤其是在决定优先股的内在价值时。因为大多数优先股支付的股利不会因每股收益的变化而发生改变，而且由于优先股没有固定的生命期，预期支付显然是能永远进行下去的。

3．不变增长模型

在对未来无限期的股息进行预测时，如果期望每年股息维持相同百分比增加，股息贴现模型可改写成以下形式：

$$P_0 = \frac{D_1}{r-g} \tag{5-9}$$

同样的，P_0是股价的现值，g是股息的期望永久增长率，r是公司的权益成本，从投资者角度来说，就是他的期望回报率，D_1是下年度的股息（已知值，非期望值）。当公司管理层公布下年度的股息时，不应该采用现行股息和增长率来计算其股价。

这个模型有三个假定条件：

（1）股息无限增长，并且会无限支付，即在式 5-1 中，t趋向无穷大。

（2）股息的增长速度是一个常数，即g为常数。

（3）贴现率大于股息增长率，即$r-g>0$。

这样式 5-9 才有意义。在实践中，投资者购买股票除要求获得所有的股息收入之外，还要求系统性或者非系统性风险溢价、流动性溢价等补偿，也就是说，只有贴现率（投资者所要求的收益率）高于股息增长率的时候，投资者才会购买股票。

这一模型的含义是股东从公司获得的收入的根本来源是股息，所以股东权益的当前价值等于其未来所获得的股权的现值之和。

【例 5-8】假如 2018 年某公司支付每股股利为 1.5 元，预计在未来的日子里，该公司股票的股利按每年 5%的速率增长。假定必要收益率为 11%，则该股票的估值为多少？

$$D_1 = D_0 \times 1 + g = 1.5 + 1.5 \times 5\% = 1.58 \text{（元）}$$

$$P_0 = \frac{D_1}{r-g} = \frac{1.58}{11\% - 5\%} = 26.33 \text{（元/股）}$$

零增长模型实际上是不变增长模型的一个特例。假定增长率等于零，股利将永远按固定数量支付，这时，不变增长模型就是零增长模型。从这两种模型来看，虽然不变增长的假设比零增长的假设有较小的应用限制，但在许多情况下仍然被认为是不现实的。但是，不变增长模型是多元增长模型的基础。

4．多元增长模型

多元增长模型是普遍被用来确定普通股票内在价值的贴现现金流模型。这一模型假设股利的变动在一段时间内并没有特定的模式可以预测，在此段时间以后，股利按不变增长模型进行变动。因此，股利现金流可以分为两个部分：在股利无规则变化时期的所有预期股利的现值；在股利不变增长率变动时期的所有预期股利的现值。

正如假设所指出，$r-g$ 不应该是负数，换言之，股息的增长率不能高于贴现率。但是，某些时候公司可能派发大额的特别股息（如公司大规模出售资产），股息增长率可能短期内大幅度上升，这时候股息贴现模型可修改为两阶段的股息增长模型，这样在二阶段模型的假设下，可使模型适应这些特殊情况评估股票价值。二阶段模型的前半部分表示股息快速增长，后半部分表示股息水平恢复固定的增长率：

$$P=\sum_{t=1}^{n}\frac{D_0\left(1+g_t\right)^t}{\left(1+r\right)^t}+\frac{D_n\left(1+g_1\right)^t\left(1+g_2\right)}{r-g} \tag{5-10}$$

其中，g_1 表示短期内的超额期望增长率，g_t 表示恢复固定的增长率，t 代表短期增长率 g_1 持续的时间。

同理，模型也可以加入增长率递减的情况，求出三阶段的股息增长模型。

三阶段模型将股息增长分成三个不同的阶段，如图 5-1 所示。第一阶段期限为 A，股息增长是一个常数 g_a。第二阶段是股息增长率的下降期，假设其按照一种线性方式由 g_a 变化到 g_n。g_n 是第三阶段的股息增长率。如果 $g_a>g_n$，股息表现为递减的状态；反过来是递增的状态。

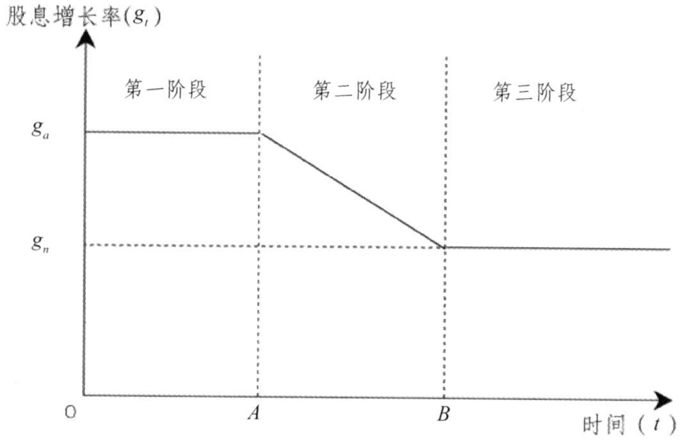

图 5-1　三阶段股息增长模型

根据其不同阶段的股息增长率，其价值计算公式如下：

$$P=\sum_{t=1}^{A}\frac{D_0\left(1+g_a\right)^t}{\left(1+r\right)^t}+\sum_{t=A+1}^{B-1}\frac{D_{t-1}\left(1+g_t\right)}{\left(1+r\right)^t}+\frac{D_{B-1}\left(1+g_n\right)}{\left(1+r\right)^{B-1}\left(r-g\right)} \tag{5-11}$$

其中，g_a 为 0 至 A 阶段股息增长率；g_t 表示 A 至 B 阶段，股息呈现不断下降的增长率；g_n 表示恢复固定的股息增长率；t 代表短期增长率出现时间的长短。

第一阶段和第三阶段的股息增长率是常数，问题是第二阶段的不同时点上的股息增长率的确定。假设第二阶段任意时点上的股息增长率为 g_t，可以用下面的公式计算。

$$g_t=g_a-(g_a-g_n)\frac{t-A}{B-A} \tag{5-12}$$

【例 5-9】假设某股票初期支付的股息为 2 元/股，在今后的两年的股息增长率为 10%，股息增长率从第 3 年开始递减；从第 6 年开始每年保持 7%的增长速度。折现率为 12%，则该股票的价值为多少？

由题意知 $D_0 = 2$，r=12%，$g_a = 10\%$，A=2，B=6，

$$g_3 = 10\% - (10\% - 7\%) \times \frac{3-2}{6-2} = 9.25\%$$

$$g_4 = 10\% - (10\% - 7\%) \times \frac{4-2}{6-2} = 8.5\%$$

$$g_5 = 10\% - (10\% - 7\%) \times \frac{5-2}{6-2} = 7.75\%$$

可以求出每一期的股息，如表 5-9 所示。

表 5-9 某股票的股息计算

年 份	股息增长率（%）	股 息
1	10	2.2
2	10	2.42
3	9.25	2.64
4	8.5	2.85
5	7.75	3.05
6	7	3.26

$$P = \sum_{t=1}^{2} \frac{2(1+10\%)^t}{(1+12\%)^t} + \sum_{t=3}^{5} \frac{D_{t-1}(1+g_t)}{(1+12\%)^t} + \frac{D_5(1+7\%)}{(1+12\%)^5 \times (12\% - 7\%)} = 46.37$$

在实践运用中，这个模型的实用价值并不是很高，除了股息贴现模型固有的一些缺陷之外，在很大程度上基于式 5-11 中的第二部分的计算非常困难。为此，福勒和夏于 1984 年在三阶段模型的基础上提出了 H 模型，大大简化了现金流贴现的计算。

5. H 模型

H 模型是三阶段增长模型中的一种特殊形式，H 模型假设股利增长率有两个发展阶段，第一阶段在一开始会出现很高的预期初始股利增长率，接着股利增长率开始出现逐年递减。等递减到一定阶段，股利增长率就会以一定的比例稳定增长。可用于那些当前股利增长率较高，但是当公司规模越来越大时，预期增长率将随时间逐渐下降的公司。

福勒和夏的 H 模型假定股息的初始增长率为 g_a，然后以线性的方式递减或递增；从 $2H$ 期后，股息增长率成为一个常数即长期的正常的股息增长率 g_n；在股息递减或递增的过程中，在 H 点上的股息增长率恰好等于初始增长率 g_a 和常数增长率 g_n 的平均数 g_H。当 g_a 大于 g_n 时，在 $2H$ 点之前的股息增长率为递减，如图 5-2 所示。

在图 5-2 中，当 t=H 时，$g_H = \frac{1}{2}(g_a + g_n)$，在满足上述假定的条件下，福勒和夏的模型证明了 H 模型内在价值计算公式如下：

$$V = \frac{D_0}{r-g}\left[1 + g_n + H(g_a - g_n)\right] \tag{5-13}$$

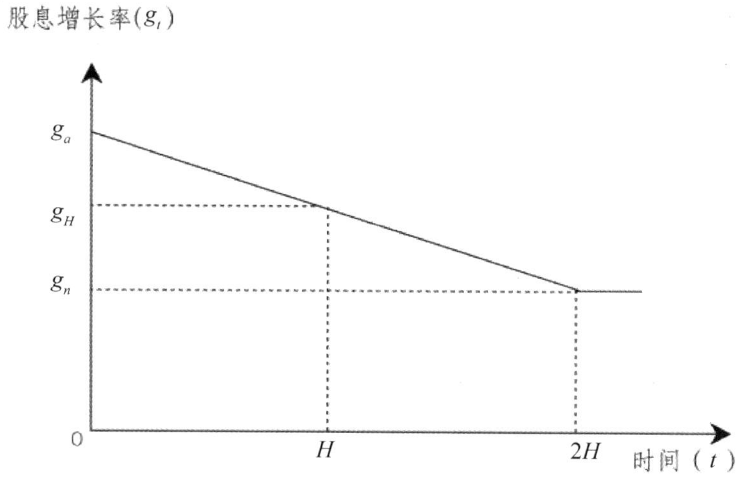

图 5-2　H 模型示意图

与三阶段增长模型公式相比，H 模型有以下三个特点：

（1）在考虑了股息增长率变动的情况下，大大简化了计算过程。

（2）在已知股票当前市场价格 P 的条件下，可以直接计算内部收益率。

$$\mathrm{NPV}=V-P=\frac{D_0}{r-g}\left[1+g_n+H\left(g_a-g_n\right)\right]-P \tag{5-14}$$

因为 IRR=NPV/V，两边同乘以 V：

$$\mathrm{IRR}=\frac{D_0}{P}\left[1+g_n+H\left(g_a-g_n\right)\right]+g_n \tag{5-15}$$

（3）在假定 H 位于三阶段增长模型转折期的中点（换言之，H 位于股息增长率从 g_a 变化到 g_n 的时间的中点）的情况下，H 模型与三阶段的模型结论非常接近。

【例 5-10】 沿用例 5-9 的已知条件：$D_0=2$，r=12%，$g_a=10\%$，A=2，B=6，

假设 $H=\frac{1}{2}\times(2+6)=4$，那么代入式 5-13，得到：

$$V=\frac{2}{12\%-7\%}\times\left[1+7\%+4\times\left(10\%-7\%\right)\right]=47.6 \tag{5-16}$$

与三阶段模型相比，H 模型的误差率如下：

$$\mu=\frac{47.6-46.37}{46.37}\times100\%=2.65\%$$

所以，H 模型的估算结果是可信的。

6．股息贴现模型的缺陷

如前所述，股息贴现模型产生于 1938 年，由美国经济学家约翰·伯尔·威廉姆斯最早提出。当时投资者买进股票的主要目的确实是获得股息，股票的股息率经常被用来和债券的收益率做对比。但是，从 20 世纪中期以后，上市公司逐渐减少了股息的发放，转而倾向于保留大部分收益用作再投资，以避免股东缴纳高昂的股息税。当公司需要把一部分资金分配给股东的时候，往往采取股票回购的方式，而非发放股息。这种情况是股息贴现模型无法应对的。

除此之外，模型本身的假设也存在技术上的问题。

（1）股息率问题。现实中稳定而且永久维持的普通股股息增长率未曾存在，这假设明显失真，业绩高增长的公司几乎不派发股息，从而导致模型的简化版本不适用，但按逐期现金流贴现的模型形式依然有效。

（2）派息问题。未必所有普通股股票均会派息，因为派息会导致股价短期下降，而且公司管理层可能更倾向于股息资本化，即不派发股息而为公司保留现金作投资（会计学称为留存收益）。假若没有股息，股东没有现金流的增加，他所持有的股票现值也不会有所增长。因此，更常见的办法是借用莫迪利亚尼—米勒定理，假定股息派发与否对公司价值没有影响，从而在模型中以每股溢价取代股息作为参数。但是，溢价增长率又不同于股息增长率，两者的计算结果可能有别。

（3）模型中，股价对股息增长率的变化非常敏感，而股息增长率只是一个期望数据。

（4）投资者预期问题。如果投资者没有预期收取股息，模型便意味着股票没有任何价值。因此，必须假设投资者预期会收到现金。

但是，由于优先股的股息是固定且必须派发的，且优先股亦无到期日，其回报形式类似于永久年金或者债券，因此股息贴现模型可适用于评估优先股的价值。因为优先股股息数额固定，换言之，g 等于 0，未来股息总和的现值就相当于股价，其计算公式即是 $P=D_1/r$。

5.4.3 市盈率模型

股息贴现模型是一套很严谨的估值方法，是一种绝对定价方法，想得出准确的估值，需要对公司未来发展情况有清晰、准确的了解。就准确判断企业的未来发展来说，判断成熟稳定的公司相对容易一些，处于扩张期的企业未来发展的不确定性较大，准确判断较为困难。所以股息贴现模型进行估值一直被认为是理论上非常完美，但实用性不强。以市盈率模型为代表的相对估值法因其简单易懂、便于计算而被广大普通投资者广泛使用。

市盈率是指在一个考察期内（通常以一年为单位），股票的价格和每股收益的比率，或者说是某种股票每股市价与每股盈利的比率，很多时候用 P/E 来表示。可以简单地理解为，市盈率表示投资者购买该股票，通过公司盈利获取回报、收回投资的年数。投资者通常利用该比例值估量某股票的投资价值，或者用该指标在不同公司的股票之间进行比较。

我们通常认为，市盈率越高，投资者收回投资的时间越长，该股票价格被高估的可能性越大。

市盈率是简洁有效的估值方法，其核心在于 E 的确定。从直观上看，如果公司未来若干年每股收益为恒定值，那么 P/E 代表了公司保持恒定盈利水平的存在年限。这有点像实业投资中回收期的概念，只是忽略了资金的时间价值。而实际上保持恒定的 E 几乎是不可能的，E 的变动往往取决于宏观经济和企业的生存周期所决定的波动周期。所以在运用 P/E 的时候，E 的确定显得尤为重要，由此也衍生出具有不同含义的 P/E。E 有两个方面，一个是历史的 E，另一个是预测的 E。对于历史的 E 来说，可以用不同 E 的时点值，可以用移动平均值，也可以用动态年度值，这取决于想要表达的内容。对于预测的 E 来说，预测的准确性尤为重要，在实际市场中，E 的变动趋势对股票投资往往具有决定性的影响，而 E 值受到诸多因素的影响。

1. 市盈率模型的一般表达式

我们从上一节不变增长的股息贴现模型中知道 $V=\dfrac{D_1}{r-g}$，其中 V 代表股票的内在价值，D_1 代表第 1 期支付的利息，r 代表贴现率，g 代表股息增长率，尽管股票市场单一股票价格 P 可能偏离其基本价值 V，但是，在均衡市场中：

$$V = \frac{D_1}{r-g} \tag{5-16}$$

而股票的每一期的股息是当期的每股收益（E）乘以派息比率（b），即 $D = E \times b$，代入式 5-16 有：

$$P = \frac{D_1}{r-g} = \frac{E_1 \times b_1}{r-g} \tag{5-17}$$

由此推导出市盈率模型的一般表达式：

$$\frac{P}{E} = \frac{b}{r-g} \tag{5-18}$$

2. 市盈率模型影响因素分析

从式 5-18 分析，可以得出指标间如下关系。

（1）市盈率与派息率成正比，也就是说，派息率越高，市盈率越高。在公司实践经营活动中，如果公司将更多的盈利派发，在盈利一定的前提下，公司积累资金自然减少，扩大再生产、再投资能力降低，不利于下一期盈利水平的上升。

（2）市盈率与贴现率负相关，与股息增长率正相关。也就是说，投资者要求收益率，或者是必要的收益率越高，市盈率越低；股息增长率越高，市盈率越高。

以上是就模型而言的表层关系。进一步分析，首先，我们假设：

① 派息比率固定不变，恒等于 b；

② 股东权益收益率（Return on Equity，ROE）不变，是一个常数；

③ 没有外部融资。

根据增长率的定义有：

$$g = \frac{D_1 - D_0}{D_0} = \frac{b\left(E_1 - E_0\right)}{bE_0} = \frac{E_1 - E_0}{E_0} \tag{5-19}$$

根据股东权益收益率的定义有：

$$\mathrm{ROE}_1 = \frac{E_1}{\mathrm{BV}_0} \qquad \mathrm{ROE}_0 = \frac{E_0}{\mathrm{BV}_{-1}}$$

其中，BV_0 代表第 0 期股票账面价值，BV_{-1} 代表前一期股票账面价值，代入式 5-19 有：

$$g = \frac{E_1 - E_0}{E_0} = \frac{\mathrm{ROE}（\mathrm{BV}_0 - \mathrm{BV}_{-1}）}{\mathrm{ROE} \cdot \mathrm{BV}_{-1}} = \frac{\mathrm{BV}_0 - \mathrm{BV}_{-1}}{\mathrm{BV}_{-1}} \tag{5-20}$$

由于没有外部融资，所以账面价值的价值变动 $\mathrm{BV}_0 - \mathrm{BV}_{-1}$ 应该等于每股收益扣除支付股息之后的余额，即 $E_0 - D_0 = E_0\left(1-b\right)$，代入式 5-19 有：

$$g = \frac{\mathrm{BV}_0 - \mathrm{BV}_{-1}}{\mathrm{BV}_{-1}} = \frac{E_0(1-b)}{\mathrm{BV}_{-1}} = \mathrm{ROE}(1-b) \tag{5-21}$$

式 5-21 说明，股息增长率与股东权益收益率成正比，与派息率负相关。

那么，股东权益收益率又是由哪些因素决定的呢？它有两种计算方式：以每股税后收益除以每股股东权益账面价值，或者以公司总税收收益（EAT）除以公司总股东权益账面价值（EQ），两种计算方式结果没有差异。把股东权益收益率按第二种公式进行调整：

$$\mathrm{ROE}=\frac{\mathrm{EAT}}{\mathrm{EQ}}$$

分子分母同乘以 A（公司总资产）：

$$\mathrm{ROE}=\frac{\mathrm{EAT}}{\mathrm{EQ}}=\frac{\mathrm{EAT}}{A}\times\frac{A}{\mathrm{EQ}}=\mathrm{ROA}\times L \tag{5-22}$$

$\frac{\mathrm{EAT}}{A}$ 的数学表达式是公司总税收收益除以公司总资产，我们可以称之为ROA（资产净利率）。$\frac{A}{\mathrm{EQ}}$ 是公司总资产除以公司总股东权益账面价值，经济学上称为 L（杠杆比率或者权益比率）。式 5-22 即为杜邦公式。

进一步分解 ROA 有：

$$\mathrm{ROA}=\frac{\mathrm{EAT}}{A}=\frac{\mathrm{EAT}}{S}\times\frac{S}{A}=\mathrm{PM}\times\mathrm{ATO} \tag{5-23}$$

其中 EAT 是税后总收益，S 代表公司销售额，$\frac{\mathrm{EAT}}{S}$ 代表公司销售净利率（PM），$\frac{S}{A}$ 代表销售额占公司总资产的比率，又称为总资产周转率（ATO）。式 5-23 表示资产净利率与销售净利率和总资产周转率成正比。

将式 5-23 代入式 5-22，再将式 5-22 代入式 5-21 得：

$$g=\mathrm{ROE}(1-b)=\mathrm{ROA}\times L(1-b)=\mathrm{PM}\times\mathrm{ATO}\times L(1-B) \tag{5-24}$$

从式 5-24 可知，股息增长率与公司税后净利润（ROE）、销售净利率（PM）、总资产周转率（ATO）、权益比率（L）成正比，与派息比率（b）成反比。

把式 5-24 代入式 5-18 有：

$$\frac{P}{E}=\frac{b}{r-g}=\frac{b}{r-\mathrm{ROE}(1-b)}=\frac{b}{r-\mathrm{ROA}\times L\times(1-b)}=\frac{1}{\mathrm{ROE}+\frac{r-\mathrm{ROE}}{b}} \tag{5-25}$$

如果 r>ROE，市盈率与派息率正相关。如果 r<ROE，市盈率与派息率负相关。如果 r=ROE，市盈率与派息率不相关。

可见，派息率与市盈率之间的关系也是不确定的。在公司初创阶段，一般而言，股东权益收益率 ROE 会比较高，甚至高于投资者期望回报率 r，即 r<ROE，此时派息率上升会导致市盈率降低。公司发展进入成熟阶段之后，股东权益收益率 ROE 会降低，甚至降到低于投资期望回报率 r，此时 r>ROE，公司在这个时候提高派息率只会导致市盈率升高。

就杠杆率与市盈率的关系而言，也存在不确定性。在式 5-25 中，

$$\frac{P}{E}=\frac{b}{r-g}=\frac{b}{r-\mathrm{ROE}(1-b)}=\frac{b}{r-\mathrm{ROA}\times L\times(1-b)}$$

假设 b、r、ROA 都不变，则市盈率与杠杆率负相关；而在实践中，杠杆率的变动往往带来公司经营风险的变化，进而影响期望回报率 r。例如，杠杆率上升导致公司经营的风险上升，β 系数上升，投资者期望回报率要求上升，市盈率反而会上升。

3．市盈率模型估值的优缺点分析

在实践市场操作中，市盈率模型被广泛应用，与股息贴现模型相比其优点明显。

（1）计算市盈率的数据容易取得，并且计算相对简单。

（2）市盈率把价格和收益联系起来，直观地反映投入和产出的关系。

（3）市盈率涵盖了增长率、派息率、股东权益收益率、杠杆率、风险补偿率等影响，具有明显的综合性优势。我们可以以市盈率及其综合指标在市场中进行横向和纵向比较，判断股票价格的合理性以指导投资行为。

（4）对于那些在短时间内没有支付股息的公司，同样可以用市盈率模型估值，这是股息贴现模型所不适用的。

同样，市盈率模型也存在缺陷。

（1）市盈率模型的理论基础较为薄弱，而以现金流为基础的股息贴现模型论证合理，逻辑严密。

（2）市盈率模型只能决定相对值的大小比较，而没有一个绝对值标准。

（3）每股盈利为负时，市盈率没有意义。

（4）在使用市盈率进行类比的价值比较时，市盈率除受企业本身基本面的影响外，还受到整个经济景气程度的影响。在整个经济繁荣时市盈率上升，整个经济衰退时市盈率下降。如果目标企业的β值为 1，则评估价值正确反映了对未来的预期；如果企业的β值显著大于 1，经济繁荣时评估价值被夸大，经济衰退时评估价值被缩小；如果 β 值明显小于 1，经济繁荣时评估价值偏低，经济衰退时评估价值偏高。如果是一个周期性的企业，则企业价值可能被歪曲。

5.4.4　市净率与自由现金流分析

合理的估值模型选择是股票市场合理投资的基础，无论是股息贴现模型还是市盈率模型都有其缺陷，只能作为普通股估值参考。同样，市净率和自由现金流分析是股票市场估值方法的补充。

1．市净率

市净率指的是每股股价与每股净资产的比率，在股价恒定的情况下，每股净资产越高，市净率越低，反之亦然。一般来说，市净率较低的股票，投资价值较高，相反，则投资价值较低。市净率用 P/B 表示：

$$\text{市净率}=\frac{P}{B}=\frac{\text{当前每股股价}}{\text{当前每股净资产}}$$

要理解市净率，首先得了解净资产，净资产也称股东权益，是股东对公司的投资，包括两个部分。其一是股东的缴入资本，即股东缴入的股本、缴入股本时的溢价或资本公积。其二是留存收益，即股东把盈利追加对公司的投资。因此，无论缴入资本还是留存收益，究其实质，是股东对公司的投资。

股东对公司投资的终极目的是获得更多的收益，这也是我们理解市净率主要决定因素的基本线索。如果某公司的净资产报酬率为全社会平均报酬率的 2 倍，从获取收益的角度而言该公司股东 1 元的投资或 1 元的净资产，相当于其他公司 2 元的净资产，或者说该公司 1 元的净资产能够卖到 2 元的价格，其市净率就应该为 2 倍。既然股东投资的目的是为了获得较高的回报收益，那么上市公司的净资产报酬率越高，股东单位的投资利润也就越高，反之则相反。简言之，净资产报酬率是决定市净率的最重要的因素。

净资产在一定程度上受到会计准则的影响。会计稳健原则会导致会计师总是尽可能不高估收入、不低估费用、不高估资产、不低估负债。稳健原则将有可能导致账面上的净资产系统性低估。例如，理论上 1 元的净资产，在资产负债表上就只有 0.8 元。如果市场有足够的智慧，那么市场就能够矫正这种低估，此时账面上 0.8 元的净资产就能够卖到 1 元的价格，市净率就为 1.25 倍。

1）市净率影响因素分析

由式 5-21 可知：

$$g = \frac{BV_0 - BV_{-1}}{BV_{-1}} = \frac{E_0(1-b)}{BV_{-1}} = ROE(1-b)$$

其中 BV_{-1} 代表前一期股票账面价值，E_0 代表期初股息，从第二步等式进一步推导可知：

$$BV_{-1} = \frac{E_0(1-b)}{g} \tag{5-26}$$

抽象期限因素，假设每股价为 1 单位，则有：

$$\frac{1}{BV} = \frac{g}{E(1-b)} \tag{5-27}$$

（1）市净率与股息增长率正相关，上市公司股息支付越多，留存收益或者股东追加投资降低，净资产减少，市净率上升。

（2）市净率与每股收益负相关，每股收益越高，市净率越低。在股价恒定的情况下，每股收益提升会带来留存收益增加、公积金增加，即股东投资的增加——净资产增加。

（3）市净率与派息率存在正相关关系。由于股票的价值=市净率×每股净资产，在每股收益一定的情况下，股利支付率越高，所有的股东收益提高，促使股价上升，市净率也随之上升。即使股利支付率提高后，股价不变，但因净资产相对减少，市净率也会上升。因此股利支付率与市净率呈正相关关系。

（4）市净率与 β 系数存在负相关关系。股价是与股票所面临的风险程度相对应的，而 β 系数是衡量股票报酬受系统性风险影响程度的指标，β 系数越大，股价报酬受风险影响的程度就越高，在收益一定时，股票价格就越低。股票价格的降低，在每股净资产不变的情况下，就会使市净率下降。所以，市净率与 β 系数呈负相关关系。

（5）市净率与公司每股资本公积存在负相关关系。上市公司每股的资本公积体现公司的股东权益，每股的资本公积越大，公司转增股本的能力就越大，股票稀释的可能性就越大，从而可能使股价下降，最后导致市净率的下降，因而每股股票的资本公积与市净率呈负相关关系。

2）市净率模型估值的优点

（1）净利为负值的企业不能用市盈率进行估价，而市净率极少为负值，可用于大多数企业。

（2）净资产账面价值的数据容易取得，每股账面价值比每股净收益更加稳定，不像利润那样经常被人为操纵，特别是在每股收益特别高和特别低的时候，市净率分析比市盈率分析更加具有可信性。

（3）如果会计标准合理并且各企业会计政策一致，市净率的变化可以更加直观、准确地反映企业价值的变化。

3）市净率的局限性

（1）少数企业的净资产是负值，市净率没有意义，无法用于比较。因此，这种方法主要适用于拥有大量资产，净资产为正值的企业。

（2）市净率对每股净资产的计算主要是对有形资产进行估值，对无形资产（如专利、品牌价值、人力资本等）无法形成一个标准的估计值，对高科技、服务性、成长型企业的估值受限。市场中，市净率的行业差别较大，没有一个客观标准说明差异性存在的合理性、测度差异性的合理值。

（3）账面价值的计算大多是以历史数据为基础，虽然新的会计准则要求以公允价值计算资产，但对于大多数资产而言，其调整的计价标准不统一，在一定程度上会影响其计价的客观性，影响估值的可比性。

（4）市净率指标常常容易掩盖一些问题。净资产还只是资产，在市场中，投资者不仅仅关心净资产，更加关心这些资产能不能带来收益，或者其收益的大小对于上市公司的净资产也要具体分析，有些净资产能够帮助企业持续经营并创造利润，有的净资产则可能纯粹是破铜烂铁。

所以市净率只是一个相对估值指标，不是绝对估值标准，在市场中不能说市净率越低，投资价值越高。例如，在股票市场低迷的时候经常出现“跌破净资产”的股票，但这些股票不一定就是最具有投资价值的股票。有些股票跌破净资产是因为其资产收益率不高，甚至是亏损，资产无法带来收益。对于同一个股，市净率水平越低，安全系数越高的说法应该是对的。但是对于不同个股，则要具体情况具体分析。

考虑到这些局限性，目前市场更多使用修正的市净率模型。

4）修正的市盈率、市净率模型

市净率 P/B 适合于周期的极值判断。对于股票投资来说，准确预测 E 是非常重要的，E 的变动趋势往往决定了股价是上行还是下行。但股价上升或下降到多少是合理的呢？P/B 可以给出一个判断极值的方法。例如，对于一个有良好历史 ROE 的公司，在业务前景尚可的情况下，P/B 值低于 1 就有可能是被低估的。如果公司的盈利前景较稳定，没有表现出明显的增长性特征，公司的 P/B 值显著高于行业（公司历史）的最高 P/B 值，股价触顶的可能性就比较大。这里提到的周期有三个概念：市场的波动周期、股价的变动周期和周期性行业的变动周期。这里的 P/B 值也包括三种：整个市场的总体 P/B 值水平、单一股票的 P/B 值水平和周期性行业 P/B 值变动。当然，P/B 值有效应用的前提是合理评估资产价值。

常见的相对分析法中，市盈率、市净率的修正公式如表 5-10 所示。

表 5-10　市盈率、市净率修正公式

基本模型	修正的比率	计算公式	关键因素
市盈率	修正市盈率=实际市盈率/（预期增长率×100）	（1）目标企业每股价值=修正平均市盈率×增长率×100×目标企业每股净利 （2）目标企业每股价值=可比企业修正市盈率×增长率×100×目标企业每股净利	增长率
市净率	修正市净率=实际市净率/（股权报酬率×100）	目标企业每股价值=修正平均市净率×目标企业股权报酬率×100×目标企业每股净资产	股权报酬率

2. 自由现金流分析

1）自由现金流的定义与计算

自由现金流是一种财务方法，用来衡量企业实际持有的能够回报股东的现金，指在不危及公司生存与发展的前提下可供分配给股东（和债权人）的最大现金额。自由现金流在经营活动现金流的基础上考虑了资本型支出和股息支出。尽管你可能会认为股息支出并不是必需的，但是这种支出是股东所期望的，而且是以现金支付的。自由现金流表示的是公司可以自由支配的现金。如果自由现金流丰富，则公司可以偿还债务、开发新产品、回购股票、增加股息支付。同时，丰富的自由现金流也使公司成为并购对象。

自由现金流量可分为企业整体自由现金流量和企业股权自由现金流量。整体自由现金流量是指企业扣除了所有经营支出、投资需要和税收之后的，在清偿债务之前的剩余现金流量。股权自由现金流量是指扣除所有开支、税收支付、投资需要以及还本付息支出之后的剩余现金流量。整体自由现金流量用于计算企业整体价值，包括股权价值和债务价值。股权自由现金流量用于计算企业的股权价值。

科普兰教授阐述了自由现金流量的计算方法：自由现金流量等于企业的税后净营业利润（即将公司不包括利息收支的营业利润扣除实付所得税税金之后的数额）加上折旧及摊销等非现金支出，再减去营运资本的追加和物业厂房设备及其他资产方面的投资。它是公司所产生的税后现金流量总额，可以提供给公司资本的所有供应者，包括债权人和股东。

自由现金流量=（税后净营业利润+折旧及摊销）-（资本支出+营运资本增加）

净营业利润（EBIT）-税金（EBIT×税率）=NOPAT（税后净营业利润）

NOPAT（税后净营业利润）-净投资-营业资金变化净值=自由现金流量

2）自由现金流量表现形式

自由现金流量随其定义衍生出两种表现形式：股权自由现金流量（Free Cash Flow to Equity，FCFE）和公司自由现金流量（Free Cash Flow for the Firm，FCFF）。

FCFE 是公司支付所有营运费用、再投资支出、所得税和净债务支付（即利息、本金支付减发行新债务的净额）后可分配给公司股东的剩余现金流量，其计算公式如下：

FCFE=净收益+折旧-资本性支出-营运资本追加额-债务本金偿还+新发行债务

FCFF 是公司支付了所有营运费用、进行了必需的固定资产与营运资产投资后可以向所有投资者分派的税后现金流量。FCFF 是公司所有权利要求者，包括股东债权人的现金流总和，其计算公式如下：

FCFF=息税前利润×（1-税率）+折旧-资本性支出-追加营运资本

股息贴现模型估值法是最严谨的对企业和股票估值的方法，原则上该模型适用于任何类型的公司。自由现金流替代股利，更科学、不易受人为影响。当全部股权自由现金流用于股息支付时，FCFE 模型与股息贴现模型并无区别。

但总体而言，股息不等同于股权自由现金流，时高时低，原因有以下四点。

（1）稳定性要求（不确定未来是否有能力支付高股息）。

（2）未来投资的需要（预计未来资本支出/融资的不便与昂贵）。

（3）税收因素（累进制的个人所得税较高时）。

（4）信号特征（股息上升时前景看好；股息下降时前景看淡）。

3）自由现金流的经济意义

自由现金流的多寡一定程度上决定一家企业的生死存亡。

（1）自由现金流充裕时，企业可以用自由现金流偿付利息、还本、分配股利或回购股票等。

（2）自由现金流为负时，企业连利息费用都赚不回来，而只能动用尚未投入经营（含投资）活动的、剩余的出资人（股东、债权人）提供的原始资本（假定也没有以前年度“自由现金流”剩余）来偿付利息、还本、分配股利或进行股票回购等。

（3）当剩余的出资提供的原始资本不足以偿付利息、还本、分配股利时，企业就只能靠拆东墙补西墙（借新债还旧债，或进行权益性再融资）来维持企业运转。当无墙可拆时，企业资金链断裂，其最终结果只能寻求被购并重组或申请破产。

4）公司自由现金流量的决策含义

自由现金流量为正。公司融资压力小，具发放现金股利、还旧债的能力，同时，也隐含公司扩充过慢、盈余成长率较低。

自由现金流量为负。表明公司再投资率较高，盈余成长率较高；隐含公司扩充过快，公司融资压力大；借债困难，财务创新可能较大，可能发可转换债规避财务负担；在超额报酬率呈现正数时，负的自由现金流量才具有说服力。

本章小结

股票市场是非常重要的金融市场，股票市场集聚了大量资金，为国民经济的发展做出了卓越的贡献。股票是一种有价证券、要式证券、证权证券、资本证券和综合权利证券。具有收益性、流动性、风险性、永久性和参与性的特点。股票根据不同的标准有不同的分类，常见的一种分类是根据股东享有权力的不同分为普通股和优先股。

股票市场由发行市场和流通市场组成。其市场结构和层次不断丰富，我国目前有主板市场、二板市场、中小企业板块、科创板以及新三板等。我国股票发行制度采用核准制（科创板试行注册制），无论哪个层次，股票在发行时都必须符合《中华人民共和国证券法》所规定的各项条件。股票二级市场的流通根据价格优先、时间优先的原则按照交易所的交易制度进行交易。

股票价格指数是国民经济的“晴雨表”和“指示器”，反映股票市场价格波动的整体情况，能够指导投资者对股票市场的投资，同时也是国家制定财政、货币政策的依据。股票指数的计算方法有简单算术股价平均数、修正股价平均数、加权股价平均数。

上市公司股票的价值大小受内部和外部两方面因素的影响，内部因素主要包括公司净资产基准、公司盈利水平、重要原材料供应及价格的变动、公司股利政策、股份分割、增资和减资、资产重组等；外部的因素包括宏观经济因素、行业因素、市场因素等。

普通股价值估计的理论基础为股息贴现模型。根据上市公司股息增长情况的不同假设，具体可分为零增长模型、不变增长模型、多元增长模型等。H 模型是三阶段模型的一个特例，两者的结论相同。除此之外还有市盈率模型、市净率模型可对其价值进行估计，其方法的特点是参数少，相对简单。

本章习题

一、选择题。

1．股票的性质包括（　　）。

A．有价证券　B．要式证券　C．证权证券　D．综合权利证券

2．我国股票的发行制度有（　　）。

A．注册制　B．核准制　C．审批制　D．计划制

3．股票销售的方式包括（　　）。

A．自销　B．包销　C．代销　D．余额包销

4．股票发行信息披露原则包括（　　）。

A．真实性　B．准确性　C．及时性　D．易得性

5．下面属于股票二级市场交易原则的有（　　）。

A．价格优先、时间优先

B．最高买入申报价和最低卖出申报价相同，以该价格成交

C．买入申报价高于即时揭示的最低卖出申报价，以即时揭示的最低申报价成交

D．卖出申报价低于即时揭示的最高买入申报价，以即时揭示的最低买入申报价成交

6．下面关于限价停损委托单叙述正确的是（　　）。

A．买入限价停损委托单，限价高于停损价

B．买入限价停损委托单，限价低于停损价

C．卖出限价停损委托单，限价低于停损价

D．卖出限价停损委托单，限价高于停损价

7．简单算术平均法的缺点有（　　）。

A．拆股、送配股时会使股价平均数失去真实性、连续性和时间序列上的可比性

B．没有考虑权重的影响

C．计算复杂

D．灵敏度不高

8．股票贴现现金流模型分为（　　）。

A．零增长模型　B．多元增长模型　C．不变增长模型　D．两阶段模型

9．市盈率模型中与市盈率同方向变动的指标有（　　）。

A．r　B．ROE　C．L　D．B

10．与市净率呈负相关的指标有（　　）。

A．b　B．E　C．g　D．β

二、计算题。

1．假设某投资者买入股票 10 手，市价为 25 元/股，初始保证金率为 40%，当价格降为 15 元/股时，其实际保证金率为多少？假设维持保证金率为 30%，其追加的保证金为多少？当价格为 30 元/

股时，其收益率为多少？（贷款利率为 8%）

2．客户向经纪商融券卖空，初始保证金率 50%，股票市价 80 元/股，交易量 10 手，维持保证金率为 30%，当市场股票价格为 100 元/股时，实际保证金率为多少？需追加的保证金为多少？当价格为 60 元/股时，其收益率为多少？（贷款利率为 10%）

3．某公司期初股息为 1.5 元/股，经预测该公司股票未来的股息增长率为 4%的水平，假定贴现率为 10%，则该公司股票的内在价值为多少？

4．假定某股票期初支付的股息为 1 元/股，在今后 3 年的股息增长率为 5%，股息增长率从第 4 年开始递减，从第 7 年开始每年保持 4%的增长速度。折现率为 10%，则股票的内在价值为多少？当股票市场价格为 20 元/股时，投资者该如何操作？

第六章 证券投资基金市场

学习目标

证券投资基金是一种利益共享、风险共担的集合投资方式。证券投资基金市场兴起于19世纪的美国，经过百余年的发展，种类不断创新，规模不断壮大，成为西方金融市场中最主要的机构投资者，集聚了社会上大量闲置的资金，为经济发展做出了卓越贡献，也为投资者提供了更多的投资对象。

通过本章学习，学习者应了解证券投资基金的起源和发展，熟悉并掌握证券投资基金的概念、分类和特点，理解证券投资基金的设立和募集程序，掌握证券投资基金的投资运作及收益分配方法。

引导案例

我国公募基金20年发展史

回首公募基金20年的发展史，在老百姓眼中，最鲜活的便是一只只基金产品，1998年3月27日，传统封基——基金开元和基金金泰宣告成立，正式拉开了公募基金发展的序幕，从传统封闭式的兴衰，到开放式基金的创新迭出、QDII基金的扬帆出海，再到近两年公募上市型开放式基金、交易型开放式基金及养老目标基金的加速推动，都记录和书写了公募基金发展波澜壮阔的20年。

回首公募基金20年的发展历程，传统封闭式基金是无可争议的历史起点，尽管它已在2017年正式谢幕，但它为公募基金管理人奠定了获得投资者信任的基础，对公募基金行业起到推动的作用，其奉行的价值投资理念对基金市场的影响是长久且深远的。

1．起步阶段

1998年国泰基金和南方基金发售的基金金泰和基金开元拉开了公募基金发展的序幕。但早在20世纪90年代初，封闭式基金就已经开始在我国萌芽，1991年7月一只名为“珠江基金”的产品成立，标志着我国首只封闭式基金诞生，发行规模达到6930万元。继珠江基金成功发行后，武汉基金（第一期）、南山基金等多只投资基金也相继发起成立。

1993年3月，中国人民银行深圳经济特区分行批准天骥投资基金、蓝天基金作为首批基金在深圳证券交易所上市，开启了我国投资基金上市交易的先河。同年8月20日，中国人民银行批准淄博基金在上海证券交易所上市，标志着我国全国性投资基金市场的诞生。

在地方政府和监管机构的推动下，我国投资基金进入快速扩张期，据统计，1992 至 1993 年是投资基金成立较多的年份，截至 1993 年年底，我国共设立各类基金近 50 只。但基金产品的快速成立也带来了监管缺失的问题，各地越权审批基金的现象层出不穷，1993 年 5 月 19 日，中国人民银行做出了制止不规范发行投资基金的规定，其中投资基金的发行和上市、投资基金管理公司的设立，以及中国金融机构在境外设立投资基金和投资基金管理公司，一律须由中国人民银行总行批准，任何部门不得越权审批。此后，相当长的一段时间里，国内的基金发行一直处于停滞状态。

2．规范发展阶段

1998 年是封闭式基金发展历程的一个分水岭，基于 1997 年 11 月 4 日《证券投资基金管理暂行办法》的正式颁布，真正意义上的公募基金管理公司诞生，1998 年 3 月，国泰基金、南方基金成为第一批公募基金的基金管理人，两家公司各自发行的基金金泰和基金开元，也意味着首批公募传统封闭式基金问世。

经过基金投资市场多年低迷后，基金金泰和基金开元的募集发售点燃了老百姓的投资热情。有市场人士回顾，当时很多基民都把封闭式基金当作新股来买，认购期间共冻结资金 1616 亿元，最终不得不按比例配售，两只基金中签率仅有 2%左右。

继国泰、南方基金后，华夏、华安、博时等先后成立的“老十家”基金管理公司，也迅速发行了旗下传统封闭式基金，如基金兴华、基金安信、基金裕阳等。

传统封闭式基金如雨后春笋般涌出，募集规模也都非常理想，远超过 20 世纪 90 年代初投资基金的体量。1998 年，开元、金泰、兴华、安信、裕阳 5 只传统封闭式基金的发行规模总计 100 亿元，认购资金高达 5366 亿元，平均超额认购倍数 55 倍，中签率 1.5%～2.5%。据统计，截至 1999 年 1 月，传统封闭式基金数量已突破 20 只，1994 年 4 月达到 30 只，同年 10 月突破 40 只，到 2001 年达到最高突破 50 只。

3．转折改革期

2001 年，传统封闭式基金的发展路途再度出现转折，当年 6 月 A 股市场牛市终结，股指急转直下，导致封闭式基金由原来的溢价变成集体折价。

数据显示，上证综指从 2001 年 6 月 14 日 2245 点一路阴跌至 2005 年 6 月 6 日跌破千点大关，封闭式基金的整体折价也直接造成交易量走向低迷。自 2002 年最后一只传统封闭式基金——基金银丰成立后，市场再未出现同类产品发行。除受 A 股市场走熊影响外，传统封闭式基金的生存还受到了当时的创新产品——开放式基金的夹击。2001 年 10 月 8 日，证监会发布了《开放式证券投资基金试点办法》，2001 年 9 月华安基金发行的华安创新成长混合基金打响了开放式基金第一枪，伴随着后期开放式基金成为公募基金发行的主流，传统封闭式基金随之走向衰落，开放式基金成为市场的主力。截至 2018 年第一季度末，中国开放式基金规模已超过日本，位列全球第八位，基金净资产达到 1.583 万亿美元。

［资料来源：北京商报，2018 年 9 月］

6.1　证券投资基金概述

6.1.1　证券投资基金的起源与发展

1．证券投资基金的起源

基金的起源最早可以追溯到19世纪20年代的欧洲。当时一些达官贵人为妥善管理其资产，通常专门聘请理财有方的律师或会计师管理和运用其资产，他们向所聘请的管理人支付一定的报酬，自己则享有投资收益。

1882年，荷兰国王威廉一世在比利时的布鲁塞尔创立了专门投资于外国政府债券的信托基金。这是世界上第一个私人基金，而基金作为社会化的理财工具则起源于英国。

18世纪的产业革命极大地推动了英国生产力的发展，使其成为当时最发达的资本主义国家，同时英国依靠对殖民地的掠夺，国民收入和社会财富大幅增加。到19世纪中叶，英国新兴的中产阶级将积累的资金投资于证券市场，受到了“泡沫公司”的蒙骗，其他的投资机会则较为缺乏。而从国际上来看，此时随着新航路的开辟，欧美贸易繁忙，美洲的开发急需大量的资金，存在较多的投资机会。但一般投资者缺乏海外投资的知识，同时由于地域和文化的限制，投资者也无法获得充分的信息。在这样的背景下，英国政府特许一些达官贵人共同出资向海外投资，聘请理财能手管理和运用这些资产，委托律师签订契约以保证投资的安全与资产的增值，基金因此得以产生。1868年，英国成立了海外及殖民地政府信托，这被公认为世界基金业诞生的标志。

最早的基金通常采取契约的形式，由投资者和管理人签订契约，将一定的资金交给管理人管理，基金以契约资产的形式存在，而且基金的规模是固定的，基金一旦形成，便不再发行新的份额，投资者也不能随便撤回投入的资金，即基金的形式是封闭的。19世纪70年代以后，由于经济危机，一些海外国债、公司债无法履行债务，致使许多基金无法向投资者支付固定利息。为了分散风险，契约型基金依据英国1879年的股份公司法而发展为公司型基金。随着基金的发展，基金又产生了新的形式。1924年3月21日，“马萨诸塞投资信托基金”在美国波士顿正式成立，投资者可以向基金管理人卖出他们所持的基金份额，即基金的形式是开放的。

2．证券投资基金的发展趋势

1）开放式基金成为证券投资基金的主流产品

20世纪80年代以来，开放式基金的数量和规模增加幅度较大，目前已成为证券投资基金中的主流产品。探究其中的原因，开放式基金更加市场化的运作机制和制度安排是非常重要的因素之一，其独特灵活的申购赎回机制适应了市场竞争的客观需要，是金融创新顺应市场发展潮流的必然结果。事实证明，开放式基金更加全面的客户服务和更加充分的信息披露，已经获得了基金投资者的广泛青睐。

2）美国占据主导地位，其他国家发展迅猛

美国投资公司协会（ICI）代表国际投资基金业协会（IIFA）——各国投资基金协会组成的联

合会，汇编全球开放式基金统计数据。2018 年第一季度共收集了全球 47 个国家和地区的统计数据。

总体来看，截至 2018 年第一季度末，全球开放式基金资产总规模为 53.90 万亿美元。其中，全球开放式基金（不包括 FOF 基金）资产规模增长了 1.5%，达 50.01 万亿美元。另外，2018 年第一季度全球开放式基金现金净流入达到 5840 亿美元。截至 2018 年第一季度，股票型基金在全球开放式基金中占比最大，一季度欧洲的销售额较大，美国仍然是开放式基金的第一大国，中国基金发展十分迅速，净资产规模已超过了日本，位列全球第八位。

美国拥有全球开放式基金总资产的 50%，是全球第一大市场；其次，欧洲拥有全球开放式基金总资产的 36%；而非洲和亚太地区则共拥有 14%的份额。美国拥有基金数目为 9830 只，基金（含 FOF）资产净值达到 22.078 万亿美元。我国拥有基金数目 4531 只，基金（含 FOF）资产净值达到 1.917 万亿美元。

3）基金市场竞争加剧

随着各国经济的发展，经济存量越来越大，证券市场的规模也越来越大，投资者的收入不断增长，用来投资的闲置资金越来越多。基金的兴起也为厌恶风险的投资者提供了更多的投资选择。随着开放式基金占据市场主导地位，基金行业的竞争也越来越激烈。首先，基金的种类越来越多，各个基金公司之间不断创新新的品种来满足市场需要。其次，随着互联网技术的不断发展，基金在销售端的竞争也趋于白热化。

6.1.2 证券投资基金的含义与特征

1. 证券投资基金的含义

证券投资基金在不同的地区有不同的称谓，美国称“共同基金”或“互助基金”，也称“投资金公司”，英国称“单位信托基金”，日本、韩国称“证券投资信托基金”。

从证券管理的角度看，投资基金是一类投资机构，是按照共同投资、共享收益、共担风险的基本原则和股份有限公司的某些原则，运用现代信托关系的机制，将投资者彼此分散的资金集中起来，专门从事为客户进行以证券投资为主的投资活动的投资组织制公司。

从投资者的角度看，它是一种投资工具，是指通过发售基金份额，将众多投资者的资金集中起来，形成独立财产，由基金托管人托管，基金管理人管理，以投资组合的方法放在一起供投资者选择的一种投资工具。证券投资的利益共享、风险共担的集合投资方式，是以股票、债券、期货、期权等为投资对象的。

2. 证券投资基金的特征

1）集合理财，专业管理

投资基金的实际运营由专门的基金管理公司负责。基金管理公司是专门从事基金投资管理的机构。基金管理公司聘有专门的投资专家或顾问。这些专家和顾问以投资分析为职业，具有相当丰富的专业知识和经验，而且他们与国内外的证券市场和经纪人保持密切的联系，能够及时获取各种信息。

2）组合投资，分散风险

一般来说，投资基金较其他的投资方式更有助于风险的分散。这一方面是因为投资基金具有巨大的资金规模，从而使其有可能同时在几十种乃至数百种不同的行业和有价证券上进行分散投资，甚至可以同时在不同的国家和地区进行投资，从而将风险降到最低程度。在某个行业或某种证券上投资失利，甚至某个国家或地区经济的暂时不景气，都不至于对基金整体收益造成太大的影响。因此，中小投资者只需要具有少量的资金，就可获得非常好的分散投资、降低风险的效果。另一方面，许多国家对投资基金投资分散的程度都有所要求，如有的国家规定投资基金的投资组合不得少于20个品种，这就为其投资基金投资风险的分散提供了制度上的保障。

3）利益共享，风险共担

投资基金的资金来源于众多的个人投资者。这些投资者将资金投入投资基金，自然形成了共同投资的结构。投资基金的运作既有收益也有风险，而这些收益和风险也都是由众多的投资者共同承担的。

4）严格监管，信息透明

由于基金是集中众人的钱财，接受委托进行投资，所以基金操作的好坏直接关系到广大投资人的利益。而且，由于整个基金行业所管理的资产规模越来越大，对整个市场的影响力也在增大。为了保护投资人的合法利益，为了市场的有序健康运行，也为了基金行业自身的发展，必须对基金业进行监管。在我国，基金主要受到中国证监会的监管，基金的部分运作还会受到来自中国人民银行、证券交易所和同业协会等部门的管理。与此相适应的管理制度是对基金信息披露的要求，有关部门规定基金必须向公众投资者披露有关信息，并制定了相应的披露方式，如披露招募说明书、上市公告书、定期报告、临时报告及中国证监会规定应予披露的其他信息。

5）独立托管，保障安全

投资基金资产的保管由专门的金融机构负责。担任保管者的金融机构必须是信誉卓著的大银行或非银行金融机构，保管者与管理公司之间没有利害关系。基金在保管机构中单设账户，与保管机构和管理公司的资产严格分离，独立核算。此外，保管机构对管理公司还负有制约监督的职责。若管理公司的指令违背基金章程或有损投资者的利益，保管机构有权拒绝执行，这无疑提高了基金投资的安全性。

6.1.3　证券投资基金的类型

1. 根据基金单位是否可增加或赎回，基金可分为开放式基金和封闭式基金

1）开放式基金

开放式基金原则上只发行一种基金单位，发行在外的基金单位或受益凭证没有数额限制，可以随时根据实际需要和经营策略而增加或减少。投资者可以根据市场状况和自身的投资决策决定退回基金单位（即要求基金赎回自己持有的基金单位份额）或增加基金单位份额。基金经理人则随时准备按照招募说明书中的规定，以资产净值向投资者出售或向投资者赎回基金单位。因此，开放式基金又称为追加型或不定额型投资基金，即其单位份额总数是不固定、不封闭的。

开放式基金有着资金不能全部用于投资而会在一定程度上影响收益的缺陷，但其优点也是很明显的。首先，基金销售手续费在招募说明书中已经写明，而且通常比通过市场买卖交给经纪商的佣金低。其次，对中小投资者来说，能按基金单位资产净值赎回，具有安全性和流动性两大优

势。最后，基金经理人也喜欢开放式基金，他们只负责经营，并从赎回基金受益凭证中收取一定比例的手续费。目前，国外的大部分基金都是开放式的。

2）封闭式基金

封闭式基金是相对于开放式基金而言的。它是指基金规模在发行前已确定，在发行完毕后和规定的期限内，基金规模固定不变的基金。如果投资者想购买基金，只能向基金持有者购买，若持有基金的投资者想将手中的基金变现，只能向其他投资者转让。

同开放式基金相比，封闭式基金吸引的资金比较稳定，可以把全部基金用于投资甚至可以投资于流动性较差的投资品种或项目。但这类基金周转速度比较慢，灵活程度较低，不适合大规模短线投资，所投资的证券市场多为封闭式市场或开放程度比较低的市场。

3）开放式基金和封闭式基金的主要区别

（1）基金规模的可变性不同。封闭式基金均有明确的存续期限（我国为不得少于 5 年），在此期限内已发行的基金单位不能被赎回。虽然特殊情况下此类基金可进行扩募，但扩募应具备严格的法定条件。因此，在正常情况下，封闭式基金规模是固定不变的。而开放式基金所发行的基金单位是可赎回的，而且投资者在基金的存续期间内也可随意申购基金单位，导致基金的资金总额会不断变化。换言之，它始终处于“开放的状态”。这是封闭式基金与开放式基金的根本区别。

（2）基金单位的买卖方式不同。封闭式基金发起设立时，投资者可以向基金管理公司或销售机构认购。当封闭式基金上市交易时，投资者可委托证券商在证券所按市价买卖。投资者投资于开放式基金时，则可以随时向基金管理公司或销售机构申购或赎回。

（3）基金单位的买卖价格形成方式不同。封闭式基金因在证券交易所上市，其买卖价格受市场供求关系影响较大。当市场供小于求时，基金单位买卖价格可能高于每份基金单位资产净值，这时投资者拥有的基金资产就会增加。当市场供大于求时，基金价格则可能低于每份基金单位资产净值。开放式基金的买卖价格是以基金单位的资产净值为基础计算的，可直接反映基金单位资产净值的高低。在基金的买卖费用方面，投资者在买卖封闭式基金时与买卖上市股票一样，也要在价格之外付出一定比例的证券交易税和手续费，而开放式基金的投资者需缴纳的相关费用（如首次认购费、赎回费）则包含于基金价格之中。一般而言，买卖封闭式基金的费用要高于开放式基金。

（4）基金的投资策略不同。由于封闭式基金不能随时被赎回，其募集到的资金可全部用于投资，这样基金管理公司便可据以制定长期的投资策略，取得长期经营绩效。开放式基金必须保留一部分现金，以便投资者随时赎回，因此不能尽数地用于长期投资，一般投资于变现能力强的资产。

2．根据组织形式不同，证券投资基金可分为契约型基金和公司型基金

1）契约型基金

契约型基金也称信托型基金，是根据一定的信托契约原理，由基金发起人和基金管理人、基金托管人订立基金契约而组建的基金。基金管理公司依据法律、法规和基金契约负责基金的经营和管理操作。基金托管人负责保管基金资产，执行管理人的有关指令，管理基金名下的资金往来。投资者通过购买基金单位享有基金投资收益。英国、日本和中国香港、中国台湾地区设立的基金多数是契约型基金。我国 1997 年 11 月颁布的《证券投资基金管理暂行办法》所规定的基金是契

约型基金。

2）公司型基金

公司型基金是指具有共同投资目标的投资者依据公司法组成以营利为目的，投资于特定对象（如各种有价证券、货币）的股份制投资公司。这种基金通过发行股份的方式筹集资金，是具有法人资格的经济实体。基金持有人既是基金投资者又是公司股东，按照公司章程的规定，享受权利，履行义务。公司型基金成立后，通常委托特定的基金管理公司运用基金资产进行投资并管理基金资产。基金资产的保管则委托另一个金融机构，该机构的主要职责是保管基金资产并执行基金管理指令，二者权责分明。基金资产独立于基金管理人和托管人的资产之外，即使受托的金融保管机构破产，受托保管的基金资产也不在清算之列。美国的基金多为公司型基金。

3）契约型投资基金与公司型投资基金的主要区别

（1）法律依据不同。契约型基金是依照基金契约组建的，信托法是契约型基金设立的依据；公司型基金是依照公司法组建的。

（2）法人资格不同。契约型基金不具有法人资格，而公司型基金本身就是具有法人资格的股份有限公司。

（3）投资者的地位不同。契约型基金的投资者作为信托契约中规定的受益人，对如何运用基金的重要投资决策通常不具有发言权；公司型基金的投资者作为公司的股东，有权对公司的重大决策进行审批，发表自己的意见。

（4）融资渠道不同。公司型基金由于具有法人资格，在资金运用状况良好、业务开展顺利、需要扩大公司规模、增加资产时，可以向银行借款。契约型基金因不具有法人资格，一般不向银行借款。

（5）经营资产的依据不同。契约型基金凭借基金契约经营基金资产；公司型基金则依据公司章程来经营。

（6）资金运营不同。公司型基金像一般的股份公司，除非依据公司法到了破产、清算阶段，否则公司一般都具有永久性；契约型基金则依据基金契约来运营。

3. 按照经营目标和投资目标不同，证券投资基金可以分为成长型基金和收入型基金

在这两种基本类型之下，又派生出若干其他基金种类。

1）成长型基金

成长型基金是指主要投资于成长型股票、追求资产长期稳定增长目标类型的基金。所谓成长型股票，是指具有美好前景的企业（一般是中小型企业）发行的股票，其价格预期上涨速度要快于一般公司的股票或股价综合指数。发行这类股票的公司往往由于有新产品、新管理层，或整个产业类型趋于不断成长，企业把其收入用于再投资，因此其资本增长速度一般快于国民经济和同行业的增长速度。成长型基金经理人购买这种股票并适时卖出，即可以从中获取利益。由于股票价格波动大，损失投资本金的风险也比较高，所以，与收入型基金相比，成长型基金被认为是风险度较高的基金类型。应当指出，在成长型投资基金的各个种类中，尽管它们追求资本长期、稳定、持续增长的目标是共同的，但各自在投资理念、投资策略、投资风险和投资绩效等方面又不尽相同。具体来说，成长型基金可以分为以下几种。

（1）长期成长基金。长期成长基金以追求资本长期、稳定增值为主，股利分配仅占投资效益的

一小部分。为达到资金成长的投资目标，基金经理通常把资产投向蓝筹股和规模正在不断扩张的上市公司。人们通常把长期成长基金完全视同成长型投资基金，在实际操作中二者也很难区分，但它们毕竟不同。长期成长基金更着重于成长和获利的长期性、稳定性，相对于成长型基金这种普遍类型的基金，长期成长基金有自己的特殊性。

（2）积极成长基金。积极成长基金又称高成长基金、资本增值基金、最大成长基金。这种基金追求的是最大资本利得，投资收益主要来自股票买进卖出间的差额，当期收入则不是重要的考虑对象。基金投资的对象一般是具有高成长潜力和高风险的股票或其他证券，有的也投资于冷门行业、新兴行业或运营状况暂时困难的公司股票，以期将来股价上涨，或运用操作选择权等投资策略来获利。

积极成长基金最大的特点是投机性相当强，在股价大幅度波动期间要承受失去本金的风险，但在多头市场中多数积极成长基金比其他类型的基金表现要好，因此，这种基金很适合敢于冒险者的需要，这些人可以用暂时可能损失的部分资金来换取远期较高的基金单位资产净值增值。

（3）新兴成长基金。同积极成长基金一样，新兴成长基金追求的也是资本的长期利润，而不是当期收入，其投资的重点是新行业中有成长潜力的小公司或有高成长潜力的行业（如高科技）中的小公司，因此这种基金又称小公司基金。一般来说，这类基金带来的回报率可能比普通股票基金高，因此较受投资者欢迎。但另一方面由于这些新兴产业的小公司所具有的潜在发展能力要经历一个艰苦创业的过程才能转化为现实能力，所以其发行的股票往往有很大的波动性，新兴成长基金的市场价格也会有很大的起伏，投资者必须承担较大的风险。

（4）特殊性基金。特殊性基金是一种专门性基金，其目的在于追求成长、收益或二者兼得，其中大多数基金追求资金的最大增值，此外或有满足投资者特殊兴趣的其他目的或企图。这种基金专门投资于某个特定行业或经济部门的股票，因此也称产业基金（Sector Fund）。这种基金很容易吸引对目前流行的问题抱有浓厚兴趣的投资者，也很容易吸引对某个地方或领域即将增长怀有强烈预感的投资者。

2）收入型基金

收入型基金追求的目标是稳定和较高的当期收入，而不强调资本的长期利得和成长。这种基金的经理人通常选择能够带来现金定息的投资对象，其投资组合主要包括利息较高的债券、优先股和普通股。收入型基金一般由两种特殊基金组成：一是固定收入基金，二是股票收入基金。前者的投资对象多是股息优厚的股票、可转换公司债券及信誉良好的公司债券，后者的投资对象主要是债券和优先股。比较而言，固定收入基金的收益率较高，但长期成长的潜力不大，利率和汇率波动时净资产价值容易受到影响；而股票收入基金的成长潜力较大，也能够带来当期收入，但很容易受到股市价格波动的冲击。

具体来说，收入型基金主要包括以下几种。

（1）债券基金。债券基金是一种专门投资于债券以寻求高收益的基金。从长远来看，债券基金的买卖价格比较稳定，但在一定时期内其价格也常出现波动。影响债券基金买卖价格的因素主要有三个。一是受利率变动的影响。如果一种债券的计价货币利率下降，该债券的价格就会上涨，反之，该债券的价格就会下跌，债券价格的不稳定必然引起债券基金价格的波动。二是受汇率变动的影响。若基金投资的债券计价货币升值，则基金的资产就会增加，基金的价格也会上涨，相反，若计价货币贬值，投资这种货币债券的计价资产就会缩小，基金的价格就会下跌。三是受债信的影响。根据发行者的债信等级来划分，债券可以分为优质债券、次级债券和垃圾债券。发行者债信的变化必然引起债券价格的波动，进而导致基金价格的涨跌。

鉴于债券基金也会出现价格波动，投资者要特别留意该基金投资的是哪一国的债券或何种货币债券，预测其货币汇率和利率的未来走势。利率趋降和该基金资产计价货币汇率趋升均是投资入市的好机会。

根据投资方向不同，债券基金又可分为以下几种。

① 国际债券基金。国际债券基金是以外国货币广泛投资于外国公司或政府发行的债券。这种基金的安全性不仅依赖于所投资的外国公司或政府的品质，也依赖于所投资国家的经济、政治气候。国际债券基金可以分为欧洲债券基金和外国债券基金两种。前者以欧洲货币投资于欧洲债券市场，后者以某国货币投资于某国债券市场。

② 政府公债基金。这里以美国政府公债基金为例加以说明。按照基金章程的规定，这种基金的资金只能投资于直接或间接由联邦政府担保的有价证券，包括国库券、国库本票、美国政府公债及政府机构发行的其他证券。这些证券因均由美国政府直接或间接担保，一般安全性较高。

③ 公用债券基金。公用债券基金也叫市政公债基金，又称免税基金。在美国，该基金所投资的公用债券由州政府、市政府等地方政府所发行，债券利息可以免缴联邦税。由于免税公债的供应量不多，而且其他债券几乎都不能免税，所以这种基金便成为一种很好的避税投资，特别适合那些高收入的投资者进行分散投资的需要。

④ 公司债券基金。这是一种特殊的收入基金，它通常把60%以上的资金投资于公司债券。以同样的到期期间而言，公司债券付的利息通常比政府公债要高，因为公司无法偿还本金和利息的风险比政府高。投资于公司债券基金，除获利比政府债券基金高外，另一个好处是投资者不必花太多的钱就可以间接投资于债券市场。

（2）货币市场基金。货币市场基金是指投资于市场上短期有价证券的一种基金。该基金资产主要投资于短期货币工具，如国库券、商业票据、银行定期存单、政府短期债券和企业债券等短期有价证券。

（3）平衡基金。平衡基金既追求资金的长期成长，又追求当期的收入。通常，平衡基金把25%～50%的资金分散投资于优先股及债券，以确保资金的安全性，其余的资金则投资于普通股。平衡基金的优点是由于投资策略较保守，风险较低，适合于资金不多的投资者的需要。其缺陷则是成长的潜力不大。目前，平衡基金的数量很少，原因之一是多数基金往往很少同时精通股票和债券两方面，因此管理和运作比较困难。但平衡基金的表现并不算差，有时甚至好于成长基金。

3）成长型基金与收入型基金的差异

（1）投资目标不同。成长型基金强调为投资者带来经常性收益，重视资本的长期、稳定、积极增长，收入型基金则强调基金单位价格的增长，并使投资者获得稳定的、最大的当期收入。

（2）投资工具不同。成长型基金投资于风险较大的金融市场，如股票市场中升值潜力较大的小型公司、二三线股或未上市股票，收入型基金则投资在资本增值有限的市场上，如优先股、可转换债券、公司及政府债券等资本市场工具。

（3）资金分布不同。成长型基金持有较小量现金，资金大部分投向市场，牛市时，甚至向银行借贷进行投资，使投资额增大。收入型基金现金持有量则较大，资金投资项目亦偏向投资工具或投资区域多元化方向，以分散投资风险，形成不同种类的投资组合。

（4）派息情况不同。成长型基金为加速基金价格上涨，通常不会直接派息给投资者，而是将股息重新投入市场，以获取更高的回报。收入型基金则按时将股息分配给投资者，使之成为投资者投资于基金的固定收入来源。

4．根据投资对象的不同，证券投资基金可分为股票基金、债券基金、货币市场基金等

股票基金是指以股票为投资对象的基金。债券基金是指以债券为投资对象的基金。货币市场基金是指以国库券、大额可转让存单、商业票据、公司债券等货币市场工具为投资对象的基金。期货基金是指以各类期货品种为主要投资对象的基金。期权基金是指以能分配股利的股票期权为投资对象的基金。指数基金是指以某种证券市场的价格指数为投资对象的基金。认股权证基金是指以认股权证为投资对象的基金。

5．根据投资货币种类的不同，证券投资基金可分为美元基金、日元基金和欧元基金等

美元基金是指投资于美元市场的基金。日元基金是指投资于日元市场的基金。欧元基金是指投资于欧元市场的基金。

此外，根据资本来源和运用地域的不同，基金还可分为国际基金、国外基金、国内基金、国家基金和区域基金等。国际基金是指资本来源于国内，但投资于国外市场的基金。国外基金也称离岸基金，是指资本来源于国外，并投资于国外市场的基金。国内基金是指资本来源于国内，并投资于国内市场的基金。国家基金是指资本来源于国外，并投资于某特定国家的基金。区域基金是指投资于某一特定地区的基金。

6.2　证券投资基金的设立与募集

6.2.1　证券投资基金的当事人

证券投资基金运作过程主要有五方面的当事人：基金持有人、基金发起人、基金管理人、基金托管人和基金服务机构。

1．基金持有人

基金持有人是指持有基金单位或基金股份的自然人和法人，是基金资产的所有者和受益人，在公司型基金中还是基金公司的股东。基金契约或基金公司章程会对投资者的权利义务做出明确规定。基金发起人在基金成立之后，也就自然地成为基金持有人。基金持有人除包括基金发起人之外，还包括其他普通的机构和个人投资者。基金投资者是基金出资人、基金资产所有者和基金投资受益人。

2．基金发起人

基金发起人的主要职责是订立发起人协议、起草基金契约或基金章程、撰写募集方案、提出

基金设立申请等，在基金的设立过程中起着重要作用。国外基金的发起人大多数为有实力的金融机构，可以是一个，也可以是多个。

在我国，根据《证券投资基金管理暂行办法》的规定，基金的主要发起人为按照国家有关规定设立的证券公司、信托投资公司及基金管理公司，基金发起人的数目为两个以上。

3. 基金管理人

基金管理人是基金产品的募集者和基金管理者，其最主要的职责就是按照基金合同的约定，负责基金资产的投资运作，在风险控制的基础上为基金投资人争取最大的投资收益。在我国，基金管理人只能由依法设立的基金管理公司担任。

基金管理公司的主要业务包括以下内容。

（1）基金募集与销售业务。依照我国《证券投资基金法》的规定，依法募集是基金管理公司的一项法定权利，其他任何机构不得从事基金的募集活动。

（2）投资管理。投资管理业务是基金管理公司的一项核心业务，基金管理公司之间的竞争在很大程度上取决于投资管理能力的高低。

（3）基金运营事务。基金运营事务是基金投资管理与市场营销工作的后台保障。它通常包括基金注册、登记、核算与估值、基金清算和信息披露等业务。

（4）受托资产管理业务。我国《证券投资基金法》规定，基金管理公司向特定对象募集资金或者接受特定对象财产委托从事证券投资活动的具体管理办法，由国务院根据本法的原则另行规定。目前，全国社会保障基金和企业年金作为特定性质的资产已可以委托符合要求的基金管理公司进行资产管理。

（5）投资咨询服务。基金管理公司向特定对象提供投资咨询服务，不得有下列行为：①侵害基金份额持有人和其他客户的合法权益；②承诺投资收益；③与投资咨询客户约定分享投资收益或者分担投资损失；④通过广告等公开方式招揽投资咨询客户；⑤代理投资咨询客户从事证券投资。

4. 基金托管人

基金托管人是投资人权益的代表，是基金资产的名义持有人或管理机构。为了保证基金资产的安全，基金应按照资产管理和保管分开的原则进行运作，并由专门的基金托管人保管基金资产。我国《证券投资基金法》规定，基金托管人由依法设立并取得基金托管资格的商业银行担任。

5. 基金服务机构

基金管理人、基金托管人既是基金的当事人，又是基金的主要服务机构。除基金管理人与基金托管人外，基金市场上还有许多面向基金提供各类服务的其他服务机构，这些机构主要包括基金销售机构、注册登记机构、律师事务所、会计师事务所、基金投资咨询公司、基金评级机构等。其中，基金销售机构是受基金管理公司委托从事基金代理销售的机构。此外，在我国承担基金份额注册登记工作的主要是基金管理公司自身和中国证券登记结算有限责任公司。

6.2.2 证券投资基金的设立

1．证券投资基金设立方式

1）注册制

证券投资基金的注册制是指基金只要满足法定的条件，就可以申请并获得注册。

在基金申请注册过程中，基金主管部门不对基金发起人的申请及基金本身进行价值判断，只审查基金发行申请人是否严格履行了相关的信息披露义务，其对基金发行公开材料的审查只是形式审查，不涉及任何发行实质条件的审查。只要基金发行人完整、及时、真实、准确地披露了相关信息，基金主管部门不得以申请人财务状况未达到一定的标准而拒绝其发行。目前，多数发达国家和地区一般采用注册制，如美国、英国。

2）核准制

证券投资基金核准制是指基金不仅要具备法规规定的条件，还要通过基金主管部门的实质审查才能设立。基金主管部门有权对基金发行人及其所发行的基金做出审查和决定。我国自 2014 年 8 月 8 日起，将公募基金产品的设立由核准制改为注册制。

2．证券投资基金设立条件

1）基金发起人设立条件

证券投资基金的设立首先要由发起人发起，发起人是设立基金的主要当事人，是设立或拟设立基金的法人，也是证券投资基金最初创立的组织者。基金的发起人可以是一个，也可以是多个。按照《证券投资基金法》规定，在我国，基金的发起人必须符合一定的条件和要求：主要发起人为按照国家有关规定设立的证券公司、信托投资公司和基金管理公司；每个发起人的实收资本不少于 3 亿元人民币；主要发起人有 3 年以上从事证券投资、连续盈利的记录；发起人有健全的组织机构和管理制度，财务状况良好，经营行为规范；中国证监会规定的其他条件。

2）基金管理人设立条件

基金管理人是管理和运作基金资产的机构。基金管理人必须具有一定数额的资本金，如《证券投资基金法》规定拟设立的基金管理公司的注册资本不低于 1 亿元人民币，且必须为实缴货币资本；与托管人在行政上、财务上和管理人员上相互独立；有完整的组织结构；有明确可行的基金管理计划；有足够的、合格的专业人才；具有完备的风险控制制度和内部管理制度。

3）基金托管人设立条件

基金托管人又称基金保管机构。基金托管人的条件如下：净资产和资本充足率符合有关规定；设有专门的基金托管部门；取得基金从业资格的专职人员达到法定人数；有安全保管基金财产的条件；有安全高效的清算、交割系统；有符合要求的营业场所、安全防范设施和与基金托管业务有关的其他设施；有完善的内部稽核监控制度和风险控制制度；法律、行政法规规定的和经国务院批准的国务院证券监督管理机构、国务院银行业监督管理机构规定的其他条件。现阶段，我国符合上述条件的有 5 家商业银行：中国工商银行、中国建设银行、中国银行、中国农业银行和交通银行。

3．证券投资基金的设立程序

证券投资基金是由基金发起人发起设立的。根据《证券投资基金法》的规定，我国发起人申请设立基金的程序如下。

（1）准备各种申请文件。如设立基金的申请报告、发起人名单及协议、基金契约和托管协议、基金招募说明书、法律意见书等。

申请报告主要包括基金名称、拟申请设立基金的必要性与可行性、基金类型、基金规模、存续期间、发行价格、发行对象、基金的交易、申请购买与赎回的规定、拟委托的基金管理人和基金托管人等。

发起人协议应包括拟设立基金的基本情况、发起人的权利和义务、发起人认购基金单位的数量、拟聘任的基金管理人和基金托管人、发起人对主要发起人的授权等内容。

发起人应严格按照要求起草基金契约、托管协议、招募说明书，这些文件的内容与格式在《证券投资基金法》实施准则中都有详细规定。

（2）申请的考察和批准。发起人把准备好的各种文件上报中国证监会。中国证监会收到文件后对基金发起人资格、管理人资格、托管人资格，以及基金契约、托管协议、招募说明书和上报资料的完整性与准确性进行审核，如果符合标准，则正式下文批准基金发起人公开发行基金。

（3）基金发起人收到中国证监会的批文后，于发行前三天公布招募说明书，并公告具体的发行方案。

在《证券投资基金法》实施准则中，对申请设立的基金本身也做了一些规定，如发起人可申请设立开放型基金，也可申请设立封闭型基金，并规定封闭型基金存续期不得少于 5 年，最低募集数额不得低于 2 亿元等。基金经批准向社会公众公开发售后，封闭型基金自被批准之日起，3 个月内募集的资金要超过批准规模的 80%，开放型基金自被批准之日起 3 个月内，净销售额不得少于 2 亿元。基金正式成立前，募集资金只能存入商业银行，不能动用；基金正式成立后，基金管理公司才能正式承担基金资金的管理责任，使用募集资金进行投资运作。基金不能成立时，基金发起人必须承担基金募集费用，并将募集的资金连同活期存款利息返还给投资者。

6.2.3　证券投资基金的募集

1．证券投资基金募集概述

证券投资基金的募集即基金的发行，指基金公司或基金管理公司在基金发行申请经基金主管机关批准同意后，将基金券或收益凭证向个人投资者、机构投资者或社会推销出去的经济活动。由于证券投资基金分为公司型基金和契约型基金，对于公司型基金而言，它表现为公司股票，称为基金券，对于契约型基金而言，表现为基金受益凭证。

基金的发行有私募和公募两种。私募由基金发起人私下与投资者接洽，让投资者认购基金，基金发起人承担全部募集基金的工作。公募由基金发起人委托证券机构承担发售任务，向大众推销。

采取私募主要是基金的规模较小，基金的投资范围较窄，募集总额在规定的范围内由特定投资者认购便可完成募集计划。采取公募的原因主要是募集总额较大，急需募集资金参与有利时机的投资，并出于公平、公正原则，对所募集的基金受欢迎程度把握不准，采取向社会公众募集的方式，以便在尽可能短的募集期内完成销售计划。

封闭式基金募集时除规定了募集价、募集对象、申购方式、认购手续费和最低认购额外，还需要规定基金的募集总额和募集期限。一旦募集总额认购结束，无论是否已到募集期限，基金就进行封闭，不再接受认购申请。倘若在规定的募集时同内，募集总额未被认购到基金总额的一定比例（我国为 80%），则该基金不能成立，基金公司或基金管理公司应将已认购基金的款项及活期存款利息退还给认购者。

开放式基金虽然其总额是变动的，但在初次发行认购时，基金公司或基金管理公司必须设立基金的募集总额和募集期限。一般而言，基金按计划完成了预定的工作程序，正式成立三个月后，才允许投资者赎回。同封闭式基金一样，在规定的发行期限内无法募集到设定基金总额，则该基金不能成立。基金公司或基金管理公司有责任会同基金托管人将已收到的认购款及活期存款利息退还给投资者。

2. 证券投资基金的销售方式

在国外，常见的证券投资基金的销售方式有四种。

1）直接销售方式

基金不通过任何专门的销售公司而直接销售给投资者，这是最简单的销售方式。在这种销售方式中，基金单位按净资产价值出售，出价与报价相同，一般不收销售费。

2）包销方式

基金由经纪人按基金的净资产买入，然后再以公开销售价格销售给投资者。

3）集团销售方式

由包销人牵头组成几个销售集团，基金由各销售集团的经纪人代销，各个经纪人分别代理包销人销售一部分的基金，包销人则支付给每个经纪人一定数额的销售费用。

4）计划公司方式

在基金销售过程中，有限公司（即计划公司）在基金销售集团和投资者之间充当中间销售人，以使基金能以分期付款的方式销售出去。一旦收到某投资者一定比例的款项，计划公司就会向包销人认购相当数额的基金，并向该投资者提供一笔款项，存放在投资者在计划公司开立的专门账户上，确保该投资人有能力按合同购买其余的基金。

在我国，证券投资基金销售方式主要有包销和代销两种方式。

6.3 交易型开放式基金与上市型开放式基金

6.3.1 交易型开放式基金

1. 交易型开放式基金的含义

交易型开放式基金（Exchange Traded Fund，ETF），是一种在交易所上市交易的、基金份额可变的一种开放式基金。ETF 以复制和追踪某一市场指数（主要是股票指数）为目标，通过充分分散化的投资策略降低非系统风险，通过消极管理的方式最大限度地降低交易成本，以取得市场平均收益水平。

2．ETF 的特点

（1）被动操作的指数型基金。ETF 以某一选定的指数所包含的成份证券为投资对象，依据构成指数的股票种类和比例，采取完全复制的方法。ETF 不但具有传统指数基金的全部特色，而且是更为纯粹的指数基金。

（2）独特的实物申购赎回机制。所谓实物申购赎回机制是指投资人向基金管理公司申购 ETF，需要拿这只 ETF 指定的一篮子股票来换取，赎回时得到的也不是现金，而是相应的股票，如果想变现，需要再卖出这些股票。这样的申购赎回机制，使 ETF 的管理人不必为应付投资者的赎回而保留大量现金。由于买卖一篮子股票会使交易成本大大上升，因此 ETF 的申购赎回的最低份额必须达到一个相当大的数目。ETF 的一级市场交易主要由机构投资者参与。一级市场基本申购赎回单位为 100 万份。

（3）实行一级市场与二级市场并存的双重交易机制。一级市场交易是指 ETF 的申购和赎回使用和得到的是一篮子股票。二级市场交易是指 ETF 在证券交易所挂牌上市。为了吸引更多中小投资者参与交易，机构投资者一般会通过一级市场申购的 ETF 份额进行拆分。因此，ETF 的二级市场的最低交易份额的数额比一级市场小得多。一级市场的存在，使二级市场交易价格不可能偏离基金份额净值很多，否则两个市场的价差会引发套利交易。套利交易最终会使套利机会消失，使二级市场价格恢复到基金份额净值附近。

3．ETF 的套利

ETF 的双重交易机制使市场产生了套利的可能性。

（1）当二级市场 ETF 交易价格低于其份额净值时，即发生折价交易时，大投资者可以通过在二级市场低价买进 ETF，然后在一级市场上赎回份额，再于二级市场上卖掉股票实现套利。

上海证券交易所 ETF 套利条件为：

二级市场价格<[基金份额净值（赎回当日）－（二级市场买入基金份额佣金+一级市场赎回费用+二级市场卖出标的股票组合现货佣金+转托管费用）]

投资者可通过二级市场买入基金份额并转到一级市场赎回，实现套利。

（2）当二级市场 ETF 交易价格高于其份额净值时，即发生溢价交易时，大投资者可以通过在二级市场买进一篮子股票，然后在一级市场上按份额转化为 ETF，再于二级市场上高价卖掉 ETF 而实现套利。

上海证券交易所 ETF 套利条件为：

二级市场价格>[基金份额净值（申购当日）+二级市场买入标的股票组合现货佣金+一级市场申购基金份额费用+二级市场卖出基金份额佣金+转托管费用]

投资者可通过一级市场申购基金并转到二级市场卖出，实现套利。

4．ETF 的类型

（1）根据 ETF 跟踪的指数不同，ETF 可以分为股票型 ETF（可细分为全球指数 ETF、综合指数 ETF、行业指数 ETF、风格指数 ETF 等）和债券型 ETF。

（2）根据复制方法的不同，ETF 可以分为完全复制型 ETF（依据构成指数的全部成份股在指数中所占的权重进行 ETF 的构建）与抽样复制型 ETF（通过选取指数中的部分有代表性的成份股，参照指数成份股在指数中的比重设计样本股的组合比例进行 ETF 的构建）。

6.3.2 上市型开放式基金

1. 上市型开放式基金的含义

上市型开放式基金（Listed Open-end Fund，LOF），即可以在场外市场进行基金份额申购赎回，又可以在交易所内（场内市场）进行基金份额交易和基金份额申购或赎回的开放式基金。

LOF 结合了银行等代销机构和交易所交易网络二者的销售优势，为开放式基金销售开辟了新的渠道。LOF 通过场外交易与场内市场获得的基金份额分别被登记在场外系统与场内系统，但基金份额可以通过跨系统的转托管实现在场外市场与场内市场的转换。投资者可以在两个市场进行申购和赎回。

2. LOF 的套利

（1）当二级市场 LOF 交易价格低于其份额净值时，即发生折价交易时，大投资者可以通过在二级市场低价买进 LOF，然后在一级市场上赎回份额套利。

深圳证券交易所 LOF 套利条件为：

二级市场价格<[基金份额净值（赎回当日）－（二级市场买入基金份额佣金+一级市场赎回费用+转托管费用）]

投资者可通过二级市场买入基金份额并转到一级市场赎回，实现套利。

（2）当二级市场 LOF 交易价格高于其份额净值时，即发生溢价交易时，大投资者可以通过在一级市场买进 LOF 份额，在二级市场上高价卖出而实现套利。

深圳证券交易所 LOF 套利条件为：

二级市场价格>[基金份额净值（申购当日） +一级市场申购基金份额费用+二级市场卖出基金份额佣金+转托管费用]

投资者可以通过一级市场申购基金并转到二级市场卖出，实现套利。

3. ETF 与 LOF 的区别

（1）申购、赎回的标的不同。LOF 的申购、赎回是基金份额与现金的对价，而 ETF 与投资者交换的是基金份额与一篮子股票。

（2）申购、赎回的场所不同。ETF 的申购、赎回通过交易所进行，LOF 的申购、赎回可以在代销网点进行，也可以在交易所进行。

（3）对申购、赎回的限制不同。只有大投资者（基金份额通常要求在 100 万份以上）才能参与 ETF 一级市场的申购、赎回交易，而 LOF 在申购、赎回上没有特别要求。

（4）基金投资策略不同。ETF 通常采用完全被动式管理方法，以拟合某一指数为目标，而 LOF 则是普通的开放式基金增加了交易所交易方式，可以是指数型基金，也可以是主动管理型基金。

（5）在二级市场的净值报价上，ETF 每 15 秒提供一个基金净值报价，而 LOF 在净值报价上的频率要比 ETF 低，通常 1 天只提供 1 次或几次基金净值报价。

4．ETF 和 LOF 的投资价值分析

（1）ETF 和 LOF 具有交易成本相对低廉的交易渠道。ETF 和 LOF 双边交易费用最高为 0.6%，投资者在一级市场申购、赎回基金的平均费率是 1.5%。

（2）ETF 和 LOF 具有手续相对简便的交易渠道。投资者在一级市场申购、赎回不同基金公司的基金，分别在不同的系统进行登记，每次购买不同的基金需要办理一次较为复杂的开户手续。但通过二级市场交易渠道，投资者可以像交易封闭式基金那样进行交易。

（3）ETF 和 LOF 具有成交价格相对透明的交易渠道。普通开放式基金每天只能申购、赎回一次，申购、赎回的价格为当日收盘基金单位净值加上一定的交易费用，并且投资者事先不知道申购、赎回的价格。ETF 和 LOF 在交易时以已知的实时价格成交。

（4）ETF 和 LOF 具有交易效率相对较高的交易渠道。ETF 和 LOF 的二级市场交易方式的效率一般高于一级市场柜台式服务系统的效率。沪市的 50ETF 跨一、二级市场交易方式可以实现 T+0 交易；深市的 LOF 跨一、二级市场交易方式可以实现 T+1 交易；普通开放式基金申购成功后，投资者自 T+2 日后有权赎回基金份额。

（5）与普通开放式基金相比，ETF 和 LOF 具有较高的流动性。因为其同时存在一级和二级市场。

（6）与普通开放式基金相比，ETF 和 LOF 为投资者提供了潜在的跨市套利机会。投资者可以同时在一级和二级市场进行交易，存在套利的可能性。

（7）与普通封闭式基金相比，ETF 和 LOF 折/溢价幅度会相对较小。原因就在于套利机制的存在，当折/溢价幅度超过一定幅度时，就会引发套利行为，从而使交易价格向净值回归。

6.4 证券投资基金的价格与收益分配

6.4.1 证券投资基金的价格

1．基金资产净值

基金资产净值（Net Asset Value，NAV）指在某一基金估值时点上，按照公允价格计算的基金资产的总市值扣除负债的余额，该余额是基金单位持有人的权益。按照公允价格计算基金资产的过程就是基金的估值。

基金资产净值=基金资产总值-基金负债

基金份额净值=基金资产净值/基金总份额

单位基金资产净值，即每一基金单位代表的基金资产的净值。单位基金资产净值计算的公式为：

单位基金资产净值=（总资产−总负债）/基金单位总数

其中，总资产是指基金拥有的所有资产（包括股票、债券、银行存款和其他有价证券等）按照公允价格计算的资产总额。总负债是指基金运作及融资时所形成的负债，包括应付给他人的各项费用、应付资金利息等。基金单位总数是指当时发行在外的基金单位的总量。

【例 6-1】假设 2018 年 1 月 31 日，A 基金的基金资产为 37.15 亿元，基金的负债为 2.26 亿元，基金资产净值为 34.89 亿元，基金份额为 33.26 亿份，因此，A 基金 2018 年 1 月 31 日的单位基金资产净值为 1.049 元（34.89÷33.26）。投资者如果在 2018 年 1 月 31 日申购或赎回 A 基金就将按照一个基金单位 1.049 元的价格来进行。

开放式基金由于每天都要接受投资者的申购和赎回，因此，其单位基金资产净值每天都会在公开媒体上公布，使投资者可以及时了解基金的运作情况。封闭式基金由于不能进行日常的申购与赎回，其单位资产净值每周公布一次。

2. 基金的交易价格

单位基金资产净值是基金单位价格的内在价值。单位基金资产净值是衡量一个基金经营好坏的主要指标，也是基金单位交易价格的计算依据。

1）开放式基金的交易价格

开放式基金的交易价格是以基金单位净值为基础进行计算的，按基金单位净值加减一定的费用（申购费或赎回费）进行交易的。

开放式基金单位计价主要取决于基金单位资产净值，具体有两种基本的计价方法：一是已知价法（或称事前价、历史计价）；二是未知价法（或称事后价、预约计价）。已知价法是基金管理公司根据接到申购和赎回申请之前的最近二个交易日的基金单位资产净值作为申购和赎回的依据，投资人可以在申请申购和赎回时就知道确切的申购价和赎回价。未知价法是基金管理公司根据接到申购和赎回申请当日的基金单位资产净值作为申购和赎回的依据，投资人在申请申购和赎回时尚无法知道确切的申购价和赎回价。采用未知价法估值，可以增加基金投资人申购和赎回基金单位的不确定性，从而在股市上涨（下跌）时减轻来自投资者的申购（赎回）压力，对市场的剧烈波动起一种缓冲作用。

2）封闭式基金的交易价格

封闭式基金按照市场交易价格进行买卖，而这个市场交易价格与基金的单位净值经常是不同的。封闭式基金的价格除了会受到基金单位净值波动和买卖手续费的影响，还受到市场供求状况、经济形势、政治环境等多种因素的影响，所以，其价格与资产净值常发生偏离。

6.4.2 证券投资基金的收益分配

1. 基金的收益来源

基金的种类很多，各种类型的基金在投资对象、投资策略和投资目标上有所不同，从而其投资收益的组成也各不相同。比如，货币市场基金主要投资于货币市场工具而获得利息收入，债券基金主要投资于各种债券而获得债券利息，股票基金主要靠买卖股票的差价和股票的分红派息获得收益。有些高风险性的基金，比如对冲基金，主要是在金融衍生市场上搏杀以获得高额的投资回报。在美国，还有一些基金通过投资房地产和其他实业来获得投资利润。由于我国规定证券投资基金不得投资房地产等实业，基金投资实业所获得的利润将不予讨论，从而基金的收益来源主要包括以下内容。

1）股票股利收入

股利一般有两种形式：现金股利与股票股利。由于股票股利是通过股票形式进行的分配，不涉及现金收益，所以尽管其属于基金收益，但一般通过在除息日对分配所得的股票进行估值来体现，并不直接计入收入类科目。

2）债券利息收入

基金的债券利息收入是指基金资产因投资于各种债券（国债、地方政府债券、企业债、金融债等）而定期取得的利息收入。

3）证券买卖差价收入

证券买卖差价收入又称资本利得收入，是指基金在证券市场上买卖证券形成的差价收益，主要包括股票买卖差价和债券买卖差价。

4）存款利息收入

存款利息收入是指基金将资金存入银行或中国证券登记结算有限责任公司所获得的利息收入。

5）买入返售证券收入

买入返售证券收入是指在国家规定的场所进行融券业务而取得的收入。买入返售证券收入应在证券持有期限内采用直线法计提，并按计提的金额确认。

6）其他收入

其他收入是指除上述收入以外的其他各项收入，如赎回费扣除基本手续费后的余额、手续费返还、因运用基金财产带来的成本或费用的节约等。这些收入项目一般根据发生的实际金额确认。

2．基金的收益分配

基金进行收益分配会导致基金份额净值的下降。

1）封闭式基金的收益分配

《证券投资基金运作管理办法》第 35 条规定，封闭式基金的收益分配，每年不得少于一次，封闭式基金年度收益分配比例不得低于基金年度已实现收益的 90%。

封闭式基金当年收益应先弥补上一年度亏损，然后再进行当年收益分配。若基金投资的当年发生亏损，则不进行收益分配。基金收益分配后基金份额净值不能低于面值。每份基金单位享有同等分配权。封闭式基金一般采用现金方式分红，但投资者可以选择将所分配的现金自动转化成基金单位，即红利再投资。

2）开放式基金的收益分配

开放式基金的分红方式有两种。

（1）现金分红方式。根据基金收益情况，基金管理人以投资人持有基金本位数量的多少，将收益分配给投资人，这是基金收益分配最普遍的形式。

（2）分红再投资转换为基金份额，即将应分配的净收益折算为等值的新基金份额进行基金分配。

《证券投资基金运作管理办法》第 36 条规定，基金收益分配应当采用现金方式。开放式基金的基金份额持有人可以事先选择将所分配的现金收益，按照基金合同有关基金份额申购的约定转为基金份额，基金份额持有人事先未作选择的，基金管理人应当支付现金。

3）基金收益分配的程序

不同基金应在各自的招募说明书中明确规定自己的收益分配原则及方式，为投资人提供投资参考。基金收益分配方案先由基金管理人拟定，经基金托管人核实后，报中国证监会备案。在基金收益分配的程序上，由基金管理公司下达指令给基金托管机构，由基金托管机构将核准的分配总金额拨付给基金管理人或过户代理人。

本章小结

证券投资基金起源于英国，最早的基金采用契约的形式，至今有近百年的历史。目前的证券投资基金主要是开放式基金，美国在基金市场上占据主导地位。

证券投资基金是一种利益共享、风险共担的集合投资方式。其特征包括：集合理财，专业管理；组合投资，分散风险；利益共享，风险共担；严格监管，信息透明；独立托管、安全保障。

证券投资基金按照不同的标准有不同的分类，常见的分类是根据基金单位是否可增加或赎回，分为封闭式基金和开放式基金。

证券投资基金运作过程主要有五方面的当事人：基金持有人、基金发起人、基金管理人、基金托管人和基金服务机构。基金发起人、基金管理人、基金托管人必须符合《证券投资基金法》的要求取得相应资质，按照法定程序进行基金的募集和运作。

这里特别介绍了两种特殊类型的创新型基金：交易型开放式基金和上市型开放式基金。两种基金的共同特点在于既可以在场外交易也可以在交易所交易，大大提高了投资者的交易效率。两种基金存在的价值在于，节约了交易成本、手续简单、交易价格透明、交易效率高、流动性高、可以套利、溢价幅度小等特点。

证券投资基金的收益来源主要包括：股票股利收入、债券利息收入、证券买卖差价收入、存款利息收入、买入返售证券收入、其他收入等。

本章习题

一、选择题。

1．证券投资基金的特点有（　　）。

A．集合理财，专业管理　　B．组合投资，分散风险

C．利益共享，风险共担　　D．严格监控，信息透明

2．根据基金的组织形式不同，基金可分为（　　）。

A．契约型基金　　B．开放式基金　　C．封闭式基金　　D．公司型基金

3．证券投资基金的主要当事人有（　　）。

A．基金管理人　　B．基金发起人　　C．基金持有人　　D．基金托管人

4．在我国，基金发起人实收资本不少于（　　）元人民币。

A．1 亿　　B．2 亿　　C．3 亿　　D．5 亿

5．在我国，基金管理人注册资本要求不少于（　　）元人民币。

A．1 亿　　B．2 亿　　C．3 亿　　D．5 亿

6．ETF 二级市场价格高于一级市场基金净值，投资者可（　　）进行套利。

A．二级市场买入，一级市场赎回　　B．二级市场买入，一级市场申购

C．二级市场卖出，一级市场赎回　　D．二级市场卖出，一级市场申购

二、简答题。

1．简述开放式基金和封闭式基金的主要区别。

2．简述 ETF 的特点。

3．简述 ETF 与 LOF 的区别。

第七章 外汇市场

学习目标

各国的货币和货币制度不同，国与国之间进行经济交往时必然涉及货币的兑换，外汇市场因此产生。外汇市场是国际间经济交流不可或缺的市场，在促进国际经济贸易发展和政治文化交流、国际间债权债务清偿方面起着重要作用。外汇市场在长期的发展过程中形成了自己独特的运行规律，在全球范围内可以实现 24 小时交易，交易规模巨大，成本低。

通过本章的学习，学习者应了解外汇市场的含义、分类和特点，掌握外汇市场的主要工具，以及外汇市场交易工具的组织方式。

引导案例

美国量化宽松政策及其国际效应

一、美国的量化宽松政策

量化宽松一词，由日本央行于 2001 年提出，指央行刻意通过向货币市场注入超额资金，包括大量印钞或者买入政府、企业债券等让基准利率维持在零的途径，为经济体系创造新的流动性，以鼓励开支和借贷，刺激经济复苏。此种货币政策被视为属于“非常规”的货币政策，所涉及的政府债券金额庞大且运作周期长，一般只有在利率等常规工具失效的情况下，货币当局才会选择这种极端的做法。在其运作中主要是通过预期利率、调整投资组合、扩张财政三个渠道来刺激经济。

2008 年 11 月，在金融危机激化下，美联储提出并开始实施第一轮量化宽松政策（QE1）。到 2010 年 3 月第一轮量化宽松政策结束的时候，美国联邦储备系统已经购买了 12 500 亿美元的抵押贷款支持证券、3000 亿美元的美国政府证券和 1750 亿美元的机构证券，也就是累计投放了 17 250 亿美元左右的基础货币。

2010 年 11 月 3 日，美联储宣布继续实施第二轮量化宽松政策（QE2），其内容是在未来的 8 个月内购买 6000 亿美元的美国长期国债，并将联邦基金利率维持在 0 至 0.25%的超低水平。这两轮美国量化宽松的货币政策，实际上都是美联储通过与美国 39 家主要证券商以公开市场操作的方式增加货币供给量的，其影响不仅仅局限于美国国内，更是在世界多国引起了强烈的反应。

2011 年 9 月 13 日（当地时间），美联储宣布实施第三轮量化宽松政策（QE3），每月购买 400 亿美元的抵押贷款支持债券，并且维持联邦基金利率在 0 至 0.25%之间不变，并将这一超低利率期限延至 2015 年中期。

二、美国量化货币政策的国际效应

在经济全球化下，各国经济、政治相互影响，美元作为国际货币，不仅在美国国内流通，还可以在全世界流通，其效应也不单单局限于国内，对世界经济也产生了极大的影响。也就是说，美国的量化宽松货币政策在对美国国内经济产生相对积极的作用的同时，也对国际经济产生了不容忽视的作用。

1．大宗商品价格的上升。国际上的大宗商品如石油、有色金属、农产品等绝大多数都是以美元计价结算的。美国采取的量化宽松政策致使美元供给增加，以其计价的大宗商品价格自然上升。除此之外，美元供给的增加还会带动对大宗商品的投机，加速其上升速度。能源、农产品等大宗商品的提价，输入国生产成本的增加甚至会造成输入型通货膨胀，给世界经济带来波动。

2011 年 1 月，世界金属市场、粮食市场和原材料市场价格都显著上涨，已经造成部分新兴市场经济体的输入性通货膨胀；在国际石油市场，由于美元贬值和国际游资的双重冲击，石油价格持续上涨；在黄金市场，价格涨速更是迅猛，黄金价格连创历史新高，2011 年 3 月 4 日，已经涨到每克 300 元人民币。虽然大宗商品价格会在众多因素影响下发生变动，但不可否认的是，美国量化宽松政策下美元数量的膨胀推动了国际市场上的大宗商品价格上升。

2．热钱的频繁流动。国际上的投资性资金被称作热钱。首先，在美国金融危机之后，新兴市场国家较发达国家更早恢复，投资机会相对显得多一些，一些个人、企业、政府把资金转投入其中，以获得更稳定的收入。其次，在 2010 年以后，新兴市场国家出现通货膨胀的危险，政府不得不采取收缩货币供给量以压缩通货膨胀，上调基准利率的情况频繁出现，而美元存款利率在量化宽松政策下接近于零，也就是说，发展中国家存款利率高于美国存款利率，这也使相当部分的热钱频繁流入以获利。并且，美国采取的量化宽松货币政策导致充足的美元供给更加助长了热钱流入新兴国家和发展中国家，它们有可能选择房地产和金融资产，催生这些行业的泡沫，对这些国家的经济、政治甚至社会稳定造成极其严重的危害。

3．促使新兴国家货币升值。假设其他条件不变，美元贬值会促使其他国家的货币升值，例如，自 2009 年初起，巴西雷亚尔在 18 个月内对美元升值 30%，南非兰特对美元上涨了 37%。货币升值以直接的方式削弱了新兴国家商品的出口竞争力，导致经济利益大幅受损的同时，还会导致部分出口企业的倒闭，增加失业率，影响了社会的稳定性。同时，美国量化宽松政策削弱了美元对国际短期资本的吸引力，在新兴国家和发展中国家货币升值的趋势下，大量的短期资本涌入其中，加重了通货膨胀的压力，危害到社会经济的稳定发展。

4．降低美元外汇储备和美国债券价值。在全球化时代下，各国经济呈现相互依存的态势，美元作为国际货币，在现今的国际货币体系中处中心地位，而拥有一定数量的外汇储备和其他国家的证券是维护本国经济持续稳定发展的必要手段。因此，即使是在经济危机的背景下，美元在全球外汇储备中占的绝对比重依旧很高。根据国际货币基金组织最新公布的数据，2011 年第 2 季度，美元占全球官方外汇储备资产比例依然高达 60%。为摆脱经济危机，美国选择了非常规的量化宽松货币政策，债务规模急剧膨胀，这在帮助其经济走出衰退的同时，也致使美元贬值，新兴国家和发展中国家手中的外汇储备也随之缩水，购买的美国国债等也相应地减少其价值。美国以轻松的方式转移了新兴国家和发展中国家积累的财富。同时，美国此举还推高其他国家货币对美元的汇价，对那些出口导向型国家的出口和整个经济造成巨大打击。

［资料来源：李翀，《学术研究》，2011 年第 2 期］

7.1 外汇和汇率

7.1.1 外汇

1. 外汇的含义

世界各国都有自己的货币和货币制度，因此，国际间债权债务的清偿必然产生国际间的货币兑换，由此产生外汇和汇率的概念。

外汇这一概念有动态和静态两种表述形式。动态的外汇是指一国货币兑换或折算为另一种货币而办理国际结算的过程，最初的外汇概念就是指它的动态含义。

现在人们提到外汇时，更多的是指它的静态含义。静态的外汇又有广义和狭义之分。广义的静态外汇是指一切用外币表示的资产。这种含义的外汇概念通常用于国家的外汇管理法令之中。按照我国 2008 年修订的《中华人民共和国外汇管理条例》中的定义，外汇是指下列以外币表示的可以用作国际清偿的支付手段和资产，具体包括：外国货币（钞票、铸币）；外币支付凭证（票据、银行存款凭证、邮政储蓄凭证等）；外币有价证券（政府债券、公司债券、股票等）；其他外汇资产。狭义的静态外汇的概念是指以外币表示的可用于进行国际间结算的支付手段。按照此概念，只有存放在国外银行的外币资金以及对银行存款的索取权具体化了的外币票据才构成外汇。具体来看，外汇主要包括以外币表示的银行汇票、支票、银行存款等。人们通常所说的外汇就是指这一狭义的概念。

由此看来，外汇有三个特点：①外币性，即外汇必须是以外币表示的国外资产；②可偿性，即外汇必须是在国外能得到清偿的债权；③可兑换性，即外汇必须能自由兑换成以其他货币表示的支付手段。

2. 外汇的种类

按照不同的标准可以把外汇分成不同的种类。

（1）按照外币形态划分，外币可分为外币现汇和外币现钞。

外币现汇是指其实体是在货币发行国本土银行的存款账户中的自由外汇。现汇是由境外携入或寄入的外汇票据，经本国银行托收后存入，为狭义外汇。

外币现钞指以可兑换货币表示的货币现钞，包括了外国铸币。现钞价格低于现汇价格，现钞不能直接用于国际结算。现钞主要从国外携入，属于广义外汇。

（2）按照自由兑换性强弱划分，外币可分为自由外汇、有限自由外汇和记账外汇。

自由外汇是指可以在任何国家自由支付，并自由兑换成其他国家货币的外汇，也是我们通常意义上的外汇，如美元、英镑、日元、欧元等。自由外汇可在国际外汇市场上自由买卖，在国际支付中得到偿付，在国际结算中被广泛使用。

有限自由外汇是指未经发行国批准，不能自由兑换成其他货币或对第三国进行自由支付的外汇，其交易受到限制。国际货币基金组织规定，凡对国际性经常往来的付款和资金转移有一定限制的货币均属于有限自由兑换货币。世界上大多数国家的货币属于此。

记账外汇又称双边外汇、协定外汇或清算外汇，是指在两国间政府协定下所引起的债权和债务，不用现汇逐笔结算，只在双方的账面上相互冲抵。这种外汇不能兑换成自由外汇，也不能对第三国进行支付，只能在双方银行专门账户上使用。当存在经常性贸易往来的两国缺乏自由外汇时，可彼此采用记账外汇进行交易。一般在年度终了时，双方对进出口额及相关费用进行账面轧抵，结算差额。对差额的处理方式包括：转入下一年度贸易项下平衡，采用双方预先商定的自由外汇清偿，以货物清偿。

（3）按照外汇买卖的交割期划分，外币可分为即期外汇和远期外汇。

即期外汇，又称现汇，指在外汇买卖两个营业日内办理交割的外汇。

远期外汇，又称期汇，指交易双方事先签订买卖合约，规定外汇买卖的币种、数量、期限和汇率等，到约定日期才按照合约规定的汇率进行交割。

（4）按其来源和用途划分，外币可分为贸易外汇和非贸易外汇。

贸易外汇是指因进出口贸易及其从属费用而收付的外汇。从属费用主要包括与商品进出口直接关联的运费、保险费等。

非贸易外汇，即与进出口无关的外汇。主要是由于资产流动而产生的外汇，如捐赠、侨汇、旅游、海运、保险、银行、海关、邮电、工程承包、资本流动等收付的外汇。

7.1.2 汇率

1. 汇率的含义

所谓汇率指的是两种不同货币之间的折算比价，也就是一国货币表示的另一国家货币的价格，也称为汇价或外汇行市。汇率的表达方式有两种。

1）直接标价法

直接标价法是以一定单位的外国货币为标准来折算应付若干单位的本国货币的汇率标价法。例如，2018 年 10 月 3 日中国公布的美元兑人民币牌价是 USD1=CNY6.7074，同一天美国纽约外汇市场公布欧元兑美元的牌价为 EUR1=USD1.1241。

2）间接标价法

间接标价法是以一定单位的本国货币为标准，将其折算为若干单位的外国货币的汇率标价法。例如，2013 年 3 月 10 日纽约外汇市场美元对日元的报价为 USD1=JPY111.15。

可以看出，在直接标价法下，汇率的数值越大，意味着一定单位的外国货币可以兑换越多的本国货币，也就是本国货币的币值越低；在间接标价法下，这一关系则相反。目前，除英镑、欧元和美元外，世界上绝大多数国家的货币都采用直接标价法。我国国家外汇管理局公布的外汇牌价也采用直接标价法。

2. 汇率的种类

外汇汇率依据不同的角度可分为很多种。

（1）按银行买卖外汇的角度划分，汇率可分为买入汇率、卖出汇率、中间汇率和现钞价。

外汇买卖一般集中在商业银行等金融机构进行，因此，买卖价是从银行的角度区分的。它们买卖外汇的目的是为了追求利润，通过贱买贵卖，赚取差价。银行向客户或从同业买入外汇时所依据的汇率叫买入价，也称买入汇率；卖出外汇时所依据的汇率叫卖出价，也称卖出汇率。买入价与卖出价相差的幅度一般在1‰～5‰之间。

在直接标价法下，外币折合本币较少的数字是买入价，较多的是卖出价。在间接标价法下，本币折合外币较多的数字是买入价，较少的是卖出价。银行一般同时报出买入价和卖出价，在所报的两个汇率中，前一个数值较小，后一个数值较大。在直接标价法下，前一个数值表示银行的买入价，后一个数值表示卖出价。在间接标价法下，前一个数值表示卖出价，后一个数值表示买入价。例如，直接标价法下美元/港元的即期汇率为7.7550/60，7.7550为银行买入美元的汇率，7.7560为银行卖出美元的汇率。间接标价法下正好相反。

中间汇率即中间价，是买入价和卖出价的平均数。中间价只在银行同业间买卖外汇时使用，对顾客一般不适用。外汇中间价在西方常用于对汇率的分析，报刊报道汇率也常用中间价。

现钞价，又称现钞买入价，是银行买入外币现钞时所依据的汇率。一般来说，现钞价比银行购买汇票等支付凭证的价格低。因为外币现钞不能在其发行国以外流通，须将外币现钞运送到其发行国才能充当支付手段，这就涉及运送外币现钞而产生的运费、保险费、包装费等项目支出，银行要从汇价中扣除这些费用。因此，现钞买入价低于银行购买汇票等支付凭证的价格（一般低2%～3%）。银行卖出外币现钞的价格与银行卖出汇票等支付凭证的价格相同。

（2）按银行汇兑外汇的方式划分，汇率可分为电汇汇率、信汇汇率和票汇汇率。

汇款行为一般最终都是通过银行与银行之间的往来账户的资金划拨来实现的，即在外汇买卖成交后，银行要以一定的方式发出让对方银行收款或付款的指令，从而决定此时的结算汇率。

电汇汇率指银行以电报电传的方式通知对方银行时使用的汇率。它的特点是安全性高，比较快捷，但是成本费用高，银行不能利用在途资金。

信汇汇率指银行以信函的方式通知对方银行时使用的汇率。它的特点是时间长，成本低，且航邮时间比电讯长，银行可以利用在途资金。

票汇汇率指通过开立即期汇票的形式通知对方银行解付资金时使用的汇率。票汇汇率的成本相对低一些，时间长一些。

（3）按外汇交易的交割期限划分，汇率可分为即期汇率和远期汇率。

即期汇率是指买卖外汇双方在签订交易当天或两个营业日内进行交割时使用的汇率。

远期汇率是指在未来一定时期进行交割，而事先由买卖双方签订合同，达成协议的汇率。到了交割日期，由协议双方按预定的汇率、金额进行交割。远期汇率的形成是交易双方锁定风险也锁定收益的结果。

（4）按确定汇率的方法划分，汇率可分为基本汇率和套算汇率。

基本汇率是指本国货币与国际上某一关键货币的外汇牌价。所谓关键货币是指本国在国际收支中使用最多、外汇储备中占比重最大、同时又是可自由兑换、被国际社会普遍接受的货币。显然，对不同的国家，关键货币也是不同的。目前，各国一般都以美元为基本外币确定基准汇率。

套算汇率，又称交叉汇率，指本国货币与本国非关键货币之间通过关键货币套算的汇率。一般当分别报出两种货币对同一第三种货币比价时，需要间接换算出该两种货币之间的比价。

（5）按汇率测算方法划分，汇率可分为名义汇率、实际汇率与有效汇率。

在一般情况下，报价银行公布的牌价均为各种货币汇率的名义汇率。然而，在许多情况下，货币名义汇率的变动与这两种货币实际购买力之比的变动往往是不一致的。因此，通常采用实际汇率概念（即名义汇率扣除通货膨胀率之后的汇率），来表达两国货币间汇率的实际变动趋势。

有效汇率是本国货币对挑选出的一组外币（称货币篮子）汇率的加权平均值。被选择出来充当篮子货币的应在本国的对外经济交往中占有重要地位，主要是贸易伙伴国货币，权重大小由该国与每一个贸易伙伴国贸易的相对重要性决定，故有效汇率又称贸易加权汇率。

（6）按外汇管理的宽严程度划分，汇率可分为官方汇率和市场汇率。

官方汇率又称法定汇率，是由一个国家的货币当局所规定并且进行维持的汇率。官方汇率比较稳定，而且一般都倾向于高估本币价值。一切官方的外汇交易都应该以此汇率为准。

市场汇率是指在自由外汇市场上买卖外汇自发形成的汇率，它随着外汇市场的外汇供求关系的变化而上下波动。在市场汇率下，政府要想对汇率进行调节，必须通过干预外汇市场来实现。目前，发达国家都采用市场汇率。

7.2 外汇市场概述

7.2.1 外汇市场的含义与特征

1. 外汇市场的含义

外汇市场是指由各国中央银行、外汇银行、外汇经纪人和客户组成的买卖外汇的交易系统。外汇市场不像商品市场和其他金融市场那样一定要设有具体的交易场所，它主要是指外汇供求双方在特定的地区内，通过现代化的电信设备及计算机网络系统来从事外汇买卖的交易活动。

按照外汇交易参与者的不同，外汇市场可以具体分为狭义的外汇市场和广义的外汇市场。狭义的外汇市场又称外汇批发市场，特指银行同业之间的外汇交易市场，包括外汇银行之间、外汇银行与中央银行之间以及各国中央银行之间的外汇交易。广义的外汇市场除了包括上述狭义外汇市场，还包括银行同一般客户之间的外汇交易。

2. 外汇市场的特征

1）24 小时交易

由于全球金融中心的地理位置不同，全球各大外汇市场因时间差的关系，成为昼夜不停、全天候连续运作的巨大市场。惠灵顿、悉尼、东京、中国香港、法兰克福、伦敦、纽约等各大外汇市场紧密相连，为投资者提供了没有时间和空间障碍的理想投资场所。只有星期六、星期日以及各国的重大节日，外汇市场才关闭。

2）成交量巨大

外汇市场是世界上最大的金融交易市场，每天成交额超过 5.1 万亿美元，其规模已远远超过股票、期货等其他金融商品市场，财富转移的规模越来越大，速度也越来越快。

3）有市无场

各国外汇市场之间已形成一个迅速、发达的通信网络，任何一个地方的外汇交易都可通过电话、电脑、手机等设备在全球联通的网络进行外汇交易，完成资金的划拨和转移。这种没有统一场地的外汇交易市场被称为“有市无场”。尽管外汇市场“有市无场”，但它具备信息公开、传递迅速的特点。

4）零和游戏

在外汇市场上，汇价波动表示两种货币价值量的变化，也就是一种货币价值的减少与另一种货币价值的增加。因此，有人形容外汇市场是零和游戏，更确切地说是财富的转移。

5）交易成本低

外汇交易不收取佣金或手续费，而只设定点差作为交易的成本，相对而言，成本较为低廉。

6）双向交易

外汇市场操作可以进行双向交易，交易者可以先买后卖进行多头交易，也可以先卖后买进行空头交易。

7）政府干预低

虽说一国央行会从宏观经济运行的整体要求出发，对外汇市场进行相应的干预活动，但央行进行干预的能力在这个容量巨大的外汇市场上并不突出，况且在买卖双方阵营中，随时都有大型金融机构及为数众多的普通交易者存在，并不断地参与交易活动，所以没有机构或个人能够操纵市场。

8）成交方便

利用杠杆进行保证金交易是外汇市场相对股票交易市场的主要优势。2018 年外汇市场每天的交易量超过 5.1 万亿美元。巨大的交易量使市场保持高度流通，因此也保证了价格的稳定。高交易量、高流通性、高价格稳定性，这三个因素是支持高杠杆率的理由。

3. 全球主要的外汇市场

世界上交易量大且有国际影响力的外汇市场有伦敦、纽约、巴黎、法兰克福、苏黎世、东京等地的外汇市场。在这些市场上买卖的外汇主要有欧元、英镑、瑞郎、加元、日元等货币，其他货币也有买卖，但为数极少。

伦敦外汇市场是一个非常典型的无形市场。它一直是全球最大的外汇市场。其中交易规模最大的是英镑和美元，其次是欧元、瑞郎和日元，它的交易时间是北京时间 15:30 到次日凌晨 00:30。

纽约外汇市场也是一个非常大的外汇市场，其外汇交易完全通过现代化的通信和电子计算机进行。银行是该外汇市场的主要参加者，包括 50 余家的商业银行和 20 余家的外汇银行。由于美国已经放开了外汇管制，政府不会指定专门的外汇银行从事外汇交易，几乎所有的美国银行和非银行金融机构都可以经营外汇业务，因此，纽约的外汇交易非常活跃，是完全自由的外汇市场，和其他做对外贸易较多的外汇市场相比，其投机交易占比较大。此外，纽约外汇市场还是全球的交易中心，全球 50%以上的美元交易都通过纽约外汇市场的系统进行银行清算。纽约外汇市场的交易时间为 21:30 到次日凌晨 4:00。与伦敦外汇市场采取以英镑为本国主货币的间接标价法不同，纽约外汇市场同时采用直接标价法和间接标价法，交易量较大的币种为欧元、英镑、瑞郎和加元，总体上看，欧洲货币的交易量比较大，日元相对少一点。

东京外汇市场的交易品种较为单一，主要集中在日元兑美元和日元兑欧元。日本作为出口大国，其进出口贸易的收付较为集中，因此，外汇市场具有易受干扰的特点。交易时间约为北京时间的 8:00～11:00 和 12:30～16 :00。

悉尼外汇市场作为每天全球最早开市的外汇交易市场，交易时间为 6:00～14:00，通常汇率波动较为平静，交易品种以澳元、新西兰元和美元为主。

7.2.2 外汇市场的分类

1．按组织方式的不同，外汇市场可分为柜台市场和交易所市场

外汇柜台市场，是一种无固定场所及无固定开盘和收盘时间的外汇市场。因为没有固定的场所或交易厅，所以就不需买卖双方都到场面对面进行交易，而是通过从事外汇交易的银行与经纪人，通过一个庞大的电话、电报、电传和计算机及其他现代通信载体组成的信息报价及交易系统进行交易。通过这种交易方式，一笔外汇交易在一两分钟内就可完成，而且可以随时、随地交易。外汇柜台市场，也称无形市场，消除了外汇交易的时间及地理位置限制，不同地区的大规模外汇买卖可 24 小时持续进行，各种票据的交换也可在当天完成。

外汇交易所市场，也称有形市场，即有固定的交易场所和交易时间限制的市场。外汇交易所多处在国际金融中心的所在地，有固定的营业日和开盘、收盘时间，从事外汇交易的外汇经纪商在每个营业日的规定时间内集中在交易所进行交易。

相比较而言，外汇柜台市场更具有优越性，它不仅不受场所和营业日及营业时间的限制，而且交易成本也比较低，交易及交割速度也比较快，因而更能够为大多数外汇交易者或参与者所接受，使柜台市场成为外汇市场的主要组织形式及市场类型。

2．按参加者的不同，外汇市场可分为零售市场和批发市场

外汇零售市场是由外汇银行与个人及公司客户之间的交易构成的外汇市场。个人与银行间的外汇交易，多是为了应急支出或保值，每笔交易数额不一定很大，但交易笔数较多，交易频繁，因而，其交易总量是相当可观的，构成银行外汇交易的重要组成部分。公司与银行间的外汇交易则主要由国际贸易活动及投资活动所产生，这类外汇交易是经常的、大量的，构成银行外汇交易的主要部分。

外汇批发市场是由外汇银行同业间的买卖外汇活动构成的，成交数额巨大。银行间的外汇交易多是为了调整自身的外汇头寸，以减少和防止由汇率变动所产生的风险。银行每日与客户的外汇交易，最后总要形成一定的差额或头寸。买入大于卖出则形成外汇头寸的盈余，卖出大于买入则形成外汇头寸的短缺，外汇头寸出现盈余时需要拆出外汇，外汇头寸出现短缺时需要拆入外汇。而不论拆出还是拆入，都要受市场汇率和利率的直接影响。批发交易，约占外汇交易总量的 95%，产生于国际贸易和投资的外汇买卖仅占外汇交易的 3%，用于保值及外汇管理的交易仅占 2%。

3. 按政府对市场交易的干预程度不同，外汇市场可分为官方外汇市场、自由外汇市场和外汇黑市

（1）官方外汇市场是指受所在国政府控制，按照中央银行或外汇管理机构规定的官方汇率进行交易的外汇市场，相对于自由的、无政府直接干预的外汇市场而言，官方外汇市场主要有以下几个特点。

① 对外汇市场交易的参与者有资格限制，即对市场准入的管制。一般只允许持有政府许可证的银行和其他金融机构进入该市场参加外汇交易，其他机构和个人只能委托这些有许可证的金融机构间接参与外汇市场的交易。

② 对外汇市场交易的对象有所限制，即对市场交易的货币品种进行限制。一般只允许进入市场的金融机构交易由货币当局指定的外币品种，而不能进行所有外币的交易。

③ 对市场的汇率进行控制，不允许无限度地波动。控制的方式包括：或实行固定汇率制，或只允许汇率在一定的幅度内波动，若超过这一波动幅度，或者是暂停交易，或者是中央银行进行吞吐外汇，平抑汇率的波动。

④ 对外汇的用途有一定的限制。一般只允许进行与国际贸易活动相联系的外汇买卖交易，如国家批准的进口用途及出口后必须进行的结售汇等。用于投机活动的外汇买卖，是受到严格限制的，甚至称其为非法行为而被禁止。

⑤ 对每笔外汇交易的金额有一定的限制。一般只批准一个额度，或者规定一个最高限额，超过限额，将遭到拒绝或受到处罚。

（2）与官方外汇市场相对应的自由外汇市场，是指汇率由外汇市场供求自由决定的外汇市场。相对于官方外汇市场而言，在自由外汇市场条件下，参加者、交易对象、交易额度、交易价格（汇率）及交易目的等，都没有限制，交易可以完全或最大限度地由市场或供求双方决定。一般来讲，所有银行和金融机构都可以在外汇市场上从事外汇交易，汇率可以在较大幅度内上下波动，只有在有害于国际经济等情况出现时，各国中央银行或货币当局才会联合进行干预，直接进入市场吞吐某种或某些货币。

（3）外汇黑市一般是伴随着官方市场而存在，是一种逃避外汇管制所形成的市场，它是指非法进行外汇买卖的市场。主要特点如下：①是在政府限制或法律禁止外汇交易的条件下产生的；②交易过程具有非公开性。

4. 按外汇买卖交割期的不同，外汇市场可分为外汇现货市场和外汇期货市场

同商品市场及证券市场一样，外汇市场也存在着现货市场与期货市场之分。它们是不同交易方式和出于不同目的所形成的两类市场，同时也是两种最主要的外汇交易形式。现货市场一般是指外汇交易协议达成后，必须在数日内交割清算的市场。也就是说，在现货市场上进行交易，交易达成的日期与正式交割清算日期尽管不是统一的，但也是非常接近的。正因为交易与交割之间时差非常短，汇率的波动性不会很大，所以在现货市场上进行的外汇交易，其汇率风险较小，尽管不是不存在。

期货市场则是指外汇交易的双方购买或销售一种标准的外汇买卖契约，交易现在完成，在未来某一规定的日期进行交割，交割时是按交易时的汇率，而不是交割时的汇率。外汇期货市场在某种程度上是浮动汇率制下交易双方规避汇率变动风险，进行套期保值所形成的。

7.3 外汇市场的构成要素

7.3.1 外汇市场工具

在外汇市场上每天发生着形形色色的外汇业务，这些外汇业务满足了不同交易主体的需求，并因此衍生出多种多样的外汇交易工具。通过各类交易方式，外汇市场发挥着调节外汇供求的作用。外汇市场上的交易工具按照不同的标准有不同的分类。这里要介绍即期外汇交易、远期外汇交易、外汇掉期交易、套汇交易和外汇套利交易，外汇市场的衍生交易品种及其交易工具在第 8 章讨论。

1. 即期外汇交易

即期外汇交易简称即期交易，也称现汇交易，是指在成交日后两个银行营业日内，完成外汇交割行为的外汇交易。即期外汇交易是外汇市场上常见的一种业务，其业务量居各类外汇交易之首。

即期外汇交易的交割以有关交易货币的银行存款的增减或划拨为标志，交割日就是有效的起息日。由于国际外汇市场上的交易遵循“价值抵偿原则”，即一项外汇合同的双方都必须在同一时间交割，以免任何一方因交割时间的差异而蒙受损失，因此，营业日一般是指实际交割的双方国家的银行都营业的日期，如果有一方国家的银行节假日休息，则交割日顺延，直到两国银行都营业时为止。

2. 远期外汇交易

远期外汇交易简称远期交易（Forward Exchange Transaction），又称期汇交易，是指在从成交日后第 3 个银行营业日起算的未来的某个营业日完成货币交割的外汇交易。也就是说，外汇交易的双方事先订立交易合同，但并不立即进行货币交割，而是约定在未来的某个日期，再按照双方事先商定好的币种、汇率和金额进行交割。例如，一笔外汇买卖交易日是 2013 年 7 月 7 日，那么标准即期交易的起息日为 7 月 9 日，而起息日在 7 月 9 日以后的交易都称为远期外汇交易。

远期外汇交易的交割期限通常按月计算，一般为 1 个月、2 个月、3 个月、6 个月及 1 年期，最常见的为 3 个月，1 年期及 1 年期以上的比较少。

远期外汇交易的交割日是根据即期外汇交割日期，远期外汇约定的交割日和月数来确定的。对于 1 个月、2 个月或 3 个月等标准外汇远期交易的起息日，应首先找出即期交易的起息日，然后再加上标准远期交易的期限来确定。例如，交易日是 7 月 7 日，那么，即期交易的起息日是 7 月 9 日，1 个月的远期交易的起息日就是 8 月 9 日，2 个月的远期交易的起息日就是 9 月 9 日，其余以此类推。

3. 外汇掉期交易

外汇掉期交易（Foreign Exchange Swap）又称外汇调期交易，是指交易者在买入（或卖出）某种货币的同时，又卖出（或买入）数量相等、交割期限不同的该种货币。例如，某公司按USD1=SFR1.3250的即期汇率卖出100万美元，买进132.5万瑞士法郎，与此同时，又在远期外汇市场上按USD1=CHF1.3110的汇价买进3个月期的100万美元，这便是掉期交易。

掉期交易实际上是买卖方向相反的两笔外汇交易的组合，在掉期交易中，一种货币在被买入的同时又被卖出，或者相反，一种货币在被卖出的同时又被买入。在这一过程中，买卖的数额是不变的，而期限是变化的。因此，掉期交易改变的不是交易者持有的外汇数额，而是交易者所持货币的期限。

掉期交易可以分成即期对即期的掉期交易，即期对远期的掉期交易，远期对远期的掉期交易。在未做特别说明的情况下，掉期交易通常指的是“即期对远期”的掉期交易。

即期对即期的掉期交易是对两笔即期交易组合运用的交易，是指交易者在买进（或卖出）一笔即期交易的同时，又卖出（或买进）数量相等、交割期限不同的该种货币的另一笔即期交易。这种掉期交易主要用于银行同业的短期资金拆借。由于外汇即期交易的交割日存在着当日交割、翌日交割和隔日交割三种选择，因此，即期对即期的掉期交易具体又可分为当日对次日、翌日对隔日、即期掉次日三种类型。当日对次日的掉期交易，即一笔即期交易在成交日交割，而另一笔即期交易则在成交后的第二个营业日交割。翌日对隔日的掉期交易，就是一笔即期交易在成交后的第一个营业日交割，而另一笔即期交易在成交后的第二个营业日交割。即期掉次日掉期的第一个到期日在即期外汇买卖起息日（即后天），第二个到期日是将来某一天。

即期对远期的掉期交易是对一笔即期交易与另一笔远期交易组合运用的交易，是指交易者在买进（或卖出）一笔即期交易的同时，又卖出（或买进）数量相等、交割期限不同的该种货币的另一笔远期交易。在即期对远期的掉期交易中，远期交易的交割期限大都为1星期、1个月、2个月、3个月、6个月。

远期对远期的掉期交易是对一笔远期交易与另一笔远期交易组合运用的交易，是指交易者在买进（或卖出）一笔远期交易的同时，又卖出（或买进）数量相等、交割期限不同的该种货币的另一笔远期交易。由于这一形式可以使银行及时利用较为有利的汇率机会，并在汇率中获利，因而受到越来越多的重视和使用。

4. 套汇交易

套汇交易是指那些以对汇率差异及变动的预测为基础，以汇率差收益为目的、以贱买贵卖为操作规则所进行的外汇组合交易。套汇交易主要包括时间套汇和地点套汇两种方式。

1）时间套汇

时间套汇是指那些以对汇率在现在与未来之间的时间差异的预测判断为基础、以获取汇率差收益为目的、以贱买贵卖为操作规则所进行的外汇组合交易。

交易者如果预测判断未来汇率会向上变动，就应当采取先买后卖的操作来进行时间套汇。反之，就应当采取先卖后买的操作来进行时间套汇。如果汇率未来的实际变动方向与投机者对汇率未来变动的预测方向相反，那么投机者必将会遭受损失。

通常情况下，外汇交易者可以利用即期交易进行时间套汇，也可以利用远期交易、外币期货交易、外币期权交易进行时间套汇。

2）地点套汇

地点套汇是指以对汇率在同一时间、不同地点上的差异的预测判断为基础、以获取汇率差收益为目的、以贱买贵卖为操作规则所进行的外汇组合交易。

地点套汇的基本前提条件是货币自由兑换、资本自由流动、存在汇差。

由于电讯市场的发达、信息传递的迅速、资金调拨的畅通，世界各地外汇市场有着密切的联系，各个外汇市场的汇率通常是十分接近的，但有时在不同的外汇市场上偶尔也会出现比较短暂的汇率大幅波动，从而引起短暂的套汇活动。因此，一方面，地点套汇的投机交易可以使不同外汇市场的汇率趋于一致；另一方面，地点套汇要求交易者具有很强的对套汇机会的灵敏判断和迅速捕捉能力，也导致了地点套汇的投机交易多是利用即期交易来操作。

根据套汇活动涉及的地点数目的不同，地点套汇还可细分为直接套汇（Direct Arbitrage）（两地之间的套汇）和间接套汇（Indirect Arbitrage）（三地或三地以上地点之间的套汇）。直接套汇俗称为“两角套汇”，间接套汇俗称为“三角套汇”或“多角套汇”。

5. 外汇套利交易

套利交易（Interest Arbitrage Transaction）是指套利者基于利率平价理论（Interest Rate Parity Theory），利用不同国家或地区短期利率的差异，将资金从利率较低的国家或地区转移到利率较高的国家或地区，从中获取利息差额收益的一种外汇交易。按照套利者在套利时是否做反方向的交易轧平头寸，套利交易可以分为非抵补套利（Uncovered Interest Arbitrage）和抵补套利（Covered Interest Arbitrage）两种交易方式。

1）非抵补套利交易

非抵补套利又称非抛补套利，是指在货币自由兑换、资本自由流动且两国货币的存款利率存在利率差的条件下，通过对两笔外汇即期交易的组合运用来进行的外汇套利投机交易。

2）抵补套利

抵补套利又称挖补套利，是指在货币自由兑换、资本自由流动且两国货币的存款利率差足够大的条件下，通过对一笔外汇即期交易和一笔外汇远期交易的组合运用来进行的外汇套利投机交易。

7.3.2 外汇市场的参与者

外汇市场的参与者，主要包括外汇银行、外汇银行的客户、央行与监管机构、外汇经纪商、外汇交易商和外汇投机者。

1. 外汇银行

外汇银行又叫外汇指定银行，是指根据外汇管理法规，由央行指定可以经营外汇业务的商业银行及其他金融机构。外汇银行大致可以分为三类：专营或兼营外汇业务的本国商业银行，在本国的外国商业银行分行及本国与外国的合资银行，经营外汇业务的其他金融机构。我国的外汇银行包括四大国有商业银行和交通银行等全国性的股份制商业银行，以及具有外汇经营资格的外资银行在华分支机构。多数地方商业银行和信用社还不具备外汇银行的资格。

2. 外汇银行的客户

在外汇市场中，凡与外汇银行有外汇交易关系的公司和个人，都是外汇银行的供给者、需求者，在外汇市场上占有重要的地位。其中有为进行国际贸易、国际投资等经济交易而买卖外汇者，也有零星的外汇供求者，如国际旅游者、留学生等。我国外汇银行的顾客主要是有外汇需要的各类企业，它们由于生产经营和国际贸易的需要而产生了外汇的需求和供给。随着中国国门的开放和人们收入的普遍提高，个人在外汇交易中的地位也开始变得越来越重要。

3. 央行与监管机构

外汇市场上另一个重要的参与者是各国的央行。这是因为各国的央行都持有相当数量的外汇余额，以作为其国际储备的重要构成部分，并承担着维持本国货币金融市场的职责。随着我国外汇储备的逐步增加，央行在中国外汇市场中发挥的作用日益重要，大量的外汇储备成为央行干预外汇市场的重要保证。另外，由于外汇市场的重要性，各国一般由专门监管机构来规范外汇市场的发展。我国外汇市场的监管机构为国家外汇管理局。

4. 外汇经纪商

外汇经纪商是指介于外汇银行之间，或外汇银行和其他外汇市场参与者之间，来进行联系、接洽外汇买卖、从中赚取佣金的经纪公司或个人。目前，在中国外汇市场上随着市场的不断发展，外汇经纪商的作用将会逐步扩大。

5. 外汇交易商

外汇交易商是专门经营外汇交易的商号，其业务大多是由信托公司或银行兼营。它的经营方式主要有先买后卖、先抛后补、同时买入和卖出。其交易大部分是通过外汇经纪商接洽，有的直接向银行买卖。

6. 外汇投机者

外汇投机者是指预计国际市场外汇汇率的波动趋势，用买空、卖空或买卖远期外汇的方式进行外汇交易，从中获利的机构或个人。当投机者预计某一种货币的汇价将要上升，就预先买入，待上升后卖出，或买入远期外汇，到期后再卖出。若某一种货币将要下降，就预先卖出，待下降后再补进，或卖出远期外汇。外汇投机者既可以是外汇供给者，也可以是外汇需求者。

上述市场参与者之间的交易，形成了外汇市场交易的三个层次。最底层的是外汇银行与公司、机构及个人的交易，构成了外汇交易的零售市场；中间层是外汇银行与外汇银行之间的交易，在这一层面的交易中，外汇经纪人为提高交易效率发挥了重要的作用；最顶层是央行与银行之间的交易。中间层和最顶层构成了外汇批发市场。

7.4 外汇市场的交易

7.4.1 即期外汇交易

1. 即期外汇交易的基本原理

1）交易惯例

即期外汇交易的汇率是即期汇率，也称现汇汇率。即期外汇交易通常采用以美元为中心的报价方法，即以某种货币对美元的买进或卖出的形式进行报价。除了原英联邦国家的货币（如英镑、爱尔兰镑、澳大利亚元和新西兰元等）采用间接报价法（即以 1 单位该货币等值美元标价），其他交易货币均采用直接报价法（即以单位美元等值该货币标价，并同时报出买入价和卖出价）。买入价是指报价行愿意以此价买入标的货币的汇价，卖出价是报价行愿意以此价卖出标的货币的汇价，买入价与卖出价之间的价格差称为价差。按照即期外汇市场的报价惯例，通常用五位数字来表示买卖价。

例如，2018 年 3 月 11 日的汇价为：

USD 1 = CNY 6.6550 － 6.7380
(买入价) (卖出价)

USD 1 = JPY 112.61 － 112.93
(买入价) (卖出价)

报价的最小单位（市场称基本点）是标价货币的最小价值单位的 1%。1 个基本点为 0.0001，因此，如果美元兑人民币从 6.6550～6.7380 上升到 6.6650～6.7480，市场称该汇率上升了 100 个基本点或简称 100 个点。

通常，各银行的交易员在报价时只取最末两位数，因为前面几位数只有在外汇市场发生剧烈动荡时才会变化，一般情况下，频繁变动的只是最末两位数，如汇率为 138.75～138.85 时，他就报 75/85。

2）交易程序

即期外汇交易的程序通常包括以下内容。

(1) 自报家门：询价者必须首先说明自己的单位名称，以便让报价者知道交易对方是谁，并决定交易对策。

（2）询价：询价内容一般包括交易货币、起息日和交易金额。

（3）报价：一般只报汇率的最后两位数，并同时报出买入价和卖出价。

（4）成交：询价银行首先表示买或卖的金额，然后由报价银行承诺。

（5）证实：交易双方互相证实买或卖的汇率、金额、交割日期及资金结算。

2. 交叉汇率的计算

在国际外汇市场上，各种货币的汇率普遍以美元标价，即与美元直接挂钩，非美元货币之间的买卖必须通过美元汇率进行套算。通过套算得出的汇率叫交叉汇率。交叉汇率的套算遵循以下几条规则。

（1）如果两种货币的即期汇率都以美元作为单位货币，那么计算这两种货币比价的方法是交叉相除。

例如，假如目前外汇市场上的汇率为：

USD 1 = CNY 6.6550−6.7380

USD 1 = JPY 112.61−112.93

这时，单位人民币兑换日元的汇价为：

$$\mathrm{CNY1} = \mathrm{JPY}\frac{112.61}{6.7380} \sim \frac{112.93}{6.6550} = \mathrm{JPY}16.7127 \sim 16.9692$$

即银行买入 1 元人民币，支付给客户 16.7127 日元，银行卖出 1 元人民币，向客户收取 16.9692 日元。之所以这样计算，是因为如前所述，两种货币都以美元为中心报价，这样要计算人民币对日元的汇价，首先必须将人民币换成美元，然后再将美元换成日元。

（2）如果两个即期汇率都以美元作为计价货币，那么汇率的套算也是交叉相除。

例如，假如目前市场汇率为：

GBP 1 = USD 1.6125−1.6135

AUD 1 = USD 0.7120−0.7130

则 1 单位英镑换取澳大利亚元的汇价为：

$$\mathrm{GBP1} = \mathrm{AUD}\frac{1.6125}{0.7130} \sim \frac{1.6135}{0.7120} = \mathrm{AUD}2.2616 \sim 2.2662$$

即银行英镑对澳大利亚元的买入价为 2.2616 澳大利亚元，卖出价为 2.2662 澳大利亚元。

（3）如果一种货币的即期汇率以美元作为计价货币，另一种货币的即期汇率以美元为单位货币，那么此两种货币间的汇率套算应为同边相乘。

例如，假设市场汇率为：

USD 1 = CNY 6.6550−6.7380

GBP 1 = USD 1.6125−1.6135

则英镑对人民币的汇价为：

$$\mathrm{GBP1} = \mathrm{CNY}6.6550 \times 1.6125 \sim 6.7380 \times 1.6135 = \mathrm{CNY}10.7312 \sim 10.8718$$

即银行英镑对人民币的买入价为 10.7312 元，卖出价为 10.8718 元。

7.4.2 远期外汇交易

1. 远期汇率的标价方法与计算

远期交易的汇率也称远期汇率（Forward Rate），其标价方法有两种。一种是直接标出远期汇率的实际价格，另一种是间接标价法，即报出远期汇率与即期汇率的差价，即远期差价（Forward Margin），也称远期汇水。升水（Premium）是远期汇率高于即期汇率时的差额，贴水（Discount）是远期汇率低于即期汇率时的差额。就两种货币而言，一种货币的升水必然是另一种货币的贴水。

在不同的汇率标价方式下，远期汇率的计算方法不同。

直接标价法下，远期汇率=即期汇率+升水，或远期汇率=即期汇率-贴水。

间接标价法下，远期汇率=即期汇率-升水，或远期汇率=即期汇率+贴水。

如果标价中将买卖价格全部列出，并且远期汇水也有两个数值时，面对这些情况，只要掌握下述规则即可求出正确的远期外汇买卖价格。

（1）若远期汇水前大后小时，表示单位货币的远期汇率贴水。例如，市场即期汇率为 USD 1 = CNY 6.6550-6.7380，1 个月远期汇水 30/25，则 1 个月的远期汇率为:

$$\text{USD1} = \text{CNY}(6.6550 - 0.0030) \sim (6.7380 - 0.0025) = \text{CNY}6.6520 \sim 6.7355$$

（2）若远期汇水前小后大时，表示单位货币的远期汇率升水。例如，市场即期汇率为 GBP1=USD 1.6040～1.6050，3 个月远期汇水为 64/80，则 3 个月的远期汇率为：

$$\text{GBP1} = \text{USD}(1.6040 + 0.0064) \sim (1.6050 + 0.0080) = \text{USD}1.6104 \sim 1.6130$$

2. 远期外汇的交易方式

（1）固定交割日的远期交易（Fixed Maturity Date Forward Transaction），即交易双方约定在未来某个确定的日期办理货币收付的远期外汇交易。这是在实际中较常用的远期外汇交易方式，但它缺乏灵活性和机动性。

因为在现实中外汇买卖者（如进出口商）往往事先并不知道外汇收入和支出的准确时间，因此，他们往往希望与银行约定在未来的一段期限中的某一天办理货币收付，这时就需采用择期交易方式，即选择交割日的远期交易。

（2）选择交割日的远期交易（Optional Maturity Date Forward Transaction），指主动请求交易的一方可在成交日的第三天起至约定的期限内的任何一个营业日，要求交易的另一方按照双方事先约定的远期汇率办理货币收付的远期外汇交易。

确定择期交割日的方法有两种。一种是事先把交割期限固定在两个具体日期之间。例如，某一出口商在 2003 年 5 月 25 日成交一笔出口交易，预期 3 个月内收到货款。这样，该出口商马上在外汇市场上卖出一笔 3 个月的远期外汇，并约定择期日期为 5 月 29 日～8 月 29 日。这样，该出口商便可在这段时间内的任何一天，随时将收到的外汇卖给银行。另一种是事先把交割期限固定在不同月份之间。如上例中，出口商可视其需要，将交割期限规定为第一个月、第二个月、第三个月，或 3 个月中的任意两个月，或择期 3 个月。

由于择期交易在交割日上对顾客较为有利，因此，银行在择期交易中使用的是对顾客较不利的汇率，也就是说，银行将选择从择期开始到结束期间最不利于顾客的汇率作为择期远期交易的汇率。

【例 7-1】假设某家美国银行的报价如下:

即期 GBP1=USD 1.5500 ~ 1.5550

1 月期 GBP1=USD 1.5600 ~ 1.5650

2 月期 GBP1=USD1.5700 ~ 1.5750

3 月期 GBP1=USD1.5800 ~ 1.5850

如果择期从第一个月开始，到第三个月结束，对向该行出售外汇的顾客适用的汇率是 GBP 1= USD 1.5500，对从该行购买外汇的顾客适用的汇率是 GBP1=USD 1.5850。如果择期在第二、第三月两个月，则对出售外汇的顾客和购买外汇的顾客适用的汇率分别为 GBP1=USD 1.5700 和 GBP 1 =USD 1.5850。由此可见，对于购买者来说，适用的汇率在两种情况下都一样，而对出售外汇者来说，适用的汇率则有所差别。

7.4.3 掉期外汇交易

1. 掉期外汇交易的类型

1）即期对远期

即期对远期的掉期外汇交易指买进（卖出）一笔现汇的同时，卖出（买进）一笔相同货币的期汇。这是最常见的掉期交易方式。例如，某公司从国外借入一笔瑞士法郎，想把它转为美元使用。为防止还款时瑞士法郎升值遭受损失，该公司做了一笔掉期交易：卖出即期瑞士法郎，买进即期美元，同时买入远期瑞士法郎，卖出远期美元。

2）即期对即期（一日掉期）

即期对即期的掉期外汇交易指两笔金额相同、方向相反、交割日相差一天的外汇交易。用于银行间的隔夜资金拆借，调整短期头寸和资金缺口。

3）远期对远期

远期对远期的掉期外汇交易指在买进（卖出）较短交割期限的远期外汇的同时，卖出（买进）同等金额的较长交割期限的该种远期外汇。例如，某银行在买进 1 月期 100 万美元的同时，卖出 3 月期 100 万美元。

2. 掉期外汇交易的运用

掉期外汇交易可以改变外汇币种，满足客户对不同货币资金的需求。例如，某企业需要日元，但银行贷给企业的却是美元。企业可做掉期交易，卖出即期美元、买入即期日元，满足了企业的资金需要，同时为了防范美元升值付出更多日元的风险，企业同时买入远期美元、卖出远期日元。

外汇掉期交易还可以帮助进出口企业锁定成本和收益。

【例 7-2】某港商 3 个月后有一笔 100 万美元的应收款，6 个月后有一笔 100 万美元的应付款。在外汇市场上，USD/HKD 的即期汇率为 7.7275/85，3 个月期美元汇率为 7.7250/60，6 个月期美元汇率为 7.7225/35。

港商可利用远期对远期掉期交易保值。做法是港商卖出 100 万 3 个月期美元、买入港币，汇率为 7.7250，同时买进 100 万 6 个月期美元、卖出港币，汇率为 7.7235。

港商利用远期对远期掉期交易，不仅固定了以本币表示的收支，还可获得 1500 港元的收益。

7.4.4 套汇交易

1. 时间套汇

外汇交易者可以利用即期交易进行时间套汇，也可以利用远期交易、外币期货交易、外币期权交易进行时间套汇。下面主要介绍利用即期和远期的时间套汇。

1）利用即期交易进行的时间套汇

当投机者预期未来某一时点的现汇汇率与目前的现汇汇率不一致的时候，便可利用两笔即期交易的组合来进行时间套汇。如果投机者判断未来某种外币的汇率将会上升，便可动用其拥有的投机本金（或借入本金）进行一次即期交易，买入该种外币并持有，等到未来该种外币的汇率上升到预期高度时，再进行一次即期交易，将所持有的该种外币如数卖出。这样，通过贱买贵卖的两笔即期交易，投机者便可获取买、卖汇差的收益。反之，如果投机者判断未来某种外币的汇率将会下跌，便可动用其拥有的投机本金（或借入本金）进行一次即期交易，卖出该种外币，等到未来该种外币的汇率下跌到预期高度时，再进行一次即期交易，将原先卖出的该种外币如数买回来。这样，通过贵卖贱买的两笔即期交易，投资者便可获取买、卖汇差的收益。当然，如果对汇率变动方向预测错误，投机者将遭受损失。

利用即期交易进行投机操作的局限主要在于投机者将会面临资本占用的问题，并且与其他投机交易相比，在资本规模、预期准确等相同的条件下，其投机回报率的时间效率较低。

2）利用远期交易进行时间套汇

当投机者预期未来某一时点的现汇汇率与目前的远期汇率不一致的时候，便可利用远期交易与即期交易的组合来进行时间套汇，具体操作流程见表 7-1。

表 7-1　利用远期交易进行时间套汇操作流程示意表

过　程		多　头	空　头
预期判断		判断未来某一时点的现汇汇率（买入价）会高于目前银行挂牌汇率（卖出价）	判断未来某一时点的现汇汇率（卖出价）会低于目前银行挂牌汇率（买入价）
操作	现在	步骤一：按银行挂牌远期汇率（卖出价）买入相应数量的远期外汇	步骤一：按银行挂牌远期汇率（买入价）卖出相应数量的远期外汇
	远期合约到期日	步骤二：按照原定的挂牌远期汇率（卖出）交割远期合约，买入相应数量的现汇标的外汇	步骤二：即期交易，按照市场现汇汇率（卖出价）买入交割远期合约所需要的现汇标的外汇
		步骤三：即期交易，按照市场现汇汇率（买入价）把刚刚通过远期交易买入的现汇标的外汇如数卖出	步骤三：按照原定的银行挂牌远期汇率（买入价）交割远期合约，把刚刚通过即期交易买入的现汇标的外汇如数卖出
时间套汇结果		盈利=（远期交易卖出价—即期交易买入价）×成交总额	盈利=（即期交易卖出价—远期交易买入价）×成交总额

【例 7-3】某日东京外汇市场上，美元与日元的即期汇率为 USD1=JPY99.50/70，某投机者预期 3 个月后美元上涨，于是该投机者便向银行购进价值 10 万美元的 3 个月远期合约，约定远期汇率 USD1=JPY98.2。假定 3 个月后美元的即期汇率上升至 USD1=JPY105.70/90，那么该投机者就按约定的远期汇率以 982 万日元交割购进的 10 万美元，并将这笔美元如数卖出，从而换取 1057 万日元。这样，他就获得了 75 万日元的净利润。

【例 7-4】某日纽约外汇市场上，英镑对美元的即期汇率为 GBP1=USD1.6300/20，某投机者预期 3 个月后英镑对美元将有较大幅度的贬值，于是该投机者便向银行卖出 100 万英镑的 3 个月期汇，并约定远期汇率为 GBP1=USD1.6900。如果到期日英镑即期汇率跌至 GBP1=USD1.6620/30，此时他买进 100 万英镑现汇需支付 166.3 万美元，而用买进的英镑支付期汇合同又收入 169 万美元，这样，他轻而易举地赚取了 2.7 万美元的投机利润。

与利用即期交易进行时间套汇相比，利用远期交易进行时间套汇的好处主要在于，投机者资本占用的时间极短，其获取投机回报的时间效率较高。

2．地点套汇

1）直接套汇

直接套汇是最简单的套汇方式，是利用两地之间存在的汇率差异，在汇率低的地点买入，在汇率高的地点卖出，以赚取汇率差额的外汇投机交易。具体步骤如下：①判断两地之间是否存在汇率差异；②判断两地之间的汇差是否足够大，计算电传、佣金等套汇费用，如果套汇利润大于套汇费用，就可套汇，否则，应放弃套汇；③按照低买高卖的规则迅速完成套汇交易。

【例 7-5】 某日伦敦外汇市场上，英镑对美元的汇率为 GBP1=USD1.6785/95，同时纽约外汇市场上，英镑对美元的汇率为 GBP1=USD1.6735/45。这时，由于两地英镑对美元的汇价不一致，从而产生了套汇的机会。套汇者可以在伦敦外汇市场以 GBP1=USD1.6785 的价格卖出 100 万英镑，买进 167.85 万美元，同时在纽约外汇市场卖出 167.45 万美元，买进 100 万英镑。这样通过这两笔交易，该套汇者就获得了 4000 美元（1 678 500−1 674 500）的收益。因此，如果该笔交易的套汇费用（如电传、佣金费）小于 4000 美元，则套汇是可行的，否则，应当放弃套汇。

2）间接套汇

间接套汇，是利用三个或多个不同地点的外汇市场中的三种或多种不同货币之间交叉汇率的差价，同时在这三个或多个外汇市场上进行贱买贵卖，以赚取汇率差额的外汇投机交易。具体计算步骤如下：①统一标价法（直接标价法或间接标价法）；②判断是否存在套汇机会；③确定套汇路线及计算套汇利润。

【例 7-6】 在同一时刻，三个外汇市场的汇率分别为：

纽约外汇市场 USD/HKD=7.8560/95

伦敦外汇市场 GBP/USD=1.7240/85

香港外汇市场 GBP/HKD=14.5630/70

假设某套汇者，初始套汇资金为 100 万港元，请指出该套汇者的套汇路线及套汇利润。

先统一各外汇市场的标价法，在本例中我们全部换算成间接标价法：

纽约外汇市场 USD/HKD=7.8560/95

伦敦外汇市场 GBP/USD=1.7240/85

香港外汇市场 HKD/GBP=0.0686/87

在同一标价法下，汇率乘积不等于 1 就意味着存在套汇机会，因此将三地市场的汇率相乘得 0.929，小于 1，所以三地存在套汇的机会。

最后确定其套汇路线和套汇利润，其原则为若乘积大于 1，则按乘的顺序；若小于 1，则按除的顺序。即乘积大于 1，卖基准货币，买入标价货币；乘积小于 1，则卖标价货币，买基准货币；如果等于 1，不进行交易。在本例中，纽约外汇市场的基准货币为美元，标价货币为港元，因此套汇路线为纽约——伦敦——香港。

先在纽约市场卖出 100 万港元换美元，1 000 000 ÷ 7.8595 =127 234.56（美元）。

再在伦敦市场卖出换得的美元换英镑，127 234.56 ÷ 1.7285 = 73 609.81（英镑）。

最后在香港市场卖出换得的英镑换港元，73 609.81÷0.0687＝1 071 467.4（港元）。

所以，其套汇利润为 71 467.4 港元。

7.4.5 套利交易

1．非抵补套利交易

非抵补套利交易由以下三个步骤组合完成：①进行一笔用低利率币种的货币买入高利率币种的货币的即期交易；②以买入的高利率币种的货币为本金，投放于高利率币种货币市场；③于高利率币种货币市场的投资期满时，再进行第二笔即期交易，卖出投资到期获得的高利率币种货币的本利和，得到低利率币种的货币。

由于投机者在两笔即期交易中均处于"价格接受者"的地位，因此，在第一笔即期交易中，投机者所适用的结算汇率是交易市场上高利率币种的即期汇率的银行卖出价；在第二笔即期交易中，投机者所适用的结算汇率则是未来交易市场上新的高利率币种的即期汇率的银行买入价。这两笔即期交易结算汇率相互关系的不确定性，会导致套利交易最终结果的不确定性。

如果这两笔即期交易的结算汇率相等，套利投机者将可以完全获取利差收益。

如果第二笔即期交易的结算汇率小于第一笔即期交易的结算汇率，套利者在获得利差收益的同时将会遭受汇差损失，利差收益与汇差损失的相互关系又将决定套利投机者套利的最终结果。或有正收益，即利差收益大于汇差损失；或是零收益，即利差收益等于汇差损失；或有负收益，即利差收益小于汇差损失。

如果第二笔即期交易的结算汇率大于第一笔即期交易的结算汇率，套利交易者将会获取利差收益与汇差收益的双重收益。

【例 7-7】某一时期，美国金融市场上短期利率的年息为 12%，英国金融市场上短期利率的年息为 8%。如果套利者持有 100 万英镑，便可进行不超过 1 年期的某种短期套利交易。

例如，套利者用持有的 100 万英镑购买美元现汇，再把购入的美元现汇存入美国银行，作年息为 12%的 3 个月的短期投资，3 个月的投资期满后，再把投资得到的美元本利和卖出。在两笔即期交易的结算汇率相等的情况下，该投机者就可获取利差收益 10 000 英镑，即 1 000 000×(12%-8%)×3/12=10 000（英镑）。

如果套利者手中并不持有英镑，只要贷款利率合适，也可以通过借入低利率货币英镑的方式进行相应的套利投机交易。

2．抵补套利交易

抵补套利交易由以下三个步骤组合完成：①进行一笔用低利率币种的货币买入高利率币种的货币的即期交易；②以买入的高利率币种的货币为本金，投放于高利率币种货币市场；③进行一笔远期交易，提前卖出未来投资到期获得的高利率币种货币的本利和。

由于投机者在两笔交易中均处于"价格接受者"的地位，因此，在即期交易中，投机者所适用的结算汇率是交易市场上高利率币种的即期汇率的银行卖出价，在远期交易中，投机者所适用的结算汇率则是交易市场上高利率币种的远期汇率的银行买入价。由于利率平价规律的作用，高利率币种的远期汇率会以贴水的形式出现，这就使进行抵补套利交易时，套利者的远期交易的结算汇率小于即期交易的结算汇率，从而套利者在获得利差收益的同时必将会遭受汇差损失。由于其利差收益与汇差损失的相互关系将会决定套利投机者套利的最终结果。或有正收益，即利差收益大于汇差损失；或是零收益，即利差收益等于汇差损失；或有负收益，即利差收益小于汇差损失。因此，有了成本率（即汇差损失率）的测算。

由于抵补交易与掉期交易非常相似，类似于即期对远期的掉期交易，故抵补套利的汇差损失率又叫做“掉期成本率”。只有在利率的差幅（即利差收益）大于掉期成本率（即汇差损失率）的情况下，从事抵补套利的活动才有可能稳赚不赔。因此，利率差大于实际抵补套利交易的掉期成本率，便成为进行抵补套利交易所要求的“利率差足够大”的前提条件。

抵补套利交易掉期成本率的计算公式为：

$$\text{掉期成本率}=[（\text{卖出价}-\text{买入价}）\div\text{买入价}]\times100\%\times\text{期限}$$

【例 7-8】瑞士法郎 3 个月定期存款年利率为 4%，美元定期存款年利率为 7.5%。苏黎世外汇市场美元即期汇率为 USD1=CHF1.5800/10，3 个月期汇率为 USD1=CHF1.5733/60，则两者之间的利差（年率）=7.5%−4%=3.5%。

在本例中，美元为基准（单位）货币，瑞士法郎为折算（报价）货币，相对于美元货币而言，投机者是即期买入美元，远期卖出美元；并且，投机者作为给定市场汇价的受价方，在即期交易中买入美元适用的即期汇率为 USD1=CHF1.5810（定价方的美元卖出价），在远期交易中卖出美元适用的远期汇率为 USD1=CHF1.5733（定价方的美元买入价）。那么，投机者的掉期成本率为：

投机者的掉期成本率 $=[(1.5733-1.5810)\div1.5810]\times100\%\times\dfrac{12}{3}=1.95\%$，因为掉期成本率小于两地之间的利差 3.5%，所以利差足够大，可以做抵补套利交易。

如果套利者以 158.1 万瑞士法郎为套利投机交易本金，进行为期 3 个月的抵补套利交易，3 个月后可实现投机毛收益 5989.38 瑞士法郎，即

$$[(1\,581\,000\div1.5810)\times(1+7.5\%\times3/12)]\times1.5733-1\,581\,000\times(1+4\%\times3/12)=5989.38\text{（瑞士法郎）}$$

本章小结

广义的外汇是指一切用外币表示的资产，狭义的外汇是指以外币表示的可用于进行国际间结算的支付手段，包括以外币表示的银行汇票、支票、银行存款等。外汇具有三个特点：外币性、可偿性、可兑换性。

汇率是两种不同货币之间的折算比价，也就是一国货币表示的另外一国货币的价格，其表达方式有两种：直接标价法和间接标价法。

外汇市场是由各国中央银行、外汇银行、外汇经纪人和客户组成的买卖外汇的交易系统。其特点是 24 小时交易、成交量巨大、有市无场、零和游戏、交易成本低、双向交易、成交方便、政府干预低。全球主要的外汇市场有伦敦、纽约、巴黎、法兰克福、苏黎世、东京等。

外汇市场的交易包括即期外汇交易、远期外汇交易、外汇掉期交易、套汇交易、外汇套利交易等。

即期外汇交易通常采用以美元为中心的报价方法，即以某种货币对美元的买进或卖出的形式进行报价。在国际外汇市场上，各种货币的汇率普遍以美元标价，即与美元直接挂钩，非美元货

币之间的买卖必须通过美元汇率进行套算。通过套算得出的汇率叫交叉汇率。交叉汇率的套算遵循以下几条规则：如果两种货币的即期汇率都以美元作为单位货币，那么计算这两种货币比价的方法是交叉相除；如果两个即期汇率都以美元作为计价货币，那么汇率的套算也是交叉相除；如果一种货币的即期汇率以美元作为计价货币，另一种货币的即期汇率以美元为单位货币，那么，此两种货币间的汇率套算应为同边相乘。

远期外汇交易是买卖双方约定在未来某一日起进行交易的方式。

外汇掉期交易可以改变外汇币种，满足客户对不同货币资金的需求。外汇掉期交易还可以帮助进出口企业锁定成本和收益。

外汇套利交易可以利用外汇在不同时期、不同地点的差异进行无风险的时间套汇、地点套汇。套利交易包括非抵补套利交易、抵补套利交易两种方式。

本章习题

一、选择题。

1．在纽约外汇市场上，下面汇率属于直接标价法的有（　　）。

A．USD1=RMB6.805　　B．EUR1=USD1.1241

C．USD1=JPY115.15　　D．GBP1=USD1.2673

2．地点套汇的基本条件有（　　）。

A．资本自由流动　　B．货币自由兑换　　C．存在汇差　　D．汇率自由浮动

3．掉期交易的类型有（　　）。

A．即期对即期　　B．即期对远期　　C．远期对远期　　D．现期对远期

二、计算题。

1．某日某银行汇率报价如下：USD1=FF5.4530/50，USD1=DM1.8140/60，那么该银行的法国法郎以德国马克表示的卖出价为多少？

2.在我国外汇市场上,假设 2019 年 6 月的部分汇价如下:EUR1 =USD1.1241/51,AUD1=0.6970/90,请问欧元与澳元的价差汇率为多少?

3.某日伦敦外汇市场上汇率报价如下:即期汇率 1 英镑等于 1.6615/35 美元,3 个月远期贴水 50/80 点，试计算美元兑英镑三个月的远期汇率。

4．假定在同一时间里，英镑兑美元汇率在纽约市场上为 GBP1=USD2.2010/15，在伦敦市场上为 GBP1=USD2.2020/25，请问在这种市场行情下（不考虑套汇成本），如何套汇？100 万英镑的套汇利润为多少？

5．纽约市场上年利率为 8%，伦敦市场上年利率为 6%，即期汇率 GBP1=1.6035/45，3 个月的汇水为 30/50 点，求：

（1）3 个月的远期汇率。

（2）某投资者如果有 10 万英镑，他投放在哪个市场有利？说明投资过程及获利情况。

（3）若投资者采用掉期规避外汇风险，应如何操作？其掉期价格为多少？

第八章 金融衍生市场

学习目标

金融市场在运行过程中可能会引发金融风险，为了防范市场参与者在金融交易中面临的风险，通过金融创新派生出金融衍生市场。金融衍生市场是以股票市场、债券市场、货币市场、外汇市场为基础派生出来的金融市场子市场，主要的功能在于套期保值、防范金融风险和投机，主要有期货市场、期权市场、互换市场。

通过本章学习，学习者应了解金融衍生市场的起源和发展方向，掌握有关金融衍生市场的基本概念，熟悉掌握金融衍生市场工具的含义、特点、功能及交易规则。

引导案例

关于“327 国债”事件

“327 国债”事件的主角是 1992 年发行的三年期国库券“327”。“327 国债”应该在 1995 年 6 月到期兑付，该券发行总量为 240 亿，它的利率是 9.5%的票面利息加保值贴补率。与当时的银行利息和通货膨胀相比，“327”的回报较低。于是有市场传闻说财政部可能要提高“327”的利率，到期的时候会以 148 元的面值兑付，而非 132 元。1995 年 2 月后，“327”的价格一直在 147.80 元和 148.30 元之间徘徊，但随着对财政部是否实行保值贴补的猜测和分歧，“327 国债”价格发生大幅变动。以万国证券公司为代表的空方主力认为 1995 年 1 月起通货膨胀已见顶回落，财政部不会掏 16 个亿来补贴“327”，所以坚决做空；而中经开（中国经济开发信托投资公司，有财政部背景的公司）则依据物价翘尾，周边市场“327”品种价格普遍高于上海，以及提前了解财政部决策动向等因素，坚决做多，不断推升价位。

1995 年 2 月 23 日，一直在“327 国债”上联合做空的辽宁国发（集团）有限公司抢先得知“327”贴息消息，立即由做空改为做多，这一行为再加上原本就做多的各种机构的推波助澜，使“327”品种在一分钟内上涨 2 元，十分钟内上涨 3.77 元，期价自 148.50 飙升，最高至 151.98。做空主力万国证券公司立即陷入困境，按照其当时的持仓量和价位，一旦期货合约到期，履行交割义务，亏损高达 60 多亿元。

为维护自已利益，“327”合约空方主力在 148.50 价位封盘失败后，在交易结束前最后 8 分钟，空方主力利用上海证券交易所计算机交易系统的不完善，采用严重违规手法大量透支十几亿元保证金交易，以 700 万手、价值 1400 亿元的巨量空单，将价格打压至 147.50 元收盘，使“327”

合约暴跌 3.8 元，并使当日开仓的多头全线爆仓。

“327 国债”交易中的异常情况，震惊了证券市场。事发当日晚上，上海证券交易所召集有关各方紧急磋商，最终确认空方主力恶意违规，当即宣布：23 日最后 8 分钟所有的“327”品种期货交易无效，该部分成交不计入当日结算价、成交量和持仓量的范围。各会员之间实行协议平仓。

“327 国债”风波中，保值贴补政策和国债贴息政策对债市气贯长虹的单边涨势起了决定作用。在多空对峙时，其又受朦胧消息刺激而大幅飙升，使“政策风险”最终成为空方失败的致命因素。于是，空方不惜蓄意违规，利用交易管理的漏洞演出了最后“疯狂的一幕”。

万国证券的操作因明显违反当时的规定，被判定交易无效，后被申银证券按照规定重组。

[资料来源：《327 国债期货事件始末》，新浪网，2017 年 2 月 9 日]

8.1 金融衍生市场概述

8.1.1 金融衍生市场的起源与发展

1. 金融衍生市场的起源

20 世纪 70 年代以后西方国家相继出现了经济滞胀，这时包括货币学派在内的一些新自由主义思潮开始盛行。它们的理论核心是反对国家干预，主张通过市场机制调节经济，从而为各国放松金融管制奠定了理论基础。金融管制放松后，金融市场汇率、利率变动频繁，防范投资风险或借贷风险的金融衍生工具应运而生。

金融衍生工具在基础金融工具的基础上衍生而来。这些新的金融工具在防范投资风险或借贷风险方面有明显的作用，不少新的工具突破了传统上对金融机构在业务范围、利率方面的管制。各种金融期货、期权、货币互换等新的金融工具相继出现，为人们提供了更为广泛的资金筹措渠道，同时也降低了融资成本。

2. 金融衍生市场的发展

1972 年 5 月 16 日，美国芝加哥商品交易所（Chicago Mercantile Exchange，CME）在固定汇率制解体、国际外汇市场动荡不定的情况下，创办了国际货币市场分部，推出了英镑、加拿大元、德国马克、日元、瑞士法郎、墨西哥比索等货币期货合约，标志着第一代金融衍生工具的诞生。

1973 年 4 月，芝加哥期货交易所（Chicago Board of Trade，CBOT）正式推出股票期权。1975 年利率期货在芝加哥期货交易所向世。20 世纪 70 年代中期产生的第一代金融衍生工具，在布雷顿森林体系解体后得到发展。这一时期的金融衍生工具主要是与货币、利率有关的期货、期权交易，它们在各种不同的期权与期货市场内进行。

以 1981 年美国所罗门兄弟公司成功地为美国商用机器公司（International Business Machines，IBM）和世界银行进行的美元与德国马克和瑞士法郎之间的货币互换为标志，以名义利率互换、货币互换及商品互换为主角的第二代金融衍生工具获得了长足发展，成为世界最大的无证书金融产品市场。第二代衍生产品与第一代传统的衍生产品不同，它是金融工程的衍生产品，仍具有期货、期权交易的特点，同时又为那些不满足于期货期权交易的客户提供了大规模套期保值的手段。

金融衍生工具是20世纪国际金融市场最重要的创新和发展，是国际金融形势变化、发展的产物。随着金融衍生工具的广泛应用，成交量屡创新高，市场规模不断扩大，现代国际金融市场体系已经形成货币市场、资本市场和金融衍生工具市场三分天下的格局。

8.1.2 金融衍生工具的含义与种类

1．金融衍生工具的含义

金融衍生工具也叫衍生金融资产，是以货币、债券、股票等基本金融工具为基础而创新出来的金融工具，它以另一些金融工具的存在为前提，以这些金融工具为买卖对象，价格也由这些金融工具决定。具体而言，金融衍生工具包括远期、期货、互换或期权合约，或具有相似特征的其他金融工具。它是由基础金融工具或金融变量的未来价值衍生而来，其价格取决于基础金融工具（或金融变量）价格变动的衍生产品，是由两方或多方共同达成的金融合约及其各种组合的总称。最初的金融衍生工具交易中通常以某种商品（如大米）作为基础金融工具。今天，尽管部分金融衍生工具仍以商品作为基础金融工具，但更多是以债券、商业票据、股票指数、货币市场工具、货币等作为基础金融工具或金融变量。

2．金融衍生工具的种类

金融衍生工具的分类方法很多，按不同的分类标准，主要有以下几种。

1）按基础工具分类

（1）汇率衍生工具（Exchange Rate Derivatives）是指以各种货币作为基础金融工具的金融衍生工具，主要包括外汇期货、远期外汇合约、外汇期权、货币互换，以及上述金融衍生工具的混合交易工具。

（2）利率衍生工具（Interest Derivatives）是指以利率或债券等利率的载体为基础金融工具的金融衍生工具，主要包括短期利率期货与期权、长期利率期货与期权、利率互换、利率互换期权、远期利率协议，以及上述金融衍生工具的混合交易工具。

（3）指数衍生工具（Index Derivatives）是指以各种指数为基础金融工具的金融衍生工具，主要包括各个市场股票指数的期货与期权、商品指数及基金指数的期货与期权、房地产价格指数期货等。

（4）股权衍生工具（Equity Derivatives）是指以股票为基础金融工具的金融衍生工具，主要包括个股期货、个股期权、股票组合期货及其变种和混合工具。

（5）其他新兴金融衍生工具。随着世界经济的发展，新的经济问题不断涌现，为此，新的金融衍生工具也不断被设计出来。例如，税收衍生工具、信用风险衍生工具和通货膨胀衍生工具，甚至还有天气期货、巨灾衍生品、政治期货等。其中，又以信用风险衍生工具发展最为迅速。

2）按交易市场的类型分类

（1）场内工具是指在交易所内，按照交易所制定的规则进行交易的金融衍生工具。交易的合约是标准化的，交易所的价格透明度高、清算的可靠性好、流动性高。场内工具主要包括各种期权和期货等。

（2）场外工具是指在交易所外交易的金融衍生工具，又称柜台交易工具。场外工具通常在金融机构之间或金融机构与大交易者之间，借助通信工具进行分散的、一对一的交易来完成。场外交易没有固定场所，较少交易规则约束，产品一般是非标准化的，更有弹性。场外工具主要包括远期、期权、互换和信用金融衍生工具。

3）按金融衍生工具的合约类型分类

（1）远期合约（Forward Contract）是在确定的将来时刻，按确定的价格购买或出售某项资产的协议。远期合约不在规范的交易所内交易，也没有标准化的条款，合约条款根据双方需求协商确定，一般不可以转让。远期合约最大的优点是它锁定了未来某一时期合约标的物的价格，而且合约条款可以根据双方的需要而进行协商。但是与现货市场一样，远期合约的交易双方也面临着信用风险。常见的金融远期合约有远期外汇合约、远期利率合约、远期指数合约和远期股票合约。

（2）期货合约（Futures Contract）是买、卖双方在交易所以公开竞价方式达成交易的，在确定的将来时间，按成交时确定的价格，购买或出售某项资产的标准化协议。期货合约是格式化合同，期货合约的成交价格是在交易所通过买、卖双方的指令竞价形成的。金融期货合约中，基础金融工具的范围广泛，主要有股票、股票指数、利率和汇率等。

（3）期权（Options）又称选择权，是赋予它的持有者在未来某一日期，即到期日之前或到期日当天，以一定的价格买入或卖出一定数量基础金融工具权利的合约。期权交易是在期货的基础上逐渐演变而来的，包括现货期权和期货期权两类。除了在交易所内交易的标准化期权，还有大量在场外市场交易的非标准化新型期权，这类期权又被称为奇异期权。

（4）互换（Swap）又称套购交易，指在一定的期限内，交易双方同时买入和卖出资本量相当的类似资产或债务的一种交易。互换本质上是远期合约的一种延伸，可以使交易双方获得比他们没有这笔互换交易所预期的更为有利的条件。互换交易现在已经是成熟市场融资和风险管理不可缺少的策略之一，金融互换的种类有利率互换、货币互换、有价证券互换和信用违约互换等。

（5）嵌入式衍生工具是相对于独立衍生工具而言的，又称内置式衍生工具，指嵌入到非衍生工具（即主合约）中，使混合工具的全部或部分现金流量随特定利率、金融工具价格、商品价格、汇率、价格指数、费率指数、信用等级、信用指数或其他类似变量的变动而变动的金融衍生工具。嵌入式衍生工具与主合约构成混合工具，如可转换债券、可赎回债券、附权证的公司债券等。

8.1.3 金融衍生市场的功能

1. 套期保值

这是金融衍生工具被广泛应用的初衷所在。金融衍生工具有助于投资者认识、分离各种风险，使他们能根据各种风险的大小和自己的偏好更有效地配置资金，有时甚至可以根据客户的特殊需要设计出特制的产品。金融衍生市场的风险转移机制主要通过套期保值交易发挥作用，通过风险承担者的相反操作来锁定自己的利润。那些以适当的抵消性金融衍生工具交易活动来减少或消除某种基础金融或金融变量的风险，为此可以牺牲一些资金（因为金融衍生工具交易需要一定的费用）的个人或企业，称为对冲保值者。此类主体的活动是金融衍生市场较为主要的部分，也充分体现了该市场用于进行财务风险管理的作用。

2. 投机功能

与套期保值正相反的是，投机的目的在于多承担一点风险去获得高额收益。由于金融衍生市场交易机制和衍生工具本身的特征，尤其是杠杆性、虚拟性特征，使投机功能得以发挥。可是，如果投机活动过盛的话，也可能造成市场内不正常的价格震荡。但正是投机者的存在才使对冲保值者意欲回避和分散的风险有了承担者，金融衍生工具市场才得以迅速完善和发展。

3. 价格发现功能

在金融衍生工具的价格发现中，其中心环节是价格决定，这一环节是通过供给和需求双方在公开喊价的交易所大厅内（或电子交易系统上）达成，所形成的价格又可能因价格自相关产生新的价格信息来指导金融衍生工具的供给和需求，从而影响下一期的价格决定。因为该市场集中了多方面的市场参与者，带来了成千上万种基础资产的信息和市场预期，通过交易所内（电子交易系统上）类似拍卖方式的公开竞价形成一种市场均衡价格，这种价格不仅有指示性功能，而且有助于金融产品价格的稳定。

4. 降低成本功能

由于金融衍生工具具有以上功能，从而进一步形成了降低社会交易成本的功效。市场参与者一方面可以利用金融衍生工具市场，减少以至消除最终产品市场上的价格风险，另一方面又可以根据金融衍生工具市场所揭示的价格趋势信息，制定经营策略，从而降低成本，增加经营的收益。

8.1.4 金融衍生市场的交易机制

1. 金融衍生市场的主要参与者

1）商业银行

商业银行是金融衍生市场的重要参与者。商业银行参与金融衍生工具交易，首先是进行资产负债管理，调整资产负债结构。《巴塞尔协议》（Basel Accord）实施后，商业银行的资本充足率必须达到8%，为了满足这一要求，各商业银行纷纷进行表外融资，将表内资产表外化以满足《巴塞尔协议》的要求。其次，商业银行参与金融衍生工具交易可以拓展业务。为了满足客户的需求，增加盈利，商业银行的表外业务得到迅猛发展，其中债务互换、期权交易和远期利率协议等业务都属于金融衍生工具业务。

2）证券公司

证券公司是从事证券发行和交易的金融机构。它们参与金融衍生工具交易的目的，首先是凭借其对金融市场的了解，进行套利，赚取利润。其次是对冲证券发行和自营业务的风险。证券公司在从事证券发行和自营业务时，面临市场价格变动的风险，为了减小这种风险的影响，它们通过金融衍生工具市场进行对冲，以控制风险。最后是拓展业务空间。证券公司凭借自身的技术和人才，开展金融衍生工具交易的中介服务，一方面可以增加收入，另一方面还可以为客户提供全方位的服务。

3）投资基金

基金经理人在金融衍生工具市场进行交易，一方面是利用金融衍生工具为其所持有的金融资产避险保值，另一方面可以利用金融衍生工具交易获得利润。随着金融衍生工具市场的发展，美国涌现出很多对冲基金（Hedge Fund），这些对冲基金积极投入金融衍生工具市场，利用高杠杆比率获得超额回报。

4）工商企业

工商企业持有的商品资产和金融资产同样面临着利率和汇率变动的风险。因此，工商企业也经常利用金融衍生工具进行避险保值。一些金融衍生工具还能帮助企业优化负债结构、降低融资成本，如互换、可转换债券等。

5）个人

个人交易者分为套期保值者和投机者两种。套期保值者利用金融衍生工具为自己持有的金融资产进行保值，投机者则利用金融衍生工具交易获得利润。套期保值的存在决定了金融衍生工具市场存在的必要性，而投机的存在提高了金融衍生工具市场的流动性，使该市场充满了活力、提高了效率。

2. 金融衍生市场的交易方式

金融衍生工具主要有以下两种交易方式。

1）场内交易

场内交易又称交易所交易，指供求双方集中在交易所进行竞价交易的交易方式。这种交易方式的特点是交易所向交易参与者收取保证金，同时负责进行清算和承担履约担保责任。此外，由于每个投资者有不同的需求，交易所事先设计出标准化的金融合同，由投资者选择与自身需求最接近的合同和数量进行交易。交易者集中在一个场所进行交易，这就增加了交易的密度，一般可以形成流动性较高的市场。

2）场外交易

场外交易又称柜台交易，指交易双方直接成为交易对手的交易方式。这种交易方式有许多形态，可以根据每个使用者的不同需求设计出不同内容的产品。同时，为了满足客户的具体要求，出售衍生产品的金融机构需要有高超的金融技术、风险管理能力、创新能力。但是，由于每个交易的清算是由交易双方相互负责进行的，因此交易参与者仅限于信用程度高的客户。掉期交易和远期交易是具有代表性的柜台交易的衍生产品。相对而言，场外衍生品市场监管难度更大，对于参与者的要求也更高。

8.2 金融远期市场

8.2.1 金融远期的含义与特征

1. 金融远期合约的定义

金融远期合约是指交易双方约定在未来的某一确定时间、按某一确定的价格买卖一定数量的某种金融资产的合约。交易对象在未来交割，但交易对象的数量、规格、交割时间和交割价格由交易的双方协商，在合同中事先确定。远期合约在 20 世纪 80 年代兴起，与期货、期权、互换一起构成最基本的衍生产品。

金融远期合约没有固定的交易场所，而是存在场外交易市场，因此属于无形市场。目前，远期合约最大的交易市场在伦敦和纽约。

2．金融远期合约的优缺点

金融远期合约的优点在于其具有较大的灵活性。在签署远期合约之前，双方可以就交割地点、交割时间、交割价格、合约规模、标的金融工具的品质等细节进行谈判，以便尽量满足双方的需要。

金融远期合约的不足表现在：首先，由于远期合约没有固定的、集中的交易场所，不利于信息交流和传递，不利于形成统一的市场价格，市场效率较低；其次，由于每份远期合约各具特点，这就给远期合约的流通造成较大不便，因此远期合约的流动性较差；最后，远期合约的履约没有保证，当价格变动对一方有利时，对方有可能无力或无诚意履行合约，因此远期合约的违约风险较高。

3．金融远期合约的种类

金融远期合约主要包括远期利率协议、远期外汇合约。

8.2.2 远期利率协议

1．远期利率协议的含义

远期利率协议（Forward Rate Agreements，FRA）最早于 1983 年出现在欧洲货币市场，现在已经成为人们规避利率风险的重要工具之一。远期利率协议是买卖双方同意，从未来某商定的时期开始，在某一特定时期内，按协议利率借贷一笔数额确定、以具体货币表示的名义本金的协议。远期利率协议的买方是名义借款人，卖方则是名义贷款人。远期利率协议是交易双方预先将未来某一时间的利率水平固定下来而签订的合约，其目的是为了避免未来利率水平变动带来的不利影响。

虽然在远期利率协议中规定了交易的本金，但是，它只作为计算利息的基础，不发生本金的支付。交易双方支付的只是利息差额。这是远期利率协议的最大特点，也为大宗交易提供了优越条件。

2．远期利率协议的重要术语和交易流程

为了规范远期利率协议，英国银行家协会（British Banker's Association）于 1985 年颁布了《远期利率标准化文件》（FRABBA），作为市场实务的指导原则。目前世界上大多数远期利率协议都是根据该标准化文件签订的。该标准化文件使一笔远期利率协议交易仅需一个电传确认即可成交，大大提高了交易速度和质量。

FRABBA 对远期利率协议的重要术语做了如下规定：

合同金额（contract amount）——借贷的名义本金额；

合同货币（contract currency）——货币币种；

交易日（dealing date）——远期利率协议成交的日期；

结算日（settlement date）——名义借贷开始日期，也是交易一方向另一方交付结算金的日期；

确定日（fixing date）——确定参照利率的日期；

到期日（maturity date）——名义借贷到期的日期；

合同期（contract period）——结算日至到期日之间的天数；

合同利率（contract rate）——协议中双方商定的借贷利率；

参照利率（reference rate）——在确定日用以确定结算金的在协议中指定的某种市场利率；

结算金（settlement sum）——在结算日，根据合同利率和参照利率的差额计算出来的由交易一方付给另一方的金额。

为了进一步了解这些概念之间的相互关系，以一个实例来说明 FRA 的交易流程。假定今天是 2019 年 3 月 14 日星期四，双方同意成交一份 1×4 名义金额 100 万美元、合同利率 2.25%的远期利率协议。其中 1×4 是指起算日和结算日之间为 1 个月，起算日至名义贷款最终到期日之间的时间为 4 个月。交易日与起算日时隔一般两个交易日。在本例中，起算日是 2019 年 3 月 18 日星期一，而结算日则是 2019 年 4 月 18 日星期四，到期时间为 2019 年 7 月 18 日星期四，合同期为 2019 年 4 月 18 日至 2019 年 7 月 18 日，共 91 天。在结算日之前的两个交易日（即 2009 年 4 月 16 日星期二）为确定日，确定参照利率。参照利率通常为确定日的伦敦银行同业拆借利率。假定参照利率为 3.15%。上述流程如图 8-1 所示。

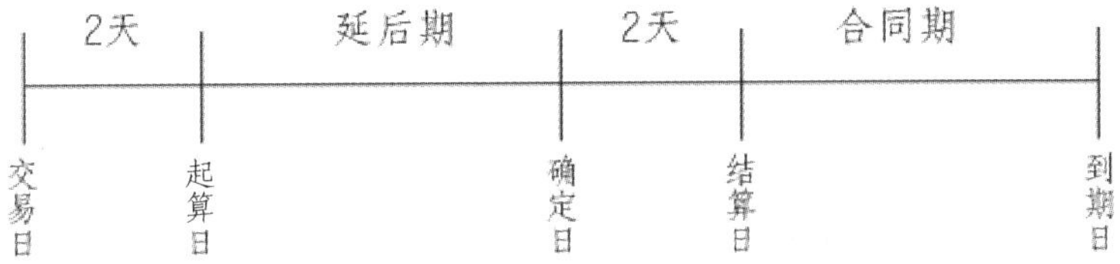

图 8-1　远期利率协议流程图

在远期利率协议下，如果参照利率高于合同利率，那么卖方就要支付买方一笔结算金以补偿买方在实际借款中因利率上升而造成的损失。一般来说，实际借款利息是在贷款到期时支付的，而结算金则是在结算日支付的，因此结算金并不等于利率上升而给买方造成的额外利息支出，而等于额外利息支出在结算日的贴现值，具体计算公式如下：

$$\text{结算金额}=\frac{(r_r-r_k)\,A\dfrac{D}{B}}{1+\left(r_r\dfrac{D}{B}\right)}$$

式中，r_r 表示参照利率，r_k 表示合同利率，A 表示合同金额，D 表示合同期天数，B 表示天数计算惯例（如美元为 360 天，英镑为 365 天）。

在式中，分子表示由于合同利率与参照利率之间的差异所造成的额外利息支出，而分母是对分子进行贴现，以反映结算金的支付是在合同期开始之日而非结束之时。我们把上例的数字代入式中，就可算出卖方应向买方支付的结算金额为：

$$结算金额=\frac{(3.15\%-0.0025\%)\times 1\,000\,000\times \frac{91}{360}}{1+\left(3.15\%\times \frac{91}{360}\right)}=2257.03（美元）$$

3．远期利率协议的交易实例

【例 8-1】都市银行为其当前期限 9 个月的贷款融入一笔利率为 5%的 1000 万的短期资金，该借款 3 个月后到期。该行预测 3 个月后利率上升到 5%以上，超过其设定的目标水平。为锁定 3 个月后该贷款的融资费用，该行决定向乡村银行购买一个“3×9”的远期利率协议，参照利率为届时的 6 个月期 LIBOR 利率。

假定 3 个月后，市场利率下降，6 个月期 LIBOR 的利率为 4.5%。将有关数值代入公式求结算金额：

$$结算金额=\frac{(4.5\%-5\%)\times 10\,000\,000\times \frac{180}{360}}{1+\left(4.5\%\times \frac{180}{360}\right)}=-24\,449.88（美元）$$

结算金额为负数，即在交割日都市银行作为远期利率协议的买方支付结算金额，乡村银行收取结算金额。

4．远期利率协议的功能

远期利率协议最重要的功能在于通过固定将来实际交付的利率而避免了利率变动的风险。签订远期利率协议后，不管市场利率如何波动，协议双方将来收付资金的成本或收益总是固定在合同利率水平上。

另外，由于远期利率协议交易的本金不用交付，利率是按差额结算的，所以资金流动量较小，这就给银行提供了一种管理利率风险而无须通过大规模的同业拆借来改变其资产负债结构的有效工具，这对于银行增加资本比例、改善资产收益率十分有益。

与金融期货、金融期权相比，远期利率协议具有简便、灵活、不需支付保证金等优点，更能充分满足交易双方的特殊需求。但与此同时，其信用风险和流动性风险也较场内交易的金融期货合约要大。但其市场风险较金融期货小，因为它最后实际支付的只是利差而非本金。

8.2.3 远期外汇合约

1．远期外汇合约的定义

远期外汇合约（Forward Exchange Contracts）是指买卖双方约定在将来某一时间按约定的远期汇率买卖一定金额的某种外汇的合约。交易双方在签订合同时就确定好将来进行交割的远期汇率，到时不论汇率如何变动，都应按此汇率交割。

远期外汇交易的主要目的是为了避免汇率变动的风险。为达到这一目的，最基本的交易策略是套期保值，也就是说，交易者根据已有的一笔外币资产或负债，卖出或买进与之数额相同、期限一致、币种相同的一笔远期外汇，使这项资产或负债的价值不受汇率变动的影响。

2．远期外汇合约的作用

远期外汇合约可以锁定未来特定期限上的汇率水平。

远期外汇合约便于进行掉期交易。例如某银行可能拥有一笔日元，但日元不如美元便于投资。该银行可以先在即期外汇市场将所持日元兑换成美元，同时卖出远期美元以抵补这段期限内美元汇率可能下跌的风险。通过外汇掉期交易，该银行可安心运用这笔美元进行投资并获取投资收益。

此外，利用外汇掉期交易还可以对原先所持有的外汇远期交易期限加以延长或缩短。假定一德国出口商预计 3 个月后收到一笔美元付款，为防止美元在 3 个月后汇率下跌的风险，该出口商与银行签订了卖出 3 个月远期美元合同。假定 3 个月美元远期汇率为 EUR/USD=1.2895，远期外汇合同签订后 1 个月，该出口商被告知交货期推迟 2 个月。交货期推迟 2 个月意味着收款期也将随之推迟 2 个月，原定的远期汇率合约不能有效防范美元汇率下跌风险。为此，该出口商决定通过外汇掉期交易来推迟原定远期汇率合约期限，具体步骤如下：该出口商可以买入 2 个月远期美元，同时卖出 4 个月远期美元。在原定远期汇率合约到期后，同一笔美元相反方向交易互相对冲，该出口商通过掉期交易，将原有远期合约到期日推迟了 2 个月。

远期外汇合约也便于外汇投机。在远期外汇市场也可以进行外汇投机活动。远期外汇市场的投机者获利与否与未来即期汇率变动趋势是否与预测相同并不相关，而只在于未来即期汇率与远期汇率的相对位置是否与所做判断相同。此外，利用即期外汇市场投机，在交割日要计算两种货币利息，而在远期外汇市场投机则不必计算两种货币的利率关系，在交割日即期汇率与远期汇率之差即为投机收益，而不必考虑利息成本。

3. 远期外汇合约的交易实例

【例 8-2】英国某出口商 3 个月后将得到 100 万美元的出口收入，为了避免在此期间内由于美元贬值导致这笔货款的价值受损，它可以对银行卖出 100 万美元的 3 个月期汇，远期汇率为 1 英镑=1.5010 美元。假定 3 个月到期时，美元即期汇率下跌至 1 英镑=1.5060 美元，则出口商可以按预先确定的远期汇率交割，由此可避免美元汇率上升的风险。若该出口商未进行远期交易，则它所得到的 100 万美元仅能换回 664 010.62 英镑，但由于该出口商卖出 100 万美元的 3 个月期汇，则该出口商可以用其收到的 100 万美元履约，得到 666 222.52 英镑。不过，如果到期时美元汇率不降反升，出口商也无法得到由此带来的好处。

8.3 金融期货市场

8.3.1 金融期货的含义与特征

1．金融期货的含义

金融期货合约是指协议双方约定在将来某一特定的时间按约定的条件（包括价格、交割地点、交割方式）买入或卖出一定标准数量的某种特定金融工具的标准化协议。

2. 金融期货交易的特点

1）合约标准化，交易规范化

（1）交易对象标准化。它是指交易对象均是无形的和虚拟化的金融商品，而且其价格、收益率和数量均具有均质性、标准性和不变性。

（2）交易单位规范化。交易单位规定为很大的整数，以增强买卖效率。

（3）收付期限规格化。收付期限大多为 3 个月、6 个月、9 个月和 12 个月，最长为 2 年半。

（4）交易价格统一化。交易价格统一由交易所公开拍卖决定。

2）场内交易，间接清算

金融期货交易在固定、集中、有组织的期货交易所内进行。交易双方并非直接接触而是各自与交易所的清算部或者专设的清算公司结算。对金融期货交易的买方而言，卖方为期货交易所的结算公司；对金融期货交易的卖方而言，买方为期货交易所的结算公司。

3）保证金制度，每日结算

在期货市场上，交易者只需按期货合约价格的一定比率交纳少量资金作为履行期货合约的财力担保，便可以参与期货合约的买卖，这种资金就是期货保证金。期货交易的结算，是由期货交易所统一组织进行的。期货交易所实行每日无负债结算制度，每日结算准备金，是指每日交易结束后，交易所按当日结算价结算所有合约的盈亏、交易保证金及手续费等费用，对应收应付的款项同时划转，相应增加或减少会员的结算准备金。

4）流动性强

在期货市场上，买入一份期货合约相当于签署了一份远期交割合同。买入者将这份期货合约保留到最后交易日结束，他就必须通过实物交割或现金清算来了结这笔期货交易。然而，进行实物交割的是少数，大部分投机者和套期保值者一般都在最后交易日结束之前择机将买入的期货合约卖出，或将卖出的期货合约买回。即通过一笔数量相等、方向相反的期货交易来冲销原有的期货合约，以此终结期货交易，解除到期进行实物交割的义务。这种买回已卖出合约，或卖出已买入合约的行为叫平仓。平仓为期货交易者提供了一种在交割日之前将期货合约结清的方式，大大地提高了金融期货合约的流动性。标准化合约的转让也增加了市场流动性。

5）违约风险低

由于金融期货交易的买方（或者卖方）的实际交易对手为期货交易所的结算公司，故对该买方（或者卖方）而言，违约风险很低，或者基本不存在违约风险。

3. 金融期货的分类

金融期货合约按照不同的标准有很多分类方法。按照金融期货基础金融工具的不同，通常可以分成三大类。

1）外汇期货

外汇期货（Foreign Exchange Futures）是交易双方约定在未来某一时间，依据现在约定的比例，以一种货币交换另一种货币的标准化合约。外汇期货是指以汇率为标的物的期货合约，用来规避汇率风险，是金融期货中最早出现的品种。自 1972 年 5 月芝加哥商业交易所的国际货币市场分部推出第一张外汇期货合约以来，随着国际贸易的发展和世界经济一体化进程的加快，外汇期货交易一直保持着旺盛的发展势头。它不仅为广大投资者和金融机构等主体提供了有效的套期保值的工具，而且也为投机者提供了新的获利手段。

2）利率期货

利率期货（Interest Rate Futures）是在金融期货市场上，对利率及与利率有关的金融商品的期货合约进行买卖，约定在某一特定日期交割的合约。世界上最先推出的利率期货是于 1975 年由美国芝加哥期货交易所推出的、政府国民抵押协会（Government National Mortgage Association，GNMA）的抵押贷款证期货。从此以后，各种利率期货层出不穷。

根据基础金融工具的期限不同，利率期货通常分为两大类：短期利率期货和长期利率期货。短期利率期货是指期货合约基础金融工具的期限不超过 1 年的各种利率期货，主要有以货币市场的各种债务凭证为标的的利率期货，如国库券作为基础金融工具的利率期货、以主要参考利率为基础金融变量的利率期货。长期利率期货是指期货合约基础金融工具的期限超过 1 年的各种利率期货，也就是以资本市场的各种债务凭证作为基础金融工具的利率期货。

3）股权类期货

股权类期货，是指以单只股票、股票组合或者股票价格指数为基础资产的期货合约。它包括以下三种类型。

（1）股票指数期货（Stock Index Futures）指以股票指数为基础金融变量的期货合约。它是目前金融期货市场最热门和发展最快的期货品种。股票指数期货不涉及股票本身的交割，其价格根据股票价格指数计算，合约以现金清算形式进行交割。

（2）股票期货（Stock Futures）是以单只股票作为基础金融工具的期货，交易双方约定在未来某个时间、以约定的价格买卖规定数量的股票。实际上，股票期货均以现金方式交割，即按规定的合约乘数与价差相乘，以现金方式结清盈亏平仓。为防止操纵行为，并非所有上市股票均有期货交易，通常交易所会选择流通盘较大、交易较活跃的股票来推出相应的期货合约，并对交易者的持仓数量加以限制。

（3）股票组合期货（Stock Portfolio Futures）是以标准化的股票组合为基础资产的金融期货，是金融期货中最新的品种。以芝加哥商业交易所推出的美国证券交易基金期货合约最具代表性。

8.3.2 金融远期与金融期货的比较

1．两者的共同点

远期合约和期货合约都是交易双方约定在未来某一特定时间、以某一特定价格、买卖某一特定数量和质量资产的交易合约。

两者最大的共同点是均采用先成交，后交割的交易方式，但两者也有很大的区别。

2．两者的区别

1）合约标准化程度不同

期货合约是符合交易所规定的标准化合约，对于交易的商品的数量及到期日、交易时间、交割等级都有严格而详尽的规定。远期合约对于交易商品的品质、数量、交割地点、交割日期等，均由交易双方自行决定，没有固定的规格和标准。因此，期货合约满足人们各种需要的能力不如远期合约，但是标准化却大大便利了期货合约的订立和转让，使期货合约具有极强的流动性，并因此吸引了众多的交易者。

2）交易场所不同

期货合约必须在指定的交易所内交易，交易所必须能提供一个特定集中的场地，也必须能规范客户的订单在公平合理的交易价格下完成。期货合约在交易厅内公开交易，交易所还必须保证让当时的买卖价格能及时并广泛传播出去，使期货合约交易能享受到交易的透明化的优点。而远期合约市场组织较为松散，没有交易所，也没有集中交易地点，合约的具体条款由交易双方协商确定。

3）违约风险不同

远期合约的履行仅以签约双方的信誉为担保，一旦一方无力或不愿履约时，另一方就得蒙受损失。即使在签约时，签约双方采取缴纳定金、第三方担保等措施，仍不足以保证远期合约到期一定能得到履行，违约、毁约的现象时有发生，因而远期合约的违约风险很高。期货合约的履行则由交易所或清算公司担保，违约的风险几乎等于零。

4）价格确定方式不同

远期合约的交易价格是由交易双方直接谈判并私下确定的。由于远期交易没有固定的场所，因此在确定价格时信息是不对称的，不同交易双方在同一时间所确定的类似远期合约的价格可能相差很远，因此远期交易市场定价效率较低。期货交易的价格则是在交易所中由很多买者和买者通过其经纪人在场内公开竞价确定的，有关价格的信息较为充分、对称，由此产生的期货价格较为合理、统一，因此期货市场的定价效率较高。

5）履约方式不同

远期合约是非标准化的，转让相当困难，并要征得对方同意。由于期货合约是标准化的，期货交易又在交易所内进行，因此交易十分方便。当交易一方的目的（比如投机、套期保值和套利）达到时，他无须征得对方同意就可通过平仓来结清自己的头寸并把履约权利和义务转让给第三方。实际中，大多数期货合约都是通过平仓来了结的。

6）合约双方关系不同

由于远期合约的违约风险主要取决于对方的信用度，因此签约前必须对对方的信誉和实力等方面作充分了解。而期货合约的履行完全不取决于对方而只取决于交易所或清算公司，因此可以对对方不了解，甚至可以不知道对方是谁，这极大地方便了期货交易。

7）结算方式不同

远期合约签约后，只有到期才进行清算交割，其间均不进行结算。期货交易则是每天结算。当同品种的期货市场价格发生变动时，就会对所有该品种期货合约的多头和空头产生浮动盈余或浮动亏损，并在当天晚上就在其保证金账户中体现出来。因此当市场价格朝自己有利的方向变动时，交易者不必等到到期就可逐步实现金额。

8.3.3 金融期货的交易

1. 外汇期货的交易

目前，外汇期货的交易币种主要包括美元、欧元、日元、英镑、瑞士法郎、加拿大元、澳大利亚元、新西兰元等可自由兑换的、在国际上接受程度较高的货币。

1）外汇期货交易的交易流程

（1）客户须在经纪人公司开设账户，交纳保证金并委托经纪人公司为其办理期货合约买卖。

（2）客户根据对市场行情走势的判断及预测，向经纪人下达买卖的指令或书面投单，委托其执行。

（3）经纪人公司通知其在交易场内的代表，将订单交给交易厅的经纪人，由经纪人相互间进行交易。

（4）成交后，交易厅经纪人一方面把交易结果通知经纪人公司及客户，另一方面将成交的订单交给清算行，进行记录并最后清算。清算行是交易的结算者，它可以在法律上保证交易双方不会因一方拒付而蒙受损失。由于外汇期货交易者既可以买进，也可以卖出，因而当天实际的外汇交割量是该交易者买卖的差额。

2）外汇期货交易的实际操作

下面举一个利用外汇期货合约进行套期保值的例子。

【例 8-3】6 月 10 日美元对瑞士法郎的汇率为 USD1=CHD1.3438，一美国公司将收到货款 100 万瑞士法郎，若按 6 月 10 日的汇率计算该公司可以收到 744 158.36 美元，但是实际上货款 3 个月后才能收到。问：该公司如何进行套期保值？

因为该公司预测瑞士法郎有贬值的趋势，所以该公司在芝加哥商业交易所的国际货币市场上卖出瑞士法郎期货合约。由于国际货币市场规定的瑞士法郎期货合约的交易单位为 125 000 瑞士法郎，该公司卖出 8 份 9 月到期的外汇期货合约，期货合约的价格为 USD1=CHD1.3431，则合约的总价值为 744 546.2 万美元。若 9 月 10 日美元兑瑞士法郎的汇率上升为 USD1=CHD1.3510，则该美国公司按此汇率收回的货款为 740 192.45 美元，汇率给其造成的损失为 3965.91 美元。

同时 9 月 10 日该公司以 USD1=CHD1.3525 的价格买入 8 份 9 月到期的外汇期货价格瑞士法郎期货合约，则合约总价值为 739 371.53 美元，该公司通过低买高卖瑞士法郎期货合约盈利 5174.67 美元，弥补了汇率变动带来的损失。

2．利率期货的交易

下面以利率期货的套期保值说明一下交易的过程

【例 8-4】某公司在 1 月 1 日获悉，2 月份资金有多头，当时期货市场上 5 月份国库券售价为 93.00（即收益率为 7 厘），但预测 2 月份投资收益率会降低，仅为 6 厘半，亦即国库券售价升高为 93.50。为避免利率变动损失，该公司便在 1 月份买入 5 月份期货，至 2 月中旬，资金果然出现多头，该公司在现货市场上买入 6 个月或 180 天的国库券合约，售价为 94.40（5 厘 6），比预测的 93.50 高出 90 点，同时把 1 月份买入的 5 月份期货合约平仓，售价 94.08（5 厘 92），比买入时高出 108 点，如表 8-1 所示。

表 8-1　利率期货套期保值

现货市场	期货市场
1 月 1 日预计 2 月份有投资可用资金，预期 2 月份预期收益率为 6 厘半	1 月 1 日买入 5 月份国库券期货合约，收益率为 7 厘
2 月 15 日，买入 6 个月期 180 天的国库券一手，收益率 5 厘 6	2 月 15 日，卖出一手 5 月份国库券期货合约，收益率 5 厘 92
-90 点	108 点

可见，实际投资收益率为 6 厘 68，即 93.50−(108−90)/100=93.32，100−93.32=6.68。

3. 股指期货交易

1）股指期货市场的运作

股票指数期货的交易不是在股票交易所而是在期货交易所进行。股票指数期货的市场结构，主要由期货交易所、结算公司和会员公司三个组织组成。期货交易所主要负责市场的操作，如提供交易场所、维持市场秩序、制定和修正买卖规则等。结算公司和会员公司主要负责期货合约的结算，并承担保证每笔交易的清算和保证合约买卖双方的合法权利的担保责任。

以香港恒生股票指数期货为例，参加股票指数期货交易的成员主要有五类：通用结算会员、结算会员、非结算会员、本户会员和一般客户，其中通用结算会员、结算会员、非结算会员和本户会员都是期货交易所的会员，可以直接进场进行期货合约的买卖，同时，除本户会员外，其他会员还可以代理一般客户履行期货交易。一般情况下，期货经纪公司通过电话通知在交易所内的出市代表，按客户指令进行价格和数量交易。恒生股票指数期货合约采用上牌和公开喊价两种方式相结合的方法进行交易。由于大多数合约持有人在实际交割日之前就以对冲的方式结算了手中的合约，所以在交易中买卖双方主要考虑价格，其次才是合约的具体月份和合约数量。

股票指数期货市场的结算会员拥有直接与结算公司结算的结算权，非结算会员则没有结算。非结算会员、本户会员及一般客户只能通过通用结算会员间接与结算公司发生关系。

2）国内外主要股票指数期货介绍

（1）标准普尔 500 股票指数期货。标准普尔 500 股票指数在芝加哥商品交易所，该指数是一个包括 500 种股票的组合，含 400 种工业股、40 种公用事业股、20 种交通事业股和 40 种金融机构股，其期货交易规格如表 8-2 所示。

表 8-2 标准普尔 500 股票指数期货交易规格

交易单位	500 美元×标准普尔 500 指数
最小变动价位	0.05 个指数点
每日价格波动限制	最大波幅不得高于或低于上一个交易日结算价 5 个指数点
交割月份	3、6、9、12
最后交易日	在最后结算价格确定日之前的一个营业日
最后结算价格交割方式	以最后结算价进行现金交割

（2）HKPE 恒生指数期货。HKPE 恒生指数在香港证券交易所交易，该指数包括 33 种股票组合，其中包括商业、金融、地产和公用事业四个分类，总市值占香港联交所资本总额的 70%左右。恒生指数期货交易规格如表 8-3 所示。

表 8-3 恒生指数期货交易规格

交易单位	50 港元×恒生指数
最小变动价位	1 个指数点
每日价格波动限制	上下浮动 100 个指数点
交割月份	3、6、9、12
最后交易日	交割月份倒数第二个营业日
最后结算价格交割方式	以最后结算价进行现金交割

（3）新加坡日经 225 指数期货。新加坡日经 225 指数在新加坡国际金融期货交易所交易，其交易规格如表 8-4 所示。

表 8-4 日经 225 股票指数期货交易规格

交易单位	1000 日元×日经 225 指数
最小变动价位	5 个指数点
每日价格波动限制	无
交割月份	3、6、9、12
最后交易日	交割月份第三个星期三
最后结算价格交割方式	以最后结算价进行现金交割

（4）沪深 300 股票指数期货。沪深 300 股票指数以 2004 年 12 月 31 日为基期，基期指数定为 1000 点，以调整股本为权数，采用派许加权综合价格指数公式进行计算。该指数选取 300 只规模大、流动性好的 A 股股票作为样本，其中沪市 179 只，深市 121 只，覆盖了沪深两市 60%左右的市值，具有良好的市场代表性。其期货交易规格如表 8-5 所示。

表 8-5 沪深 300 股票指数期货交易规格

交易单位	300 元×沪深 300 股票指数
最小变动价位	0.2 指数点
每日价格波动限制	上一个交易结算日的上下 10%
交割月份	当月、下月以及随后两个月
最后交易日	合约到期月份的第三个周五
最后结算价格交割方式	以最后结算价进行现金交割

3）股指期货交易实例

（1）套期保值实例。对于股票的持有者来说，如果整个股市下跌，则其所持有的股票价值将随之降低。持有者可以通过购买股指期货来进行套期保值。

【例 8-5】假定某投资者现在持有每股价格为 180 美元的 A 公司股票 600 股，并打算在 2 个月内继续持有这些股票。如果该投资者预测 2 个月后 A 公司的股票价格和股市的价格指数都将下降，该投资者可以通过卖出股票指数期货合约来进行套期保值。

该投资者通过经纪人在期货市场上售出 2 个月期股票指数合约 40 份。如果 2 个月后股票指数果然下跌了 10 点，股票价格也跌至 160 美元。该投资者买进同样的期货合约 40 份，在合约到期前进行平仓。股票价格下跌造成的损失为（180−160）×600=12 000 美元。如果每点按照 50 美元计算，则空头套期保值获利为 40×10×50=20 000 美元。通过这种操作，该投资者不仅弥补了股票价格下跌造成的损失，而且净盈利 8000 美元。

（2）投机交易实例。

【例 8-6】假定 2 月份某投机者买入 20 份 6 月份交割的标准普尔指数期货合约，当时该合约的价格为 188.53 点。到了 4 月 30 日标准普尔指数期货合约的价格上升为 196.70 点。该投机者认为价格上涨趋势已经到了尽头，将所购指数期货合约卖出，盈利（196.70−188.53）×500×20=81 700 美元。

当然，如果投机者预测失误，则将遭受损失。例如，到了 4 月 30 日，标准普尔指数期货合约的价格不但没有上升，反而下降为 186.63 点，而且有继续下降的趋势，该投机者卖出所购指数期货合约将损失（188.53-186.63）×500×20=19 000（美元）。

8.4 金融期权市场

8.4.1 金融期权的起源与发展

18 世纪，英国南海公司的股票股价飞涨，股票期权市场也有了发展。南海“气泡”破灭后，股票期权曾一度因被视为投机、腐败、欺诈的象征而被禁止交易长达 100 多年。

期权合约于 18 世纪 90 年代引入美国，当时美国纽约证券交易所刚刚成立。19 世纪后期，被喻为“现代期权交易之父”的拉舍尔・赛奇（Russell Sage）在柜台交易市场组织了一个买权和卖权的交易系统，并引入了买权、卖权平价概念。然而，由于场外交易市场上期权合约的非标准化、无法转让、采用实物交割方式以及无担保，使这一市场的发展非常缓慢。

1973 年 4 月 26 日，芝加哥期权交易所（CBOE）成立，开始了买权交易，标志着期权合约标准化、期权交易规范化。70 年代中期，美国证券交易所（AMEX）、费城股票交易所（PHLX）和太平洋股票交易所等相继引入期权交易，使期权获得了空前的发展。1977 年，卖权交易开始了。与此同时，芝加哥期权交易所开始了非股票期权交易的探索。

1982 年，芝加哥货币交易所（CME）开始进行 S&P 500 期权交易，它标志着股票指数期权的诞生。同年，由芝加哥期权交易所首次引入美国国库券期权交易，成为利率期权交易的开端。同在 1982 年，外汇期权产生了，它首次出现在加拿大蒙特利尔交易所（MX）。该年 12 月，费城股票交易所也开始了外汇期权交易。1984 年，外汇期货期权在芝加哥商品交易所的国际货币市场登台上演。随后，期货期权迅速扩展到欧洲美元存款、90 天短期及长期国库券、国内存款证等债务凭证期货，以及黄金期货和股票指数期货上面，几乎所有的期货都有相应的期权交易。

此外，在 80 年代金融创新浪潮中还涌现出一支新军“新型期权”（Exotic Options），它的出现格外引人注目。新型之意是指这一类期权不同于以往，它的结构很奇特，有的期权上加期权，有的则在到期日、协定价格、买入卖出等方面含特殊规定。由于结构过于复杂，定价困难，市场需求开始减少。90 年代以来，这一势头已大为减弱。

8.4.2 金融期权的含义与特征

1．金融期权的含义

期权是一种选择权，期权的买方向卖方支付一定数额的期权费后，就获得这种权利，即拥有在一定时间内以一定的价格（执行价格）出售或购买一定数量的标的物（实物商品、证券或期货合约）的权利。期权的买方行使权利时，卖方必须按期权合约规定的内容履行义务。相反，买方可以放弃行使权利，此时买方只是损失期权费，同时卖方则赚取期权费。总之，期权的买方拥有执行期权的权利，无执行的义务；而期权的卖方只有履行期权的义务。

2. 金融期权的特征

（1）期权是一种权利的买卖。

（2）期权买方要获得这种权利就必须向卖方支付一定数额的费用（即期权费）。

（3）期权买方取得的权利是未来的。

（4）期权买方在未来买卖的标的资产是特定的。

（5）期权买方在未来买卖标的资产的价格是事先确定的（即执行价格）。

（6）期权买方根据自己买进的合约可以买进标的资产（看涨期权）或卖出标的资产（看跌期权）。

3. 期权的构成要素

构成一个期权，有很多要素，包括期权交易双方、执行价格、期权费、履约保证金、期权的数量、期权的基础金融资产等。

1）期权交易双方

期权买方是指买进期权合约的一方，是支付一定数额的期权费而持有期权合约者，故期权买方也称期权持有者。买进期权即为期权的多头。不过，期权买方只是买进期权合约的一方，而不一定就是买进标的资产的一方。执行看涨期权，期权买方就会买进相应数量的标的资产；而执行看跌期权，期权买方就是卖出一定数量的标的资产。

当投资者支付期权费买进期权建立多头头寸后，就享有了买进或卖出标的资产的权利。因为他并不负有义务，所以他仅以其投入的期权费承担有限的风险，但是却掌握了巨大的获利潜力。

期权的卖方，与期权的买方是相对的一方，期权卖方是指卖出期权合约的一方，从期权买方那里收取期权费，在买方执行期权时承担履约的义务。期权卖方也称期权出售者。卖出期权即为期权的空头。同样期权卖方只是卖出期权合约的一方，而不一定就是卖出标的资产的一方。执行看涨期权，期权卖方就必须卖出相应数量的标的资产；而执行看跌期权，期权卖方必须买进一定数量的标的资产。

如果期权买方在事先约定好的期限内没有执行自身的权利，那么该期权就会自动失效，卖方不必承担任何责任。对于现货期权来说，执行期权就是买卖相应的金融产品；而对于期货期权来说，执行合约时就是按相应的执行价格买入或卖出相应的期货合约。

2）执行价格

执行价格，又称协定价格、行权价格、履约价格、敲定价格，是期权合约中事先确定的买卖标的资产的价格，即期权买方在执行期权时，进行标的资产买卖所依据的价格。

3）期权费

期权费即是期权的价格，是期权买方为了获取期权权利而必须向期权卖方支付的费用，是期权卖方承担相应义务的报酬。

期权费的重要意义在于，对于期权的买方来说，可以把可能会遭受的损失控制在期权费金额的限度内，对于卖方来说，卖出一份期权立即可以获得一笔期权费收入，而并不需要马上进行标的物的买卖，这可能是非常有利可图的。同时，卖方面临一定的风险，即无论标的资产的价格如何变动，卖方都必须做好执行期权合约的准备。

期权费是买卖双方竞价的结果。期权费的大小取决于期权的价值，而期权的价值取决于期权到期月份、所选择的执行价格、标的资产的波动性以及利率等因素，投资者在竞价时会考虑这些因素对期权价值的影响。期权价值的确定，也就是计算期权费，是十分复杂的，它是整个期权理论的核心。一般认为，期权费由内在价值和外在价值两部分组成。

4）其他要素

期权的履约保证金，是期权交易的卖方在进行期权交易时必须存入交易所用于履约的财力保障。期权的数量是期权合约规定合约持有人有权买入或者卖出标的资产的数量。例如，一张标准的期权合约买卖股票的数量为 100 股。标的资产不同，数量也不同。标的资产，是期权合约所规定的买卖对象，可以是众多金融工具的一种。

8.4.3　金融期权的种类

1．按期权性质或所赋予的权力，期权可以分为看涨期权和看跌期权

1）看涨期权（Call Option）

看涨期权又称买权、买入选择权、认购期权、多头期权，是指期权的买方享有在规定的有效期限内按某一具体的敲定价格买进某一特定数量的相关标的物的权利，但不同时负有必须买进的义务。看涨期权的买方之所以要购买这一权利，是因为期权的买方对标的资产的价格看涨，故向期权的卖方支付一定的期权费，以获得按执行价格买入该种标的资产的权利。如果有关标的资产市场价格的变化与预测一致，即标的资产的市场价格高于执行价格，看涨期权买方就可以用期权合约上约定的执行价格购买标的资产获得收益，这种收益可能是巨大的。如果市场价格的变化与其预测相反，即标的资产市场价格小于或等于执行价格，看涨期权的买方放弃购买权利，最大损失为其支付的期权费。

看涨期权有买方，也有卖方。对于任何一种标的资产，有看涨的，就必然会有看跌的。即便是投资者一致看涨，期权费的价格也将上涨，以便在较高的期权费下，买入看涨期权和卖出看涨期权处于均衡状态。

2）看跌期权（Put Option）

看跌期权又称卖权、卖出选择权、认沽期权、空头期权，是指期权的买方享有在规定的有效期限内按某一具体的敲定价格卖出某一特定数量的相关标的物的权利，但不同时负有必须卖出的义务。看跌期权的买方一般对相关的标的资产的市场价格看跌，所以买入看跌期权。如果在未来规定的时间内有关标的资产的价格与其预测一致，即标的资产的市场价格低于执行价格，他就可以按期权合约约定的执行价格出售标的资产，期权的卖方必须买入。值得注意的是，看跌期权的买方是卖出标的资产，而相应的看跌期权的卖方则买入标的资产。如果标的资产的市场价格变化与买方预测相反，即标的资产的市场价格上涨，看跌期权买方亦有不卖出标的资产的权利。同样，看跌期权有买方，也有卖方。

2．按执行时间的不同，期权主要可分为欧式期权和美式期权

1）欧式期权

欧式期权是指只有在合约到期日才被允许执行的期权，期权的购买方只有在期权合约期满日

（即到期日）到来之时才能执行其权利，既不能提前，也不能推迟。若提前，期权出售者可拒绝履约；而若推迟，则期权将被作废。欧式期权在大部分场外交易中被采用。

2）美式期权

美式期权是指可以在成立后有效期内任何一天被执行的期权，期权购买方可于合约有效期内任何一天执行其权利的期权形式。当然，超过到期日，美式期权也作废。由此可见，美式期权与欧式期权相比，在权利的执行日期上有较高的弹性，因此一般情况下美式期权的期权费也较欧式期权略贵一些，并且其多为场内交易所所采用。

欧式期权和美式期权并没有任何地理位置上的含义，在欧洲国家的期权市场上也交易美式期权，而在美国的期权市场上也同样交易着欧式期权，目前，在世界各主要的期权市场上，美式期权的交易量远大于欧式期权的交易量。

3．按期权当时的市价与协议价的大小关系不同，期权可分为实值期权、虚值期权和平价期权（或称溢价期权、损价期权和平价期权）

1）实值期权

实值期权即有利可图期权，具有正内涵价值，即如果期权立即执行，买方能够获利的期权。当看涨期权标的资产的市场价格大于执行价格，或看跌期权标的资产市场价格小于执行价格，如果买方决定执行期权，均会获利，此时期权为实值期权（不计交易成本）。

也就是说，实值期权为看涨期权时，其协定价低于相关资产现货价；实值期权为看跌期权时，其协定价高于市场价。

2）虚值期权

虚值期权即无利可图期权，与有利可图期权恰好相反，具有负内涵价值，即如果期权立即执行，买方会发生亏损的期权。当看涨期权标的资产的市场价格小于执行价格，或看跌期权标的资产的市场价格大于执行价格，如果买方决定执行期权，则会发生亏损，此时的期权称为虚值期权（不计交易成本）。

也就是说，虚值期权为看涨期权时，其协定价高于相关资产现货价；虚值期权为看跌期权时，其协定价低于市场价。

3）平价期权

平价期权又称两平期权，不具有内涵价值，即当期权标的资产的市场价格等于期权的执行价格时的期权。当看涨期权或看跌期权的执行价格与标的资产的市场价格相等时，该期权表现为平价期权。

4．按期权的标的资产划分，期权可分为股票期权、外汇期权、股票指数期权、利率期权、期货期权和期权的期权

1）股票期权

股票期权是指以某个证券交易所上市交易的某种股票为标的资产的期权合约。一般来说，作为股票期权标的的股票必定是公开上市交易的股票，但不是所有上市的股票都能作为股票期权的标的资产。

2）外汇期权

外汇期权也叫货币期权，是指在某国相关期权交易所交易的，以其他国家的外汇作为标的资

产的期权合约。对于外汇期权合约来说，每单位标的资产外汇的数量是固定的，但不同货币又有不同的数量单位。

3）股票指数期权

股票指数期权是指以某国证券市场的某种股票价格指数作为标的资产的期权合约。

4）利率期权

利率期权是指相关资产为定息债券的期权，在美国通常为短期国库券、中长期国债。

5）期货期权

与普通期权相比，期货期权的相关资产为期货合约（即基础资产为期货合约），普通期权合约的相关资产为一般金融资产。

6）期权的期权

期权的期权，也称复合期权。复合期权是指以金融期权合约本身作为金融期权的标的物的金融期权交易。

8.4.4 金融期权交易

1. 期权合约的构成要素

（1）期权的买方与卖方。期权买方是指依据期权买卖协议支付期权费用，同时获得行使期权权利的一方。期权卖方是指依据期权买卖协议收取期权费用，同时负有按期进行期权交易义务的一方。

（2）标的资产的种类及数量。期权合同中规定的双方买入或售出的资产，称为期权的标的资产。期权合约中应指明标的资产的种类资产及其数量。

（3）施权价。期权合同中规定的买入或售出某种资产的价格，称为期权的施权价，也称协议价格。

（4）施权日期。期权合同规定的期权的最后有效日期，称为期权的施权日或到期日。

（5）通知日。通知日是指期权买方要求履行期权合约时，必须在预先确定的交割日之前的某一天通知卖方，这一天即为“通知日”或“声明日”。

（6）期权费。期权买卖双方购买或出售期权的价格，称为期权费或期权的价格。

（7）合约有效期限。期权合约的有效期限一般不超过 9 个月，以 3 个月和 6 个月最为常见。其表示方法有 1 月循环，1-4-7-10，指 1 月份推出的合约，分别在 4 月、7 月、10 月到期 2 月循环，2-5-8-11，指 2 月份推出的合约，分别在 5 月、8 月、11 月到期；3 月循环，3-6-9-12，指 3 月份推出的合约，分别在 6 月、9 月、12 月到期。

（8）期权交易地点。标准化的期权合约一般在专门的期权交易所进行交易，也可以在期货交易所、商品交易所或者证券交易所附设的期权交易场所进行交易。非标准化期权合约的交易地点则一般由银行或者投资公司安排，交易地点也可以由交易双方协商确定。

2. 金融期权的交易制度

1）标准化合约

在集中的场内市场交易的期权合约都是标准化的。标准化的期权合约中，交易单位、施权价、最后交易日与履约日、每日价格波幅限制、最小变动价位、合约月份、交易时间等都由交易所规定。

（1）期权合约的交易单位。交易单位表示一份合约容许交易的量。期权合约不同，交易单位的规定不同；交易所不同，交易单位的规定也不同。

（2）施权价。一般而言，当交易所准备上市某种期权合约时，将首先根据合约的标的物的最近收盘价，以某一特定形式确定一个中心施权价，然后再根据既定的幅度设定该中心施权价的上下若干个间距的施权价。在合约规格中，交易所通常只规定施权价的间距。

（3）最后交易日和履约日。最后交易日是指期权合约在交易所交易的最后截止日。履约日是指期权合约中规定的期权买方实际执行该合约的日期。由于期权分为欧式期权和美式期权，不同形式的期权的履约日并不相同。欧式期权的履约日一般为合约到期日，而美式期权的履约日可以为合约到期日及其之前的任何一天。

2）保证金制度

期权的保证金制度与期货的保证金制度有所不同。期货交易中买卖双方均需交纳保证金，而在期权交易中只有期权的卖方需要交纳保证金，因为期权的买方只有履约的权利而没有履约的义务，但期权的卖方却有履行合约的义务。期权的卖方可以以现金交纳保证金，也可以预先将期权的标的资产存放在经纪人处作为履约的保证。期权保证金的计算较为复杂，不同种类的期权合约有不同的保证金计算要求，不同的交易所也有不同的计算规定。

3）对冲与履约制度

在场内期权交易中，交易者可以在最后交易日或者最后交易日之前通过反向交易进行对冲平仓。如果在最后交易日或者最后交易日之前交易者所持有的部位没有平仓，交易者若为期权的买方就要做好履约准备或者放弃权利，交易者若为期权的卖方就要做好应买方要求履行合约的准备。在场内期权交易中，期权的对冲与履约都要通过交易所的结算部门来加以配对和结清。

4）部位限制

部位限制又称持仓限制，是指交易所对每一个交易账户所持有的期权部位的最高额度限制。持仓限制的规定主要是为了防止某一投资者承担太大风险或者对市场操纵能力过大。

3. 金融期权的交易策略

根据投资者对期权标的价格的判断，投资者可以做出买卖两种方向的交易策略。

1）买入看涨期权交易策略

如图 8-2 所示，买入看涨期权策略对于买方来说，其盈利是无限的，亏损是有限的。投资者最多亏损的是期权的权利金，而随着价格的逐步上升，其获利越来越多。看涨期权买方的盈亏平衡点为施权价加上期权费。

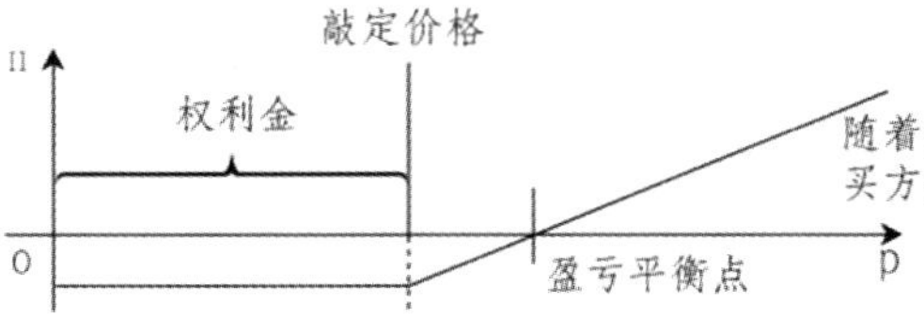

图 8-2 买入看涨期权策略盈亏分析

2）卖出看涨期权交易策略

如图 8-3 所示，卖出看涨期权策略对于卖方来说，其亏损是无限的，收益是有限的。投资者最大收益的是期权的权利金，而随着价格的逐步上升，其亏损越来越多。看涨期权卖方的盈亏平衡点为施权价加上期权费。

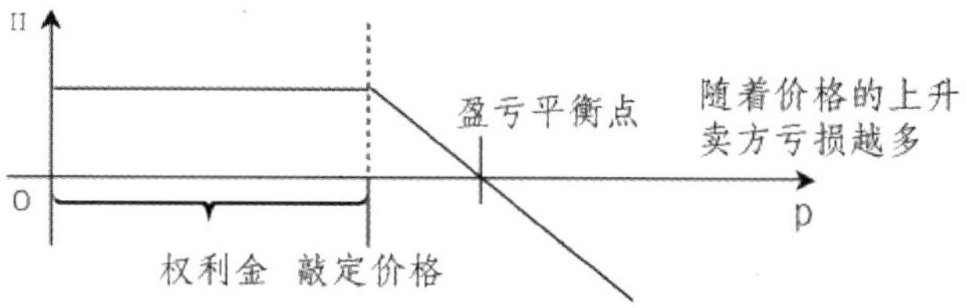

图 8-3　卖出看涨期权策略盈亏分析

3）买入看跌期权交易策略

如图 8-4 所示，买入看跌期权策略对于买方来说，其盈利是无限的，亏损是有限的。投资者最多亏损的是期权的权利金，而随着价格的逐步下降，其获利越来越多。看跌期权买方的盈亏平衡点为施权价减去期权费。

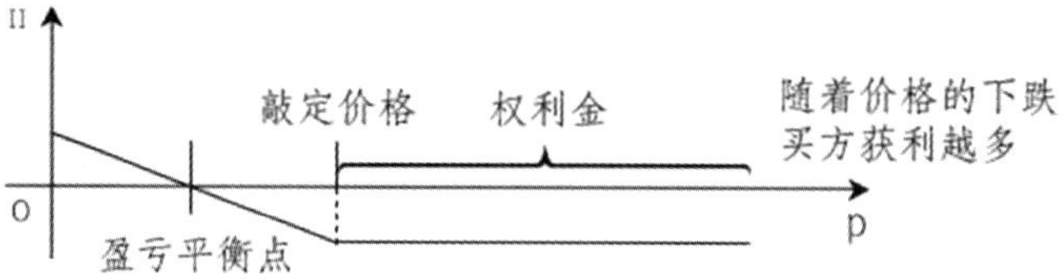

图 8-4　买入看跌期权策略盈亏分析

4）卖出看跌期权交易策略

如图 8-5 所示，卖出看跌期权策略对于卖方来说，其亏损是无限的，盈利是有限的。投资者最大盈利是期权的权利金，而随着价格的逐步下降，其亏损越来越多。看跌期权卖方的盈亏平衡点为施权价加上期权费。

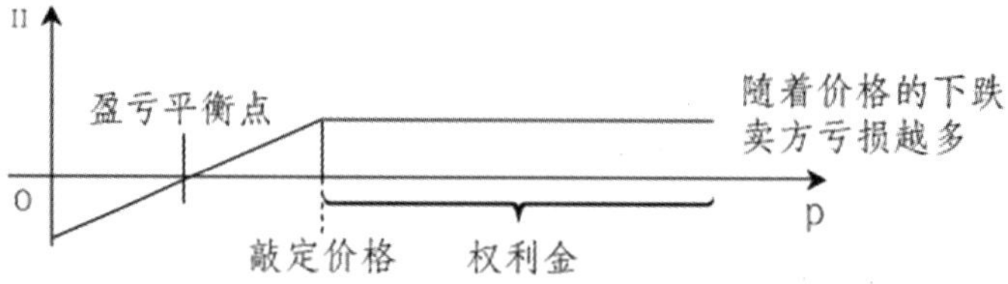

图 8-5　卖出看跌期权策略盈亏分析

4．金融期权交易案例

1）股票期权案例

【例 8-7】某投资者在 3 个月后有资金到位，计划购买 A 公司的股票。现在 A 公司的股票每股股价为 22 元，该投资者担心该股票价格会上涨，因此买入一份 A 公司的看涨期权合约，合约规定买方有权在 3 个月内按每股 24 元的施权价格从卖方处买入 100 股 A 公司的股票，期权费为 1.5 元/股。该投资者通过购买股票看涨期权锁定未来购买股票的成本。

如果 3 个月后 A 公司的股票市价为 26 元，则该投资者可以按 24 元的价格买入 100 股，然后持有股票或者卖出股票。如果以 26 元的价格卖出则获利 200 元（26×100−24×100），扣除期权费成本 150 元期权费后，净盈利 50 元。

若 3 个月后 A 公司的股价低于 24 元，则该投资者放弃行使该看涨期权的权利，净损失为期权费 150 元。

2）利率期权案例

【例 8-8】假定一份 3 个月利率上限合约的协定利率为 8%，名义本金数量为 100 万美元，参考利率为 3 个月期的 LIBOR。如果 3 个月后 3 个月期的 LIBOR 为 8.4%，则卖方须向买方支付 1000 美元（0.084/4-0.08/4）×1 000 000）。如果 3 个月后 3 个月期的 LIBOR 为 7.7%，则卖方无须向买方支付。

8.5 金融互换市场

8.5.1 金融互换市场的起源与发展

金融互换起源于 20 世纪 70 年代开始流行的平行贷款（Parallel Loan）和背对背贷款（Back-to-Back Loan）。

1. 平行贷款

20 世纪 70 年代初，许多国家实行的外汇管制限制了本国厂商对外的融资和投资，政府采取了对外投资进行征税的办法，以惩罚资金外流。一些企业为了逃避外汇监管便采取了平行贷款的对策。平行贷款涉及两个国家的母公司，其各自在国内向对方在境内的子公司提供与本币等值的贷款。例如，美国母公司向在其境内的英国子公司贷款，而英国的母公司向在其境内的美国子公司贷款，用于相互的投资。

贷款由银行作中介，两个子公司的两笔贷款分别由其母公司提供担保。贷款期限一般为 5～10 年，大多采用固定利率方式计息，按期每半年或一年向对方支付利息，到期各自将借款金额偿还给对方。由于平行贷款涉及两个单独的贷款合同，并分别具有法律效力，因此，若一方违约，另一方仍要继续执行合同。于是，为了降低违约风险，背对背贷款应运而生。

2. 背对背贷款

背对背贷款，是指两个国家的母公司相互直接贷款，贷款币种不同但币值相等，并且贷款的到期日相同，双方各自支付利息，到期各自偿还借款金额。

金融互换是资本市场上出现的一种新型金融衍生产品，是国际金融形势动荡不安、金融自由化与电子化发展的必然产物。与其他金融衍生产品一样，金融互换产生的原始动因也是规避市场风险，逃避政策管制和套利。第一个互换合约出现在 1981 年，是一个以德国马克表示的现金流与以瑞士法郎表示的现金流相交换的一个合约。

最初互换是一种场外协议，因此交易双方往往要对协议的具体条款进行商讨，同时对些法律问题进行约定。为了方便互换交易，1985 年，十多家互换交易商联合建立了国际互换交易商协会（ISDA），对互换协议的条款进行标准化。至今 ISDA 制定的标准互换协议（ISDA Master Agreement）已成为国际互换交易的标准合约，大大方便了互换交易的进行。互换合约的标准化也催生了场内交易。从 2001 年开始，伦敦国际金融期货交易所（LIFFE）、芝加哥期货交易所和芝加哥商品交易所相继推出利率互换期货。同时场外市场也开始出现以互换作为基础金融工具的期权，称为互换期权。

8.5.2 金融互换的含义、特征与作用

1. 金融互换的含义

按照国际清算银行（BIS）的定义，金融互换是买卖双方在一定时间内，交换一系列现金流的合约。具体地说，金融互换是指两个（或两个以上）当事人按照商定的条件，在约定的时间内，交换不同金融工具的一系列支付款项或收入款项的合约。

金融互换交易的主要原理是交易双方利用各自在筹资成本上的比较优势筹措资金，然后分享由比较优势而产生的经济利益。例如 A 公司在甲货币借贷市场上有比较优势，而在乙货币借贷市场上具有比较劣势，即 A 公司在甲市场上的筹资成本相对低于从乙市场上筹资的成本。然而，B 公司在乙货币借贷市场上有比较优势，而在甲货币借贷市场上具有比较劣势，即 B 公司在乙市场上的筹资成本相对低于从甲市场上筹资的成本。在存在比较优势的情况下，甲乙双方就可以商定，分别筹集自己具有比较优势的资金，并通过互换获得自己所需的资金，从而分享从比较优势中获得的利益，双方均降低筹资成本。

2. 金融互换的特点

互换市场有一些与期货市场和期权市场不同的特征。

1）更大的灵活性

互换市场的出现是为了摆脱期货市场和期权市场所固有的约束和限制。互换交易是一种按需定制的交易方式，只要互换双方愿意，他们可以从互换内容到互换形式完全按需要来设计，由此而形成的互换交易具有更大的灵活性。而期货合约和期权合约的内容都是高度标准化的，即合约的内容是不能随便更改的。例如，S&P 500 指数期货合约是以一组特定的股票为基础资产，1 年中只有 4 个固定的到期日。此外，期货和交易所交易的期权合约有效期都较短。一般情况下，期货合约的有效期只有大约 1～2 年时间，即使期货合约的有效期在 3 年或 3 年以上，这类期货在临近到期之前一般也是没有流动性的。而期权合约的最长有效期一般少于 1 年。正是由于有效期比较短，期货合约和期权合约所具有的防范风险功能就不可能扩展到有效期以外。例如，某企业正在投资建设一个重大工程项目，它面临着与该项目有关的利率风险达 10 年时间之久，通过期货市场来防范这种利率风险，防范期大约只有 3 年，因此就不能满足该企业的特定需求。

2）更强的保密性

在期货和期权交易市场上，一些主要的经营机构很容易被识别出来。例如，在期货交易市场中，交易商很容易识别有些机构的活动情况。所以，通过交易所来进行交易就必然要失去一些保

密性。而在互换市场上，只有互换对手方知道互换交易的具体情况，这种不公开化的交易有助于交易的保密性。

3）没有政府机构监管

期货交易是通过期货交易所来进行的，期货交易市场一般由专门的机构加以监管，以美国以例，这种监管是通过一个商品期货交易委员会来实施的。同样，交易所交易的期权市场也是个高度规范化的交易市场，这种市场也受到专门机构的监管。在美国，这种监管是通过证券交易委员会来进行的。

但在互换市场上，实际上不存在政府监管。美国商品期货交易所委员会，就曾经正式宣布不准备干预互换市场。因此，在可预见的将来，互换市场依然处于政府监管的范围之外。应该说，这对于互换市场而言是一条利好消息。

3. 金融互换的作用

（1）合理利用经济资源，提高经济效益。投资者可以通过金融互换交易，充分利用双方的比较优势来提高资产收益。同样道理，筹资者也可以通过金融互换交易大幅度降低筹资成本。

（2）规避风险。投资者或者筹资者可以利用金融互换交易规避利率风险或者汇率风险。

（3）有效管理资产负债结构。银行或者企业可以利用金融互换交易筹措到所需的任何期限、币种、利率的资金，同时可以灵活地调整其资产负债的市场结构和期限结构，有效地管理资产负债。

（4）合理逃避管制。金融互换交易属于不计入资产负债表的表外业务，可以合理逃避税收管制、利率管制、外汇管制等各类管制。

8.5.3 金融互换的种类

金融互换主要包含两种类型：利率互换和货币互换。

1. 利率互换

利率互换是指交易双方约定在未来的一定期限内，根据约定数量的同种货币的名义本金交换利息额的金融合约，其中一方的利息额根据浮动利率计算，而另一方的利息额根据固定利率计算。最常见的利率互换是在固定利率与浮动利率之间进行转换。投资者通过利率互换交易可以将浮动利率的资产或负债转换为固定利率的资产或负债，从而达到规避利率风险，进行资产负债管理的目的。

2008 年 1 月 18 日，中国人民银行发布了《关于开展人民币利率互换业务有关事宜的通知》，从 2008 年 2 月 18 日起正式开展人民币利率互换业务，参与机构从原来试点规定的部分商业银行和保险公司拓展到所有银行间债券市场参与者。商业银行进行利率互换交易不再需要具备“衍生品交易业务资格”，进入门槛降低，可参与该业务的机构范围扩大。

利率互换主要分为以下几种。

（1）固定利率对浮动利率互换。这是最基本的利率互换形式，也是最常用的利率互换形式。在这种利率互换中，一方想用固定利率债务换取浮动利率债务，支付浮动利率；另一方想用浮动利率债务换取固定利率债务，支付固定利率。

（2）零息对浮动利率互换。在一般利率互换中，互换双方按相同的支付时间和频率向对方支付利息；在零息对浮动利率互换中，支付固定利率的一方在互换协议到期时一次性地向对方支付利息，而支付浮动利率的一方则要定期支付利息给对方。

（3）浮动利率对浮动利率互换。这种互换有时也称为基础互换。浮动利率对浮动利率互换有多种形式。第一种形式是以不同利率为基础的浮动利率的互换。比如，一方按 6 个月 LIBRO 利率进行支付，而另一方按 6 个月大额存单或 6 个月商业票据利率支付。第二种形式是双方盯住同一种浮动利率，但支付频率不同。比如，一方按 6 个月 LIBRO 利率半年支付一次利息，另一方按 7 个月 LIBRO 利率每月支付一次利息。第三种形式是前两种形式的结合。比如，一方按 1 个月 LLIBRO 利率每月支付一次利息，而另一方按大额存单利率半年支付一次利息。

（4）远期利率互换。远期利率互换是指利率互换合约的签订是在即期，互换的开始执行推迟至未来的一个时间。

2. 货币互换

货币互换指交易双方约定在一定期限内互相交换约定的不同货币的本金额及相同或不同性质的利息。货币互换的目的在于降低筹资成本及防止汇率变动风险造成的损失。自 2010 年 12 月开始，中国人民银行与韩国、马来西亚、印度尼西亚、白俄罗斯、阿根廷等国的央行及货币当局相继签署了货币互换协议。

货币互换主要分为以下几种。

（1）固定利率对浮动利率货币互换。在这种互换中，双方在开始时交换两种不同货币的本金，然后在互换结束时，再将本金交换过来。互换期间，双方相互支付不同货币的利息，其中一方向对方支付固定利率，另一方向对方支付浮动利率。

（2）固定利率对固定利率货币互换。在这种互换中，互换双方在期初，按即期汇率互换本金，并且商定两种货币的利率及利息互换日，同时确定在合约到期日将本金互换回来时的汇率。在期中，双方按照约定的日期、利率进行利息互换。期末，双方按照约定进行本金互换。

（3）浮动利率对浮动利率货币互换。在这种互换中，互换双方在期初、期末交换不同货币的本金，期中则进行不同货币的浮动利率互换。该互换能使互换双方消除货币汇率和利率变动的风险。

8.5.4 金融互换交易

1. 利率互换实例

【例 8-9】甲、乙两公司都希望借入 1000 万美元，10 年期的资金，甲偏好浮动利率借款，乙偏好固定利率借款，甲、乙两公司的信用等级不同。

表 8-6 甲、乙公司借款利率分析表

	甲公司	乙公司	利率差
信用等级	Aaa	Bbb	
固定利率	0.1	0.11	0.01
浮动利率	6 个月 LIBOR+0.1%	6 个月 LIBOR+0.5%	0.004

甲公司的借贷成本低于乙，但乙公司通过浮动利率贷款具有比较优势。双方总的成本可以降低 0.6%。甲 10%取得固定利率的贷款；乙以 6 个月 LIBOR+0.5%获得贷款。甲以 6 个月的浮动利率向乙支付利息；乙以 10.2%的固定利率向甲支付利息。

2. 货币互换实例

【例 8-10】英镑与美元的汇率为 1 英镑=1.5 美元。A 公司想筹集 5 年期的 1000 万英镑借款，B 公司想筹集 1500 万美元借款。A 公司的信用等级高于 B 公司，市场对他们的贷款条件见表 8-7。

表 8-7 A、B 公司借款利率表

	美 元	英 镑
A 公司	0.08	0.1167
B 公司	0.1	0.12

无论在美元市场还是在英镑市场上，A 公司借款具有绝对优势。B 在英镑市场上具有比较优势。双方互换之后，共享互换收益。

A 公司的成本为 11.6%−0.8%=10.8%，B 公司的成本为 10%−0.8%=9.2%，A 按 10.8%向 B 支付 108 万英镑，B 按 8%向 A 支付 120 万美元。

本章小结

金融衍生市场是投资者为规避金融市场风险在基础金融工具的基础上创新出来的新的市场。金融衍生工具的主要种类有金融远期、金融期货、金融期权、金融互换等。金融衍生市场的主要功能有套期保值、投机功能、价格发现功能、降低成本等。金融衍生工具的交易方式有场内交易、场外交易和电子自动配对系统。

金融远期合约是指交易双方约定在未来的某一确定时间、按某一确定的价格买卖一定数量的某种金融资产的合约。交易对象在未来交割，但交易对象的数量、规格、交割时间和交割价格由交易的双方协商，在合同中事先确定。金融远期合约没有固定的交易场所，而是存在场外交易市场，因此属于无形市场。主要包括远期利率协议、远期外汇协议。目前，远期合约最大的交易市场在伦敦和纽约。

金融期货合约是指协议双方约定在将来某一特定的时间按约定的条件（包括价格、交割地点、交割方式）买入或卖出一定标准数量的某种特定金融工具的标准化协议。其主要特点为合约标准化、场内交易、保证金交易、流动性强、违约风险低。主要有外汇期货、利率期货、股权类期货等。金融远期和金融期货既有区别又有联系。

期权是一种选择权，期权的买方向卖方支付一定数额的期权费后，就获得这种权利，即拥有在一定时间内以一定的价格（执行价格）出售或购买一定数量的标的物（实物商品、证券或期货合约）的权利。期权的买方行使权利时，卖方必须按期权合约规定的内容履行义务。相反，买方可以放弃行使权利，此时买方只是损失期权费，同时卖方则赚取期权费。总之，期权的买方拥有执行期权的权利，无执行的义务；而期权的卖方只有履行期权的义务。 期权的构成要素包括：期权交易双方、执行价格、期权费、履约保证金、期权的数量、期权的基础金融资产等。期权有多种分类方法。

金融互换是买卖双方在一定时间内，交换一系列现金流的合约。具体地说，金融互换是指两个（或两个以上）当事人按照商定的条件，在约定的时间内，交换不同金融工具的一系列支付款项或收入款项的合约。金融互换具有更大灵活性、更强的保密性、没有政府机构的监管，能够更合理利用资源、降低融资成本，规避价格变动风险、有效管理资产负债结构、合理逃避管制。金融互换主要包括利率互换和货币互换两种类型。

本章习题

一、选择题。

1．按基础工具分类，金融衍生工具包括（　　）。

A．汇率衍生工具　　B．利率衍生工具　　C．期权　　D．互换

2．金融衍生市场的功能有（　　）。

A．套期保值　　B．投机　　C．获利　　D．价格发现

3．一份成交日为 2019 年 6 月 10 日，1×4 名义金额为 100 万美元的远期利率协议，合同利率为 3%，则其结算日为（　　）。

A．7 月 10 日　　B．6 月 12 日　　C．7 月 12 日　　D．10 月 12 日

4．下面关于金融期权叙述正确的是（　　）。

A．期权的买方收益无限大　　B．期权的买卖双方权利义务不对称

C．卖方的风险小于买方　　D．期权交易需要买卖双方交纳保证金

5．按执行期权的时间不同，期权可分为（　　）。

A．看涨期权　　B．美式期权　　C．欧式期权　　D．看跌期权

二、简答题。

1．简述金融远期和金融期货的异同点。

2．简述金融互换的特点。

三、计算题。

1．假定某公司 3 个月后要借入一笔 100 万元的资金，借期 6 个月，以 LIBOR 计息，现行 LIBOR 为 6%，但公司担心未来利率上升，因此应用 3×9FRA 进行套期保值，合约利率为 6.5%，参考利率为 7%，计算其结算金。

2．某客户 2019 年 6 月 10 日看多沪深 300 指数，当日以 3610 点价格买入 1 手 IF1002 合约。（乘数 300 点，保证金比例为 15%）。当日结算价为 3400 点，持仓到 2019 年 6 月 25 日，IF1002 合约价格升至 3750 点，该客户在这个点位对冲平仓了结。

（1）计算开仓保证金。

（2）计算开仓日的持仓结算保证金。

（3）计算客户的损益。

3．某投资者买入某股票 3 个月看涨期权 10 张，合约的执行价格为 20 元/股，数量为 10 手，期权费为 1 元/股。

（1）计算投资者需要交纳的期权费。

（2）3 个月到期日，股票市场价格为 25 元/股时，投资者该如何操作，损益状况如何？

（3）3 个月到期日，股票市场价格为 18 元/股时，投资者该如何操作，损益状况如何？

4．甲、乙两公司都有融资需求，融资金额为 8000 万，甲公司偏好浮动利率贷款，其借入固定利率贷款的成本为 10%，借入浮动利率的成本为 LIBOR+0.25%；乙公司偏好固定利率贷款，其借入固定利率贷款成本为 12%，浮动利率贷款成本为 LIBOR+0.75%。甲、乙两公司有没有达成利率互换的可能性？如果能够达成，应该如何操作？各自承担的利息成本为多少？

第九章 互联网金融

学习目标

互联网金融是指传统的金融机构和互联网企业利用互联网技术和信息通信技术实现资金融通、支付、投资和信息中介服务的新型业务模式。互联网金融市场对促进小微企业发展和扩大就业发挥了现有金融机构难以替代的积极作用，但其中也隐藏着巨大风险。互联网金融主要的模式有众筹、P2P 网贷、第三方支付、数字货币等。

通过本章的学习，学习者应了解互联网金融产生的背景及发展前景，掌握互联网金融的含义和特点，以及其具体工具的性质。

引导案例

腾讯的互联网新金融道路

作为中国较大的互联网公司之一，腾讯既是用户数量之王，也是社交活跃度之王，这让腾讯成为互联网金融的超级入口。腾讯拥有中国最多的移动互联网用户、最主动的交互方式，这被认为是腾讯金融最大的优势。

1．支付领域

（1）财付通。财付通是腾讯公司于 2005 年 9 月正式推出的专业在线支付平台，其核心业务是帮助在互联网上进行交易的双方完成支付和收款，致力于为互联网用户和企业提供安全、便捷、专业的在线支付服务。个人用户注册财付通后，即可在拍拍网及 20 多万家购物网站轻松进行购物。财付通支持全国各大银行的网银支付，用户也可以先充值到财付通，享受更加便捷的财付通余额支付体验。

财付通与拍拍网、腾讯 QQ 有很好的融合，按交易额来算，财付通排名第二，份额为 20%，仅次于支付宝。财付通和 QQ 的产品服务是相辅相成的，若没有财付通带来的便捷支付，QQ 增值类产品服务及游戏业务等也无法迅速成长；同样地，若没有 QQ 傲人的产品，财付通也无法稳居市场第二的地位。

（2）微信支付。腾讯一推出微信，就几乎牢牢占据了移动流量入口的霸主地位，微信以其强大的流量支撑和社交属性，一举成为移动社交 App 之王，让新浪微博、电信运营商等甘拜下风。微信 5.0 上线后推出的微信支付功能，更是增加了微信的金融属性，并和时下愈演愈烈的移动电商概念牢牢结合在一起，微信成为一个移动电商的大平台几乎指日可待。微信支付主要有三个使用场景：微信公众平台的支付、App 支付、二维码扫描支付。

在微信公众平台中，有订阅号和服务号两种。订阅号虽然每天可以发信息，但是信息被收集到一个文件夹中，不再单独展示，信息被折叠了。服务号发消息有限制，一个月只可以 4 发条群发信息，信息显示在第一屏，信息不被折叠。服务号更多的是强调互动，如招行信用卡的公众账号，用户可以在目录进行账单查询、积分等操作。

App 支付目前主要有腾讯自有的两个产品——表情商店和微信游戏。虽然 iphone 版本的表情商店仍要通过 App Store 来支付购买，但 Android 版本已可以使用微信支付。微信游戏如《天天连盟》内置的付费道具也可以使用微信支付进行购买。

至于二维码支付，实际是在支付宝钱包的二维码支付以及当面付（声波支付）功能。2013 年 9 月微信支付联手友宝在线在北京地铁站摆放 300 台自动售卖机，购买者可以通过微信支付扫描二维码完成购买。

当然，除上述三种支付场景外，微信支付也在慢慢挖掘其他功能。在支付领域，腾讯彻底贯彻了自己的金融思路。在移动端的屡屡创新，微信支付势必将诞生很多有趣的新玩法。

2．网络理财

理财通的出现折射的是腾讯开拓互联网金融版图的特有路径，即为特定行业提供一个在线生态系统。利用自身的社交平台和支付系统，腾讯正在为基金公司和券商打造合适的平台。在发挥自身优势的同时，腾讯巧妙地跨入了门槛较高的金融领域。

广发基金旗下的天天红货币与易方达基金旗下的易理财货币两只货币基金正式登录微信理财通平台，这是继华夏基金和汇添富基金之后第三批入驻理财通的基金公司，至此，微信理财平台原计划上线的四只基金已经全部到位。腾讯所担任的角色是为金融企业搭建起一座能够和更多用户实现连接的桥梁，通过这种方式向用户提供更好的金融产品。

2014 年 2 月初，腾讯与国企证券联合推出的首只互联网金融产品佣金宝正式上线，投资者通过腾讯股票频道进行网络在线开户或转户，即可享受万分之交易佣金服务。不过，佣金宝并非只提供通道服务，还将持续为投资者提供增值服务，包括高端咨询产品，打破以往券商不为散户提供增值服务的惯例。

同时，由腾讯提供平台、金融机构提供专业资讯服务的分工合作已经开始。由同信证券冠名打造的网上直播股票节目已悄然在腾讯股票频道上线，“金融资讯服务+投资顾问服务”的合作模式隐现，这也是继“佣金宝”之后又一个登录腾讯网的互联网证券服务产品。

经纪业务领域是腾讯近期与券商合作的主要着力点。腾讯内部人士称，未来将在投顾业务，甚至在资管业务方面有所尝试。对腾讯而言，与券商合作经纪业务，有利于在自有平台上沉淀和发展投资者。等到投资者用户量达到一定规模、养成在腾讯平台的金融使用习惯后，则可以推出更多增值服务，发展其他互联网金融业务。腾讯和合作的券商伙伴会继续投入，可能在交易费用上对投资者进行补贴，目的是先将投资者吸引到平台来。正如腾讯基于 QQ 背后的社交关系链，发展和壮大了游戏等重要业务，未来一旦培养了一批有黏度的金融用户，将可再次复制流量的变现效应。

3．传统金融领域

在银行领域，腾讯银行在传统银行业务基础上，将借助腾讯在互联网行业的优势，围绕互联网金融进行创新，更高效率、更大范围地服务好用户。腾讯银行即腾讯与深圳百业源投资有限公司作为共同发起人的民营银行，在深圳前海成立。按照前海的金融创新举措及对金融行业的优惠措施，结合腾讯在互联网金融的各种尝试，深圳的首家民营银行很可能以互联网金融为主攻方向，成为前海即将构建的互联网金融生态圈的核心力量。腾讯银行定位于大存小贷模式，以大额存款、小额贷款为主要业务。为符合银监会提出的“大存小贷”定位，腾讯目前已摒弃网络银行思路，正重新制定新的定位。

保险领域，腾讯目前既有保险代销平台又有自己参股的保险公司。QQ 用户可以通过 QQ 便民直接在线购买保险，主要险种包括车险、家财险、健康及意外险、投连险等。与此同时，2013 年 9 月众安保险也正式获批开业。业务范围主要包含与互联网交易直接相关的企业或家庭财产保险、货运保险、责任保险、信用保证保险。

证券领域，腾讯虽然没有自己的证券公司，但 2013 年 11 月 22 日，国合证券同深圳市腾讯计算机系统有限公司签署《战略合作协议》，双方结成战略合作伙伴关系，进行全方位、全业务领域的深度合作。此外，腾讯早在 2012 年初就收购了益盟操盘手并合作推出股票分析软件——腾讯操盘手，还自己开发了股票软件“自选股”。

腾讯在基金领域的布局更是大手笔。2012 年初，腾讯就在财付通推出了内置应用——理财汇。理财汇覆盖基金、股票、保险三个资产类别，这也基本涵盖了普通老百姓的大部分投资需求。腾讯还和众禄基金合作。腾讯基金超市，也可以帮助用户在线上购买基金。2013 年 12 月 16 日，好买财富宣布已获得腾讯 B 轮投资。而好买财富是证监会首批发牌的“独立基金销售公司”，拥有覆盖宏观策略和各类产品线的研究与数据团队，并拥有自己开发的数据库系统、研究系统和 TA 交易系统。

除了银、证、保、基等主流金融业务以外，腾讯在互联网金融领域也有落子。2013 年 11 月，财付通网络金融小额贷款有限公司正式成立。2013 年底，著名 P2P 企业人人贷母公司“人人友信集团”完成 A 轮融资，作为领投方挚信资本的 LP，腾讯也跟进投资。

据腾讯首席执行官马化腾透露，腾讯在深圳前海已成立多家公司，主要业务方向是电子商务和互联网金融，总注册资金约为 16 亿元人民币。未来腾讯在前海的投资不会少于 100 亿元。

除资本布局外，利用系统内媒体，腾讯对金融业业已拥有相当的影响力。2013 年 5 月腾讯财经和济安金信联袂推出“腾安价值 100 指数”。这是国内首只互联网媒体发布的 A 股指数。几个月后，银河基金以“中证腾安价值 100 指数”作为标的开发了“中证腾安价值 100 指数型发起式证券投资基金”。腾讯布局互联网金融的步伐丝毫没有落后，借助微信而起的“类余额宝”理财项目更是向阿里巴巴发起了挑战。

［资料来源：余来文、温著彬、边俊杰、石磊，《互联网金融跨界、众筹与大数据的融合》，2015］

9.1 互联网金融概述

9.1.1 互联网金融的起源与现状

“互联网金融”是一个富有中国特色的名词，发达国家金融体系中并没有与中国互联网金融准确对应的概念；但是，中国现阶段几乎所有的互联网金融模式都能够在美国等发达经济体中找到“样板”。因此，理解中国的互联网金融发展，首先需要从全球视角和历史演进视角来审视各类互联网金融业态发展的共同动因、机制以及其现状和影响力，其次，根据中国的发展阶段和体制特征，找到中国互联网金融发展进程中存在的具有特殊性的问题，并逐一加以分析，进而从体制改革和金融发展的角度提出应对举措。为了实现这一目标，本节将首先对全球与中国互联网金融的发展做一个鸟瞰式的概览。

1．互联网金融的产生与发展

作为 20 世纪人类最伟大的发明之一，互联网正成为信息时代人类社会发展的战略性基础设施。1969 年美国国防部高级研究计划署建成世界上第一个实际运营的封包交换网络，加利福尼亚大学洛杉矶分校、斯坦福研究所、加利福尼亚大学和犹他州大学的四台主机连接起来，这成了互联网诞生的标志性事件。至今互联网已经历了几十年的发展历程，在这几十年中，不仅互联网的技术经历了突飞猛进的发展，而且互联网也在不断浸入人们的生产与生活。尤其自 20 世纪 90 年代以来，互联网本身的发展以及互联网对世界的改变可谓日新月异。

计算机及通信技术最早被引入金融领域时主要包括两个方面。一方面是所谓的“金融电子化”，金融电子化是在 20 世纪八九十年代随着金融业开始采用先进的计算机技术而发展起来的。例如，各种电子数据处理系统、金融信息管理系统和决策支持系统等都属于金融电子化的范畴。另一方面是电子支付系统的建立。电子支付系统是指由提供支付服务的中介机构、管理货币转移的法规以及实现支付的电子信息技术手段共同组成的，用来清偿经济活动参加者在获取实物资产或金融资产时所承担的债务。银行卡的出现、计算机技术的发展以及各种电子资金转账系统的建立和推广，促使纸币发展为电子账户和电子货币，通过资金流和信息流这两种电子信号流将资金支付活动的双方有机地联系起来，形成各种电子支付系统（不仅包括 ATM、POS 等客户与金融机构间的电子支付系统，SWIFT、CHIPS 等金融机构之间的电子支付清算系统，还包括支付信息管理系统等）。虽然上述金融电子化与电子支付系统的建立主要依托的还是银行专用网络，但是却实现了金融机构内部以及金融机构之间甚至是不同国家金融市场之间的互联，为互联网与金融的进一步融合奠定了基础。

进入 20 世纪 90 年代，伴随着电子商务的蓬勃发展，网络信息技术的高速发展，尤其是网络支付的发展，以及国际金融法规和国际金融组织的建立和完善，网络金融逐渐进入人们的视野，这是互联网与金融真正结合的开始。1995 年 10 月，全球第一家网络银行“安全第一网络银行”在美国诞生，标志着银行网络金融业务的诞生。同年，花旗银行率先在互联网上设立站点。1997 年 7 月，美国白宫发布《全球电子商务框架》报告，对与网络银行发展至关重要的跨国交易、网络支付和交易安全等领域的活动给出了框架性的指导意见。自此，发达国家和地区的网络金融发展迅猛，出现了从网络银行到网络保险，从网络个人理财到网络企业理财，从网络证券交易到网络金融信息服务的全方位、多元化网络金融。

发达经济体的主要银行普遍对推进网络银行业务持积极态度，力图借助互联网平台建立和完善客户管理信息系统，实现量化管理和科学决策，提高资金使用效率，提升银行服务水平，提供全方位服务，拓展银行服务渠道，提高银行整体效能，降低银行运营成本。经过 20 世纪 90 年代早期部分证券经纪商的网络化尝试，到 1996 年，西方国家有更多的证券交易商和基金公司开始提供网上交易平台，开创了现代意义上基于互联网的交易模式，交易量和交易账户激增。1998 年，纯网基证券商开启了基于互联网的交易，以低佣金、大折扣吸引客户。1999 年，传统证券公司开始全面开展网上交易业务，提供全面、个性化、“一揽子”的金融服务。当时，全球四大证券交易所中的两个已经全面启用了电子交易系统。在保险领域，网络保险为保险提供了新的销售平台，销售产品多为标准化的汽车保险等。尤其是近年来，在互联网上提供保险咨询和销售保单的网站在欧美大量涌现，网上保险业务激增。用户在网上购买保险或保险公司在网上开展业务成了保险市场新的发展趋势。

网络金融在中国的发展相比发达国家来说也并不迟到很久。在网络银行方面，1996 年 10 月中国银行率先“上网”。2000 年 6 月 29 日，由中国人民银行牵头，国内 12 家商业银行联合共建的中国金融认证中心全面开通，开始正式对外提供发证服务。在网络保险方面，2000 年 8 月，太平洋保险公司和平安保险公司几乎同时开通了自己的全国性网站，从此专业保险电子商务网站纷纷涌现。在网络证券方面，1997 年 3 月，中国华融信托投资公司湛江营业部推出了多媒体公众信息网上交易系统，揭开了我国网络证券的帷幕。虽然伴随着电子商务的发展，网络金融也在高速发展，业务创新频出，覆盖面越来越广，安全性越来越高，制度法规越发健全，金融一体化的程度不断加强，但是网络金融终究只是传统的金融机构或传统的金融服务向互联网的延伸，作为内核的传统的金融媒介功能并未受到实质性的冲击，只是在互联网的平台上降低了交易的成本，增进了金融服务的可达性。

2．现今的互联网金融

虽然世纪之交“新经济”泡沫的破灭给全球宏观经济运行造成了震荡，但互联网发展的步伐并未停歇，互联网经济也逐渐展露出其独特的技术特点和运行模式。互联网不再甘于仅仅作为传统金融机构降低运营成本的工具，而是逐渐将其自身“开放、平等、协作、分享”的精神向传统金融业态渗透，特别是移动支付、社交网络、搜索引擎和云计算等技术的发明、扩散和商业化，对全球金融模式的创新产生了根本的影响。此时，以 P2P 网络借贷、第三方支付、众筹融资、移动金融等有代表性的互联网金融业态，成为学界和业界关注的焦点。

9.1.2　互联网金融的含义

1．互联网金融

互联网金融就是互联网技术和金融功能的有机结合，依托大数据和云计算在开放的互联网平台上形成的功能化金融业态及其服务体系，包括基于网络平台的金融市场体系、金融服务体系、金融组织体系、金融产品体系以及互联网金融监管体系等，并具有普惠金融、平台金融、信息金融和碎片金融等相异于传统金融的金融模式。

具体而言，可从以下两方面剖析互联网金融的概念内涵。

（1）从货币经济学角度看互联网金融。互联网使电子货币逐渐演变出虚拟货币形式，进而深刻影响货币的概念及流通。通常认为，电子货币是指以计算机或其他存储设备为存在介质、以数据或卡片形式履行货币支付流通职能的“货币符号”，其具体形式包括卡基、数基存款货币，电子票据，等等。以我国为例，证券期货保证金、第三方支付企业的备付金、单用途预付卡等都具有初级电子货币的特征，但只有到了各类虚拟货币的出现，才在某种程度上影响央行的货币发行权。比特币（Bitcoin）是迄今为止最为高级的虚拟货币形态，但正如2013年美国一名联邦法官在一起案件中表示的，比特币是“一种货币或一种形式的资金”，目前其金融属性或许要高于货币属性，因此对于整个货币体系的冲击还非常有限。

（2）从金融经济学角度看互联网金融。就金融经济学来看，互联网使传统金融体系的功能实现出现了更多新的模式、承载主体和路径。如罗伯特·默顿在《金融学》教科书中所言，金融体系的主要功能包括资金供求的配置（融通资金和股权细化、为在时空上实现经济资源转移提供渠道、解决金融交易中的激励问题）、风险的管理与分散、提供支付清算服务、发现与提供信息等。此外，还应加上传递金融政策效应、改善公司的治理和控制。我们可以看到，互联网代表的新技术发展，使这些传统金融功能的实现发生了深刻变革，这也构成了互联网金融的具体功能和类型。

2．互联网金融核心要素

1）大数据

现在我们经常听到、看到各行各业在谈论大数据，以及如何利用大数据实现各种功能和目标。但到底什么是大数据呢？有人说大数据就是很多数据，也有人说大数据是一种技术，还有人说大数据是一个数据库对于大数据的作用，貌似是无所不能。我们可以这样理解，大数据的概念包含了两层含义：一个是名词，一个是动词。名词的大数据是指数据的种类非常多，数量也非常大；而动词的大数据则是指数据的处理方式，包括搜索、分析和挖掘。在金融领域，通过两者的相互配合实现金融活动关于信用评估和风险定价的目标。

大数据的种类非常多，每个公司利用的大数据也不尽相同。如蚂蚁金服主要利用支付数据和交易数据，腾讯则利用社交数据，百度利用搜索数据。那么大数据到底要有多少种类才可供互联网金融使用呢？总的来说，目前的大数据可以用“1+7”类来概括。

这里的“1”是指个人的基本数据，包括年龄、职业、学历、收入等基本信息。这些企业通过个人提交、社会调查等手段都是可以获得的；“7”类数据包括支付数据、交易数据、行为数据、社交数据、信用数据、通信数据和搜索数据七类。

（1）支付数据是指用户通过第三方支付所进行的资金往来数据，包括交易金额、频度、对象等。通过对支付数据的分析可以得出客户的现金流的情况。拥有支付数据的是第三方支付公司，如支付宝等。

（2）交易数据是指用户在电商平台上的买卖记录，包括交易种类、数量、金额、频度等。对交易数据分析可以得出客户的经营状况或消费状况。拥有交易数据的一般是电商，如淘宝等。

（3）行为数据是指用户的违法、违章、欠费、违约情况，包括是否酒驾、水电费欠缴、打车违约、收到法院传票等。对这些数据的分析可以得到用户日常工作、生活行为特征。拥有行为数据的一般是公共部门，如法院、交管局等。

（4）社交数据是指用户的社交聊天和社交互动，通过对其朋友圈和好友互动分析可以得出其所处圈子以及好友评价。拥有社交数据的一般是网络社交公司，如腾讯等。

（5）信用数据是指用户的借贷数据，包括金额、期限、用途、是否违约等。信用数据是用户信用最重要的判断数据。一般的金融机构拥有信贷数据，如银行等。

（6）通信数据是指用户通话地点、时长、对象等。通过对通信数据的分析可以获得用户的家庭地址和单位地点等。电信公司拥有用户的通信数据，如中国移动。

（7）搜索数据是指用户的搜索内容、频率、时间等。通过对搜索数据的分析可以得出用户的关注热点和特征。搜索巨头如百度拥有大量的搜索数据。

互联网金融就是互联网巨头利用其所拥有的大数据，通常是某一类或某几类，进行用户的信用分析，得出用户信用状况、违约概率，以便对其进行风险定价。

大数据在解决信息不对称问题时还有一个应用就是信息匹配。使用大数据进行个体分析，然后同资金的另一方进行匹配，这样资金双方可以找到最优的组合。金融垂直搜索就是大数据运用的典型代表。但是就大数据在互联网金融中的应用来说，最主要的还是表现在信用评估上面。

2）低交易成本

交易成本包括寻找交易对象和交易达成两个方面的成本。交易对象的找寻在传统金融中成本较高，必须要找到适合条件的交易对象，还要进行交易对象的匹配，最后还要考虑交易达成所要花费的成本。但这些问题在互联网金融中都能轻而易举地被解决。通过大数据分析，可以解决交易对象的信息不对称问题，包括信用评估和信息匹配，这样就能轻而易举地找到合适的交易对象，并且寻找成本很低，只有数据分析和数据搜索匹配的成本。而在交易过程中，所有的资金划转都是通过互联网来进行，充分消除了物理界限的限制。也就是说，大数据实现了交易可能性范围的扩大，从一个地区扩大到整个地区，从线下扩展到线上，使交易双方突破人际关系和地理区域的限制，在互联网上实现资金的自由流动。低交易成本是确保互联网金融能提供有效金融服务的保障。

3）方便快捷

互联网金融服务的主要客户属于社会底层，它是传统金融机构不愿提供或无法提供金融服务的补充。草根经济的金融需求的特点是碎、频、多、急、小等。这就需要互联网金融服务能够方便快捷地提供，使客户能够及时地获取金融服务。良好的客户体验是互联网金融存在的重要基础。如果互联网金融仍像传统金融一样，那么这种模式将没有存在的必要。互联网金融通过线上媒介能够及时有效地向客户提供金融服务，满足客户的投融资需求，像余额宝就是随时转入，当天计息，使客户能够轻松地实现理财的目标，但又不影响客户的支付需求，这样就实现了客户的碎片化理财目标。这使支付、理财合二为一，客户体验非常好。

9.2　互联网金融的分类

9.2.1　第三方支付

1. 第三方支付的含义

第三方支付在发展的过程中逐渐成为互联网金融发展的基础——在第三方支付不断发展和数据积累的过程中，逐步形成了互联网金融赖以生存的、区别于传统金融的发展基础。所以，要理解互联网金融的主要形式，首先要从第三方支付说起。

中国人民银行 2010 年 6 月 14 日出台的《非金融机构支付服务管理办法》中对第三方支付的定义如下：非金融机构支付服务是指非金融机构在收付款人之间作为中介机构提供下列部分或全

部货币资金转移服务，包括网络支付、预付卡的发行与受理、银行卡收单以及中国人民银行规定的其他支付服务。这里的非金融机构支付服务指的就是第三方支付机构所提供的服务。第三方支付是电子支付系统的一个重要组成部分。

2. 第三方支付业务模式

当前的第三方支付模式主要包括担保交易模式和独立第三方模式，虽然支付模式略有区别，但是都在各自的领域满足了特定的支付要求，因此其存在是非常有必要的。

1）担保交易模式

担保交易模式是由支付宝首创的，目前广泛应用于以电商平台为依靠的第三方支付平台中。在支付宝产生之前，国际上和国内的第三方支付更多的是充当网关功能，即当消费者进行支付时第三方支付平台立即链接网银进行支付。但是这会存在相当大的信用风险。在美国信用风险较小，原因在于美国有相对完整的法律体系、信用体系和风控体系，买卖双方都会按照合同的约定提供保质保量的商品和相应的货款。但在国内由于信用体系缺失，买卖双方的违约成本较低，所以电子商务存在较高的信用风险，第三方支付完全不能应对这种风险是其不能快速发展的主要原因。

担保交易的出现正是为了应对这一问题，其本质就是为了解决交易中存在的由于信息不对称所导致的阻碍交易顺利进行的信用风险这一根本问题。而解决方式是通过一个独立的第三方来保管资金，从而可以促进买卖双方交易的顺利进行。

2）独立第三方模式

与担保交易模式形成鲜明区别的是独立第三方模式。前者主要是针对自身平台上的电商交易而设计的，因此不可避免地会跟自身的电商平台紧密相连。但还有一种支付平台，其本身并没有电商平台，而且这种模式的出现也不是为了解决电商交易中的信用风险问题，而是为了提供给企业支付服务和支付解决方案，因此这些支付平台必然是独立于电商平台的。

相比而言，独立第三方模式在客户资源上没有优势，毕竟没有像电商平台那样的支付量，所以现在在第三方支付市场中的份额相对有限。而且在细分市场，几乎看不到独立第三方的身影。但是，我们可以看到独立第三方平台具备同担保交易模式相同的价值资产——交易数据。因为前者具有相同的虚拟账户，除了为客户提供支付结算服务，同样也可以收集客户的相关信息，形成信息积累优势。除这一点相同外，独立第三方支付平台最大的问题还是如何在市场中生存下来，因为只有这样才能完成对交易数据的积累。在这个过程中，独立第三方支付阵营开始出现分化，一派认为行业支付没有本质区别，平台可以提供一种行业通用、兼容的支付解决方案来满足所有行业的支付需求；另一派认为行业属性不同决定了各行业的支付系统必然有所区别，应立足某一行业，整合整个行业的产业链，满足特定行业支付需求。结果是，前者走了综合型支付的道路，后者则走了垂直行业支付的道路。事实证明，两者都满足了特定的支付需求，都具有强大的生命力。

（1）垂直行业支付。垂直行业支付属于第三方支付，具有第三方支付的行业特点，如虚拟账户、积累支付数据等，但与其他方式相比，垂直行业支付具有比较特殊的行业服务模式和发展路径。概括起来就是，在从事支付业务时，立足核心企业、整个行业上下游的相关企业，满足特定行业的支付需求，相比平台模式和综合型支付模式，垂直行业支付更具有行业灵活性和适用性。

汇付天下的成功主要是其基于不同行业的支付要求和支付特点，开发出相适应的支付系统，这样才能有效地满足客户特定需求。而这也是垂直型行业支付的根本所在。

另外，尽管汇付天下并不是最大的第三方支付平台，但是从其现在的发展轨迹还是或多或少能够看出互联网金融的“萌芽”。不难发现，汇付天下已经从支付开始向供应链支付、基金销售和金融服务发展，这也是当前典型的互联网巨头涉足互联网金融的一贯路径。预计未来汇付天下会在供应链金融领域发力，因为其积累的支付数据主要是基于供应链上企业间的交易数据，这对于从事供应链金融业务是至关重要的。

（2）综合行业支付。相较于垂直行业支付，综合行业支付坚持在支付过程中并不存在行业差别，仅有的差别可以通过微调的方式进行解决，因此它们主要提供的是跨行业的通用型支付系统，力求尽可能包容所有的行业差异。

垂直行业支付和综合行业支付在本质上是相同的，通过提供支付服务来满足各个行业的支付要求。对于这两种支付模式的不同上面已经充分介绍了，这里再强调两点。一是它们所服务客户的行业属性决定了它们的业务模式。二是随着支付行业的不断发展，以及互联网金融的普及，不适宜再片面地强调它们的业务模式，因为它们都属于支付行业，都能够通过虚拟账户获得大量的支付数据，可能数据类型有所不同，有单纯的交易支付数据，也有供应链交易支付数据，这会影响它们今后的网络信贷模式，但这些支付数据都能被沉淀下来成为今后业务拓展的基础，或许这才是最重要的。这也说明了为什么第三方支付是互联网金融的先遣队。

从第三方支付模式来看，总的来说，第三方支付同传统的支付方式并没有根本上的区别，它们都作为一种实现资金转移的方式而存在。两者的区别主要体现在提供的服务特点、业务构成和盈利模式上。相对于传统支付，第三方支付更强调增值服务和综合性支付解决方案，业务更加个性化和定制化，盈利模式也就增加了增值服务的内容。

9.2.2 在线理财

理财源于将自身的财产，包括现金、股票、债券等进行合理的投资，实现资产时间转移、空间转移和信用转移的一个过程。简单地说，理财本质上看也是一种投资行为，通过投资实现资产的保值和增值。过去大都是线下理财，通过银行、券商、基金公司等购买相应的理财产品，近年来随着互联网的普及，很多理财都可以通过网络来实现。互联网金融的在线理财与过去的线下理财有着本质的区别，前者是通过对大量的行为数据的分析，来实现理财产品的设计和风控的，这与过去的线下理财在思想上和实际运行中都存在着很大差别。

1. 在线理财的概念

互联网金融中的在线理财是指运用互联网思维和网络技术创新个性化和互动式的新型理财产品的服务模式。这里的重点就是互联网思维和网络技术、个性化和互动式。互联网思维和网络技术是形成理财产品的方法，而个性化和互动式是新型理财产品的特点。

过去的理财产品是站在公司方的角度来进行产品的设计，忽视了消费者的个性。在线理财就是要运用互联网的“求真、开放、平等、协作、分享”思维，来包容大众投资者的一切，包括投资者的一切思想、需求、行为特征、消费偏好等，只有这样才能引起消费者的共鸣，得到消费者的认可，获得消费者的广泛参与。过去的理财产品一方面没有这方面的意识，只注重产品的设计，而忽视了来自大众的感受；另一方面，限于技术和数据的支撑，无法获得关于消费者的精准画像，也就无法植入投资者的信息了。而现在，大数据为在线理财的产品创造了必要的条件。通过对大数据的分析，分析方不仅可以获得大众投资者的行为特征，而这些可以成为产品设计的关键因素，比如个性化产品的定制，同时分析方还可以利用大数据进行风控，有效保障在线理财的安全。这样的在线理财才是真正的互联网精神的体现，也是实现个性化和互动式的充分条件。

2．在线理财的主要类别

当前的在线理财产品市场是宝宝类产品的天下，其次就是 P2P 理财产品。

1）宝宝类理财产品

宝宝类理财产品指的是支付宝的余额宝、腾讯的理财宝、平安银行的壹钱包，或者是现金宝、收益宝之类，以淘宝发端的、以宝类冠尾的，货币基金等现金管理类理财产品等。它们的好处是把人们放进去的钱用来购买货币基金，稳定收益高于银行活期存款而且取现方便。

2）P2P 理财产品

P2P 理财就是通过互联网理财，即个人对个人，又称点对点网络借贷，是指以公司为中介机构，把借贷双方对接起来实现各自的借贷需求，借款方可以是无抵押贷款或是有抵押贷款，而中介一般是以收取双方或单方的手续费为盈利目的，或者是赚取一定息差为盈利目的的新型理财模式。

P2P 直接将人们联系起来，让人们通过互联网直接交互，使网络上的沟通变得容易、更直接，真正消除中间商，为企业与个人提供更大的方便。

这种理财方式收益率高，风险大，网贷公司老板跑路的新闻常见报端。

9.2.3 P2P 网贷

1．P2P 网贷的含义

根据 2015 年 12 月公布的《网络借贷信息中介机构业务活动管理暂行办法》，P2P 指的是“个体和个体之间通过互联网实现的（直接）借贷”。“直接借贷”界定了业务的形式和内容。

网络借贷包括个体网络借贷（即 P2P 网络借贷）和网络小额贷款。个体网络借贷是指个体和个体之间通过互联网平台实现的直接借贷。在个体网络借贷平台上发生的直接借贷行为属于民间借贷范畴，受相关法律法规以及最高人民法院相关司法解释规范。网络小额贷款是指互联网企业通过其控制的小额贷款公司，利用互联网向客户提供的小额贷款。网络小额贷款应遵守小额贷款公司监管规定。网络借贷业务由银监会负责监管。

2011 年，我国的 P2P 网贷成交规模为 31 亿元，随着监管的加强，网贷平台的数量有所下降，截止到 2018 年，平台成交规模为 1.79 万亿元，发展速度非常快。

2．P2P 网贷的主要运营模式

1）传统 P2P 模式

网络信贷起源于英国，随后发展到美国、德国和其他国家，其典型的模式如下：网络信贷公司提供平台，由借贷双方自由竞价，撮合成交。

在传统 P2P 模式中，网贷平台仅为借贷双方提供信息流通交互、信息价值认定和其他促成交易完成的服务，不实质参与到借贷利益链条之中，借贷双方直接发生债权债务关系，网贷平台则依靠向借贷双方收取一定的手续费维持运营。在我国，由于公民信用体系尚未规范，传统的 P2P 模式很难保护投资者利益。因此，P2P 网贷在不断的探索实践中，建议信用贷款方面引入联保，其他贷款方面则引入抵押或质押进行担保。

2）债权转让模式

债权转让模式能够更好地连接借款者的资金需求和投资者的理财需求，主动地批量化开展业务，而不是被动等待各自匹配，从而实现了规模的快速扩展。

因为信用链条的拉长，以及机构与专业放贷人的高度关联性，债权转让的 P2P 网贷形式受到较多质疑，并被诸多传统 P2P 机构认为这“并不是 P2P”。

3）P2B 模式

P2B 平台的特点是个人对机构，具体操作模式是由第三方机构去做风控。平台把第三方机构做好风控的项目或标的在平台上和投资者对接，这样就聪明地化解了平台做风控不专业、风控水平较差的难题。

P2B 平台合作的第三方机构，通常有较强的实力，较强的风控能力，较高的风控水平，因此总体上而言，P2B 业务模式的风险大大低于 P2P 业务模式，安全性更值得投资者信赖。

P2B 平台，根据所合作的第三方机构的不同，又可以细分为以下几种：①和担保公司合作的平台；②和小贷公司合作的平台；③和保理公司、融资租赁公司合作的平台；④和证券公司、四大资产管理公司、银行等实力较强的持牌正规金融机构合作的平台。

因为通常担保公司风控能力较弱，保理公司、融资租赁公司次之，小贷公司稍强，证券公司、四大资产管理公司、银行等实力较强的持牌正规金融机构风控能力最强，风控水平最高，因此，这几类 P2B 平台里面，第①种风险较大，第②种和第③种风险次之，第④种风险最低，安全性最高，最值得投资者信赖。

9.2.4 众筹

1．众筹的含义

众筹是指用“团购+预购”的形式，向网友募集项目资金的模式。众筹利用互联网和 SNS 传播的特性，让小企业或个人对公众展示他们的创意，争取大家的关注和支持，进而获得所需要的资金援助。

现代众筹指通过互联网方式发布筹款项目并募集资金。相对于传统的融资方式，众筹更为开放，能否获得资金也不再是由项目的商业价值作为参考标准。只要是网友喜欢的项目，都可以通过众筹方式获得项目启动的第一笔资金，为更多小本经营或创作的人提供了无限的可能。

2．众筹的特征

（1）低门槛。发起众筹的人不分身份、地位、职业、年龄、性别，只要有想法、有创造能力都可以发起项目。

（2）多样性。众筹的方向具有多样性，在国内的众筹网站上的项目类别包括设计、科技、音乐、影视、食品、漫画、出版、游戏、摄影等。

（3）依靠大众力量。支持者通常是普通的草根民众。

（4）注重创意。发起人必须先将自己的创意（设计图、成品、策划等）达到可展示的程度，才能通过平台的审核，而不单单是一个概念或者一个点子，要有可操作性。

3．众筹的模式

众筹模式一般分为商品众筹、股权众筹、公益众筹、大病众筹等。

1）商品众筹

商品众筹是指项目发起人针对某一项目、商品、创意等发起项目筹资，投资人为项目投资后，未来可以获得一定的商品或服务等作为回报的一种投融资方式。商品众筹的投资项目标的比较广泛，包括电影、音乐、游戏、动漫、文化创意、电子产品等。从现在的发展趋势看，智能硬件和文化创意产品的市场占比较高，特别是智能硬件。

一般的，商品众筹的项目发起人通常拥有一个好的产品或创意，预期能够获得大众的认可，但是缺乏资金的支持项目不能启动，同时也无法通过银行等渠道进行贷款。相比于 P2P 融资，因为项目还未发起，因此也无法通过平台进行借款。此时就可以通过众筹平台进行融资。项目投资者通过前期投资，成为项目的股东，可以参与到项目的运作当中，包括产品设计、生产，其获得的回报就是提前获得商品或一些额外的增值服务。如在电影众筹当中，投资人在电影上映时可以获得电影票，而且在电影拍摄当中可以获得同演员接触的机会，或得到一些纪念品等。在产品众筹当中，投资人也可以获得生产的产品。商品众筹这种模式，投资人之所以投资大多是为了获得生产的商品，而非获得更多的投资收益。所以很多人将这种模式概括成“预售+团购”。预售是指在产品生产之前，投资人通过投资已经提前购买了这种商品，发起人也已经将产品预售出去；团购是指通过多人投资的行为，将产品批量地销售出去。

商品众筹平台目前存在两类，即综合类平台和垂直类平台。前者在平台上面发布多种类型的筹资项目，而后者则注重某一领域的众筹。在众筹平台发展的过程中出现分化是一种必然的趋势。虽然现在综合类众筹平台仍占主流，但是未来面对激烈的竞争，可能越来越多的平台会选择垂直化的道路。而且，垂直化平台的竞争力并不比综合平台逊色。

2）股权众筹

相比于商品众筹是以获得商品为目的的投资，股权投资则是以获得企业的股权、分红、利息等收益为目的的投资，而且与商品众筹相比，投资者的投资属性更加明显。

但是遗憾的是，股权众筹在过去的一段时间内一直没有较好的发展，行业规模十分有限。

股权众筹的运作方式同商品众筹十分类似，都是项目发起人缺乏资金启动一个好的项目，通过众筹平台筹集足够的资金进行生产以取得收益。但股权众筹的融资是以股权作为回报的，这与商品众筹完全不同，投资者获得的是股权、分红、利息等现金收益，这比商品众筹更具有投资的性质，而不再仅仅局限为一个商品或服务，给投资者带来的投资收益很可能是巨大的。但这也同样带来了其他的问题：投资者的资质问题；投资金额问题；投资风险问题。由于产品不再限于一个或几个商品，因此在筹集资金时投资者可以投入较多的资金，但相应的投资风险也在上升，一旦发生亏损，对投资者的打击是非常大的，那么这就意味着并不是所有的投资者都具备投资能力或抗风险能力。一般来说，只有具备一定经济实力、投资经验、抗风险能力的投资者才能参与。这就无形中束缚住了很多投资人的脚步。

3）公益众筹

公益众筹是指通过互联网方式发布筹款项目并募集资金。相对于传统的公益融资方式，公益众筹更为开放。只要是网友喜欢的项目，都可以通过公益众筹方式获得项目资金，这为更多公益机构提供了无限的可能。无论基金会、注册机构、民间组织，只要是公益项目就可以发起项目。

4）大病众筹

大病众筹指的是当家庭成员遭受重大病痛，家里贫困无法完成医疗费用时通过互联网向全社会发起的资金筹集方式。此类众筹属于公益性质，投资金额属于捐献性质，无须返还。目前有众多的为个人服务的众筹平台，如水滴筹等。

9.2.5 互联网货币

1. 互联网货币的含义

互联网货币，又称虚拟货币、数字货币或者电子货币，是伴随着计算机网络技术的发展而产生的一种货币。这与我们现实中使用的货币全然不同。在“互联网社会形态”里，人们根据自己的需求成立或者参与社区，同一社区成员基于同种需求形成共同的信用价值观，互联网货币就是在此基础上形成的“新型货币形态”。

互联网货币大体可分为两类：第一类是由特定机构发行的，往往是在网络虚拟社区中使用，如 Q 币等；第二类则是一种全新的“去中心化”发行的互联网货币，如比特币、莱特币等。

2. 互联网货币的主要类别

下面介绍两种主要的互联网货币。

1）Q 币

Q 币，简称 QB，也称 QQ 币、腾讯 Q 币等，由腾讯推出，是一种虚拟货币。通常它的兑价是 1 元人民币。

Q 币可以用来支付 QQ 的 QQ 行号码、QQ 会员服务等。腾讯 Q 币可以通过购买 QQ 卡、电话充值、银行卡充值、网络充值、手机充值卡、一卡通充值等方式获得。QQ 卡的面值有 10 元、15 元、30 元、60 元、100 元、200 元。

Q 币的功能主要用如下功能。

（1）号码服务。这是 QQ 用户最喜欢的服务之一，QQ 行号码提供会员级的密码保护、手机取回密码、手机上锁等服务，而会员号码还提供了会员靓号、好友分组上传/下载、会员密友、会员邮箱等一系列功能。在腾讯网站的号码服务页面，使用 Q 币可以申请 QQ 行号码和会员号码，也可以给这些号码续费。

（2）QQ 秀。Q 币可以在 QQ 秀商城给自己或朋友购买各种虚拟商品：服饰、场景、化妆……QQ 上那些妩媚迷人、娇巧可爱、英俊潇洒的形象，都是在 QQ 秀商城中装点出来的。而且，用户还可以到 QQ 照相馆和网友一起合影。

（3）QQ 游戏。从 QQ2003 开始，已经有了 QQ 游戏功能。使用 Q 币不仅可以兑换游戏币，还可以购买游戏中的各种特权。

（4）QQ 贺卡。用户可以发送电子贺卡给好友，不仅可以发送到对方的信箱，还可以发送到对方的 QQ 上。QQ 贺卡的包月费用是 5 元，用户可以用 Q 币申请和续费。

（5）QQ 空间。使用 Q 币可以使空间更加漂亮，通常有 Q 币买的物品有 6 个月使用的时间。开通黄钻的价格为 10 元/月，全场物品免费用（特殊物品除外）。开通黄钻还能享受以下特权：QQ 农场、牧场、餐厅中购买游戏物品可享受八折优惠，也可免费获得黄钻专属礼品。

2）比特币

比特币是一种 P2P 形式的虚拟的加密数字货币。点对点的传输意味着一个去中心化的支付系统。

比特币不依靠特定货币机构发行，它依据特定算法，通过大量的计算产生。比特币经济使用整个 P2P 网络中众多节点构成的分布式数据库来确认并记录所有的交易行为，并使用密码学的设计来确保货币流通各个环节的安全性。

由于比特币的所有权与流通交易的匿名性，常被不法分子当作洗钱工具。

9.3　互联网金融的前景

互联网金融的发展将有效降低市场交易成本，降低市场上的信息不对称，并加速金融“脱媒”的脚步。

1．移动互联网金融

随着计算机技术的发展，互联网的内容和应用越来越丰富，4G、5G 通信技术的发展，智能终端不断更新换代，移动互联网将成为未来的主流，改变人们的行为模式和生活模式。

从市场上来看，越来越多的公司正在布局移动互联网金融，推动移动互联网金融创新发展。传统金融机构、互联网公司、基础电信运营企业纷纷利用自身优势，不断推出移动理财和移动支付产品，互联网金融的战场正逐渐转移到移动互联网上。

2．互联网金融加速金融“脱媒”

“脱媒”一般是指在进行交易时跳过所有中间人而直接在供需双方间进行。所谓金融“脱媒”是指在金融管制的情况下，资金供给绕开商业银行体系，直接输送给需求方和融资者，完成资金体外循环。随着经济金融化、金融市场化进程的加快，特别是互联网金融的出现，商业银行作为主要金融中介的重要地位在相对降低，储蓄资产在社会金融资产中所占比重持续下降。

3．互联网货币

随着互联网技术的发展，以及人们对互联网金融认识的加深，全球多国纷纷加速央行数字货币布局。数字货币成为数字经济时代重要的金融基础设施。数字货币将推动数字贸易发展、促进消费增长和促进工业互联网高速发展，并逐步替代真实货币，模糊各种货币层次间的界限。各种各样的数字货币将成为流通中的主角。

本章小结

互联网金融是信息时代的产物，是传统的金融机构和互联网企业利用互联网技术和信息通信技术实现资金融通、支付和投资以及信息中介服务的新型业务模式。互联网金融的核心要素有大数据、低交易成本、方便快捷。

互联网金融的类别包括第三方支付、在线理财、P2P 网贷、众筹、互联网货币等。

第三方支付，即非金融机构支付服务，是指非金融机构在收付款人之间作为中介机构提供下列部分或全部货币资金转移服务，包括网络支付、预付卡的发行与受理、银行卡收单以及中国人民银行规定的其他支付服务。第三方支付是电子支付系统的一个重要组成部分。其业务模式包括担保交易模式、独立第三方模式。

互联网金融中的在线理财是指运用互联网思维和网络技术创新个性化和互动式的新型理财产品的服务模式。这里的重点就是互联网思维和网络技术、个性化和互动式。互联网思维和网络技术是形成理财产品的方法，而个性化和互动式是新型理财产品的特点。在线理财主要有宝宝类理财产品、P2P 理财产品。

P2P 网贷指的是“个体和个体之间通过互联网实现的（直接）借贷”。“直接借贷”界定了业务的形式和内容。P2P 网贷包括传统的 P2P 模式、债权转让模式、P2B 模式。

众筹是指用“团购+预购”的形式，向网友募集项目资金的模式。众筹利用互联网和 SNS 传播的特性，让小企业或个人对公众展示他们的创意，争取大家的关注和支持，进而获得所需要的资金援助。包括商品众筹、股权众筹、公益众筹、大病众筹等。

互联网货币，又称虚拟货币、数字货币或者电子货币，是伴随着计算机网络技术的发展而产生的一种货币。

本章习题

一、选择题。

1．互联网金融的核心要素有（　　）。

A．大数据　　B．方便快捷　　C．第三方支付　　D．低交易成本

2．第三方支付模式主要包括（　　）。

A．担保交易　　B．独立第三方模式　　C．垂直行业支付　　D．综合业务支付

3．P2P 网贷的主要运营模式有（　　）。

A．线上融资模式　　B．P2P 模式　　C．债券转让模式　　D．P2B 模式

4．众筹的主要模式有（　　）。

A．商品众筹　　B．股权众筹　　C．债权众筹　　D．大病众筹

二、简答题。

1．简述互联网金融的主要模式。生活中你曾经应用过哪一种？

2．简述互联网货币的种类，并分析哪一种更具生命力。

第十章 金融市场监管

学习目标

金融市场是各国经济发展的中枢系统，如何防范和降低金融风险是各国政府面临的重要问题。金融监管是防范金融风险的主要方式，通过对金融市场的各类参与者、市场运行、市场准入、交易规则、组织结构等进行全方位的监管，以降低系统性风险。各个国家的监管体制略有不同，各有侧重。

通过本章学习，学习者应了解金融监管的体系，掌握金融监管的原则，了解金融监管对金融稳定发展的意义。

引导案例

天威视讯内幕交易案

作为一桩中国证券市场罕见的内幕交易“窝案”，天威视讯内幕交易案无论是移送公安机关的人数，还是移交行政处罚的人数，均为证监会近年来查办的内幕交易案件之最。

2012 年 4 月 5 日，天威视讯发布公告称，拟通过向深圳广电集团等特定对象发行股份的方式，购买深圳市天宝广播电视网络股份有限公司（以下简称深圳天宝公司）、深圳市天隆广播电视网络股份有限公司两项资产。

时任深圳市委宣传部副巡视员倪某是该资产重组工作的主要协调者和参与者，其涉嫌利用本人及司机的证券账户内幕交易“天威视讯”股票，买入金额 182 万元，同时涉嫌向其亲属泄露内幕信息，该亲属买入金额达 3168 万元。深圳天宝公司总经理冯某作为内幕信息知情人，涉嫌向其配偶、亲属、司机等泄露内幕信息，这些人员涉嫌内幕交易，金额较大。倪某、冯某等 15 人的行为涉嫌构成《刑法》第一百八十条规定的内幕交易、泄露内幕信息罪。

2012 年 7 月，根据深圳证券交易所监控发现的线索，证监会对“天威视讯”股票内幕交易案立案调查。当年 12 月，证监会将倪某等 15 人移送公安机关，并对多人进行行政处罚审理。

据介绍，证监会调查人员先后调查了 47 个证券营业部的 66 个证券账户，先后调取了 13 家工商资料以及 38 家银行网点的 205 个银行账户，核实了 327 名内幕信息知情人近亲属买卖股票的情况，最终确定涉案金额将近 7000 万元。

本案涉案人员大多是重组各方的管理人员，有条件和机会在工作的不同阶段参与重组工作或者获知内幕信息。涉案人员大致有以下几类：一是负责组织和实施工作的人员；二是被收购方的中高层管理人员；三是上述两类人员的家属、朋友、司机等相对关系比较密切的人员。上述涉案人员在作案手段隐蔽性上也不尽相同：有些涉案人员直接利用本人或者其配偶的账户进行交易；有些涉案人员交易手段比较复杂隐蔽，例如委托朋友进行操作。

调查人员称，出现此次窝案的原因，一是本次重组组织和领导者的法制观念不强，防控措施缺失，没有采取相应的保密措施；二是市场相关主体特别是上市公司的各级主管对上市公司重大资产重组的保密意识比较淡薄；三是确实有部分市场主体缺少相关法律意识。

2014 年 3 月 7 日，中国证监会正式通报了天威视讯内幕交易案，新闻发言人表示，证监会对于内幕交易行为一直保持“零容忍”的高压态势，对于此类案件，证监会必将严格依照相关法律法规规定，坚决依法查处，切实维护证券市场秩序，保护投资者合法权益。

［资料来源：吴黎华，《解密天威视讯 7000 万内幕交易窝案》，经济参考报］

10.1　金融市场监管概述

金融市场作为金融活动的平台，它的安全、健康、高效对整个社会经济起着至关重要的作用。然而公共品的供给不足、外部性及市场本身的“不完全竞争”与“不完全信息”等现象也会使金融市场失灵。金融市场失灵会降低社会资金的配置效率，甚至引发金融危机，对本国乃至世界经济造成严重影响，引发社会动荡。因此政府必须对金融市场进行适度监管，保证国家或地区的金融市场健康有序。政府对金融机构的监管是世界上所有行业中最严格的行业之一，严格的法律法规会使金融市场更加稳定，金融机构倒闭的数量减少，公众在寻求金融服务时减少种族、宗教、年龄和性别歧视等现象。

10.1.1　金融监管的含义与要素

1. 金融监管的含义

金融监管即金融监督和金融管理，是指一个国家或地区的中央银行或其他金融监督管理当局，依据国家的法律法规对整个金融业（包括金融机构和金融业务）实施的各种监督和管理的行为，包括对金融机构市场准入、业务范围和市场退出等方面的限制性规定，对金融机构内部组织结构、风险管理和控制等方面的合规性、达标性的要求，以及一系列相关的立法和执法体系与过程。

以其涵盖范围的大小，金融监管有狭义与广义之分。狭义的金融监管仅指一国或地区的中央银行或其他金融监管当局对金融机构的监督和管理。广义的金融监管还包括金融机构的内部控制与稽核、同业自律性组织的监管和其他相关社会中介组织的监管等内容。本章讨论的金融监管是指广义的金融监管。

2. 金融监管的要素

1）金融监管的主体

金融监管的主体是作为社会公共利益的代表，运用国家法律赋予的权利去监管整个金融体系的特殊机构。金融监管是一种政府行为，其主体是对金融业实施监管的政府机构。

从世界各国的实践上来看，各国采取不同的金融监管模式，实施监管的当局基本可以分为两类。一类是由政府授权的金融监管当局，负责制定和实施金融市场监管各方面的法律法规，并对违反者进行处罚制裁。金融监管当局是政府的组织机构体系的构成部分，具有权威性、独立性和公共性。在我国，这类政府机构主要有中国人民银行、国务院金融稳定发展委员会、中国银行保险监督管理委员会、中国证券监督管理委员会等。另一类是各种非官方性质的民间机构或者私人机构，它们的权利主要来源于其成员及社会对机构的普遍认可，当其成员出现违规行为时，会受到机构的纪律处罚。绝大多数的证券交易所或证券商自律组织属于这类监管主体。我国的这类自律性监管机构主要有中国证券业协会、中国银行业协会、中国保险业协会和上海证券交易所、深圳证券交易所等。

2）金融监管的对象

从事金融业务的一切金融机构，以及参与市场交易的非金融机构和个人都属于金融监管的对象。金融机构作为金融活动的主体，是金融监管的对象，非金融机构和个人则只有在金融市场上进行交易时才是金融监管的对象。

金融监管的对象主要包括银行、证券公司、保险公司、信托投资公司、财务公司、信用合作社、基金管理公司、金融租赁公司等金融机构，从事金融市场业务的会计事务所、律师事务所、资产评估机构、投资咨询机构、信用评级机构等服务机构，以及机构投资者和个人投资者等。近年来的金融全球化，也使跨国银行和其他跨国金融机构成为金融监管当局日益重视的金融监管对象。

3）金融监管的方法

金融监管方法是指监管的具体步骤和技术等。一般包括以下几种。①事先检查筛选法，即在金融机构建立之前对其进行严格的审查和注册登记，包括拟建机构的地址、规模、股东人数、资本金、经营管理水平、竞争力和未来收益等。②定期报告和信息披露制度，即金融监管当局要求有关金融机构定期披露相关报告和信息，从而查找出可能存在的问题。③现场检查法，即金融监管当局指派检查小组，到金融监管对象经营场所进行实地检查，主要检查内容有资本充足状况、资产质量、内部管理、收入和盈利状况及清偿能力等，以此做出全面评价。④自我监督管理法，是金融机构进行的内部监管，依据法律自我约束和管理。⑤内、外部稽核结合法，稽核是指对经营活动开展审查与核对，金融监管当局强制性稽核与社会非强制性稽核相结合的方法对金融系统进行监督检查。⑥发现问题及时处理法，即当金融机构和金融市场参与者的经营活动违反金融法律法规时，金融监管当局通过相应措施及时督促监督，纠正偏差。

10.1.2 金融监管的模式

金融监管模式是由一系列法律法规和监管组织机构组成的体系。世界各国由于历史文化、金融市场发育程度、金融体制、法律法规、管理理念等方面均不相同，从而形成了不同的金融监管体制模式，主要有以下三种分类方法。

1．按是否对金融业内不同行业分业监管分类

按是否对金融业内不同行业分业监管，金融监管可分为分业监管和混业监管。

1）分业监管

分业监管也称分头监管，指政府按照本国金融体系的具体行业特征，对不同行业分别设立不同的金融监管机构专门负责本领域的监督和管理。一般来说，把行业分为银行业、证券业和保险业，政府在三大行业内分别设置独立的监管机构，专门负责本行业的监督管理。目前，采用这种体系模式的国家有美国、德国、荷兰和中国等。

分业监管模式的优点主要包括：①由专业的监管机构负责不同领域的监管，监管专业化，职责明确化，分工细致化，重点突出并且有利于提高监管效率；②各种专业机构的监管对象不同，彼此之间存在竞争压力，有监管竞争优势，这也有利于提高监管效率。分业监管的缺点也是同时存在的：①各监管机构之间协调性较差，容易相互推诿，监管机构之间可能存在监管真空，使被监管对象有可能逃避监管；②分业监管的监管机构庞大，成本较高，不能形成规模经济；③不能评估混业经营的金融机构，尤其是金融集团的经营风险。

2）混业监管

混业监管也称集中监管或统一监管，指政府设立或授权一个或少数几个金融监管机构，对金融机构、金融市场和金融业务进行全面的监管。监管机构可能是中央银行，也可能是其他专设监管机构。实行混业监管模式的国家有英国、日本、韩国和新加坡等。这种监管体制模式在不同的国家也会有所变化，如有的国家实行银行业单独监管，证券业和保险业由另外的统一机构进行监管，也有少数国家将银行业和证券业统一监管，保险业单独监管，还有的国家将银行业和保险业两业合一监管，而证券业由专门机构进行单独监管。上述情况充分说明了金融监管的体制模式同样具有多元性和复杂性的特征。

混业监管模式的优点包括：①协调性强，避免了多重监管机构之间监管缺位而出现监管真空现象，并且有效减少重复监管的情况；②责任明确，权威性高，监管功能比较集中，有利于公平、公正地执行监管职能，被监管者面临的是统一的监管制度，受同一监管机构约束；③成本优势大，统一监管不仅能节约人力和技术投入，而且能降低信息成本，从而获得规模效益。混业监管模式的缺点也是显而易见的：①金融业中的不同子行业的风险和特点不同，混业监管没有对其进行细分，监管的效果不一定理想；②市场反应较慢，监管与市场实际易出现脱节，或者出现监管过度的现象；③或因缺乏监管竞争，导致官僚主义等。

2. 按权利层次分类

按权利层次，金融监管可分为“一元多头式”金融监管、“二元多头式”金融监管和“集中单一式”金融监管。

1）“一元多头式”金融监管

“一元多头式”金融监管是指全国所有的金融机构的监管权力集中于中央，在中央一级由两家或两家以上机构共同负责，地方没有独立的监管权力的模式。选择这种金融监管模式是国家权力集中的特性和权力制衡的需要，通常在经济水平比较高、金融体系比较发达、政府干预程度比较高的国家实行。“一元多头式”金融监管的优点是有利于金融体系的集中统一和提高监管效率，但需要各金融管理部门之间的相互协作和配合。该体制的缺点是管理机构交叉重叠，容易造成重复监管。当今德国、法国和日本等国家采取此种监管模式。

2）“二元多头式”金融监管

“二元多头式”金融监管体制是指中央和地方都对金融市场具有监管权，同时，每一级又有若干机构共同行使监管职能。市场经济发达、自由化程度较高、金融结构比较复杂的联邦制国家往往采取这种监管模式，如美国和加拿大。“二元多头式”金融监管的优点是较好地提高金融监管的效率，防止金融监管权力过分集中；缺点与“一元多头式”监管体制类似，如机构重叠，重复监管，此外，或由于金融法规不一致而引起金融领域的矛盾和混乱。

3）“集中单一式”金融监管

“集中单一式”金融监管是指由一家金融机构或政府授权的专门机构对金融机构和金融市场进行集中监管，这一机构往往是各国的中央银行。这种体制在发达国家和发展中国家都很普遍，但是其形成机制是不相同的。发达国家的市场经济比较完善，金融市场高度发达，采用“集中单一式”金融监管体制与其先进的经济水平、完善的市场机制和具有较大独立性的中央银行相适应。而发展中国家采用这种机制模式，则是与其自身的经济发展水平较低、市场体系不够完善和金融体系结构简单的状况相适应的，客观上需要政府通过中央银行进行统一监管和干预，因此发展中国家采用“集中单一式”金融监管机制时，中央银行体现的是政府意志，并不具备中央银行独立监管和决策的权力。

“集中单一式”金融监管的优点有很多，如金融监管比较集中，金融法规统一，金融机构不容易钻金融监管的空子，有助于提高货币政策和金融监管的效率，克服金融监管机构之间相互推卸责任的弊端。同时，“集中单一式”金融监管体制的缺点是权力过于集中，容易养成金融监管部门的官僚主义作风，滋生腐败现象。如今，英国、巴西、印度等国家采用此种金融监管模式。

3．按监管对象的不同分类

按监管对象的不同，金融监管体制可分为机构监管型金融监管和功能监管型金融监管。

1）机构监管型金融监管

机构监管型金融监管是指不同行业类型的金融机构业务分别由不同的监管机构按照不同的标准和体系进行监管，不同行业类型的金融机构通常指银行机构、证券机构、保险机构和信托机构等。机构监管型金融监管的优点如下：当金融机构从事多项业务时，机构监管易于评价金融机构产品系列的风险，尤其是当风险因素日益增多时，如市场风险、利率风险和法律风险等被发现时，机构监管的方法非常有效；机构监管也可以避免重复监管，一定程度上提高监管效率，降低监管成本。该类型的缺点是协调性较差，容易出现交叉管理现象。

2）功能监管型金融监管

功能监管型金融监管是按照经营业务的性质来划分监管对象的，各类金融机构的同一种类型的业务统一由相应的同一个监管机构进行监管，而不同类型的业务则由不同的监管机构进行监管。功能监管型金融监管的优点是监管的协调性高，对监管中发现的问题能够及时有效处理和解决，金融机构资产组合总体风险容易判断，可以避免重复和交叉监管现象的出现，为金融监管创造公平竞争的市场环境。该类型的缺点是对从事多项金融业务的金融机构评价风险较难，同时可能出现重复管理。

10.1.3　金融监管的目标与原则

1．金融监管的目标

虽然不同时期、不同国家的金融监管目标有差异，但概括起来主要有以下三个目标。

1）维护金融体系的安全稳定

这是金融监管的首要目标。金融机构是经营货币信用的特殊企业，任何一家金融机构倒闭或经营出现严重问题都会引起连锁反应，引发经济、金融秩序的严重混乱，严重时造成经济金融危机。因此，金融监管必须确保国家金融体系的正常运行和安全稳定，为国家经济稳健发展创造良好的金融环境。

2）保护全体存款人的合法利益

金融机构的存款来自机构和个人，银行等作为信用中介虽然是独立的法人机构，但只有经过国家金融监管权威管理机关的审批，才能吸收存款。一定程度上，金融机构背后有国家的身影，保护存款人的利益实质上是维护国家信用制度，也是保护金融机构的长期利益，更是保护国家经济和社会的利益。存款人作为资金的输出方，是金融市场参与主体之一，也是金融交易中的信息弱势群体，需要有专门的金融监管机构给予保护。

3）实现金融有序竞争和提高服务效率

金融机构在发展中相互竞争不可避免，为了争夺市场和客户，有时会出现恶性拼杀，甚至不惜血本展开价格战，严重时会造成机构倒闭，影响金融市场的有序运转。因此，金融监管的目标之一就是在统一法律之下实现金融机构的公平有序竞争，防止出现因为过度竞争而导致金融混乱。同时，对金融创新和金融违规进行及时的鉴别判断，肯定金融创新和约束金融违规，提高金融服务效率。

2．金融监管的原则

金融监管的原则与监管目标相辅相成，金融监管原则为金融监管目标服务，金融监管目标是金融监管原则的实现。

1）依法监管原则

金融监管必须依据金融法规，保持监管的严肃性、权威性、强制性和一贯性，不能随心所欲。金融监管当局及其工作人员在执行监管时，在办理金融机构的市场准入、业务范围核准、经营项目界定、金融新产品审批以及例行检查、违规处理等公务的过程中，必须坚持依法办事、严肃执法。金融监管工作者自身也必须遵守各种法规，坚持执法的连续性、一贯性和不可例外性。

2）公平公正原则

不论金融机构的性质、规模和背景如何，监管机构都必须在统一标准下按照统一、公正和公平的监管标准对其实施监管。只有在金融监管时明确法规、政策和监管要求，使金融机构在明确监管要求的前提下接受监管，才能规范金融机构的市场行为，保证金融市场的有序运行。

3）适度竞争原则

检验金融监管效果的根本标准是看其能否促进金融和经济的顺利发展。如果金融监管过度，抑制了竞争创新，必然影响金融的健康发展，削弱国家金融业的市场活力。监管阻碍了金融业的发展，则表明金融监管是不适度的；反之，如果金融监管不到位，金融市场出现恶性竞争，引起金融秩序混乱，则说明监管滞后和缺位。因此，金融监管要审时度势，适时调整改革措施，调节金融监督管理力度，既防止监管过头，又防止监管不到位。

4）综合监督原则

金融监管要综合运用经济工具、行政工具、法律工具，实现有效监管。金融监管要合理运用日常监管与重点监管、事前督导与事后监察，实现监管的全面性。金融监管要保持科学化、系统化和最优化，确保监管的高效。

5）有机统一原则

金融监管要求统一监管的标准和口径，不能各自为政、重复监管和自相矛盾。宏观金融监管与微观金融监管要协调统一，微观金融政策、措施和监管方法不能与宏观金融政策、制度相矛盾。国内金融监管与国际金融监管要加强合作，尤其是在经济全球化情况下，国内金融监管政策、法规和措施更要与国际接轨。

10.1.4 金融监管的内容与手段

1. 金融监管的内容

金融监管主要包括市场准入监管、业务运营监管和市场退出监管三个方面。

1）市场准入监管

市场准入监管是指金融监管当局对具备资格的机构进入金融市场、经营金融产品、提供金融服务的审查批准过程。市场准入监管是金融监管的第一道屏障，因为它直接关系着一个国家金融业的结构和规模及风险监管和业务监管能否顺利进行等一系列问题。金融机构的市场准入监管主要包含机构准入、业务准入和高级管理人员准入三个方面。

（1）机构准入，是指依据法定标准，批准金融机构法人或其分支机构的设立。

（2）业务准入，是指按照审慎性标准，批准金融机构的业务范围和开办新的业务品种。

（3）高级管理人员准入，是指对金融机构高级管理人员任职资格的核准或认可。

2）业务运营监管

业务运营监管是指金融机构经批准开业后，金融监管当局对其运作过程进行的监管，目的是促使金融机构始终保持稳健经营的良好状态。业务运营监管一般对以下七个方面进行监管。

（1）业务经营的合规性。该项监管的目的旨在督促金融机构严格遵守金融法律、法规及各项金融规章制度，维持良好的金融秩序和金融机构之间的适度竞争。

（2）资本充足率。该项监管的目的是限制金融机构风险资产总量的过度扩张，减少金融风险，如《巴塞尔协议》关于核心资本和附属资本与风险资产的比例的规定是银行资本充足率的最关键、最基本的监管标准。

（3）资产质量。该项监管是衡量一家金融机构经营状况好坏的最重要的依据，同时也直接影响金融机构的资本充足率和盈利能力，因此它是重要的监管内容之一，如各国在对商业银行的资产质量进行监管时，通常把贷款进行分类监管。

（4）流动性。该项监管是指监管金融机构到期支付债务的能力。由于流动性不足有可能直接引发金融危机，所以各国金融监管当局十分重视对金融机构流动性的监管。

（5）业务范围。金融机构可以经营的业务一般是受到限制的，金融监管当局会根据业务范围的限制对金融机构进行监管，如在许多国家商业银行和投资银行是分业经营的，商业银行不得从事信托投资和证券经营业务。

（6）盈利能力。合理的盈利是增强金融机构抵御风险、扩展业务规模的基础，所以盈利能力也是金融监管的基本内容之一。

（7）内部控制。金融机构内部控制是金融机构对内部各职能部门及其工作人员从事的业务活动进行风险控制、制度管理和相互制约的方法、措施和程序的总称，该项监管旨在通过完善内部控制，以规范金融机构经营行为，有效防范风险，提高金融机构经营管理水平。

3）市场退出监管

市场退出监管是指金融监管当局依法对金融机构退出金融业、破产倒闭或合（兼）并、变更等行为实施监督管理。

（1）对金融机构破产倒闭的监管。如果金融机构在经营过程中出现严重亏损导致资不抵债，金融监管机构则有权按照有关程序取消其经营资格，对其实施关闭处理。

（2）对金融机构实施变更、合（兼）并的监管。该项监管具体是指濒临破产倒闭的，或出现章程规定的解散事由需要解散或重新变更的，或因其他事由需要合（兼）并的所有金融机构都需在金融监管机构的监督下依法进行变更或合（兼）并，避免引起金融动荡。

（3）对违规金融机构终止经营的监管。该项监管是指对违反国家法律、法规，违法经营的金融机构，金融监管当局有权要求其停业整顿，对其资产负债情况、业务开展情况和违规性质等进行审查、核准，并提出相应的处理措施。

2. 金融监管的手段

金融监管的手段一般来讲有四种：法律手段、经济手段、行政手段和自律管理。

1）法律手段

法律手段是通过经济立法和司法来管理金融市场，即通过法律手段来约束金融市场参与者的行为，以法律形式维护金融市场良好的运行秩序。法律手段的特点是具有强制性和约束力，是金融市场监管的基础手段。

在法律层面，金融市场监管的法律主要包括银行法、证券法、票据法、保险法、信托法和租赁法等；在规章制度层面，金融市场监管的规章制度主要包括股份公司的保荐入市制度、证券票据的发行交易制度、信息披露制度等。

我国的金融法律、法规体系建设日趋完善，现行的金融法律主要有《中国人民银行法》《商业银行法》《保险法》《证券法》《信托法》和《票据法》等。此外，颁布的与这些法律法规相配套的金融规章制度百余部，为金融监管的有效实施提供了有力的制度保障。

2）经济手段

经济手段是指政府通过制定并颁布实施相应的经济政策，间接地干预和影响金融市场运行和金融市场参与主体的交易行为，以达到调控市场的目的，实现金融市场的正常运行。经济手段监管的优点是比较灵活，缺点是整个调控过程比较慢，存在时滞性。

经济手段一般可分为财政政策、货币政策和汇率政策。财政政策是政府根据不同的经济状况采用不同的财政政策，调节经济运行、影响金融机构决策，进而达到间接监管、调控金融市场运行的目的，主要是税收政策。货币政策是政府通过再贴现利率、银行存款准备金率和实施公开市场业务等货币政策手段来调节市场货币供应量，从而抑制金融市场波动，达到监管调控金融市场的目的。汇率政策主要通过确定汇率制度与汇率水平来对金融机构的决策产生影响，从而作用于金融市场和实体经济。汇率政策不是一个独立的政策，通常不单独使用，而是与货币政策相结合来发挥作用。

3）行政手段

行政手段是指政府依靠国家行政系统，通过命令、指令、规定和条例等对金融市场进行直接的干预和管理。例如，对金融监管机构的人事任用和罢免，以及直接对金融市场的运行进行行政干预。行政手段的特点是强制性和直接性。但是每个国家的金融体制存在较大的差异，因此同样的市场干预手段，其干预的程度也可能存在不同。

行政手段在某些特殊时期、特定环境下使用，效果是比较明显的。一般在市场发展初期，由于法律、法规和市场机制都不够健全，经济手段效率低下的情况下，较多使用行政手段。因为金融业是比较市场化的行业，依赖行政手段难以适应金融市场的要求，不利于金融业的发展，为了维护金融监管的权威性和公正性，必须依法监管。因此，在市场成熟阶段一般较少使用行政手段。

4）自律管理

自律管理即自我约束、自我管理，是指通过自愿的方式以行业协会的形式组成管理机构，制定共同遵守的行为规则和管理规章，以约束会员的经营行为。

金融市场交易的高度专业化及从业人员之间利益的相关性和金融市场运作本身的庞杂性决定了对自律监管的客观需要。但政府监管与自律监管之间存在着主从关系，自律管理是对政府监管的有效补充，自律管理机构本身也是政府监管框架中的一个监管对象。

10.1.5 典型国家的金融监管体系

影响金融监管模式的选择的因素有很多。首先，各经济体对金融监管模式的选择与其金融业发展的具体状况相关，同时与各国的历史、文化背景等也密切相关。其次，金融监管模式选择的依据应该是监管有效与否，一种监管体制的有效性主要体现为监管效率的提高，监管成本的降低和监管功能的充分发挥。

1．美国的金融监管体系

美国金融业的发展对世界金融业具有举足轻重的影响。相对来说，美国的金融市场比较成熟，金融监管体系比较完善。美国现行的金融监管模式是一种典型的“二元多头式”监管，即金融监管机构既有基于联邦法设立的监管机构又有基于各州法设立的监管机构（二元），有美联储、财政部、储蓄管理局、证券交易委员会等机构负责监管职能（多头）。

美国的银行监管体系相当完善，由财政部通货监理局（Office of the Comptroller of the Currency，OCC）、联邦储备银行（Federal Reserve Bank，FRB）、储蓄监督局（Office of Thrift Supervision，OTS）、联邦存款保险公司（Federal Deposit Insurance Corporation，FDIC）及各州的银行局共同负责监管。美国是联邦制国家，金融市场准入实行联邦政府许可和州政府许可两级核准制度，经联邦政府批准的商业银行由财政部货币监理局负责监管，经州政府批准设立的商业银行则由州一级金融监管部门负责监管。参加联邦储备体系的银行由联邦储备银行理事会行使监管权，而未参加联邦储备体系但参加了联邦保险存款制度的银行则由联邦存款保险公司负责监管，银行控股公司由联邦储备银行理事会负责监管。对储蓄性金融机构监管的分工也比较详细。按照联邦法批准设立的商业银行由储蓄性金融机构监管局和联邦存款保险公司共同监管，经州法律批准成立并参加存款保险的储蓄性金融机构受储蓄性金融机构监管局、联邦存款保险公司、州银行局三方监管，经州法律批准成立但没有参加存款保险的储蓄性金融机构，只受储蓄性金融机构监管局、州银行局两方监管。此外，商业银行内部均设有相对独立的稽核委员会，银行监事会是专门负责监督职能的组织机构。

在证券期货业领域，美国证券交易委员会负责证券业的监管，它对证券经营机构、证券信息披露、证券交易所、柜台交易和证券业协会等履行监管职能，商品期货交易委员会（Commodity Futures Trading Commission，CFTC）负责对期货经纪机构、期货市场信息披露、期货交易所等实施监管。

对保险公司的监管不像商业银行那么严格，保险机构由所在各州保险监管局（厅）负责监管。对保险公司进行监管的首要目的是确保公众在合理的价格水平上获得应得的保险服务，同时也为了确保保险公司能获得应得的利益。

美国的监管模式有很多优点。①美国的立法比较完备，这使美国的金融监管机制顺畅，有利于营造公平、有序的竞争环境。②监管机构分工细致，多头管理，相互制衡。美国作为联邦制国家，其金融监管主体很多，对金融机构的监管全面深入，基本不会出现监管漏洞。同时由于功能相互交叉，彼此之间存在着相互监督、制衡的关系，避免监管主体由于权力过于集中出现效率低下、有限公平等现象。当然，这种复杂的监管模式也有缺点，容易使被监管者处处受制，浪费资源，而且监管者容易相互扯皮，从而导致灵活性差，体制僵硬。

2. 英国的金融监管体系

早在1644年，英格兰银行作为世界上第一家股份制的商业银行就诞生了，由于英国长久以来都有自由民主、崇尚自由契约的思想，因此英国对金融业的监管是一种建立在监管者与被监管者之间的相互信任与合作的基础上的非正式的监管，主要以“道义劝说”“君子协定”等颇有“绅士风度”的方式进行。长期以来，英格兰银行负责对银行部门进行监督管理，证券与投资理事会负责对从事证券与投资业务的金融机构进行监管，贸易与工业部负责对普通保险公司和人寿保险公司进行监管。

随着金融业的发展及银行业危机的陆续爆发，英国金融监管逐渐向法制化、正规化的方向发展。总体而言，1998年6月1日之前，英国的金融业实行分业监管体制，分别由英格兰银行的审慎监管司（SSBE）、证券与投资管理局（SIB）、私人投资监管局（PIA）、投资监管局（IMRO）、证券与期货管理局（SFA）、房屋协会委员会（BSC）、财政部保险业董事会（IDT）、互助会委员会（FSC）和友好协会注册局（RFS）共9家监管机构分别行使对银行业、保险业、证券投资业、房屋协会等机构的监管职能。此时的监管体系是较典型的多头监管，众多监管机构职能复杂，相互交错。

随着跨行业金融市场的形成，原有的金融监管体系对金融监管构成的障碍越来越突出，英国金融业的风险急剧上升。2000年6月，英国女王正式批准的《2000年金融服务和市场法》取代了之前一系列金融监管的法律、法规，设置了新的金融监管机构——金融服务监管局（Financial Service Authority，FSA），金融服务监管局是英国整个金融行业唯一一个监管局，实现了混业监管。

2008年以来的全球经济危机暴露出英国金融监管体系的内在缺陷。2011年6月，英国政府正式发布《金融监管新方法改革蓝图》白皮书，对金融监管体系进行全面改革。英格兰银行下新设金融政策委员会（Financial Policy Committee，FPC），作为宏观审慎监管机构，负责监控和应对系统风险，新设审慎监管局（the Prudential Regulation Authority，PRA），作为英格兰银行的子公司负责对各类金融机构进行审慎监管，新设金融行为监管局（Financial Conduct Authority，FCA），负责监管各类金融机构的业务行为，促进金融市场竞争，并保护消费者。换言之，金融服务监管局的审慎监管职能和行为监管职能分别由新设立的审慎监管局和金融行为监管局继承，而后两者在与宏观审慎监管有关的方面都将接受金融政策委员会的指导。这种监管模式既不是单一监管模式，也不是基于机构监管或功能监管的多头监管模式，而是按不同监管目标（如审慎目标和消费者保护目标）相应设立的监管机构。

3．中国的金融监管体系

改革开放以前，与高度集权化的计划经济体制相适应，我国实行“银证不分”的高度集中的混业经营制度，全国基本上只有中国人民银行一家金融机构，属于混业监管时期。1993 年，针对混业经营引发的金融秩序混乱和金融系统的一系列腐败现象，管理层提出了分业经营、分业管理的要求，但实践中并没有很好的贯彻执行。1997 年东南亚金融危机爆发，我国财证券业经营管理体制进行改革，在 1998 年 6 月，国务院决定成立证监会，将中国人民银行的证券监管权移交证监会。同年 11 月，中国保监会成立，对全国保险市场实行统一管理。2003 年，中国银行监督管理委员会成立。与此同时，《中国人民银行法》《中华人民共和国证券法》《中华人民共和国保险法》和《中华人民共和国银行业监督管理法》相继出台和修订，“一行三会”的分业经营、分业监管的金融监管体系正式确立，即由中央银行负责制定和执行货币政策，银监会负责监管银行业，证监会负责监管证券业，保监会负责监管保险业的分业监管体制。

分业经营体制下分业监管的效率很高，责任也比较明晰。但是，随着中国加入世贸组织后过渡期的结束，金融业对外开放程度越来越深，国际大型金融控股公司的进入对我国金融机构的发展带来了重大的挑战。中国金融业也渐渐向混业经营过渡。自 2000 年开始，三大监管机构不定期举办三方联席监管会议，为向牵头监管过渡进行有益的尝试和积极的准备。2017 年 7 月 14 日至 15 日，全国金融会议召开，强调金融是国家的重要核心竞争力，金融安全是国家安全的重要组成部分，金融制度是社会经济发展中重要的基础性制度。2017 年 11 月，国务院批准建立国务院金融稳定发展委员会。2018 年 4 月，中国银监会和中国保监会合并，中国银行保险监督管理委员会正式挂牌。自此，我国的金融监管体系由“一行三会”变为“一行一委两会”格局，为中国金融业向混业经营过渡提供制度保障。

10.2 银行业监管

10.2.1 市场准入监管

1．对商业银行设立的监管

成立商业银行涉及的内容比较复杂，各国监管部门的规定有很大差异。一般包括对资本金的要求、对管理人员的要求和对经营条件的要求。

充足的资本金是商业银行保持偿付能力、维持正常经营活动的最基本条件。由于新建商业银行资产规模较小，银行信誉尚未建立，因此资本金的重要性格外突出。

商业银行管理人员的道德水平和业务素质是否符合要求，是监管当局关注的焦点之一。一般来讲，监管部门要求商业银行经营管理者拥有丰富的从业经验和良好的道德记录，防止人为原因导致商业银行的经营失败。

商业银行经营必须具有必要的安全防护设备、及时准确的通信工具以及严密的风险防范规章制度，如果这些基本要求不具备，新设立的商业银行难免会陷入经营困境。

2．对商业银行设立分支机构的监管

对商业银行设立分支机构的监管，各国情况不一。有些国家仅要求向监管当局报告备案；有些国家则规定必须通过审批程序，使监管当局能够对商业银行的区域性活动有效控制，防止盲目扩张可能对银行体系造成的不良后果。20 世纪 60 年代中期以来，许多国家对商业银行设立分支机构的政策进行了调整，总的趋势是越来越宽松。一般认为，只要商业银行经营状况良好，遵守法律规定，那么，是否增设分支机构，原则上属于商业银行决策范围。

竞争因素对商业银行国内分支机构的设立起着决定性作用。但如果设立境外分支机构，情况就较为复杂了。大多数市场经济国家的本国银行到境外设立分支机构，须经过审批程序，要求符合本国监管当局的基本要求，不仅要有资金实力，还要具备在国际市场上开展业务活动的能力，同时，总行必须按要求向本国监管当局提供境外机构的详细资料。随着银行国际化发展和国际金融业务的日趋复杂，这一领域的监管难度加大。

3．对商业银行经营业务的监管

目前，各国对“银行”及“银行业”的法律定义不相同，对银行业务活动范围也没有统一的界定。许多国家对商业银行从事非银行业务一直持谨慎态度，有不同程度的限制。从谨慎监管的意义上讲，商业银行从事与其传统业务相差甚远、且专业化要求很高的业务时，经营观念和管理方法往往不能适应。从安全性考虑，商业银行应当将一些风险较大的业务划分出来，由附属机构去经营，由监管当局针对附属机构拟订专门的监管标准。不过，这种做法并不能把商业银行从附属机构的风险中完全解脱出来。在市场经济国家，商业银行业务活动范围有进一步扩大的趋势。一些国家在法律上已有松动。有的国家监管当局通过对“相关业务”这一法律概念做出变通解释，使商业银行能够通过附属机构进入融资租赁、经纪业、信托和保险等领域。也有国家正在考虑扩大商业银行业务活动领域。业务活动领域的不断扩展必然造成商业银行业务功能和组织结构复杂化，增加监督和管理难度。如何做到既不影响金融创新、效率和市场发展，又能维护金融体系的安全与稳定，是监管当局面临的普遍问题。

4．我国对商业银行市场准入监管的法律规定

在我国，设立商业银行最低注册资本金限额是 10 亿元人民币，设立城市合作商业银行最低注册资本金限额是 1 亿元人民币，设立农村合作信用社的最低注册资本金限额是 0.5 亿元人民币。注册资本应当是实缴资本。中国银监会根据需要，可以调整注册资本最低限额。同时规定，商业

银行必须有具备专业知识和业务工作经验的董事长、总经理（行长）和其他高级管理人员，以确保金融机构掌握在品德好、业务精、信誉高的管理人员手中，实现稳健运营。

10.2.2 市场经营监管

1. 对金融业务合规性经营的监管

银行依法经营、监管当局依法监管是保证金融体系正常运转的前提条件。尽管各国立法原则不尽相同，但对商业银行可以做什么，或者在什么条件下可以做，都有明确要求，对违法违规行为也有明确的处罚规定。商业银行业务经营合规性监管的目的在于督促商业银行严格遵守金融法律规章，以及监管当局制定的审核标准和原则。一般来讲，在法制健全的市场经济环境中，商业银行明显违法违规行为不多见。称职的商业银行经营者，总是竭力树立守法、稳健的形象。

2. 对金融风险控制的监管

随着金融市场结构变化、金融工具不断创新、表外业务领域逐步扩大，新的风险形式也在不断产生，各种风险之间的联系和影响更加复杂。在银行业脆弱性不断增大的情况下，金融监管当局建立有效的风险监控体系的重要性日益突出。与此同时，由于诸多因素综合作用，导致风险的不确定性增强，商业银行经营的透明度在下降，给内部管理和外部监督带来了困难。从风险管理和风险监督角度讲，仅对各种风险进行逐项控制远远不够，更重要的是关注各类风险的相互联系和相互影响。既要严格审查表内业务，也要审查表外业务。既要注意资产风险，也要防范负债风险。在新形势下，金融监管当局开始逐渐改进对商业银行风险的控制和监管策略，通过对商业银行整体业务状况深入了解，建立考核参数和分析方法，对银行风险的集中程度做出客观评价。同时，金融监管当局在确定风险集中的评价标准和监控时，还要对银行业所涉及的风险多样性和复杂性进行充分的评估和考察。

3. 对资本充足性的监管

当商业银行经营出现亏损时，资本可以作为应付意外损失的缓冲器。经历了 20 世纪 80 年代银行资本充足率持续下降之后，西方发达国家监管当局出于保护存款人利益和维护公平竞争的需要，要求银行增加资本金。而商业银行希望减少对资本金数量的要求，以增加盈利和资产规模。这种冲突引起了监管政策与银行经营之间的摩擦。为确定资本标准，各国曾一度设计了不同的资本与银行整体业务的比例关系，总的来讲，都是由资本搭配率和风险资产率这两个基本方法演变而来。无论采取怎样的测量体系和方法，任何一项单独的比率都不能囊括银行业务的所有风险及其对资本的潜在需求。在最近几年里，市场经济国家的监管当局已经开始采取措施，防止资本充足率的进一步下降。随着银行资产负债管理技术的不断成熟，资本充足性的测量和评价方法在逐步完善之中。

按照《巴塞尔协议》的统一标准，商业银行的资本金分为一级资本（核心资本）和二级资本（辅助资本）。一级资本包括实收资本和公开储备，二级资本包括非公开储备、资产重估储备、一般储备金、混合（债务）资本工具、次级债券。要求商业银行的核心资本充足率（核心资本总额/风险资产）不低于 4%，资本总额充足率（资本总额/风险资产）不低于 8%。其中，二级资本总额不得超过一级资本的 100%，次级定期债券不得超过一级资本的 50%。根据资产风险的程度不同，将风险权重分为 5 个权数：0%、10%、20%、50%和 100%。

另外，《巴塞尔协议III》提高了弥补资产损失的最低资本要求，将普通股一级资本充足率由原来的 2%调整到 4.5%，一级资本充足率由 4%调整到 6%，资本留存超额资本应达到 2.5%，满足扣除资本减项后的普通股要求建立反周期资本，其比率范围在普通股或者是全部用来弥补损失的资本 0%～2.5%，具体根据经济环境建立。《巴塞尔协议III》中银行的最低资本留存标准见表 10-1。

表 10-1　巴塞尔协议 III 中银行的最低资本留存标准

高于最低资本要求的资本留存比例区间	
按资本留存比例区间计算的银行实际资本超过最低资本要求的占比	最低资本留存率（占利润的百分比）
<25%	100%
25%—50%	80%
50%—75%	60%
75%—100%	40%
>100%	0%

4. 对资产流动性的监管

流动性是指商业银行履行到期债务的能力、存款变动情况、借入资金依赖程度、可变现资产数量、资产负债管理水平和控制的能力以及紧急筹措资金的能力。从操作的角度看，在任何一个给定的时期内，流动性预期需求都不确定。因此，监管当局要在实践中恰当地评价、准确地测量银行的流动性，具有相当的难度。

目前，多数欧洲国家仍以各种流动性比率作为考核指标，这种方法简便易行，但对不同规模的商业银行使用统一比率的做法比较呆板，而且最低流动性比率的确定也很困难。如果强制商业银行保持比实际需要更大的流动性，会使过多的资产处于冻结状态，影响盈利能力。目前，争议较少的方法是以前期流动性管理的经验数据为基础确定各种比率，但是，在银行业发生迅速变革的环境下，这种方法也不尽如人意。而测量流动性的一些传统方法，只能就有关方面提供静态概况。金融监管当局宜适应金融环境变化，改进对银行流动性的监管方法。流动性监管的总趋势是以考核银行资产负债期限和利率结构搭配为基础，对流动性进行系统评价，同时，要特别注意对每个商业银行的实际情况和特点进行考察，提高监管的针对性和灵活性。

5. 对资产质量的监管

资产质量是衡量商业银行经营状况的重要依据之一，金融监管当局把检查和评价银行的资产质量作为重要内容。检查和评价资产质量时所涉及的因素很多，主要因素有银行贷款政策、风险资产数量、逾期贷款数量、资产管理人员素质、贷款集中程度和资产状况恶化的可能性以及呆账准备金的充足情况等。

商业银行准备金政策与资产质量、资本充足性以及盈利状况等许多方面有内在的联系。因此，对资本充足性、资产质量、盈利能力的监管必须考虑准备金因素。资本金与准备金之间相互影响的程度取决于国家的会计及税收政策。评价资产质量以及确定适度的准备金水平，首先是商业银行管理层的责任，此外还必须受审计师的监督检查。监管当局的主要任务是确保商业银行在充分考虑谨慎经营和真实评价业务质量的基础上提取准备金，如果认为准备金提留不符合要求，须采取相应措施督促改进。目前，对专项和普通准备金的提留方法，由于缺乏客观标准和足够的经验，各国情况相去甚远。但是，各国监管当局已经普遍认识到准备金政策和方法的统一，是增强国际银行体系稳健性的一个重要因素，有助于银行业在国际范围内公平竞争。金融监管当局间的协商与合作，有助于在准备金问题上达成共识。

6．对盈利能力的监管

金融监管当局希望商业银行不断提高盈利能力，鼓励它们采取有效的政策措施，确保业务收益与风险相称，并能够按要求不断提高准备金水平。商业银行从市场上筹集资金的能力要依靠其在市场上的地位，而市场的直观判断是资本实力、盈利能力和经营前景。除了优厚的红利分配，资本回报率是最能反映盈利能力的指标。在对银行收益状况进行检查评价时，不仅要考核资产收益率，往年收益情况和未来的趋势，还要注意资产收益来源结构（有时银行的盈利并非来自营业收入，如出售固定资产）。近年来，一些银行在利润分配上的一些不审慎行为已引起了监管当局的注意，开始将银行分红政策作为监管的内容，以确保红利分配政策与经营状况相一致。

7．对内部控制的监管

对商业银行管理水平的考核没有专门的客观数据和指标依据，往往是以商业银行内部控制、业务政策、经营计划、管理经历和职员素质等非定量因素做参考的。对管理水平的检查与评价，主要是通过考核实际经营状况，并参考资本充足率、流动性比率、资产质量、盈利水平等相关因素进行间接考评。1994 年 7 月，巴塞尔委员会和国际证券协会组织联合公布了《衍生金融工具风险管理指导方针》，通过强化内部控制，防范金融操作的各种风险。1995 年 10 月，德国银行管理局颁布了《信用机构金融交易业务管理的基本要求》，从内控角度对资金市场交易、证券交易、外汇交易、贵金属交易和衍生产品交易，以及各种回购交易主要环节提出了明确要求。日本大藏省在检讨和总结银行业经营失败原因的基础上，于 1995 年 12 月提出了《今后金融监管的具体改善对策》的四条措施：①全面开展内部稽核，包括资产状况完好性、业务活动合规性、经营管理审慎性、风险控制严密性以及计算机系统安全性等。②健全内控制度，要求金融机构在健全制约机制的同时，建立重要岗位员工休假制度。③加强对分支机构，特别是海外分支机构的控制。由于不同国家、法律制度和业务内容有所不同，有必要依靠所在国进行业务监督。④健全风险管理系统，包括明确的风险管理目标，相互制约的风险管理组织形式，严密的风险测定、识别、报告和处理程序。

10.2.3　跨国业务监管

1．母国对本国银行海外业务的监管

各国对本国商业银行从事海外业务有许多监管措施，主要包括以下方面。

1）对开设分支机构的审批

商业银行计划到海外设立分支机构，先要得到本国金融监管部门的批准，必须先向本国金融监管当局提出申请，说明有足够的资金实力开展海外业务。美国 1913 年《联邦储备法》规定，联

邦注册银行欲在国外建立分支机构，至少应有 100 万美元的资本金。

2）对业务范围的限制

由于银行管理法规上的差异，金融监管当局在审核本国银行的海外业务时，会面临这样一个问题；如果某项业务在本国不允许经营，但在国外是允许的，管理当局此时是否应批准本国银行开展此项业务?一般来说，为避免使本国银行在海外竞争中处于不利地位，政府通常允许本国商业银行在海外从事所在国允许经营的业务。

3）对财务报告的检查

各国金融监管当局在对本国商业银行的定期财务检查中，要求提供海外业务资料，以了解本国银行海外业务活动的情况。美国规定，跨国银行应每季度报告一次“主权风险”情况，每月报告一次外汇头寸和期限，每周报告一次外汇交易情况。各国金融监管当局定期派出检查人员，在主要国际金融中心设立常驻机构，现场检查本国银行海外分支机构的经营情况。美国货币监理署设有跨国银行处，专门负责监督海外银行业务。从 1967 年开始，该机构每年派出 116 名检查人员到近 20 个国家检查本国银行在当地的分支机构，还在伦敦特别设立了一个常驻机构，设有 6 名检查人员专门负责监督在伦敦的美国银行分支机构。到海外检查本国商业银行分支机构，必须取得东道国政府认可。《巴塞尔协议》签订后，东道国政府一般给予合作。但也有例外，如瑞士不允许外国政府进入本国进行检查。在这些国家，母国金融监管当局只能依靠信息和资料进行监管。

4）对存款准备金的要求

对于商业银行海外分支机构的存款是否交纳准备金的问题，各国规定不同。有的规定统一执行，有的不要求交纳，有的规定外币存款不交纳、本币存款要交纳。美国联邦储备委员规定，对于美国商业银行海外分支机构吸收的存款，其总行应提留准备金。在 1969 年以前，美国商业银行总行从海外分行拆借的资金不需要交纳准备金。但在 1969 年 9 月以后，为控制国内银行贷款能力，美国货币当局对这类借款也要求银行提留存款准备金。1980 年 3 月《存款机构放松管制和货币控制法》生效后，存款准备金率下降到 3%。

5）对外汇交易的管理

外汇交易是一项风险极高的业务，曾轰动一时的赫斯塔特银行破产，就是外汇风险管理失败所致。为避免本国商业银行因从事外汇交易陷入困境，各国都加强了对外汇交易的监管。主要方式为限制商业银行持有外汇即期及远期头寸，减少外汇风险暴露程度。此外，一些国家还对商业银行提供外汇业务的客户信誉以及对单一客户外汇业务占全部外汇业务的比重作了限制。

除上述管理外，母国还有一些措施虽然并非针对海外业务制定，但有间接影响。20 世纪 60 年代至 70 年代，美国采取的利息平衡税、自动贷款限制以及在 80 年代以前实行的 Q 条例等措施，都刺激了美国银行将业务转向海外。

2. 东道国对外国银行分支机构的监管

在东道国对国内外资商业银行分支机构经营活动以及外国商业银行对本国居民的业务监管方面，各国的做法大致分为四种：①完全禁止外国银行进入本国金融市场；②对外国银行经营活动存在限制；③对外国银行实行国民待遇；④对外国银行采取优惠政策。目前，多数发达国家对外国银行的监管采取第三种做法。而相当一部分发展中国家出于发展本国经济和银行发展的考虑，或对外国银行采取限制，或采取优惠措施吸引外国银行。

1）对金融市场准入的监管

多数国家对外国银行进入本国都要进行资格审查。在新加坡，外国银行在当地设立分支机构，要求母行至少在世界排名前300名之列，总行资本金应在600万新加坡元以上。一些国家还规定，外国银行在本国开设分支机构，必须由总行对分支机构负债提供担保。

2）对业务经营报告的监管

外国银行分支机构同国内银行一样，必须定期向东道国金融管理部门申报经营报表，接受检查。在20世纪70年代以后，由于不断发生重大银行破产事件，几乎所有国家都加强了要求，检查日趋严格。

3）对经营财务指标的监管

为避免外国银行分支机构不谨慎造成本国银行业遭受冲击，各国政府均设立了明确的财务指标，要求外国银行分支机构遵守。一般说来，外国银行应在东道国设立独立法人实体，遵循东道国的银行指标。这些指标主要包括：①流动性比率。如银行流动资产（现金、7天内可变现资产）应达到其存款总额的5%。②单一贷款比例。美国规定，单客户的贷款比例不能超过银行自有资本和盈余的10%。③外汇头寸指标。为避免承担过大风险，监管当局对外汇头寸均有限制。英格兰银行规定，银行持有一种货币的头寸总和，不能超出其资本的10%，各种货币的头寸不能超过15%。④资本充足比例。《巴塞尔协议》颁布的指标已成为国际银行业共同的指标。

4）对金融业务范围的监管

为了本国银行业安全，各国监管当局对外国银行机构业务范围都进行一定限制。在美国，只有参加了联邦存款保险体系的银行，才能吸收非银行存款。而外国银行分支机构吸收的存款往往得不到保险，因而，无法从事零售存款（居民存款）业务，只能从事批发存款（同业拆借）业务。对银行业务范围的限制在发展中国家更为常见。有的国家还规定外国银行分支机构贷款的分配比例。1980年，马来西亚政府规定，外国银行贷款中用于住宅的占10%、农业占5%、小企业占20%，同时，还限制外国银行对当地跨国子公司的贷款，如果这种贷款超过50万美元时，外国银行份额不得超过50%，其余部分应由本国银行提供。

5）对金融机构形式的监管

对于外资银行可以在本国设立的分支机构种类，东道国进行了各种规定。加拿大曾规定，外国银行只能设立子银行，不能设立分行。新加坡规定，外国银行须先设立代表处，才能设立分行。美国许多州规定，只有外国政府允许美国银行设立某种机构，才能在该州设立此类机构。此外，为防止外国银行控制本国银行业，还对建立合资银行的参股比例作了限制。加拿大规定，外资在合资银行中的股权比例不能超过25%，单个投资者比例不超过10%。我国目前规定，单一机构对国内商业银行控股不能超过20%。

6）对存款准备金的监管

东道国对外国银行分支机构吸收的存款，通常有存款准备金和存款保险要求。美国政府规定，凡设立在美国的外国银行分行吸收的单项存款少于10万美元，必须参加美国联邦存款保险公司存款保险，外国子银行必须全部参加。

10.2.4 市场退出监管

1．商业银行退出的形式

1）商业银行破产

商业银行破产，是指不能支付到期债务，由商业银行自行申请，经金融监管部门审核同意，法律机构做出裁定，终止商业银行法人资格的法律行为。破产是商业银行市场退出的司法程序，是在各种方法解决经营困难均告失败的情况下的最后手段。在市场退出方式中，破产在短期内对经济和社会造成的冲击和影响最明显，如果没有有效的法律措施和可靠的金融安全网作为保障，商业银行破产将给整个行业带来严重的负面影响。

2）商业银行收购

商业银行收购，是由于股份被其他公司购买，在收购方安排下注销该银行的法人资格，实现金融市场退出。被收购的商业银行债权债务由收购方接收，成为收购机构的一部分或分支机构。也有被收购的银行在收购方的主导下，重新注册法人资格，但新注册与被收购前的银行在法律意义上完全不同。在我国，收购过程中如果有政府干预，则被收购的商业银行先以关闭的方式退出市场。如海南发展银行先实施了行政关闭，后由中国工商银行接管。被收购商业银行的经营状况决定了在收购中是被动退出市场还是主动退出市场。

3）商业银行合并

商业银行合并，是指两家或两家以上商业银行在达成协议的基础上，通过某种自愿、合作和公开方式进行机构合并，最终成为一家新的单独法人资格的商业银行。商业银行合并后，通常融合两家银行的名称，也有可能沿用其中一家大银行的名称，但并不说明银行在法人资格上有继承关系。合并后的银行即使沿用大银行名称，也是重新进入市场的银行。

4）商业银行分立

商业银行分立，是指一家具有独立法人资格的商业银行出于经营发展上的需要，或迫于法律或行政上的压力，拆分为两家或两家以上新的商业银行。原商业银行在分立后法人资格消失，自动退出市场，全部债权债务按照事先约定由新商业银行接收。

商业银行合并与分立是两种相反的组织变动方式，都涉及原商业银行法人资格注销（市场退出）和新商业银行重新注册法人资格（市场进入）两个环节。商业银行的合并和分立，是主动型市场退出。

2．商业银行退出的原则

1）依法退出原则

无论何种原因的商业银行市场退出，都必须在金融监管当局的直接监督控制下依法进行。在既有的法律体系框架内，金融机构的市场退出必须具有充分的透明度，通过有效方式向社会公众准确表达市场退出的原因、方式及相关安排。这样，可以有效地防止对有偿债能力债务人及其他金融机构产生负面影响。

2）金融稳定原则

在商业银行的市场退出中，牵涉到债权人、债务人、股东、职员等多方利益，因此，通过市场退出将有问题的商业银行清除出市场时，一定要依法处理利益关系，消灭风险传染源，增进金融体系的效率，维护金融体系的稳健，保护债权人的合法权益不受损害和整个经济社会体系运行的稳定。

3）准市场化原则

市场退出的方式通常有两种选择，即市场淘汰的处置和政府干预的处置。政府干预的处置一般是以政府承担市场退出所造成的大部分损失为代价，而市场淘汰的处置体现了市场的公平与效率原则。市场经济国家对有问题商业银行市场退出的通常做法是市场手段与行政手段相结合，因此，商业银行市场退出是一种准市场化行为。

4）风险最小化原则

由于商业银行的特殊性，被动市场退出可以说是一种两难选择。因为市场退出不可避免地会引发一定范围、一定区域内不同程度的金融震荡。因此，对待商业银行市场退出问题，必须坚持风险最小化原则，把可能引发的金融震荡限制在最小范围内。

5）协调配合原则

商业银行市场退出涉及很多当事人，包括股东、职员、债权人、债务人、金融监管当局、财政部门、司法部门等。因此，金融监管当局、财政部门、司法部门要相互协调配合，保证商业银行市场退出能平稳顺利完成。

6）强制性原则

如果商业银行在丧失金融清偿能力，特别是丧失资本清偿能力后，经救助无法恢复正常经营活动，则必须退出市场。问题银行的存在意味着金融风险的扩大，意味着负外部性的强化，因此，对有问题银行的市场退出具有强制性。

3．商业银行退出的程序

商业银行因其退出市场的原因和背景不同，市场退出的程序也存在差异，但基本程序大体相同。

1）解散程序

商业银行解散必须首先由拟解散商业银行的董事会向金融监管当局提出解散申请，金融监管当局在接受申请后，要对解散的事由、财务经营情况进行稽核，根据能否顺利清盘的情况做出结论。如果金融监管当局批准解散申请，就进入了市场退出的实质阶段，必须按照《中华人民共和国公司法》《中华人民共和国中国人民银行法》或其他金融法规要求及时进行公告。公告发布后，在监管当局主持下，成立清算组进驻商业银行，进行债权登记和债务自理。金融监管当局人员作为清算组的主要成员，对清算全过程进行监管。

2）关闭程序

商业银行关闭或撤销的程序主要包括：①金融监管当局对救助和重组无望的商业银行做出关闭决定。②由金融监管当局组织财政、审计等有关部门和被关闭银行股东代表及专业人员组成清算组，清理被关闭机构的债权债务，制订清算方案，处理剩余财产。也可指定机构托管被关闭机构在清算时间的全部资产和负债。③被关闭银行清算财产不足以支付全部债务的，经金融监管当局同意，可以就个人储蓄存款以外的债务清偿事项进行调解。④金融监管当局关闭经营出现困难的商业银行时，可以指定一家或者几家银行机构，根据法定业务范围，单独或者分别受让被关闭商业银行的债权债务。⑤清算结束，报金融监管当局批准后，向工商行政管理部门办理注销手续，被关闭商业银行的法人资格消灭。

3）破产程序

商业银行陷入破产境地，应履行的程序包括：①陷入经营困境的商业银行经过金融监管当局同意，向司法机关提出破产申请；②司法机关受理破产申请并进行审理；③司法机关经过审理并经金融监管当局同意，宣告破产；④进入破产清算程序后，由司法机关组织金融监管当局等成立清算组，进行清算；⑤对清算财产按照规定的顺序进行债务清偿；⑥清算结束，由司法机关和金融监管当局予以确认；⑦清算结果经过司法机关和金融监管当局确认后，办理破产注销手续；⑧金融监管当局收缴破产机构的金融机构法人许可证和金融机构营业许可证，并向社会公告。

4．商业银行退出的债务清理

1）债务清偿原则

各国规定优先保护债权人特别是存款人的合法权益。我国商业银行市场退出时的债务清偿原则如下：①优先保证储蓄存款本金及合法利息的支付；②储蓄存款清偿后，按清算剩余财产与单位存款、金融同业债务的比率按比例清偿；③清偿开始前，确认存款性质和金额，查实可能存在的账外经营和其他违规违法行为。

2）债务清偿顺序

债务清偿中，应遵循的顺序如下：①支付清算费用；②支付所欠工资和劳动保险费用；③支付个人储蓄存款的本金和合法利息、赔偿或给付保险金；④支付其他债务。清偿财产不足清偿同一顺序债务的，按照比例分配。

3）债务清算方式

清算有两种方式。①依破产程序进行清算。法人破产后，由司法机关组织有关人员成立清算组织，依破产程序进行清算。②按非破产程序进行的清算，适用于非破产为由的法人终止，应由金融监管当局按照法律规定程序组织清算。清算内容包括依法成立清算组、清理终止的银行的财产、处理未了结债务、通知债权人申报债权、要求银行债务人履行债务、清结应缴纳税款事项、向股东分配银行剩余财产等。

10.3　保险业监管

10.3.1　保险业监管的方式

利用保险法规实行对于保险行业的监管是世界各国政府的保险管理机关所采取的主要监管手段。由于各个国家的法律制度不同、历史时期不同，在利用保险法规实行监管的过程中，有关国家对保险业的监管曾经采取过截然不同的方式，主要有以下三种。

1．公示主义

公示主义又称公告管理，是国家对保险业最为宽松的一种监督管理方式，适用于保险业自律能力较强的国家。其含义是国家对保险行业的经营不进行直接监督，而将其资产负债、财务成果及相关事项公布于众的管理方式。该方式为保险业的发展提供了较大的自由空间，但它以保险行业本身具有相当的自我约束能力、社会各界具有较强的保险意识并对保险经营有正确的判断为前提。英国 1901 年及 1940 年的公司法即采用该方式。

2．准则主义

准则主义又称规范管理，是由国家通过颁布一系列涉及保险行业运作的法律法规，要求所有的保险人和保险中介人必须遵守，并在形式上监督实行的管理方式。该方式适用于保险法规比较严密和健全的国家。准则主义较公告主义有了进步，注重保险经营形式上的合法性，并不涉及保险业经营管理的实体，而保险的技术复杂，有关法规很难囊括，因此有时容易流于形式。德国早期私人疾病基金的监督采用此法，但目前大多数国家已放弃该种管理方式。

3．批准主义

批准主义又称实体管理，是国家保险管理机关在制定保险法规的基础上，根据保险法规所赋予的权力，对保险业实行的全面有效的监督管理措施，监管的内容涉及保险业的设立、经营、财务乃至倒闭清算。这种监管内容具体、实际，有明确的衡量尺度，是对保险业监管中最为严格的一种。它追求彻底有效的监督和管理，赋予国家保险管理机关较高的权威和灵活处理的权力。一方面，国家保险管理机关在市场准入资格方面对于保险人的审批具有很大的政策灵活性；另一方面，国家保险管理机关辅之以规范管理的某些措施。该方式目前为大多数国家所采用，但随着经济的发展，许多国家已逐步放宽费率管理和条款审定等措施，故而，批准主义有放宽的趋势。

10.3.2 保险组织的监管

保险组织的监管包括保险组织形式、市场准入和退出的监管，而对后者常称保险公司的设立、变更和终止。

1．保险组织形式

保险组织是依法设立、登记，并以经营保险为业的机构。我国保险组织的形式包括国有独资公司、股份有限公司和其他形式。根据《公司法》的规定，对保险公司可确定股份有限公司或国有独资公司两种形式，同时参考国外经验，相互保险公司、保险合作社、自保公司也是保险组织的重要形式，也不排除上述两种形式以外的其他形式。我国《保险法》规定，保险业务由依照本法设立的保险公司以及法律、行政法规规定的其他保险组织经营，其他单位和个人不得经营保险业务。

2．保险公司的设立、变更和终止

1）保险公司的设立

保险公司的设立是创办保险公司的一系列法律行为及其法律程序的总称。在我国，保险公司的设立必须经过国务院保险监督管理机构的批准。未经批准，擅自设立保险公司或非法从事商业保险业务活动的，要依法根据情节追究当事人的法律责任。

（1）保险公司的设立条件。设立保险组织必须具备比一般工商企业设立更为严格的条件，这

是世界各国保险法的普遍规定。设立保险公司应遵循的原则为符合法律法规，有利于保险业的公平竞争和健康发展。我国《保险法》明确规定了设立保险公司的七项条件：

① 主要股东具有持续盈利能力，信誉良好，最近 3 年内无重大违法违规记录，净资产不低于人民币 2 亿元。

② 有符合《保险法》和《公司法》规定的章程。

③ 有符合《保险法》规定的注册资本最低限额。

④ 有具备任职专业知识和业务工作经验的董事、监事和高级管理人员。

⑤ 有健全的组织机构和管理制度。

⑥ 有符合要求的营业场所和与经营业务有关的其他设施。

⑦ 法律、行政法规和国务院保险监督管理机构规定的其他条件。

上述七项条件是对设立保险公司实质要件的规定，同时，依照《保险公司管理规定》，保险监督管理部门审查保险设立申请时，除要审查上述条件外，还包括具有明确的发展规划、经营策略、组织机构框架、风险控制体系；有投资人认可的筹备组负责人。

（2）保险公司的设立程序。依照我国《公司法》《保险法》和《保险公司管理规定》的要求，设立保险公司的一般程序分为筹建和开业两个阶段。

申青建立保险公司，应当向保险监督管理机构提出书面申请，并提交相关材料。保险监督管理机构应当对设立保险公司的申请进行审查，做出批准或者不批准筹建的决定。保险公司经过筹建，应向保险监督管理部门提交正式申请表和有关文件、资料。筹建期为 1 年。筹建期是指从企业被批准筹建之日起至开始经营（包括试营业）之日的期间。

申请开业时，保险公司应提出开业申请，并提交有关资料，保险监督管理部门审查批准后，认为符合条件的，应颁发经营保险业务许可证。之后，保险公司到工商行政管理机关办理登记，领取营业执照，并缴存保证金，方可营业。

2）保险公司的变更

保险组织的变更包括保险组织的合并、分立、组织形式的变更及其他事项变更。保险组织进行变更时，首先要由股东会或董事会同意，其次要经过保险监督管理部门批准，最后要向原登记机关办理登记。如果涉及减少实收货币资本金时，必须通知债权人。

3）保险公司的终止

保险公司的终止分为保险公司的解散、撤销和破产三种形式。保险公司的解散和撤销都要经保险监督管理部门批准，但由于人寿保险合同具有储蓄性质、涉及的社会面广，故经营人寿保险业务的公司不得解散。当保险公司不能支付到期债务时，经保险监管机构同意，由人民法院宣告破产。但对经营人寿保险业务的保险公司被依法撤销或依法宣告破产的，其持有的人寿保险合同及其责任准备金必须转让给其他经营有人寿保险业务的保险公司，不能同其他保险公司达成转让协议的，则由保险监管机构指定经营人寿保险业务的保险公司接受转让。

10.3.3 保险经营的监管

1. 保险经营的业务范围

我国《保险法》按保险标的不同将保险公司的业务范围分财产保险业务和人身保险业务两大

类。财产保险包括财产损失保险、责任保险、信用保险、保证保险等保险业务，人身保险包括人寿保险、健康保险、意外伤害保险等保险业务。

我国关于保险经营范围包括两层含义：①禁止兼业，即保险组织不得从事保险业务以外的业务，非保险组织不得经营保险或类似保险的业务。②禁止兼营，即同一保险公司不得兼营人身保险和财产保险两种业务。但是，经营财产保险业务的保险公司经保险监督管理机构核定，可以经营短期健康保险业务和意外伤害保险业务。

我国禁止兼营的原因在于财产保险与人寿保险性质不同、经营技术不同、保护被保险人的利益和便于保险监管。寿险带有长期性和储蓄性，兼营财产保险，有可能将寿险的保费挪作财产保险的保险金赔付之用，从而使寿险业务缺乏保险金保证；同时，我国保险市场尚不完善，有必要严格监管。当然，这有利于稳健经营，但也不利于灵活经营。世界绝大部分国家的保险法曾对保险公司的经营范围作了类似限制性的规定，但随着金融自由化浪潮的到来，各国有放松管制的趋势。

国际上习惯于将人寿保险业务称为第一领域，财产保险业务称为第二领域，意外伤害和健康保险业务称为第三领域。

国际上绝大部分国家允许第三领域兼营（即产险、寿险公司均可经营），其理由是第三领域与第二领域具有相同的性质，一般均属于短期险、不带有储蓄性；厘定纯费率的依据相同，均以损失率为依据；经营技术相同。

2．保险条款和保险费率的监管

保险条款和保险费率的确定带有很强的技术性，远非一个保险公司所能决定，同时，我国缺乏过去保险市场的基础，因而，对关系社会公众利益的保险险种、依法实行强制保险的险种和新开发的人寿保险险种等的保险条款和保险费率，应报国务院保险监督管理机构批准，而对其他险种的保险条款和保险费率由保险公司拟定，但应当报国务院保险监督管理机构备案。这样，既能保证保险业的健康发展、保护被保险人的利益，又能促进市场公平竞争。当然，从长期来看，它不利于保险公司运用价格策略和产品策略。

3．保险人恶性竞争行为的禁止

为了规范保险市场、防止恶性竞争，遵循诚实信用和公平竞争的原则，《保险法》对保险人在保险业务中的行为做出一些禁止性规定。在保险业务活动中，保险公司及其工作人员不得：

① 欺骗投保人、被保险人或者受益人；

② 对投保人隐瞒与保险合同有关的重要情况；

③ 阻碍投保人履行本法规定的如实告知义务，或者诱导其不履行本法规定的如实告知义务；

④ 给予或者承诺给予投保人、被保险人、受益人保险合同约定以外的保险费回扣或者其他利益；

⑤ 拒不依法履行保险合同约定的赔偿或者给付保险金义务；

⑥ 故意编造未曾发生的保险事故、虚构保险合同或者故意夸大已经发生的保险事故的损失程度进行虚假理赔，骗取保险金或者牟取其他不正当利益；

⑦ 挪用、截留、侵占保险费；

⑧ 委托未取得合法资格的机构或者个人从事保险销售活动；

⑨ 利用开展保险业务为其他机构或者个人牟取不正当利益；

⑩ 利用保险代理人、保险经纪人或者保险评估机构，从事以虚构保险中介业务或者编造退保等方式套取费用等违法活动；

⑪ 捏造、散布虚假事实等方式损害竞争对手的商业信誉，或者以其他不正当竞争行为扰乱保险市场秩序；

⑫ 泄露在业务活动中知悉的投保人、被保险人的商业秘密；

⑬ 违反法律、行政法规和国务院保险监督管理机构规定的其他行为。

4．再保险经营的规定

在我国，再保险公司也要分业经营，即再保险公司不得将财产保险与人身保险业务兼营。同时，在分保方面，保险公司应当按照国务院保险监督管理机构的规定办理再保险，并审慎选择再保险接受人。

5．承保责任限额的规定

为了保证保险公司的偿付能力，有必要通过保险公司业务量的限制控制其责任限额，从而分散风险，稳定经营。这主要通过下列规定控制每一危险单位承担责任的限制。任何保险公司对每一危险单位，即对一次保险事故可能造成的最大损失范围所承担的责任不得超过其实有资本金和公积金总和的 10%。经营财产保险业务的保险公司当年自留保险费，不得超过其实有资本金加公积金总和的 4 倍。

10.3.4　保险财务的监管

1．最低偿付能力的监管

偿付能力的监管是保险监管的核心。偿付能力是指保险组织履行赔偿或给付责任的能力。我国《保险法》规定，保险公司应当具有与其业务规模和风险程度相适应的最低偿付能力。保险公司的认可资产减去认可负债的差额不得低于国务院保险监督管理机构规定的数额；低于规定数额的，应当按照国务院保险监督管理机构的要求采取相应措施达到规定的数额。保险公司认可资产与认可负债的差额便是保险公司的实际资本，即最低偿付能力。国务院保险监督管理机构会对保险公司的偿付能力实施监控。

此外，如前所述，为了保证保险公司的最低偿付能力，有必要通过保险公司业务量的限制控制其责任限额。任何保险公司对一次保险事故可能造成的最大损失范围（即危险单位）所承担的责任不超过其资本金和公积金总和的 10%，对超过的部分应该进行再保险。经营财产保险业务的保险公司当年自留保险费，不得超过其实有资本金加公积金总和的 4 倍，对超过的部分，必须办理保险分出业务，以分散风险、稳定经营。

2．资产的监管

资产的监管主要体现在保险资金运用的规定。保险资金运用是现代保险业得以生存和发展的基础，同时，由于保险公司是经营风险的企业，其资金运用状况直接影响着公司的赔付能力，因而，许多国家都对保险公司资金运用的原则、范围、比例和方向等作了明文的限制性规定。

我国《保险法》对保险资金运用的首要原则是安全性原则，同时保证资产的保值增值。我国《保险法》第106条规定，保险公司的资金运用必须稳健，遵循安全性原则。保险公司的资金运用限于下列形式：①银行存款；②买卖债券、股票、证券投资基金份额等有价证券；③投资不动产；④国务院规定的其他资金运用形式。我国《保险资金运用管理暂行办法》则从保险资金运用的形式、决策运行机制、风险管控、监督管理做了具体规定。从运用形式而言，既规定了保险资金运用的方式，也规定了每一资金运用方式的比例和每一融资主体的比例。既利于提高营利性，也利于提高安全性。

3. 负债的监管

负债的监管主要体现在各种保险准备金的监管。责任准备金是保险公司按法律规定为在保险合同有效期内承担赔偿或给付保险金义务而从保险费收入中提存的一种资金准备。保险准备金是保险公司的负债。保险公司应有与准备金等值的资产作为后盾，才能完全履行保险责任。因此，保险准备金的提存，实际上也是为了确保保险组织具有充足的偿付能力。我国《保险法》第98条规定："保险公司应当根据保障被保险人利益、保证偿付能力的原则，提取各项责任准备金。保险公司提取和结转责任准备金的具体办法，由国务院保险监督管理机构制定"。保险准备金依其用途不同，体现在下述指标监管上。

（1）未到期责任准备金。由于寿险业务一般属于长期业务，非寿险业务一般一年一保，因而，非人寿保险的未到期责任准备金是当年承保业务的保险单中在下一年度有效保单的保险费。由于寿险和非寿险期限不同、性质不同，导致提取的方法也不同，同时，非寿险各险种的期限不同，其提取方法也有别，因而有必要针对不同险种，采用不同方法提存未到期责任准备金。

（2）未来赔款准备金。保险公司应当提存未决赔款准备金的情况是保险事故已经发生，被保险人已经提出保险赔偿或者给付申请，但保险公司对赔付与否或赔付额尚未决定；已经发生保险事故但尚未提出保险赔偿或者给付申请。提存未决赔款准备金是为了对已发生保险事故但尚未赔付所做的资金准备。

（3）保险保障基金的监管。保险保障基金属于保险组织的资本，主要是应付保险公司发生赔付危机或破产。提取保险保障基金是为了保障被保险人的利益、支持保险公司稳健经营的需要。在我国，保险公司应当按照保险监督管理机构的规定提存保险保障基金。保险保障基金应当集中管理，统筹使用。

4. 净值的监管

保险组织的净值是保险组织资产与负债的差额。净值监管主要体现在对资本金、公积金、总准备金的监管。关于资本金、总准备金的监管前已论述，故此只介绍对公积金的监管。公积金是保险公司依照法律和公司章程的规定从公司税后利润中提取的积累资金。保险公司提取公积金，是为了用于弥补公司亏损和增加公司资本金。公积金按其来源不同分为资本公积金和盈余公积金。

根据《公司法》和《金融保险企业财务制度》的规定，保险公司应在税后利润中提取10%的法定盈余公积金，当法定盈余公积金累计达到注册资本的50%时，可不再提取。

10.3.5 保险中介人的监管

保险中介人的监管是指对保险代理人、保险经纪人和保险公估人的监管。对三者的监管既有联系又有区别。其共同点在于都涉及将有关的业务许可证放置在营业场所适当的位置，以备检查；对保险代理人和保险公估人均有每年一定期限培训的要求。

1. 保险代理人的监管

（1）保险代理人的类型与组织形式。保险代理人是代为办理保险业务的机构或者个人。我国《保险法》规定，保险代理机构包括专门从事保险代理业务的保险专业代理机构和兼营保险代理业务的保险兼业代理机构。我国《保险代理人管理规定》对保险代理人采用复合分类法，先按保险代理主体的性质将保险代理人分为机构代理人和个人代理人，然后将机构代理人按行业性质不同分为专业代理人和兼业代理人，从而形成了专业代理人、兼业代理人和个人代理人。专业代理人是专门从事保险代理业务的保险代理公司，其组织形式为有限责任公司或股份有限公司。兼业代理人是受保险人的委托，在从事自身业务的同时，指定专人为保险人代办保险业务的机构。个人代理人是根据保险人的委托，向保险人收取佣金，并在保险人授权的范围内代为办理保险业务的个人。

我国 2001 年制定及 2004 年修订的《保险代理机构管理规定》将保险代理机构的组织形式分为合伙企业、有限责任公司、股份有限公司；2009 年修订公布的《保险专业代理机构监管规定》则将保险代理机构的组织形式分为有限责任公司、股份有限公司，2015 年再次修订时坚持了这两种组织形式。

（2）保险代理人的设立。保险代理机构在符合保险监督管理部门所规定的条件后经保险监督管理部门颁发经营保险代理业务许可证，在工商行政管理部门注册登记，领取营业执照，并缴存保证金或者投保职业责任保险，方可营业。当然，对各类保险代理人的具体要求有所不同。

（3）保险代理人的执业管理。根据我国《保险法》和《保险代理人管理规定》《保险专业代理机构监管规定》，并结合有关法规和惯例，保险代理人的执业规则主要应包括以下内容。

① 保险代理人在从事代理业务前应与保险人签订代理合同，这是执业基本条件。保险代理合同是保险代理人与保险人之间约定保险代理权利义务关系的协议，一般由保险人制作。保险代理合同的签订应当在保险代理人从事保险代理业务之前完成，同时，根据法律的规定，保险代理合同应报当地中国保监会备案。尽管保险代理合同因其代理形式、代理业务范围及险种不同而有所差异，但其基本内容是一致的，主要包括：保险代理人和保险人的名称；代理范围；代理险种；代理佣金支付的标准和方式；代理期限；违约责任；保险费支付方式；争议处理和保险代理合同的变更、终止的条件及其方法。

② 代理业务活动范围的限制。主要包括代理对象的合法性、代理范围的区域性、特定对象的专属性、代理业务的限定性和专业性。从代理对象的合法性看，只能为依法成立的保险公司代理保险业务，不能为未经中国保监会批准的保险公司代理保险业务；从代理范围的区域性看，代理人只能为其注册登记的行政辖区内的保险公司代理保险业务；从特定对象的专属性看，由于人寿保险业务技术要求较高，同时具有储蓄性质，代理寿险业务的个人代理人只能是专用代理人；从代理业务的专业性来看，保险代理人不得兼做保险经纪人业务。

③ 遵循保险代理的原则。根据诚信原则的要求，保险代理人应将被保险人应该知道的保险公司业务情况和保险条款的内容及其含义如实告诉被保险人，在代理业务活动中遵守不得欺骗保险人、投保人、被保险人或者受益人，不得给予或者承诺给予投保人、被保险人或者受益人保险合同约定以外的利益等相关规定。

④ 禁止滥用代理权。第一，禁止自己代理。保险代理中的自己代理是以保险人的名义承保自己或本单位的保险业务。从民法角度看，自己代理是无效代理，同样也适用于保险代理。因此，保险代理人为自己或本单位投保，均视为保险公司的直接业务，保险代理人不得从中提取代理手续费。第二，禁止恶意串通。保险代理中的恶意串通是保险代理人与投保人、被保险人或受益人串通损害保险人利益的行为。如串通投保人、被保险人或者受益人，骗取保险金。这有悖于代理的初衷，为法律所禁止。

⑤ 接受保险监管。中国保监会是保险代理人的保险监督管理部门，为了保证保险代理人经营的合法性、财务的合规性，可随时检查除个人代理人以外的保险代理人的经营状况、账册、业务记录、收据等。保险代理人则有接受其监管的义务，不得以任何借口拒绝。

2．保险经纪人的监管

1）我国保险经纪人的类型与性质

在保险市场中，保险经纪人是投保人的代理人，保险代理人是保险人的代理人。我国《保险法》第 118 条规定，保险经纪人是基于投保人的利益，为投保人与保险人订立保险合同提供中介服务，并依法收取佣金的机构。这说明在我国保险经纪人限于机构。除中国保监会另有规定外，保险经纪机构应当采取的组织形式为有限责任公司、股份有限公司。保险经纪包括直接保险经纪和再保险经纪。直接保险经纪是指保险经纪公司与投保人签订委托合同，基于投保人或被保险人的利益，为投保人与保险人订立保险合同提供中介服务，并按约定收取中介费用的经纪行为。再保险经纪是指保险经纪公司与原保险人签订委托合同，基于原保险人的利益，为原保险人与再保险人安排再保险业务提供中介服务，并按约定收取佣金的经纪行为。未经中国保监会批准，任何单位和个人不得在中华人民共和国境内从事保险经纪活动。

保险经纪人的性质是由其业务范围决定的。根据《保险经纪机构监管规定》，保险经纪机构可以经营下列业务：为投保人拟订投保方案、选择保险公司以及办理投保手续；协助被保险人或者受益人进行索赔；再保险经纪业务；为委托人提供防灾、防损或者风险评估、风险管理咨询服务；中国保监会批准的其他业务。因此，保险经纪人具有居间、代理、咨询的性质。

2）保险经纪人的设立

（1）保险经纪人的设立条件。设立保险经纪公司应具备法律规定的条件，我国《保险经纪机构监管规定》要求必须具备以下条件。

① 资本金要求。注册资本达到规定的最低限额。保险经纪公司的注册资本的最低限额为人民币 5 000 万元，且必须为实缴货币资本。中国保监会另有规定的除外。

② 章程要求。应具有符合法律规定的公司章程。

③ 具有健全的组织机构和管理制度。

④ 董事长、执行董事和高级管理人员符合本规定的任职资格条件。

⑤ 有与业务规模相适应的固定住所。

⑥ 有与开展业务相适应的业务、财务等计算机软硬件设施。

⑦ 股东、发起人信誉良好，最近 3 年无重大违法记录。

⑧ 法律、行政法规和中国保监会规定的其他条件。

上述条件是对设立保险经纪机构实质要件的规定，中国保监会审查设立申请时，除要审查上述条件外，还应考虑保险市场发展的需要。

（2）保险经纪人的设立审批。保险经纪公司的设立，要经过一定的程序，即筹建和开业两个阶段。首先，拟设立的保险经纪公司向保险监管机构申请，并按规定提交有关的资料，保险监管机构收到申请后审查，如果同意的给予批准。其次，经批准成立的保险经纪公司由我国保险监管机构颁发经营保险经纪业务许可证，并在工商行政管理局注册登记，取得营业执照，方可营业。

同时，保险经纪机构应当自许可证取得之日起 20 日内投保职业责任保险或者按其注册资本向中国保监会指定的商业银行缴存保证金。保险经纪人的变更和终止均需经中国保监会的批准，其破产则由人民法院组织进行。

3）保险经纪人的执业管理

保险经纪人的执业管理是对保险经纪人从事保险居间、委托代理、咨询等经纪业务活动的约束规则的总和。保险经纪人在其经纪执业中应接受保险监管，根据《保险法》《保险经纪机构监管规定》和《合同法》，并结合有关法规和惯例，保险经纪人的执业规则可归纳为以下几个主要方面。

（1）已取得保监会颁发的经营保险经纪业务许可证。

（2）保险经纪人经纪业务的范围。包括保险经纪人只能同保险标的所在地的保险公司洽谈和办理直接投保手续，不得安排法定分保业务，不得兼营保险代理业务等。

（3）保险经纪人应遵循最大诚信、自愿、公平、平等的原则。根据诚信原则的要求，保险经纪人不得做不实、误导的广告或宣传，不得做不如实转告投保人声明事项。根据平等、自愿原则要求，保险经纪人不得利用行政权力、职务或者职业便利以及其他不正当手段强迫或者限制投保人订立保险合同。根据公平原则的要求，保险经纪人不得利用不正当手段引诱投保人订立保险合同。

（4）禁止恶意代理。①禁止自己代理，如保险经纪人为自身财产、人员投保不得收取佣金；②禁止恶意串通，如禁止保险经纪人损害委托人的利益；③禁止双方代理，如禁止保险经纪公司兼管保险代理业务，因为这有损于公平原则。

（5）收取合法的佣金。包括为投保人向保险人介绍保险业务、代投保人向保险人办理投保手续的，由保险人支付佣金；为被保险人代办索赔等手续，由被保险人支付佣金。同时，保险经纪公司的佣金标准应在委托合同中约定列明。

（6）独立承担赔偿责任。因保险经纪人的过错，给投保人、被保险人、受益人、分出人造成损失的，由保险经纪人承担赔偿责任。

（7）接受保险监管。包括接受中国保监会对保险经纪人实行日常检查和年度检查制度，按规定向中国保监会定期报送业务和财务报表等。

3. 保险公估人的监管

1）我国保险公估人的性质与类型

在保险市场中，保险经纪人是投保人的代理人，代表投保人的利益；保险代理人是保险人的代理人，代表保险人的利益；保险公估人则基于第三者的地位。在我国，虽然《保险法》尚无对保险公估人的明确规定，但规定保险活动当事人可以委托保险公估机构等依法设立的独立评估机构或者具相关专业知识的人员，对保险事故进行评估和鉴定。根据我国《保险公估机构监管规定》，保险公估机构是指接受委托，专门从事保险标的或者保险事故评估、勘验、鉴定、估损理算等业务，并按约定收取报酬的机构。这说明在我国保险公估人限于机构。规定称，保险公估机构可以经营的业务包括保险标的承保前和承保后的检验、估价及风险评估；保险标的出险后的查勘、检验、估损理算及出险保险标的残值处理；风险管理咨询；中国保监会批准的其他业务。据此，保险公估人的民事法律行为具有委托性质，其委托人既可以是保险人，也可以是被保险人或受益人，还可以是保险人和被保险人或受益人双方。

保险公估人的类别也较为复杂，按资本金性质不同分为中资保险公估公司、外资保险公估公司、中外合资保险公估公司。保险公估机构可以为合伙企业、有限责任公司或股份有限公司。

2）保险公估人的设立

（1）保险公估人的设立条件。设立保险公估公司应具备法律规定的条件。设立保险公估机构的条件一般包括资本金要求、章程要求、人员要求、高级管理人员要求、营业场所要求。根据《保险公估机构监管规定》，设立保险公估机构，应当具备下列条件。

① 股东、发起人或者合伙人信誉良好，最近 3 年无重大违法记录。

② 公司章程或者合伙协议符合有关规定。

③ 董事长、执行董事和高级管理人员符合本规定的任职资格条件。

④ 具备健全的组织机构和管理制度。

⑤ 有与业务规模相适应的固定住所。

⑥ 有与开展业务相适应的计算机软硬件设施。

⑦ 法律、行政法规和中国保监会规定的其他条件。

上述条件是对设立保险公估机构实质要件的规定，中国保监会审查设立申请时，除要审查上述条件外，还要考虑保险市场发展的需要。

（2）保险公估人的设立审批。保险公估人设立的基本程序一般经过筹建和开业两个阶段。首先，拟设立的保险公估机构向保险监管机构申请，并按规定提交有关资料，保险监管机构如果同意的，经批准成立开业的保险公估机构应按规定领取经营保险公估业务许可证。其次，保险公估机构经中国保监会批准并颁发经营保险公估业务许可证，并在工商行政管理机关注册登记后，取得营业执照，方可营业。

虽然《保险公估机构监管规定》未对保证金或职业责任险做出规定，但《中华人民共和国资产评估法》第 21 条规定，评估机构根据业务需要建立职业风险基金，或者自愿办理职业责任保险，完善风险防范机制。

保险公估机构的变更、分立、合并和解散均须经中国保监会的批准，其破产必须经中国保监会同意，由人民法院组织进行。

3）保险公估人的执业管理

保险公估人的执业管理是对保险公估人从事保险标的的评估、勘验、鉴定、估损、理算等公估业务活动的约束规则的总和。《保险公估机构监管规定》中规定，保险公估人在其公估执业中应接受保险监管。根据《保险法》《保险公估机构监管规定》《资产评估法》《民法通则》和《合同法》，并结合有关法律、法规和惯例，保险公估人的执业规则可归纳为以下几个主要方面。

（1）从业的合法性。在中国境内设立保险公估公司应当由中国保监会审批，任何机构未经中国保监会批准不得从事保险公估业务。

（2）聘用公估人员的合规性。保险公估公司内部直接从事保险公估业务的人员及其他保险公估公司临时聘用的专业技术人员，应事先经由保险公估公司向原批准机关备案后，方可从事保险公估业务。

（3）业务范围的限制性。任何保险公估公司不得从事保险代理或保险经纪活动，这是为了公正的需要；保险公估公司只能在指定的经营区域内从事保险公估业务，其经营区域由中国保监会核定。

（4）遵循诚信、独立、客观、公平、公正、公开原则。根据诚信原则的要求，保险公估公司不得为开展业务做夸大不实的广告及宣传，不得在开展业务时有弄虚作假、收受贿赂、向客户索要额外利益、与客户串通等行为。根据公正、公平原则的要求，保险公估公司不得为其自身利益及有利害关系的委托人进行保险公估活动，其营业场所也不得设在保险公司、保险代理公司或保险经纪公司等机构的营业场所内，以便与其有利害关系的人回避。

（5）保守商业秘密。当保险人、被保险人和其他保险关系人及时、准确地向保险公估公司提供有关保险标的的资料时，保险公估公司有义务为其保守商业秘密。

（6）公估报告的真实性、要素性和有效性。①公估报告的真实性。保险公估公司不得向当事人出具虚假的公估报告。②公估报告内容的要素性。其内容至少应包括保险公估事项发生的时间、地点、起因、过程、结果等情况，保险公估标的简介，进行保险公估活动所依据的原则、定义、手段和计算方法，标的理算以及其他费用的计算公式和金额，保险公估结论。③公估报告的有效性。《资产评估法》第 27 条规定，评估报告应当由至少两名承办该项业务的评估专业人员签字并加盖评估机构印章。

（7）依规定收取公估费。保险公估费用标准应当依国家有关规定或双方约定执行。从理论上说，保险公估费用应当由委托人支付，但实际上通常由保险人支付。不过，当发生争议以至诉讼时，通常由败诉方支付。

（8）独立承担赔偿责任。因保险公估公司的过错，给保险人、被保险人造成损失的，由保险公司承担赔偿责任。

（9）接受保险财务和业务的监管。包括按规定向中国保监会定期报送业务报表和财务报表，接受其对保险公估公司实行检查制度，从而要求保险公估公司应将各类财务原始凭证、勘察原始资料、保险公估报告及其他重要文件保存至少 5 年，以备其检查。

10.4 证券市场监管

10.4.1 证券市场监管的原则

1. 依法监管原则

中国证券市场形成发展的历史说明了依法监管的重要性。依法监管要做到“有法可依、有法必依、执法必严、违法必究”。从目前情况看，我国的证券法律法规体系正日趋完善，但还需要进一步对相关问题进行补充和细化。尤其是随着新的金融产品的推出，新的问题会不断出现，这就需要法律法规能够及时地修订和完善。此外，依法监管要进一步加强对证券市场违法违规行为的打击力度。

2. 保护投资者利益原则

投资者不仅关系到资本市场的规范和发展，也关系到整个经济的稳定增长。投资者，尤其是中小投资者，由于信息不对称或资金少，在证券市场中处于弱势地位，需要重点保护。

3. 公开、公平、公正原则

（1）公开原则。公开原则要求证券市场有充分的透明度，实现市场信息的公开化。信息的披露主体不仅包括证券的发行人、交易者，还包括证券监管机构。要保障市场的透明度，除了证券发行人要对影响证券价格的公司情况做出公开详细说明外，证券监管机构还应该公开有关监管程序、监管身份，以及证券市场违规处罚的标准和规定等。

（2）公平原则。公平原则要求证券市场不存在歧视，参与市场的主体具有完全平等的权利。具体来说，无论是投资人还是筹资人，无论是机构投资者还是个人投资者，也无论投资规模和筹资规模的大小，只要是市场主体，则在进入与退出市场、投资机会、享受服务、获取信息等方面都享有完全平等的权利。

（3）公正原则。公正原则要求证券监管部门在公开、公平原则的基础上，对一切被监管的对象给予公正对待。证券立法机构应当制定体现公平精神的法律、法规和政策，证券监管机构应当根据法律赋予的权限履行监管职责，以法律为依据，对一切证券市场参与者给予公正的对待，对证券违法行为的处罚和对证券纠纷、争议的处理，都应当公平。

4. 监督与自律相结合的原则

这一原则是指在加强证券监管机构对证券市场监管的同时，也要加强从业者的自我约束、自我教育和自我管理。证券监管机构对证券市场的监管是证券市场健康发展的保证，而证券从业者的自我管理是证券市场正常运行的基础。

10.4.2 证券市场监管模式

从全球范围看，一个国家采取何种证券监管模式主要取决于以下两个基本因素：一是证券市场的发展阶段、发育程度与证券市场的自由度；二是政府对经济运行的调控模式。由于各国具体情况不同，监管的模式也不一样，综合各国证券市场管理体制，大体可分为以下三种模式：集中型管理模式、自律型管理模式、分级型管理模式。

1. 集中型管理模式

集中型管理模式是指政府通过制定专门的证券市场管理法规，并设立全国性的证券监管机构来实现对全国证券市场的管理。集中型管理模式的代表有美国、日本，我国也实行集中型管理模式。集中型管理模式的特点如下。

（1）有一套全国性的证券市场管理法规。以美国为例，除了《公司法》对组建公司的行为进行规范外，还有证券管理的专门立法，如《1933 年证券法》《1934 年证券交易法》《1940 年投资公司法》《1940 年投资咨询法》《1970 年证券投资保护法》等。此外，各州都有一些与证券管理有关的法律。

（2）设有全国性的管理机构负责管理、监督证券市场。管理机构有的是专职管理机构，有的是政府的一个职能部门，因此，按管理者划分，集中型管理模式又可分为三类。

① 以独立监管机构为主体。这一类型的典型代表是美国。美国根据《1934 年证券交易法》，设立了专门管理机构——证券交易委员会，它由美国总统任命、参议院批准的 5 名委员组成，对全国的证券发行、证券交易所、证券商、投资公司等实施全面管理监督的权利。SEC 有权制定为贯彻执行《1933 年证券法》和《1934 年证券交易法》所需要的各种行政法规，并监督实施。大多数拉美国家都实行这种管理体制。这种管理体制的优点是证券市场的监督者可以站在超然的地位监督证券市场，避免其他部门的干预和本位主义，可协调各部门的立场和目标。这种管理体制要求监管者拥有足够的权利。

② 以中央银行为主体。这种类型国家的证券监管机构就是该国的中央银行体系的一部分，其代表国家是巴西。巴西的证券监管机构是证券委员会，它根据巴西国家货币委员会（中央银行的最高决策机构）的决定，行使对证券市场的监管权力。这种体制使一国宏观金融的监督管理权高度集中于中央银行。这种模式的优点是便于决策和行动的协调一致，有利于提高管理的效率。不足之处是过分集权将导致过多的行政干预和“一刀切”现象，缺乏针对性管理。

③ 以财政部为主体。这种管理模式是指由财政部作为监管的主体或完全由财政部直接建立监管机构，代表国家有日本、韩国。日本的证券管理机构是大藏省的证券局。日本的《证券交易法》规定，证券发行人在发行有价证券前必须向大藏省登记，证券交易的争端由大藏大臣调解。

韩国虽然有专门的证券交易委员会和证券监督局，但两者均受制于财政部。韩国的《证券交易法》规定，证券交易委员会由韩国银行行长、韩国证券交易所董事长、财政部副部长和经财政部部长推荐由总统任命的 6 名委员，共 9 名委员组成，主席由总统认命。在主席缺席期间，由财政部部长指定一名专职委员行使主席权利。证券交易委员会的任何决议都必须立即向财政部部长报告，不得延迟。证券监督局的局长由证券交易委员会主席兼任，副局长和助理副局长经局长推荐由财政部部长认命。

实行这种体制的国家大多是财政部部长在该国地位较高的国家。这种模式有利于国家宏观经济政策的协调，但这种体制不适合于财政部和中央银行之间独立性较强的国家。

集中型管理模式的优点是具有超脱于证券市场参与者之外的统一管理机构，能够公平、公正、客观、有效、严格地发挥其监管作用，并能起到协调全国各证券市场的作用，防止出现过度竞争的局面；具有专门的证券法规，使证券行为有法可依，有利于提高证券市场监管的权威性；由于管理者的超脱地位，较注重保护投资者的利益，自律性得以发挥。

集中型管理模式的缺点是由于证券市场的管理是一项艰巨而复杂的任务，涉及面广，仅靠全国性的证券管理机构而没有证券交易所和证券商协会的配合很难胜任，难以实现既有效管理又不过多行政干预的目标。

2. 自律型管理模式

自律型管理模式是指政府除某些必要的国家立法外，较少干预证券市场，对证券市场的管理主要由证券交易所以及证券商协会等组织进行自律管理。自律组织通过其章程、规则来引导和制约其成员的行为，并对会员的违规行为进行制裁，严重者开除会籍。自律型管理的代表是英国，此外，荷兰、爱尔兰、芬兰、挪威、瑞典等北欧国家也实行自律管理模式。

自律型管理模式具有以下优点：既可以提供较充分的投资保护，又能充分发挥市场的创新和竞争意识，有利于市场的活跃；允许证券商参与制订证券市场管理条例，而且鼓励它们遵守这些条例，使市场管理更切合实际；由市场参与者制订和修订证券管理条例比议会制订证券法具有更大的灵活性，效率更高。自律型组织对发生的违法违规行为能够做出迅速而有效的反应。

自律型管理模式具有以下缺点：自律型管理通常把重点放在市场的有效运转和保护证券交易所会员的利益上，对投资者提供的保障往往不充分（有鉴于此，实行自律型管理的国家通常都用投资保护法规弥补不足）；管理者的非超脱性难以保证管理的公正；由于没有立法权，管理手段较弱；没有专门的管理机构，难以协调全国证券市场的发展，容易造成混乱。

由于自律管理模式的诸多缺陷，因此实行自律型管理的国家也纷纷效仿集中型管理模式的做法，朝着政府管制与市场自律相结合的方向发展。例如，1986 年英国颁布了《金融服务法》，这是英国第二次以国家立法形式对证券业进行直接管理，同时成立了证券和投资委员会，负责执行该法规，并掌管所有证券的投资业务。该法案的一个突出特点是既顾及自律组织的利益，又顾及投资者的利益，从而使英国投资业管理得到相当程度的加强和完善。

3. 分级型管理模式

分级型管理模式包括二级管理模式和三级管理模式。二级管理指政府和自律机构相结合的管理，三级管理指中央和地方两级政府加上自律机构的管理。

分级型管理一般有两种方式：一是政府与自律机构分别对证券进行管理，形成官方与民间的权力分配和制衡；二是中央与地方分别对证券进行管理，形成政府间、政府与民间的权力分配与制衡。

目前，世界上多数国家和地区都开始采取分级管理模式，如美国、法国、意大利等国也逐步向二级、三级管理模式靠拢，其主要原因是以行业公会为主的自律性管理，容易形成行业垄断和利益集团而引起社会投资者的反对。

10.4.3 证券上市的监管

1. 证券发行审核制

证券发行上市监管的核心是发行决定权的归属，我国目前对证券发行实行的是核准制。

核准制是指发行人申请发行证券，不仅要公开披露与发行证券有关的信息，符合《公司法》和《证券法》所规定的条件，而且要求发行人将发行申请报请证券监管部门决定的审核制度。

推行核准制的重要基础是中介机构尽职尽责。实行强制性信息披露和合规性审核，需要证券专营机构、律师事务所和会计师事务所等中介机构加强自律性约束，强化市场主体的诚信责任；

证券发行监管以强制性信息披露为中心，完善事前问责、依法披露和事后追究的监管制度，增强信息披露的准确性和完整性，同时加大对证券发行和持续信息披露中违法违规行为的打击力度。

2．信息披露制度

（1）信息披露的意义。制定证券发行信息披露的目的是通过充分公开、公正的制度来保护公众投资者，使其免受欺诈和不法操纵行为的损害。信息披露的意义在于：①有利于价值判断；②防止信息滥用；③有利于监督经营管理；④防止不正当竞争；⑤提高证券市场效率。

（2）信息披露的基本要求。①全面性。信息披露义务人应当充分披露可能影响投资者投资判断的有关资料，不得有任何隐瞒或重大遗漏。②真实性。信息披露义务人公开的信息资料应当准确、真实，不得有虚假记载、误导或欺骗。③时效性。向公众投资者公开的信息应当具有最新性和及时性。公开资料反映的公司状态应为公司的现实状况，公开资料交付的时间不得超过法定期限。

（3）证券发行与上市的信息公开制度。①证券发行信息的公开。证券发行申请经核准，发行人应当依照法律、行业法规的规定，在证券公开发行前，公告公开发行募集文件，并将该文件置备于指定场所供公众查阅。发行证券的信息依法公开前，任何知情人不得公开或者泄露信息。②证券上市信息的公开。股票上市交易申请经证券交易所审核同意后，签订上市协议的公司应当在规定期限内公告股票上市的有关文件，并将该文件置备于指定场所供公众查阅。此外，还应当公告下列事项：股票获准在证券交易所交易的日期，持有公司股份最多的前十名股东的名单和持股数额，公司的实际控制人，董事、监事、高级管理人员的姓名及其持有本公司股票和债券的情况。

（4）持续信息公开制度。上市公司和公司债券上市交易的公司，应当在每一会计年度结束之日起四个月内，向国务院证券监督管理机构和证券交易所报送包含以下内容的年度报告，并予公告：公司概况；公司财务会计报告和经营情况；董事、监事、高级管理人员简介及其持股情况；已发行的股票、公司债券情况，包括持有公司股份最多的前十名股东和持股数额；公司实际控制人；国务院证券监督管理机构规定的其他事项。

上市公司和公司债券上市交易的公司，应当在每一会计年度的上半年结束之日起两个月内，向国务院证券监督管理机构和证券交易所报送记载以下内容的中期报告，并予以公告：公司财务会计报告和经营情况；涉及公司的重大诉讼事项；已发行的股票、公司债券变动情况；提交股东大会审议的重要事项；国务院证券监督管理机构规定的其他事项。

（5）信息披露的虚假或重大遗漏的法律责任。主要涉及两类情况。①发行人、证券公司、保荐人在招募说明书、上市公告书、公司报告及其他文件中做出虚假陈述的。②律师事务所、会计师事务所、资产评估机构等专业性证券服务机构在其出具的法律意见书、审计报告、资产评估报告及参与制作的其他文件中做出虚假陈述的。对做出虚假陈述的相关机构或人员的处罚有警告、罚款、撤销许可证或从业资格等。

3．证券发行上市保荐制度

企业发行上市不但要有保荐人进行保荐，还需要具有保荐代表人资格的从业人员具体负责保荐工作。监管部门对符合条件的证券公司及其从业人员注册登记为保荐人和保荐代表人。企业首次公开发行和上市公司再次公开发行证券都需要保荐人和保荐代表人保荐。保荐期间分尽职推荐和持续督导两个阶段，每个阶段都有明确的保荐期限。保荐人和保荐代表人在向监管部门推荐企业上市前，要对企业进行辅导和尽职调查，要在推荐文件中对发行人的信息披露质量、发行人的独立性和持续经营能力等做出必要的承诺。

对保荐人和保荐代表人的违法违规行为，除进行行政处罚和依法追究法律责任外，证券监管机构还将引进持续信用监管和"冷淡对待"的监管措施。

10.4.4 证券交易的监管

1. 证券交易所的信息公开制度

证券交易所应当为组织公平的集中交易提供保障，公布证券交易即时行情，并按交易日制作证券市场行情表，予以公布。未经证券交易所许可，任何单位和个人不得发布证券交易即时行情。证券交易所对证券交易实行实时监控，并按照国务院证券监督管理机构的要求，对异常的交易情况提出报告。证券交易所应当对上市公司及相关信息披露义务人披露信息进行监督，督促其依法及时、准确地披露信息。证券交易所根据需要，可以对出现重大异常交易情况的证券账户限制交易，并报国务院证券监督管理机构备案。

证券交易所、证券公司、证券登记结算机构、证券服务机构的从业人员或者证券业协会的工作人员，故意提供虚假资料，隐匿、伪造、篡改或者毁损交易记录，诱骗投资者买卖证券的，撤销证券从业资格，并处以 3 万元以上 10 万元以下的罚款；属于国家工作人员的，还应当依法给予行政处分。在证券交易活动中做出虚假陈述或者信息误导的，责令改正，处以 3 万元以上 20 万元以下的罚款；属于国家工作人员的，还应当依法给予行政处分。

2. 对操纵市场行为的监管

证券市场中的操纵市场是指某一个组织或个人以获取利益或者减少损失为目的，利用其资金、信息等优势，或者滥用职权，影响证券市场价格，制造证券市场假象，诱导或者致使投资者在不了解事实真相的情况下做出证券投资决定，扰乱证券市场秩序的行为。操纵市场的行为包括以下内容。

① 单独或者通过合谋，集中资金优势、持股优势或者利用信息优势联合或者连续买卖，操纵证券交易价格或数量。

② 与他人串通，以事先约定的时间、价格和方式相互进行证券交易，影响证券交易价格或者证券交易量。

③ 在自己实际控制的账户之间进行证券交易，影响证券交易价格或者证券交易量。

④ 以其他手段操纵证券市场。

对操纵市场行为的监管包括事前监管与事后处理。事前监管是指在发生操纵行为前，证券管理机构采取必要手段以防止损害发生。事后处理是指证券管理机构对市场操纵行为者的处理及操纵者对受损当事人的损害赔偿。主要包括两个方面：①对操纵行为的处罚，如警告、罚款等。②操纵行为受害者可以通过民事诉讼获得损害赔偿。

3．对欺诈客户行为的监管

欺诈客户是指以获取非法利益为目的，违反证券管理法规，在证券发行、交易及相关活动中从事欺诈客户、虚假陈述等行为。欺诈客户行为包括以下内容。

① 违背客户的委托为其买卖证券。

② 不在规定时间内向客户提供交易的书面确认文件。

③ 挪用客户所委托买卖的证券或者客户账户上的资金。

④ 未经客户的委托，擅自为客户买卖证券或者假借客户的名义买卖证券。

⑤ 为牟取佣金收入，诱使客户进行不必要的证券买卖。

⑥ 利用传播媒介或者通过其他方式提供、传播虚假或者误导投资者的信息。

⑦ 其他违背客户真实意思表示，损害客户利益的行为。

4．对内幕交易行为的监管

所谓内幕交易，又称知内情者交易，是指公司董事、监事、经理、职员、主要股东、证券市场内部人员或者市场管理人员，以获取利益或减少损失为目的，利用地位、职务等便利，获取发行人未公开的、可以影响证券价格的重要信息，进行有价证券交易，或泄露该信息的行为。

（1）内幕交易的行为主体。证券交易内幕信息的知情人包括发行人的董事、监事、高级管理人员；持有公司 5%以上股份的股东及其董事、监事、高级管理人员，公司的实际控制人及其董事、监事、高级管理人员；发行人控股的公司及其董事、监事、高级管理人员；由于所任公司职务可以获取公司有关内幕信息的人员；证券监督管理机构工作人员，以及由于法定职责对证券的发行、交易进行管理的其他人员；保荐人、承销的证券公司、证券交易所、证券登记结算机构、证券服务机构的有关人员；国务院证券监督管理机构规定的其他人。

（2）内幕信息的界定。证券交易活动中，涉及公司的经营、财务或者对该公司证券的市场价格有重大影响的尚未公开的信息，为内幕信息。下列信息皆属内幕信息：公司经营方针和经营范围的重大变化；公司的重大投资行为和重大的购置财产的决定；公司订立重要合同，可能对公司的资产、负债、权益和经营成果产生重要影响；公司发生重大债务和未能清偿到期重大债务的违约情况；公司发生重大亏损或者重大损失；公司生产经营的外部条件发生的重大变化；公司的董事、三分之一以上监事或者经理发生变动；持有公司 5%以上股份的股东或者实际控制人，其持有股份或者控制公司的情况发生较大变化；公司减资、合并、分立、解散及申请破产的决定；涉及公司的重大诉讼，股东大会、董事会决议被依法撤销或者宣告无效；公司涉嫌犯罪被司法机关立案调查，公司董事、监事、高级管理人员涉嫌犯罪被司法机关采取强制措施；国务院证券监督管理机构规定的其他事项。

（3）对内幕消息的监管。证券交易内幕信息的知情人和非法获取内幕信息的人，在内幕消息公开前，不得买卖该公司的证券，或者泄露该信息，或者建议他人买卖该证券。内幕交易行为给投资者造成损失的，行为人应当依法承担赔偿责任。

（4）内幕交易的法律责任。证券交易内幕信息的知情人或者非法获取内幕信息的人，在涉及证券的发行、交易或者其他对证券的价格有重大影响的信息公开前，买卖该证券，或者泄露该信息，或者建议他人买卖该证券的，责令依法处理非法持有的证券，没收违法所得，并处以违法所得一倍以上五倍以下的罚款。没收违法所得或者违法所得不足3万元的，处以3万元以上60万元以下的罚款。单位从事内幕交易的，还应当对直接负责的主管人员和其他直接责任人员给予警告，并处以3万元以上30万元以下的罚款。证券监督管理机构工作人员进行内幕交易时，从重处罚。

10.4.5　证券经营机构的监管

1．证券经营机构准入监管

我国《证券法》规定，设立证券公司必须经国务院证券监督管理机构批准，任何单位和个人未经国务院证券监督管理机构的审查批准，均不得经营证券业务。设立证券公司需要符合一系列条件：一是对公司章程的要求；二是对证券公司主要股东持续经营能力和净资产的要求；三是与公司经营业务范围相应的注册资本；四是公司的董事、监事和高级管理人具有证券从业资格和胜任能力；五是公司具有完善的风险管理与内部控制制度；六是满足规定的其他条件。

《证券法》规定了证券公司重要事项变更审批要求。证券公司设立、收购或者撤销分支机构，变更业务范围或者注册资本，变更公司章程中的重要条款，变更持有5%以上股权的股东、实际控制人等，需要经证券监管部门批准。证券公司在境外设立、收购或者参股证券经营机构，也必须经证券监管部门批准。

2．对证券从业人员的监管

证券从业人员需要具备证券从业资格，监管部门对证券公司董事、监事和高级管理人具有证券从业资格实行核准制，对从事保荐业务的保荐代表人实行注册制，对一般从业人员，授权中国证券业协会管理。

3．对证券公司业务的核准

《证券法》对设立证券公司所应具备的条件做出了较为全面的规定，包括对公司章程的要求，对主要股东资格的限制条件。主要股东要具有持续盈利能力，信誉良好，最近3年无重大违法违规记录，净资产不低于人民币2亿元。《证券法》还提出了风险管理和内部控制制度，要求证券公司的注册资本应当是实缴资本。证券公司的注册资本最低限额与证券公司从事的业务种类直接挂钩。证券公司经营证券经纪、证券投资咨询和与证券交易、证券投资活动有关的财务顾问业务中的一项和数项的，注册资本最低限额为人民币5 000万元。证券公司经营证券承销与保荐、证券自营、证券资产管理和其他证券业务中的任何一项的，注册资本最低限额为人民币1亿元，两项以上的，注册资本最低限额为人民币5亿元。《证券法》还规定，我国证券公司的组织形式为有限责任公司或股份有限公司，不得采取合伙及其他非法人组织形式。

4．证券公司的日常监管

证券监管机构对证券公司的日常监管，分为现场监管和非现场监管两种方式。现场监管是证券监管机构的工作人员直接到证券公司的经营场所，通过现场检查方式检查证券公司经营的合规性、正常性和安全性情况，并采取相应监管措施的监管方式。非现场监管主要是证券监管机构对证券公司及其股东、实际控制人报送的信息和资料进行统计分析。监管部门对证券公司的监管以净资本为核心，加强对证券公司流动性的监管，通过加强年报审计及披露的管理，增强外部的约束。

10.4.6 我国证券市场监管体制历史

我国的证券监管体制发展大体可以分为三个阶段。

第一个阶段是从 20 世纪 80 年代到 1992 年，这一阶段是以中国人民银行为主的分散监管阶段。1986 年《银行管理暂行条例》将审批专业银行和其他金融机构的设置或撤并，以及管理企业股票、债券等有价证券，管理金融市场的职能明确地赋予中国人民银行。1990 年《上海证券交易管理办法》规定，上海市的证券监督管理机构是中国人民银行上海市分行。1991 年《深圳市股票发行与交易管理暂行办法》规定，中国人民银行是深圳市证券监督管理机构，授权中国人民银行深圳经济特区分行，对深圳市证券发行和交易行使日常的管理职能。1991 年 4 月，中国人民银行请示国务院批准，建立了由中国人民银行、国家计委、财政部、国家外汇管理局、税务总局等单位共同组成股票市场办公会议制度，代表国务院对证券市场行使日常管理职权。1992 年 6 月，在股票市场办公会议制度基础上，建立了国务院证券管理办公会议制度，其办事机构是中国人民银行的证券管理办公室。同时，地方政府在证券市场监管中扮演着极为重要的角色。由于中央银行监管职责不明确，上海、深圳的股票市场仍然是地方性市场，客观上使地方政府监管的成本较低。因此，政府在证券监管中发挥了极为重要的作用，同时证券交易所的自律监管也发挥了重要作用。

第二阶段是 1993 年到 1997 年，这是中央和地方、中央各部门共同参与监管向统一集中监管的过渡阶段。1992 年 10 月同时成立了国务院证券管理委员会（以下称证券委）和中国证监会。根据国务院 1992 年 12 月 17 日发布的《关于进一步加强证券市场宏观管理的通知》，证券市场管理机构大致分为证券委、证监会、其他政府机构及证券业自律机构。证券委是国家对全国证券市场进行统一宏观管理的主管机构。证监会是证券委的监管执行机构，由具有专业证券知识和实践经验的专家组成，按事业单位管理。国务院其他有关部门和地方人民政府关于证券工作的职责分工是国家计委根据证券委计划建议进行综合平衡，编制证券计划；中国人民银行负责审批和归口管理证券机构，同时报证券委备案；财政部归口管理注册会计师和会计师事务所，对其从事与证券业有关的会计师事务的资格由证监会审定；国家体改委负责拟定股份制试点的法规并组织协调有关试点工作；上海、深圳证券交易所由当地政府归口管理，由证监会实施监督；设立证券交易所必须由证券委审批，报国务院批准；现有企业股份制试点，地方企业由省级或计划单列市人民政府授权的部门会同企业主管部门负责审批，中央企业由国家体改委会同企业主管部门负责审批。

第三阶段是 1997 年到现在，这一阶段建立了集中统一的证券监管体制，1997 年底，中共中央、国务院决定完善监管体系，实现垂直领导，加强对全国的证券、期货行业的统一监管。证券交易所由地方政府转为中国证监会管理，证券委被撤销，其职能也划归证监会。1998 年，国务院批准了《证券监管机构体制改革方案》，在方案中证监会成为全国证券期货市场的主管部门，同时可以在中心城市设立证监会派出机构。1999 年通过的《证券法》第七条明确规定了国务院证券监督管理机构依法对全国证券市场实行统一集中管理，从而明确了证监会的法律地位。2005 年通过修订的《证券法》依然规定了国务院证券监督管理机构依法对全国证券市场实行集中统一监督管理，同时规定在国家对证券发行、交易活动实行集中统一监督管理的前提下，依法设立证券业协会，实行自律性管理。

本章小结

金融市场是重要的要素市场，它的安全、健康、高效对整个社会经济起着至关重要的作用。从实践来看，其运行中存在着诸多的风险，金融市场的失灵会降低资金配置的效率，严重时还会引发区域性或世界性的金融危机，给经济带来毁灭性的打击。因此，金融市场需要政府适度的监管。

金融监管即金融监督和金融管理，是指一个国家或地区的中央银行或其他金融监督管理当局，依据国家的法律法规对整个金融业（包括金融机构和金融业务）实施的各种监督和管理的行为，包括对金融机构市场准入、业务范围和市场退出等方面的限制性规定，对金融机构内部组织结构、风险管理和控制等方面的合规性、达标性的要求，以及一系列相关的立法和执法体系与过程。

银行业的监管主要包括：市场准入监管、市场经营监管、跨国业务监管、市场退出监管等四个方面。保险业的监管的方式有公示主义、准则主义、批准主义。

保险监管的内容有保险组织监管、保险经营监管、保险财务监管、保险中介人监管。

证券监管的原则是依法监管原则、保护投资者利益原则、公开公平公正原则、监管与自律相结合的原则。监管的模式有集中型监管、自律性监管、分级型监管。证券监管的内容包括：证券上市监管、证券交易监管、证券机构监管等。

本章习题

一、选择题。

1．按权利的层次分，金融监管可分为（　　）。
A．分业监管　　B．一元多头式监管　　C．二元多头式监管　　D．混业监管

2．金融监管的原则有（　　）。
A．依法监管　　B．公平公正原则　　C．适度竞争原则　　D．综合监管

3．金融监管的手段包括（　　）。
A．法律手段　　B．经济手段　　C．行政手段　　D．自律管理

4．在我国，商业银行的最低注册资本要求为（　　）元人民币。
A．1亿　　B．0.5亿　　C．10亿　　D．5亿

5．保险监管的内容包括（　　）。
A．保险组织监管　　B．保险财务监管　　C．保险经营监管　　D．保险中介人监管

6．证券监管的模式有（　　）。
A．统一监管　　B．集中式监管　　C．自律式监管　　D．分级型监管

7．证券监管的内容包括（　　）。
A．证券发行的监管　　B．证券交易的监管　　C．证券机构的监管　　D．证券人员的监管

二、简答题。

1．简述金融监管的模式。我国属于哪一种？此种模式的优缺点分别是什么？

2．银行业监管的主要内容有哪些？

3．证券业监管的原则是什么？其监管的主要模式有哪些？

三、论述题。

结合我国实际，论述金融监管变革之原因。

参考文献

[1] 庞金波．金融市场学[M]．北京：科学出版社，2014.

[2] 潘邦贵．金融市场学[M]．长沙：湖南师范大学出版社，2014.

[3] 王重润，史小坤．金融市场学[M]．北京：高等教育出版社，2014.

[4] 滕莉莉，王春雷．金融市场理论与实践[M]．北京：科学出版社，2014.

[5] 刘园．金融市场学[M]．第二版．北京：中国人民大学出版社，2016.

[6] 李心丹．金融市场与金融机构[M]．北京：中国人民大学出版社，2015.

[7] 宋琳，朱相平．金融市场学[M]．济南：山东人民出版社，2013.

[8] 李嘉玲．金融市场学[M]．北京：中国铁道出版社，2014.

[9] 王庆安．金融市场学[M]．北京：人民邮电出版社，2014.

[10] 张奕春，郑振龙．金融市场学[M]．第五版．北京：高等教育出版社，2017.

[11] 彭兴运．金融市场学[M]．上海：上海人民出版社，2018.

[12] 沈悦．金融市场学[M]．第二版．北京：科学出版社，2016.

[13] 杜金富．金融市场学[M]．第三版．北京：中国金融出版社，2018.

[14] 李贺，张晓鹏，金崇华，王岩．金融市场学[M]．上海：上海财经大学出版社，2018.

[15] 周彩霞．金融市场学[M]．北京：中国发展出版社，2015.

[16] 殷剑峰，张红地，吴国祥．金融市场学[M]．北京：中国金融出版社，2017.

[17] 张薇薇，徐桂华，冯博，白桦，杨戈，马丽．金融市场学[M]．北京：清华大学出版社，2017.

[18] 郭红，孟昊．金融市场学[M]．第二版．大连：东北财经大学出版社，2017.

[19] 管清友，高伟刚．互联网金融：概念、要素与生态[M]．杭州：浙江大学出版社，2015.

[20] 金来文，温著彬，边俊杰，石磊．互联网金融跨界、众筹与大数据的融合[M]．北京：经济管理出版社，2015.

[21] 杨涛．互联网金融理论与实务[M]．北京：经济管理出版社，2015.

[22] 黄益平，王海明，沈艳，黄卓．互联网金融 12 讲[M]．北京：中国人民大学出版社，2016.

[23] 何平平，车云月．互联网金融[M]．北京：清华大学出版社，2017.

[24] 史浩．互联网金融支付[M]．北京：中国金融出版社，2016.

[25] 李耀东，李均．互联网金融框架与实践[M]．北京：电子工业出版社，2014.

[26] 李成．金融监管学[M]．第二版．北京：高等教育出版社，2016.

[27] 冯科．金融监管学[M]．北京：北京大学出版社，2015.

[28] 齐敬宇，王刚．全球治理背景下的金融监管重建与大国金融[M]．北京：中国金融出版社，2017.

[29] 朱晋．证券投资学[M]．北京：机械工业出版社，2015.

[30] 何嵬，于长福．证券投资学[M]．第三版．哈尔滨：哈尔滨工业大学出版社，2017.

[31] 王绪瑾．保险学[M]．第六版．北京：高等教育出版社，2017．

[32] [荷] 乔安妮·凯勒曼，雅各布·德汗，费姆克·德弗里斯．张晓朴，译．21 世纪金融监管[M]．北京：中信出版社，2017．

反侵权盗版声明

举报电话：（010）88254396；（010）88258888

传　　真：（010）88254397

E-mail：　dbqq@phei.com.cn

通信地址：北京市海淀区万寿路 173 信箱

　　　　　电子工业出版社总编办公室

邮　　编：100036